大学校长理财研究

乔春华 著

东南大学出版社
SOUTHEAST UNIVERSITY PRESS

内容提要

本书从大学校长在理财中的责任入手，分析了大学理财的复杂性，阐述了大学理财的理论基础；根据问题导向原理从大学巡视和贪腐案件倒逼出大学内部控制的风险区域，对大学内部控制风险区域进行分析，指出目前招投标是经济活动内部控制领域被疏漏的防风险区域，因为基建工程和采购这两大腐败领域，关键环节都出在招投标活动中，此外，人事管理、招生等领域也是内部控制疏漏的高风险区域。本书还阐述了内部控制应定位于政治学学科，因为内部控制属"一把手"工程，需党政"一把手"亲自抓，内部控制不仅在于制定制度，关键在于执行，否则形同虚设；另外，本书借鉴分析了境外大学章程中财经条款的主要内容，对中国境内大学章程中财经条款进行了分析，对境内大学章程的完善有重要参考价值；最后，本书研究了"党委会＋校务委员会"为首的大学财务治理结构和财务管理体制，对大学财务管理和资产管理进行了研究，提出了大学校长在理财中应重点关注的问题，并对大学内部审计管理体制和审计的新内容做了探索。

图书在版编目(CIP)数据

大学校长理财研究/乔春华著. —南京：东南大学出版社，2018.6

ISBN 978-7-5641-7831-4

Ⅰ. ①大… Ⅱ. ①乔… Ⅲ. ①高等学校-财务管理-研究 Ⅳ. ①G647.5

中国版本图书馆 CIP 数据核字(2018)第 138221 号

大学校长理财研究

出版发行	东南大学出版社
社　　址	南京市四牌楼 2 号(邮编:210096)
出 版 人	江建中
经　　销	全国各地新华书店
印　　刷	虎彩印艺股份有限公司
开　　本	700mm×1 000mm　1/16
印　　张	20.75
字　　数	423 千字
版　　次	2018 年 6 月第 1 版
印　　次	2018 年 6 月第 1 次印刷
书　　号	ISBN 978-7-5641-7831-4
定　　价	98.00 元

本社图书若有印装质量问题，请直接与营销部联系，电话：025-83791830。

前　言

诱发我写这部《大学校长理财研究》的动因有二：一是近 20 年来，我做了百余场关于大学理财的报告，听者表示：报告内容对他们很有用，但很多问题要靠学校领导解决；二是我的硕士生张士强在 2015 年 12 月 11 日告诉我，他到济南大学担任校长，希望我提供一些关于大学理财的资料。我虽然发表过这方面的文章，但当时正在写《高等教育供给侧改革的财务视角》一书，因此，拖到 2017 年才动笔。

大学理财是校长们关注的话题。在第一届中外大学校长论坛上，温红彦的报告："大学经费问题，是全球高等教育面临的共同挑战。近年来，无论在世界哪个角落召开哪种形式的高等教育论坛，校长们共同关注的话题之一，就是经费。因为绕开这个话题，对高等教育的讨论便是不完整的。用香港科技大学荣休校长吴家玮校长的话说，经费如何分配是'最易引起争端，最难摆平的事'。当家才知柴米贵。中方校长最想了解的是外国大学教育经费的分配比例和管理状况……在这个论坛上，我们恪守的'君子不言钱'的传统暂时被搁置一边。中外大学校长们达成的共识是：钱很重要，当今世界已经没有哪一个政府能支付得起高等教育涨的经费，大学必须寻求多元化的经费来源，并加以有效支配。"①在第二届中外大学校长论坛上，周艳报："耶鲁大学校长莱温认为'大学是一项公益性的事业，我们可以不要赢利，但是也不能亏本'。中山大学黄达人校长的观点更鲜明，他认为'成本意识和效率观念应该贯穿大学管理的始终。中山大学制定了预算的原则：量力而为、量入为出、勤俭节约、开源节流、有所为、有所不为。其次，在某些建设过程中，尽量实现资源共享以节约成本。同时探索多渠道的筹资方式'。剑桥大学理查德校长在耶鲁大学做了 30 年的教务长，就曾为校博物馆募得 2 000 万美元的资金，为学校的发展提供了丰厚的物质保证。"②

笔者检索了 42 所"双一流大学"的现任校长的专业背景，仅有 3 位是经济学博士，占比不到 8%；其余都是自然科学背景，其中院士（中国科学院院士、中国工程院院士或外籍院士）有 15 位。这并不是说有经济学背景就能掌握高校财经业务，即便是会计学博士也不一定掌握高校财经业务；这也并不是有说理工科背景就不能掌握高校财经业务，中山大学校长黄达人是数学教授，对高校财务就发表过真知

---

① 温红彦．大学经费：从拨款到找钱[Z]．人民网，2002-08-04．

② 周艳．降低成本提高效益，大学也需要经营——第二届中外校长论坛综述[N]．人民日报：海外版，2004-08-23．

灼见。鉴于我国相当多的大学校长既无财务背景，又肩负着重大的财务责任这一情况，研究大学校长理财就有着明显的实践意义。

艾伦·R.奥登和劳伦斯·O.匹克斯指出："学校理财是指出于提供教育服务和培养学生的目的而对资金进行分配与使用。"①这个定义过于笼统。1984年，Berne和Stiefel认为学校理财结构的框架要求回答四个主要问题：① 谁(who)；② 什么(what)；③ 如何(how)；④ 多大(how much)。这里，① 谁(who)是指学校理财应对谁公平？对校内的学生还是校外的纳税人？② 什么(what)是指对校内公平分配资源除了公平分配资金外，是否还有一个公平分配教育资源，如师资、教学设施等。③ 如何(how)是指如何公平，是机会公平还是结果公平？④ 多大(how much)是指制度设计能保障多大程度上的公平。这四个问题又似乎没有解决校长们的理财需要。

前一阵批评"别把科学家逼成会计"，我也无意"把校长逼成会计"。本书从校领导理财的视野出发，因此，不涉及具体业务处理，而侧重于校领导理财有哪些责任，理财的风险区域有哪些，《大学章程》中财经条款应是怎样，大学如何进行财务治理，大学如何进行财务管理，如何转变大学审计的新领域，等等。政论专题片《法治中国》第六集《全民守法》解说词中说："一个人纵然有天大的本事，如果没有很强的法治意识、不守规矩，也不能当领导干部，这个关首先要把住。"为了便于理解，书中引用较多的财经法规和案例，使大学校长们更明确在理财中应负的责任。

本书的书名曰"大学校长理财研究"，是为大学校长理财参考的，因为《高等学校财务制度》第六条规定："高等学校财务工作实行校(院)长负责制。"习近平新时代中国特色社会主义经济思想深刻内涵的第一条就是"坚持加强党对经济工作的集中统一领导，保证我国经济沿着正确方向发展"，因此，本书也应作为大学党委书记理财参考，自然亦可作为高校总会计师和分管财务副校长参考。本书还可供高校财务理论工作者和实务工作者参考。

这部《大学校长理财研究》是"'安徽省高校管理大数据研究中心'智库研究项目"成果之一。

在成书过程中我参阅了大量同行们的研究成果，借鉴了宝贵的经验，引用了可靠的资料，在此表示衷心感谢。

在成书过程中得到东南大学出版社编辑马伟同志的精准审阅，在此表示衷心感谢。

我曾在中国矿业大学担任财务处长，南京审计学院(大学)担任分管财务副院长(副校长)，从1985年起开始发表高校财务方面的论文，虽积累了一定的实践经

① [美]艾伦·R.奥登，劳伦斯·O.匹克斯.学校理财：政策透视[M].杨君昌，裴育，等译.上海：上海财经大学出版社，2003：1.

验和研究资料，但在成此书时仍勤于读书，苦于思考。“宝剑锋从磨砺出”，“磨砺”就要经过千锤百炼，就要经过水与火的洗礼！“玉不琢不成器”，但在“琢”的过程中，那块玉石怎么可能不伤痕累累？雕塑不经过百凿千刻怎么可能莹洁无瑕？锦绣不经过万针千孔怎么可能精美鲜艳？作为国内第一部《大学校长理财研究》专著，书中肯定有众多不成熟或谬误之处，敬请各位读者批评指正。

著者

2018 年 1 月 24 日

目　录

第一章　大学理财的理论基础

第一节　大学校长在理财中的责任

一、有权力就有责任

（一）责任是权力的孪生物

管理大师法约尔认为："权力，就是指挥和要求别人服从的权利。……人们在想到权力时不会不想到责任，也就是说不会不想到执行权力时的奖惩——奖励与惩罚。责任是权力的孪生物，是权力的当然结果和必要补充。凡权力行使的地方，就有责任。……然而一般来说，人们像追求权力那样害怕承担责任。一个出色的领导人应该具有承担责任的勇气。"①

S. 泰森等指出："我们大家私下里都有一种感觉，即商业上的胜利并不是因为'按照规定办事'，而更像是把规定修改得适合于自己的利益。企业家的才能是从（赢利的）欲望中获取更多东西以得到支配他人生活和工作的权力，而不是要实现伦理道德的原则。自身利益是一个文明的字眼，但它根基是在所有的成本花费中挣扎求生。为他人做奉献、提供商品和服务都是值得称道的行为，即社会能够接受的目标。但是我们怀疑这些只是副产品，从金钱的角度看，也并非出于本意，真正背后的目标是权力和地位，是建立在大量有关组织中权力和政治谈判基础上的权力和地位。"②

（二）有权力就有责任

十八届四中全会通过的《中共中央关于全面推进依法治国若干重大问题的决定》指出："牢固树立有权力就有责任、有权利就有义务观念。"

2016 年 6 月 28 日，中共中央政治局召开会议审议《中国共产党问责条例》时指出："权力就是责任，责任就要担当，忠诚干净担当是党对领导干部提出的政治要求。"③

十八届六中全会通过的《关于新形势下党内政治生活的若干准则》第十一条

---

① ［法］H. 法约尔. 工业管理与一般管理［M］. 周安华，等译. 北京：中国社会科学出版社，1998：24 - 25.

② ［英］S. 泰森，T. 杰克逊. 组织行为学［M］. 高筱苏，译. 北京：中信出版社，1997：117 - 118.

③ 习近平主持召开中共中央政治局会议审议《中国共产党问责条例》［N］. 人民日报，2016 - 06 - 29.

“加强对权力运行的制约和监督”中指出：“监督是权力正确运行的根本保证，是加强和规范党内政治生活的重要举措。必须加强对领导干部的监督，党内不允许有不受制约的权力，也不允许有不受监督的特殊党员。完善权力运行制约和监督机制，形成有权必有责、用权必担责、滥权必追责的制度安排。实行权力清单制度，公开权力运行过程和结果，健全不当用权问责机制，把权力关进制度笼子，让权力在阳光下运行。”

2012年12月4日，习近平《在首都各界纪念现行宪法公布施行30周年大会上的讲话》中指出：“我们要健全权力运行制约和监督体系，有权必有责，用权受监督，失职要问责，违法要追究，保证人民赋予的权力始终用来为人民谋利益。”

2013年6月28日，习近平在《着力培养选拔党和人民需要的好干部》一文中指出：“既追究主体责任、监督责任，又上查一级追究领导责任、党组织责任。一些干部惯于拍脑袋决策、拍胸脯蛮干，然后拍屁股走人，留下一屁股烂账，最后官照当照升，不负任何责任。这是不行的。我说过了，对这种问题要实行责任制，而且要终身追究。”

2014年1月14日，习近平《在第十八届中央纪律检查委员会第三次全体会议上的讲话》中指出：“有权就有责，权责要对等。”

2014年10月8日，习近平《在党的群众路线教育实践活动总结大会上的讲话》中指出：“不明确责任，不落实责任，不追究责任，从严治党是做不到的。”

2015年6月26日，习近平在《在十八届中央政治局第二十四次集体学习时的讲话》中指出：“坚持有责必问、问责必严，把监督检查、目标考核、责任追究有机结合起来，形成法规制度执行强大推动力。问责的内容、对象、事项、主体、程序、方式都要制度化、程序化。问责既要对事、也要对人，要问到具体人头上。要把法规制度执行情况纳入党风廉政建设责任制检查考核和党政领导干部述职述廉范围，通过严肃追究主体责任、监督责任、领导责任，让法规制度的力量在反腐倡廉建设中得到充分释放。纪律检查机关要加大监督检查力度，对有令不行、有禁不止的，不仅要严肃查处直接责任人，而且要严肃追究相关领导人员的责任。”

2015年10月15日，习近平《在听取二〇一五年中央第二轮专项巡视情况汇报时的讲话》中指出：“各级党组织整改不力是失职，不抓整改是渎职。中央巡视组是代表中央去反馈，要找党委（党组）书记直接说事，坚决把责任压下去。细化整改问责制度，建立问题清单、任务清单、责任清单。对敷衍整改、整改不力、拒不整改的，抓住典型严肃追责。”

2014年3月5日，王岐山在参加北京代表团审议《政府工作报告》时强调指出：“推进党风廉政建设和反腐败斗争是全党的重大政治任务。有权必有责，有权力没责任是管党治党之大忌。党风廉政建设主体责任就是政治责任，不落实就是严重失职。”

2018 年 1 月 11 日，习近平在十九届中央纪委二次全会上指出："坚持行使权力和担当责任相统一，真正把落实管党治党政治责任作为最根本的政治担当，紧紧咬住'责任'二字，抓住'问责'这个要害。"

2015 年 8 月 17 日，王岐山在学习贯彻巡视工作条例电视电话会议上强调指出："制度的生命在于执行，执行离不开责任担当。"

2015 年 9 月 6 日，《人民日报》在四版刊发报道：中央纪委转发《中共河南省委关于新乡市委原书记李庆贵落实党风廉政建设主体责任和新乡市纪委落实监督责任不到位问题的通报》，指出权利就是责任，责任是要担当的。责任追究是全面从严治党的一个重要的利器，强化责任追究，层层传导压力，使问责成为一种常态，释放有责必问、问责必严的这种强烈信号，全面推动全面从严治党落到实处。

2016 年 6 月，王岐山在制定中国共产党问责条例座谈会上强调指出："权力就是责任、责任就要担当。……有权必有责、有责要担当、失责必追究。要把权力与责任、义务与担当对应起来。"①

由此可见，大学校长拥有权力，在大学行政化的情况下尤其是这样，但责任是权力的孪生物。大学校长拥有权力的同时应承担相应的责任。《维护社会公平正义》——大型政论专题片《将改革进行到底》(第四集)解说词指出："有责先有权，用权必担责。"

(三) 领导责任和主体责任

1. 领导责任

2015 年 5 月 22 日，《教育部关于直属高校落实财务管理领导责任，严肃财经纪律的若干意见》(教财〔2015〕4 号)指出："高等学校实行党委领导下的校长负责制。直属高校党委要切实负起对学校财务管理工作的领导责任。……校长是学校的法定代表人，在学校党委领导下，全面负责学校财务管理工作。"

2. 主体责任

2014 年 11 月 17 日，《教育部关于加强直属高校直属单位财务队伍建设的意见》(教人〔2014〕6 号)第二条指出："切实落实单位领导班子在财务管理工作中的主体责任① 各单位领导班子承担财务管理的主体责任。财务工作是单位工作的重要组成部分。各单位应从事业发展基础和重要支柱的角度定位财务工作，充分认识加强财务工作的必要性和重要性，不断提高单位领导班子为民理财、依法理财、科学理财、平安理财的能力和水平。完善领导班子决策制度和议事规则，凡属重大决策事项、重大项目安排、大额资金使用等重大问题，要加强前期论证，要由单位领导班子集体研究决定，落实分工负责，切实承担财务管理的主体责任。② 党

① 姜洁. 王岐山在制定中国共产党问责条例座谈会上强调，用担当诠释忠诚释放失责必问强烈信号[N]. 人民日报，2016-06-08.

政主要领导干部要强化主体责任、主体意识。把财经纪律作为高压线，严格执行八项规定、国务院‘约法三章’、各项财经法律法规等。做到对重要财务工作亲自部署、重大财务问题亲自过问、重点环节亲自协调，切实抓好班子、带好队伍、管好自己。③ 加强单位内部财务管理与监督。各单位主要领导同志应当支持总会计师、财务机构、财务人员依法行使职权。特别是要充分发挥总会计师的专业化管理作用。严格遵守和执行国家财经法规，进一步完善内部控制制度，加强自我约束、自我监督，防范财务风险。大力支持财务队伍建设和信息化建设，全面提高财务人员素质，不断提升业务水平和服务能力。”

二、大学校长的理财责任

（一）会计责任

1. 财务会计报告真实性和完整性的责任

《中华人民共和国会计法》（简称《会计法》）第四条规定：“单位负责人对本单位的会计工作和会计资料的真实性、完整性负责。”

第二十一条规定：“单位负责人应当保证财务会计报告真实、完整。”

2. 保证会计机构、会计人员依法履行职责的责任

《会计法》第二十八条规定：“单位负责人应当保证会计机构、会计人员依法履行职责，不得授意、指使、强令会计机构、会计人员违法办理会计事项。”

3. 任用会计人员必须符合法规规定的责任

《会计法》第三十八条规定：“从事会计工作的人员，必须取得会计从业资格证书。担任单位会计机构负责人（会计主管人员）的，除取得会计从业资格证书外，还应当具备会计师以上专业技术职务资格或者从事会计工作三年以上经历。”

第四十二条规定：“违反本法规定，有下列行为之一的，由县级以上人民政府财政部门责令限期改正，可以对单位并处三千元以上五万元以下的罚款；对其直接负责的主管人员和其他直接责任人员，可以处二千元以上二万元以下的罚款；属于国家工作人员的，还应当由其所在单位或者有关单位依法给予行政处分。”其中的上述“行为之一”是第十款规定的“任用会计人员不符合本法规定的”。

2000 年 6 月 12 日，《教育部、财政部关于高等学校建立经济责任制，加强财务管理的几点意见》规定：“选用具备法定从业资格的财会人员。”

（二）财务责任

2012 年 12 月 19 日，财政部、教育部印发的《高等学校财务制度》第六条规定：“高等学校财务工作实行校（院）长负责制。”

《中华人民共和国高等教育法》第四十一条规定高等学校的校长行使职权之一是“拟订和执行年度经费预算方案，保护和管理校产，维护学校的合法权益”。

2002 年 2 月 11 日，《教育部、财政部关于清理检查直属高校资金往来情况，加

强资金管理确保资金安全的通知》(教财〔2002〕2号)规定:“各校的校(院)长是高等学校的法定代表人,对学校的财务工作负有法律责任,主管财务的校(院)长或总会计师对学校的资金管理负有直接领导责任。”

2004年7月13日,《教育部　财政部关于进一步完善高等学校经济责任制,加强银行贷款管理切实防范财务风险的意见》(教财〔2004〕18号)规定:“高等学校的校(院)长是高等学校的法定代表人,对偿还贷款负有法律责任,要本着对国家和事业负责的态度,增强风险意识,完善决策程序,增强法制观念。在今后高校领导干部经济责任审计中,高校对银行贷款资金的管理情况将作为重要的考核指标。……贷款高校的校(院)长是高校贷款项目的总负责人,对全部贷款资金使用的安全性、合理性和有效性负责,对确保按期偿还贷款本息负责。”

2004年10月18日,《教育部　财政部关于进一步加强直属高校资金安全管理的若干意见》(教财〔2004〕38号)规定:“各直属高校党政领导必须进一步提高认识,高度重视学校资金管理工作。特别是作为法定代表人的校长,更是资金安全管理的第一责任人,必须全面掌握本校资金安全管理工作的状况,结合学校实际,采取有效措施,纠正和防范本校在资金安全管理方面存在的问题和隐患,构筑资金安全的制度保障体系,确保学校资金的安全。”

2008年9月2日,中共中央纪委、教育部、监察部颁发的《关于加强高等学校反腐倡廉建设的意见》规定:“严格执行‘收支两条线’规定,加强预算外资金管理。坚决禁止‘小金库’,一经核实单位或部门设立‘小金库’,严肃处理直接负责人,并追究分管领导的责任。”

2007年1月15日,《教育部　财政部关于“十一五”期间进一步加强高等学校财务管理工作的若干意见》(教财〔2007〕1号)第4条第四款规定:“高等学校领导尤其是党政一把手一定要树立科学的发展观和正确的政绩观,统筹协调好规模、结构、质量、效益之间的关系,全面履行财务工作的组织领导责任和经济责任,严格遵守和落实各项规章制度,切实重视并支持财务工作,确保学校各项事业持续健康发展。”

《教育部　财政部关于高等学校建立经济责任制加强财务管理的几点意见》规定:“建立健全各级经济责任制,首先必须建立健全校(院)长经济责任制。高等学校的校(院)长是高等学校的法定代表人,对学校的财务工作负有法律责任,必须充分认识加强学校财务工作的重要性和紧迫性,严格执行国家的财经法规、制度,迅速采取强有力措施,认真防范和纠正一切违规违纪和财务管理方面的问题。……经济责任制的内容应贯穿于高校财经工作的全过程,具体包括:① 日常预算收支的经济责任制……② 经济政策和财经制度制定与调整的经济责任制……③ 财务管理体制确立与改变的经济责任制……④ 财务主管人员任用与变动的经济责任制……⑤ 国有资产完整和保值增值的经济责任制……⑥ 重大支出项目安排和对外投资的经济责任制。”

（三）内部控制责任

2012 年 11 月 29 日，财政部印发的《行政事业单位内部控制规范（试行）》（财会〔2012〕21 号）第六条规定：“单位负责人对本单位内部控制的建立健全和有效实施负责。”

2015 年 12 月 21 日，财政部发布的《关于全面推进行政事业单位内部控制建设的指导意见》（财会〔2015〕24 号）指出：“内部控制尚未建立或内部控制制度不健全的单位，必须于 2016 年底前完成内部控制的建立和实施工作。……单位要按照本指导意见确定的总体要求、主要任务和时间表，认真抓好内部控制建设，确保制度健全、执行有力、监督到位。单位主要负责人应当主持制定工作方案，明确工作分工，配备工作人员，健全工作机制，充分利用信息化手段，组织、推动本单位内部控制建设，并对建立与实施内部控制的有效性承担领导责任。”

2016 年 4 月 26 日，教育部办公厅印发的《教育部直属高校经济活动内部控制指南（试行）》（教财厅〔2016〕2 号）第六条规定：“高校要成立由校长担任组长的内部控制建设领导小组，负责领导内部控制建设工作。领导小组的主要职责是：规划和制定学校内部控制建设的基本思路、工作重点、建设计划等；组织全校各部门开展内部控制建设；建立健全学校内部控制建设组织体系，推动内部控制建设常态化。”

2015 年 5 月 22 日，教育部发布的《关于直属高校落实财务管理领导责任，严肃财经纪律的若干意见》（教财〔2015〕4 号）指出：“要把建立和完善以内部控制制度为核心的财务管理制度建设，作为扎紧制度笼子的关键举措来抓。要按照《行政事业单位内部控制规范（试行）》要求，成立由主要负责人牵头的工作组，加快推进内部控制制度建设。要对照内部控制规范要求，系统梳理制度建设情况及存在问题，及时完善相关管理制度。要重点围绕科研经费、国有资产、基本建设、所属企业、财政资金分配使用、政府采购等领域，按照分事行权、分岗设权、分级授权的要求，科学合理设置机构和岗位权责。要按照权责一致、有效制衡的原则，定期评估风险、检查漏洞，确保制度有效执行。”

（四）科研经费管理责任

2005 年 6 月 26 日，《教育部、财政部关于进一步加强高校科研经费管理的若干意见》（教财〔2005〕11 号）规定：“各高校的党政主要领导，特别是作为学校法定代表人的校长必须高度重视此项工作，投入足够时间和精力，采取有效措施，切实加强科研经费管理，进一步提高科研经费的使用效益。分管财务、科研工作的校级领导必须对科研经费的管理和使用负责。”

2012 年 12 月 18 日，《教育部关于进一步规范高校科研行为的意见》（教监〔2012〕6 号）第 12 条规定：“坚持高校党委对重大科研项目和重大科研经费的监管，强化责任意识，完善责任体系，健全科技资源配置机制、科研活动内控机制。校长要认真履行法人代表责任，指导督促分管科研、财务工作的校领导，加强对科研行为的管理。分管科研、财务工作的校领导要切实担负起对科研活动督促引导和对科研经费监督管理的职责。”

2011 年 12 月 2 日，《教育部关于进一步贯彻执行国家科研经费管理政策，加强高校科研经费管理的通知》(教财〔2011〕12 号)规定：“明确高校学校一把手责任制。高校是所承担项目经费使用和管理的责任主体。学校一把手要高度重视科研经费管理工作，切实加强领导，有关科研经费管理的重大问题应按照有关规定由学校党委常委会或校长办公会进行专题研究决定。”

2011 年 9 月 14 日，《财政部、科技部关于调整国家科技计划和公益性行业科研专项经费管理办法若干规定的通知》(财教〔2011〕434 号)规定：“课题承担单位是课题经费使用和管理的责任主体，应当建立健全经费管理制度，完善内部控制和监督制约机制。”

2012 年 12 月 17 日，《教育部、财政部关于加强中央部门所属高校科研经费管理的意见》(教财〔2012〕7 号)规定：“强化学校主体责任。学校是科研经费管理的责任主体，校(院)长对学校科研经费管理承担领导责任。”

2012 年 12 月 17 日，《教育部关于进一步加强高校科研项目管理的意见》(教技〔2012〕14 号)规定：“强化学校管理责任。学校是科研项目管理的责任主体，应认真履行法人责任。”

(五) 资产管理责任

1997 年 12 月 31 日，国家教育委员会《高等学校有关行政负责人经济责任审计实施办法》对高等学校校长，总会计师或主管财务工作的副校长及财务管理部门主要行政负责人，院、系、所主要行政负责人经济责任审计的主要内容有：“学校各类资产的状况如何，是否安全完整、保值增值。”

2000 年 6 月 12 日，教育部、财政部印发的《关于高等学校建立经济责任制加强财务管理的几点意见》中规定：“经济责任制的内容应贯穿于高校财经工作的全过程，具体包括：……国有资产完整和保值增值的经济责任制。”

2012 年 11 月 21 日，教育部印发的《教育部直属高等学校国有资产管理暂行办法》(教财〔2012〕6 号)第七条指出：“高校应建立‘统一领导、归口管理、分级负责、责任到人’的国有资产管理机制。”

2006 年 5 月 30 日，《事业单位国有资产管理暂行办法》(财政部令第 36 号)第五十一条规定事业单位及其工作人员违反本办法，有下列行为之一的，依据《财政违法行为处罚处分条例》的规定进行处罚、处理、处分：① 以虚报、冒领等手段骗取财政资金的；② 擅自占有、使用和处置国有资产的；③ 擅自提供担保的；④ 未按规定缴纳国有资产收益的。

2008年12月16日,财政部印发的《中央级事业单位国有资产处置管理暂行办法》(财教〔2008〕495号)第三十九条规定主管部门和中央级事业单位在国有资产处置过程中不得有下列行为:① 未按规定程序申报,擅自越权对规定限额以上的国有资产进行处置;② 对不符合规定的申报处置材料予以审批;③ 串通作弊、暗箱操作,压价处置国有资产;④ 截留资产处置收入;⑤ 其他造成单位资产损失的行为。

2009年8月28日,财政部印发的《中央级事业单位国有资产使用管理暂行办法》(财教〔2009〕192号)第三十八条规定主管部门、中央级事业单位在国有资产使用过程中不得有下列行为:① 未按规定权限申报,擅自对规定限额以上的国有资产进行对外投资和出租、出借;② 对不符合规定的对外投资和出租、出借事项予以审批;③ 串通作弊,暗箱操作,违规利用国有资产对外投资和出租、出借;④ 其他违反国家有关规定造成单位资产损失的行为。

2015年12月23日,《财政部关于进一步规范和加强行政事业单位国有资产管理的指导意见》(财资〔2015〕90号)第七条规定:"各级行政事业单位承担本单位占有、使用国有资产的具体管理职责,应当严格执行《行政事业单位内部控制规范(试行)》,在资产管理岗位设置、权责分配、业务流程等方面建立决策、执行和监督相互分离、相互制约、相互监督的机制,完善内部管理制度,强化资产管理与财务管理、预算管理的衔接,构建既有机联系又相互制衡的内部工作机制,提升管理效能。对国有资产配置、使用、处置等事项,应当按照有关规定报经主管部门或同级财政部门审批;加强对出租、出借、对外投资的专项管理。"

(六) 收费责任

2005年2月23日,教育部、国务院纠风办、监察部、国家发展和改革委员会、财政部、审计署、新闻出版总署等七部门发布的《关于2005年治理教育乱收费工作的实施意见》规定:"制定对教育乱收费实行责任追究的具体办法……情节严重、影响恶劣的要追究有关领导的责任,并通过新闻媒体予以曝光,以儆效尤。"原教育部周济部长指出:"落实学校收费管理领导责任制和责任追究制度。各级教育行政部门要按照'谁主管谁负责'的原则,把学校收费管理'一把手负总责,分管领导各负其责'的责任制落到实处。今后,哪个地方出现了乱收费问题,不仅要追究当事者的责任,还要根据党中央、国务院《关于实行党风廉政建设责任制的规定》,追究直接主管领导的责任。"并提出:"哪个学校出现了乱收费问题,要撤销校长的职务!"

(七) 审计责任

2003年3月4日,《审计署关于内部审计工作的规定》(审计署令第4号)第四条规定:"内部审计机构在本单位主要负责人或者权力机构的领导下开展工作。"

2015年2月15日,《教育部关于加强直属高等学校内部审计工作的意见》(教财〔2015〕2号)第2条规定:"学校主要负责人应直接领导内部审计工作,定期听取审计工作报告，及时研究解决审计工作中遇到的问题和困难，把审计结果作为相关决策的重要依据。要加强内部监督管理部门间的沟通交流，综合利用监督成果。”

2010年9月1日，《中华人民共和国国家审计准则》（审计署令第8号）第五条规定：“在财政收支、财务收支以及有关经济活动中，履行法定职责、遵守相关法律法规、建立并实施内部控制、按照有关会计准则和会计制度编报财务会计报告、保持财务会计资料的真实性和完整性，是被审计单位的责任。”

2014年10月9日，《国务院关于加强审计工作的意见》（国发〔2014〕48号）第十四条规定：“健全整改责任制。被审计单位的主要负责人作为整改第一责任人，要切实抓好审计发现问题的整改工作，对重大问题要亲自管、亲自抓。”

2015年5月22日，《教育部关于直属高校落实财务管理领导责任，严肃财经纪律的若干意见》（教财〔2015〕4号）指出：“深入落实《教育部关于加强直属高等学校内部审计工作的意见》。学校主要负责人应直接领导内部审计工作。”

（八）财务信息公开责任

《高等学校信息公开办法》第十一条规定：“高等学校校长领导学校的信息公开工作。”

（九）其他责任

1994年11月17日，国家教委发布的《关于当前国家教委委属高校财经工作中几点意见的通知》（教财〔1994〕64号）规定：“学校各级经济责任人的变动，要建立工作报告和离任审计制度，对在任期间，不负责任，给学校财经工作造成重大损失的应追究其责任，触犯法律的应追究其法律责任。”

三、大学校长理财的权力

（一）大学校长应赋予理财的权力

1. 法规规定

《国家中长期教育改革和发展规划纲要（2010—2020年）》第三十八条指出：“推进政校分开、管办分离。适应中国国情和时代要求，建设依法办学、自主管理、民主监督、社会参与的现代学校制度，构建政府、学校、社会之间新型关系。适应国家行政管理体制改革要求，明确政府管理权限和职责，明确各级各类学校办学权利和责任。”

《中华人民共和国高等教育法》从法律层面赋予了高校七项自主权。2015年12月27日，《中华人民共和国高等教育法》第三十二条规定：“高等学校根据社会需求、办学条件和国家核定的办学规模，制定招生方案，自主调节系科招生比例。”第三十三条规定：“高等学校依法自主设置和调整学科、专业。”第三十四条规定：“高等学校根据教学需要，自主制定教学计划、选编教材、组织实施教学活动。”第三十五条规定：“高等学校根据自身条件，自主开展科学研究、技术开发和社会服务。

国家鼓励高等学校同企业事业组织、社会团体及其他社会组织在科学研究、技术开发和推广等方面进行多种形式的合作。国家支持具备条件的高等学校成为国家科学研究基地。”第三十六条规定:“高等学校按照国家有关规定,自主开展与境外高等学校之间的科学技术文化交流与合作。”第三十七条规定:“高等学校根据实际需要和精简、效能的原则,自主确定教学、科学研究、行政职能部门等内部组织机构的设置和人员配备;按照国家有关规定,评聘教师和其他专业技术人员的职务,调整津贴及工资分配。”第三十八条规定:“高等学校对举办者提供的财产、国家财政性资助、受捐赠财产依法自主管理和使用。高等学校不得将用于教学和科学研究活动的财产挪作他用。”

2014 年 7 月 8 日,《国家教育体制改革领导小组办公室关于进一步落实和扩大高校办学自主权,完善高校内部治理结构的意见》(教改办〔2014〕2 号)指出:当前落实和扩大高校办学自主权着重从以下七个方面推进。① 支持高校科学选拔学生,深化考试招生制度改革。② 支持高校调整优化学科专业,鼓励高校办出特色。③ 支持高校自主开展教育教学活动,深化人才培养模式改革。④ 支持高校自主选聘教职工,发挥各类人才的积极性创造性。⑤ 支持高校自主开展科学研究、技术开发和社会服务,为提升创新能力创造条件。⑥ 支持高校自主管理使用学校财产经费,提高经费使用效益。⑦ 支持高校扩大国际交流合作,提高高等教育国际化水平。

2015 年 5 月 4 日,《教育部关于深入推进教育管办评分离促进政府职能转变的若干意见》(教政法〔2015〕5 号)第 11 条指出:“依法明确和保障各级各类学校办学自主权。更加注重以法治方式保障学校办学自主权。在制定和修订相关法律法规时,进一步研究明确各级各类学校办学自主权;通过政府简政放权,进一步落实各级各类学校的法定办学自主权;通过章程制定,进一步健全法律法规规定的各项办学自主权的实施机制;通过完善法律救济机制,切实维护学校、师生合法权益。落实《关于进一步落实和扩大高校办学自主权　完善高校内部治理结构的意见》(教改办〔2014〕2 号)及有关规定,进一步扩大高校在考试招生、教育教学、科学研究、教职工队伍管理、经费资产使用管理、国际交流合作等方面的自主权。按照国家深化职称制度改革的总体思路,深化高校教师专业技术职务评聘制度改革,加快建立高校自主评聘、政府宏观管理监督的新机制。扩大职业院校在招生、专业设置和调整、教师评聘、资源配置、收入分配、校企合作等方面的办学自主权。进一步落实和扩大中小学在育人方式、资源配置、人事管理等方面的自主权。建立符合学校特点的管理制度和配套政策,克服行政化倾向。积极创造条件,逐步取消学校行政级别。高校领导任职期间要全身心投入学校管理工作,党委书记和校长一般不担任科研项目主要负责人。深化高校职员制度改革,加快职业发展、工资待遇等配套政策建设,鼓励行政人员专职从事管理工作。全面推进中小学校长职级制改革,实现校长的专业化、职业化。”

2011 年 11 月 28 日,《高等学校章程制定暂行办法》(教育部令第 31 号)第三条指出:“章程是高等学校依法自主办学、实施管理和履行公共职能的基本准则。高等学校应当以章程为依据,制定内部管理制度及规范性文件、实施办学和管理活动、开展社会合作。”第八条指出章程应当按照高等教育法的规定,健全学校办学自主权的行使与监督机制,明确以下事项的基本规则、决策程序与监督机制:① 开展教学活动、科学研究、技术开发和社会服务;② 设置和调整学科、专业;③ 制订招生方案,调节系科招生比例,确定选拔学生的条件、标准、办法和程序;④ 制订学校规划并组织实施;⑤ 设置教学、科研及行政职能部门;⑥ 确定内部收入分配原则;⑦ 招聘、管理和使用人才;⑧ 学校财产和经费的使用与管理;⑨ 其他学校可以自主决定的重大事项。

2. 专家阐述

权力来源于组织,没有组织就没有权力,组织是权力的同义语。如托马斯·戴伊指出:“权力是社会体制中职位的标志,而不是某个人的标志。当人们在社会机构中占据权势地位和支配地位时,他们就有了权力。”①加尔布雷思认为:“在现代社会中,组织是最重要的权力来源:如果人们要行使某种权力,他就必须借助组织。”②美国著名社会学和管理学家理查德·H. 霍尔(Richard H. Hall)指出:“从多种意义上讲,组织是权力的同义语。因为当我们从组织结果的角度进行考虑,组织便是当权者的权力工具。组织也是人们遵循组织规则的权力体系,是与资源配置相关的政治体系。”③

大学当然也不例外。大学校长的权力来源于大学,没有大学就没有大学校长的权力。伯顿·R. 克拉克指出:“如果我们懂得权力,我们好像就懂得所有我们需要了解有关国家高教系统整合的一切方面。”④“大学组织的权力是关于大学由谁来统治,大学内的学术集群由谁来统治,以及由谁通过什么方式来把那些松散的学术集群的利益结合在一起的问题。”⑤阿什比(Eric Ashby)也指出:“大学的兴旺与否取决于其内部由谁控制。”⑥

① [美]托马斯·戴伊. 谁掌管美国:里根年代[M]. 张维,等译. 北京:世界知识出版社,1985:11.

② [美]约翰·肯尼思·加尔布雷思. 权力的分析[M]. 陶远华,苏世军,译. 石家庄:河北人民出版社,1988:5.

③ [美]理查德·H. 霍尔. 组织:结构、过程及其结果:第 8 版[M]. 张友星,等译. 上海:上海财经大学出版社,2003:122.

④ [美]伯顿·R. 克拉克. 高等教育系统:学术组织的跨国研究[M]. 王承绪,等译. 杭州:杭州大学出版社,1994:7.

⑤ 宣勇. 大学组织结构研究[D]. 上海:华东师范大学,2004:67.

⑥ 转引自[美]伯顿·R. 克拉克. 高等教育系统:学术组织的跨国研究[M]. 王承绪,等译. 杭州:杭州大学出版社,1994:121.

袁贵仁指出:“建立现代大学制度就是要全面理解和把握大学作为法人实体和办学主体所拥有的权力和责任,其核心问题就是正确处理大学与政府、大学与社会、大学内部组织三大关系。”①

钟秉林等认为:“一般而言,大学内部事务可以分为学术事务和非学术事务(或行政事务)。与此相对应,大学内部存在着两大并行的权力系统。一种是以行政管理组织结构为网络的行政权力系统,另一种是以教授、专家、学者为核心,以学术组织为主体的学术权力系统。当前及今后大学内部运行机制和管理架构所要解决的重大问题之一,就是协调大学内部行政权力和学术权力的关系。”②

(二) 赋予大学校长理财的权力应受到制约

1. 法规规定

十八届三中全会通过的《中共中央关于全面深化改革若干重大问题的决定》指出:“坚持用制度管权管事管人,让人民监督权力,让权力在阳光下运行,是把权力关进制度笼子的根本之策。必须构建决策科学、执行坚决、监督有力的权力运行体系,健全惩治和预防腐败体系,建设廉洁政治,努力实现干部清正、政府清廉、政治清明。形成科学有效的权力制约和协调机制。……规范各级党政主要领导干部职责权限,科学配置党政部门及内设机构权力和职能,明确职责定位和工作任务。加强和改进对主要领导干部行使权力的制约和监督,加强行政监察和审计监督。”

十八届四中全会通过的《中共中央关于全面推进依法治国若干重大问题的决定》指出:“加强对政府内部权力的制约,是强化对行政权力制约的重点。对财政资金分配使用、国有资产监管、政府投资、政府采购、公共资源转让、公共工程建设等权力集中的部门和岗位实行分事行权、分岗设权、分级授权,定期轮岗,强化内部流程控制,防止权力滥用。”

李克强在《政府工作报告(2015)》中指出:“大道至简,有权不可任性。”

2014 年 7 月 8 日,《国家教育体制改革领导小组办公室关于进一步落实和扩大高校办学自主权　完善高校内部治理结构的意见》(教改办〔2014〕2 号)指出:“放权监管同步,健全高校用好办学自主权监管体系。在加大放权力度的同时,要改进和加强宏观管理,综合运用法律、政策、规划、公共财政、标准、信息服务和必要的行政措施,把该放的放开,把该管的管住,针对每一个放权事项建立监管办法,避免‘一放就乱、一乱就收、一收就死’。”

2015 年 5 月 4 日,《教育部关于深入推进教育管办评分离促进政府职能转变的若干意见》(教政法〔2015〕5 号)第 10 条指出:“加大行政监督和问责力度。加强政府内部的层级监督及监察、审计等专门监督,主动接受党内监督、人大监督、民主监

① 袁贵仁.建立现代大学制度,推进高教改革和发展[N].光明日报,2000-02-23.

② 钟秉林,张贤斌,李子江.大学如何协调学术权力与行政权力[N].中国教育报,2005-02-04.

督、司法监督、社会监督、舆论监督，形成科学有效的教育行政权力运行制约和监督体系。逐步建立健全教育行政绩效评估体系，重点针对履行职责、行政效率、行政效益、行政成本等开展评估，评估的标准、指标、过程和结果应当通过适当方式向社会公开。在做好内部评估的同时，要主动委托第三方开展全面、深入、客观的评估。评估结果作为评价政府及其主要负责人教育行政工作业绩的重要参考，对不履行或者拖延履行法定教育职责的、超越或者滥用教育行政职权的、违反法定教育行政程序造成不良后果的，依法追究政府及工作人员的责任。”

2. 专家阐述

(1) 权力是政治社会学和权力社会学的一个核心概念

《易经》说“圣人之大宝曰位”，权位对于圣人，就是“大宝”。孟子在《离娄上》中写道：“不仁而在高位，是播其恶于众也。”

英国学者基思·道丁(Keith Dowding)认为：“权力，是政治科学和社会学的一个核心概念。无论是在制度分析，还是在政策开发和实施当中，权力都是一个相当重要的概念。从这个意义上说，政治科学就是关乎权力的科学。”①权力，尤其是政治社会学和权力社会学的一个核心概念。“政治社会学中有两派大相径庭的重要观点：一派认为政治社会学是国家学，另一派认为它是权力学。”②法国著名学者莫里斯·迪韦尔热持后一种观点，他认为政治社会学是权力学。权力，也是行政学、管理学、领导学、法学、法理学，以及教育政治学、教育社会学等学科中的一个重要范畴。③

伯顿·克拉克认为：“在认识现代生活中的权威和权力的过程中，关键的问题是在于谁掌握统治权，以什么方式进行统治。”④

马克斯·韦伯认为：“权力就是一个行动者所拥有的不顾反对而贯彻自己意志的可能性，不管这种可能性所依据的基础是什么。”⑤

亚里士多德曾指出：“凡是不凭感情因素治事的统治者总比感情用事的人们较为优良，法律恰正是没有感情的。”他还指出：“要使事物合于正义(公平)，须有毫无偏私的权衡；法律恰恰正是这样一个中道的权衡。”⑥

“任何权力形式类型学的分析状况源于一切人类行为在意义与动机上的多样性”⑦。

---

① [英]凯特·纳什，斯科特. 布莱克维尔政治社会学指南[M]. 李雪，等译. 杭州：浙江人民出版社，2007：29.

② [法]莫里斯·迪韦尔热. 政治社会学：政治学要素[M]. 杨祖功，等译. 北京：华夏出版社，1987：11.

③ [英]罗德里克·马丁. 权力社会学[M]. 丰子义，等译. 北京：生活·读书·新知三联书店，1992：前言.

④ [加]约翰·范德格拉夫，等. 学术权力：七国高等教育管理体制比较[M]. 王承绪，等译. 杭州：浙江教育出版社，2001：216.

⑤ [德]马克斯·韦伯. 经济与社会[M]. 北京：商务印书馆，2004：81.

⑥ [古希腊]亚里士多德. 政治学[M]. 吴寿彭，译. 北京：商务印书馆，1965：166，173.

⑦ [美]丹尼斯·郎. 权力论[M]. 陆震纶，等译. 北京：中国社会科学出版社，2001：79.

(2) 权力不属于个人

现代政治学家托马斯·戴伊就认为:“权力并不属于个人,而是社会体制中职位的标志,当人们在社会机构中占据权势地位和支持地位时,他们就有了权力,并对他人发生影响。”①

1690年,英国著名哲学家约翰·洛克在《政府论》的政治论文中指出:“权力不能私有,财产不能公有,否则,人类就进入灾难之门。”亚里士多德在《政治学》中也指出:“把权威赋予人等于引狼入室,因为欲望具有兽性,纵然最优秀者,一旦大权在握,总倾向于被欲望的激情所腐蚀。故法律是排除了激情的理性,因而它比个人更可取。”弥尔顿有句名言:“长期持续地拥有权力致使最真诚的人亦将变得腐败。”英国思想家阿克顿说过:“权力,不管它是宗教还是世俗的,都是一种堕落的、无耻的和腐败的力量。”他还指出:“只有退潮的时候才可以看到谁没有穿衣服。”

王沪宁认为:“腐败是公共权力的非公共运用。”②这就是人们常说的“以权谋私”,正如格劳秀斯指出的“权力如同物的所有权一样是可以转让的”③。它将人民委托“代理人”——公仆或官员运作的“管理权”(其实是“非所有权”)衍化为事实上的“占有权”。刘金国认为:“权力腐败是权力的权利化和权力的非责任化。”④

(3) 权力本身不是恶

哈耶克认为,权力本身不是恶,用之不当、用来损人利己,权力才会恶化,即“一个人通过施加损害的威胁而迫使其他人去实现其意志的权力”才是恶;“为了实现某项伟大的事业所运用的权力”则不是恶的。遗憾哈耶克没有进一步肯定:提升人类福祉、促进社会文明的权力是善的。

爱好权力,就其最广泛的意义说,是一种愿望,愿望能对外在的世界(无论是人类的还是非人类的)产生预期的效果。这种愿望是人性中的一个主要部分,就奋发有为的人说,还是很大而且很重要的部分。每一种愿望,如果不能立时得到满足,就会使人希求得到满足它的能力,从而引起对权力的某种形式的爱好。不管是最好的愿望还是最坏的愿望,这一点都是真实的。⑤

正如美国行政学家弗雷德里克森所言,“政府行政的核心问题是责任问题”⑥。

“良心总会认可的东西,就是职责,只要我们注意良心的呼声,良心就绝不会出错。”⑦

---

① 托马斯·戴伊.谁掌管美国[M].北京:世界知识出版社,1980:103.

② 王沪宁.腐败与反腐败:当代国外腐败问题研究[M].上海:上海人民出版社,1990:7.

③ 格劳秀斯.战争与和平法[M].北京:北京大学出版社,1983:162.

④ 刘金国.权力腐败的法理透析[J].法学杂志,2012(2):39-45.

⑤ [英]伯特兰·罗素.权力论[M].吴友三,译.北京:商务印书馆,2012:213.

⑥ [美]乔治·弗雷德里克森.公共行政的精神[M].张成福,译.北京:中国人民大学出版社,2003:151.

⑦ [德]费希特.伦理学体系[M].梁志学,李理,译.北京:商务印书馆,2007:208.

早在希腊时代，欧塔涅斯（Otanes）就说过："即使是最优秀的人士如果达到了拥有（可不负责任的权力）这样一种地位，也注定会变成最恶的人。"①

（4）滥用权力易产生腐败

孟德斯鸠深刻指出："一切有权力的人都容易滥用权力，这是万古不易的一条经验。有权力的人们使用权力一直到遇有界限的地方才休止。……如果没有一定的权力对权力的使用加以合理的限制，监督作用就等于零。……从事物的性质来说，要防止权力滥用，就必须以权力制约权力。我们有一种政治制度，不强迫任何人去做法律所不强制他做的事情，也不禁止任何人去做法律许可的事。"②

阿克顿勋爵指出："权力导致腐败，绝对的权力导致绝对的腐败。"③

阿克顿勋爵还指出："在所有使人类腐化堕落和道德败坏的因素中，权力是出现频率最高和最活跃的因素。"④

国外对"腐败"的定义为"滥用委托权力谋取私人利益"⑤。

世界银行也对"腐败"的定义为"滥用公共权力谋权私利"。

约瑟夫·丁·桑图里亚（Josef J. Senturia）主编的《社会科学百科全书》（第六卷）中认为，腐败是"滥用公共权力以牟取私人的利益"。

《大美百科全书》之政治腐败（political corruption）作为"对假公济私等滥权的统称"，主要"系指非法追逐或滥用公职"。⑥

亨廷顿认为："腐化是国家官员为了谋取个人私利而违反公认准则的行为。"⑦

约瑟夫·奈（Joseph S. Nye）认为，腐败是"一种因为考虑私人（家庭、关系密切的私人团体）金钱和社会地位的利益而偏离一个公共角色的规范和义务的行为；或者违背某些规则而以权谋私的行为。这些行为包括贿赂（使用报酬改变一个责任人的判断）、裙带关系（因特殊的关系而不是才能和品德而给予庇护）和霸占公共财产（因私人用途非法占用公共资源）"⑧。

《维护社会公平正义》——大型政论专题片《将改革进行到底》解说词（第四集）指出："放权不等于放任。那么，谁能够经受这样的考验，担当这样的责任呢？"

（5）以制度控制权力

党的十八届三中全会通过的《中共中央关于全面深化改革若干重大问题的决

① 季正矩．反腐败：成就、问题、对策[J]．红旗文稿，2004(22)：20－22.

② [法]孟德斯鸠．论法的精神[M]．张雁深，译．北京：商务印书馆，1987：154.

③ [英]阿克顿．自由与权力：阿克顿勋爵论说文集[M]．侯建，等译．北京：商务印书馆，2001：98.

④ [英]阿克顿．自由与权力：阿克顿勋爵论说文集[M]．侯建，等译．北京：商务印书馆，2001：342.

⑤ [新]杰瑞米·波普．制约腐败：制约国家廉政体系[M]．北京：中国方正出版社，2003：5.

⑥ 大美百科全书编辑部．大美百科全书：第7卷[M]．北京：外文出版社，1994：443.

⑦ [美]塞缪尔·亨廷顿．变化社会中的政治秩序[M]．王冠华，等译．上海：上海人民出版社，2008：45.

⑧ J. S. Nye. Corruption and polirical development: a cost-benefit analysis[J]. American Political Science Review, 61(2): 419.

定》指出:“坚持用制度管权管事管人,让人民监督权力,让权力在阳光下运行,是把权力关进制度笼子的根本之策。”

习近平多次指出:“防止权力滥用。”

孟德斯鸠认为:“为防止权力的滥用,就必须用权力制约权力。”①博登海默认为:“法律在本质上是对专断权力之行使的一种限制……通过一个行之有效的公法制度,它可以努力限定和约束政府官员的权力,以防止或救济这种权力对确获保障的私人权益领域的不恰当侵损、以预防任意的暴政统治。”②阿克顿也认为:“现代世界的法则,即权力趋于无限扩张,并超越任何国际国内的约束现象,直到遇上更神圣的原则、更强大的力量的阻挠,才会停止下来。”③

美国学者阿密泰讲:“清除腐败,不仅仅是挑出一个烂苹果,而更应该检查放置苹果的筐子。”“我们所知道的构筑非压制性政治制度的唯一途径,就是使法律超越于人之上,从而使权力非人格化。”④

(6) 用责任控制权力

2013 年 1 月 22 日,习近平总书记在十八届中纪委二次全会上指出:“要加强对权力运行的制约和监督,把权力关进制度的笼子里,形成不敢腐的惩戒机制、不能腐的防范机制、不易腐的保障机制。”

以责任控制权力存在两层意思:第一层是通过设置责任,使行为人惧怕责任而不敢违法滥用权力,以责任的威慑作用来防止权力滥用的发生。第二层是针对违法滥用权力行为人问责,不仅仅对其本人进行处罚教育,而且警示后人,对因权力滥用而受到损失的相对人进行物质和精神方面的补偿,更为重要的是维护社会的正义价值观。

(7) 高校权力需控制

① 高校不仅拥有行政权力,还拥有学术权力

张墨宁指出:“高校已经成为巨大的经济实体,高校领导掌握的庞大财力和财权已经向实力部门的政府官员看齐,但受到的制约却未必更多。由于高校财务不透明、自主权变异,尤其是在权力架构没有改变的情况下,半市场化管理和运作势必带来相当程度的腐败。”⑤

伯顿・克拉克率先提出“学术权力”的概念,他指出:“虽然个人化的权力总是具有被误用与滥用的可能性,但是没有了这种权力,高等教育系统组织显然不能有效运转,因为它保证了个人在研究时创造的自由和个人的教学自由。……如果个

① [法]孟德斯鸠. 论法的精神[M]. 张雁深,译. 北京:商务印书馆,1982:154.

② [美]F. 博登海默. 法理学:法律哲学与法律方法[M]. 北京:中国政法大学出版社,2004:246.

③ [英]阿克顿. 自由与权力[M]. 侯健,范亚峰,译. 北京:商务印书馆,2001:44.

④ [美]乔・萨托利. 民主新论[M]. 冯克利,等译. 北京:东方出版社,1998:370.

⑤ 张墨宁. 高校领导为何密集“落马”[J]. 法治与社会,2014(12):35-37.

人的权力并不存在，就必须制造出来这样的权力。”①

伯顿·克拉克还认为：“过于集中的权力成了高等教育系统运转过程中的最大危险。对权力任何形式的垄断只能体现部分团体的利益和观点，而其他团体的利益却遭到了排斥。”②

② 高校权力需约束和监管

国家教育发展研究中心主任张力向《中国新闻周刊》表示：“国外一所大学校长就曾表示，中国的大学校长权力太大了，没人监督，出来好多腐败，应该提出公权问责。”“权力过大，制约过小。高校内部的财务管理像个自成一体的小社会。”时任湖北省教育厅副厅长的周洪宇这样概括高校领导干部职务犯罪频发的原因。湖北省统计局副局长叶青分析：“高校领导干部有了权力，如果不进行约束，就会产生腐败。”③

诺贝尔经济学奖获得者约翰·希克斯(John Hicks)认为：“如果官僚制度的确不失为一种解决办法，那么需要严加防范，经验似已证明必要的防范方法有三个：成功的第一个条件是，必须任用一些官员来监视或检查另一些官员。最早的任意的检查只是暗中侦查，但它能逐渐制度化，因此能(在后一阶段)发展成为像现代官僚政治中的审计制度那种东西。”④

记者阚枫报道：“22 日，十八届中央第十二轮巡视再度启动，本次巡视，中央巡视组将进驻北大、清华等 29 所中管高校，中央巡视将实现中管高校的全覆盖。当前，中国的高校腐败有多严重？根据中纪委网站上的公开信息，有媒体曾统计，2016 年，中纪委网站通报高校领导干部被执纪审查 15 人次、党纪处分 17 人次，合计通报 27 名高校领导干部(5 人在一年中既被执纪审查又被党纪处分)，平均每月通报两名以上高校领导干部。对于中管高校，中央巡视组此前给对中国人民大学和复旦大学的巡视反馈可以看出，包括自主招生、科研经费管理、高校行政化色彩、基建工程、校办企业等都是高校腐败的重灾区。”⑤

从上可知，高校领导拥有相当大的行政权力，这些权力如得不到有效的制衡、控制、约束和监管，就会产生腐败。因此，有权必有责，为了防止滥用权力，必须推行问责制度。

---

① [美]伯顿·克拉克.高等教育系统：学术组织的跨国研究[M].王承绪，等译.杭州：杭州大学出版社，1994：125.

② [美]伯顿·克拉克.高等教育系统：学术组织的跨国研究[M].王承绪，等译.杭州：杭州大学出版社，1994：306.

③ 王全宝.教育去行政化，大势已明但进展不利[N].中国新闻周刊，2010－03－11.

④ 转引自郭咸刚.西方管理学说史[M].北京：中国经济出版社，2003：17.
原文引自[英]约翰·希克斯.经济史理论[M].北京：商务印书馆，1987：19.

⑤ 阚枫.进名校、回头看、机动式，中央新一轮巡视开启[Z].中国新闻网，2017－02－23.

四、大学校长应重视理财

(一) 市场经济越发展,会计工作越重要

1. 生产越发展,会计越必要

马克思指出:“过程越是按社会的规模进行,越是失去纯粹个人的性质,作为对过程的控制和观念总结的簿记就越是必要……簿记对资本主义生产比对手工业和农业的分散生产更为必要,对公有生产比对资本主义生产更为必要。”①“在资本主义生产方式废止以后,但社会化的生产依然存在的情况下,价值决定仍会在上述意义上起支配作用:劳动时间的调节和社会劳动在各类不同生产之间的支配,最后,与此有关的簿记,将比以前任何时候都要重要。”②

2. 市场经济越发展,会计越重要

1962 年 6 月 23 日,中共中央批转财政部党组和人民银行党组《关于全国会计工作会议情况的报告》中指出:“办经济离不开会计。经济越发展,会计越重要。”

1963 年,李先念指出:“会计工作同其他工作一样,是一个光荣的重要的岗位。要办好一个工厂,一个商店,一个生产队,乃至一个医院,一个学校,等等,都离不开财务会计工作。”③

1995 年 10 月 26 日,国务委员李贵鲜受朱镕基同志委托,代表国务院在第四次全国会计工作会议上的讲话中指出:“会计工作不仅在过去重要,现在和将来更重要。市场经济越发展,会计工作越重要。”还指出:“会计人才,是做好会计工作的关键,也是搞市场经济的关键。”④

(二) 学者对会计与财务重要性的论述

亨利·法约尔是两位现代管理之父之一。1979 年,皮埃尔·莫兰为亨利·法约尔的《工业管理与一般管理》作序《亨利·法约尔的现实性或失去的机会》时指出:“美国所有有关管理历史和管理方法的著作都为亨利·法约尔的传记保留了一席之地,且往往承认他与泰罗享有同等的重要性。……泰罗和法约尔,一个美国人,一个法国人,前者著名——甚至于太著名了,谁不知道泰罗主义并且今天不谴责它呢?——后者鲜为人知,怀才不遇:其实,很难提起一个人而不说到另一个。……如果说美国专家们很快就知道了法约尔的理论,盎格鲁-撒克逊人特别是从 1949 年英文版第一次面世的日子以来才得以发现。他们非常惊讶、钦佩这位‘法兰西的先驱者’,赞赏他的主张的价值。今天他们承认他是第一位‘对管理理论进

① 马克思.资本论:第 2 卷[M].北京:人民出版社,1975:152.

② 马克思.资本论:第 3 卷[M].北京:人民出版社,1975:963.

③ 李先念.对财务会计人员的几点希望[N].人民日报,1963-09-04.

④ 李贵鲜国务委员在全国会计工作会议上的讲话[J].中国注册会计师,1995(11):2-6.

行综合性陈述'的人。如同他们所解释的，两位伟大的管理理论家差不多是在同一时期建立起他们的理论，一位是从上层建起，那是法约尔；另一位从基层，他是泰罗。由于大家首先需要整顿生产秩序、车间秩序，大家都转向泰罗，因而他获得了成功。但是现在，在美国的工商学院人们研究法约尔，因为现代管理之父是一位法国人。……法约尔对他的时代来说可能是太超前了。那时人们还没有感到需要一种管理的一般理论。"①

现代管理之父亨利·法约尔认为，没有财务职能则什么事也做不成，会计职能是企业的视觉器官。亨利·法约尔指出："财务职能。没有财务职能则什么事也做不成。人员、厂房、设备、原材料、股票红利、修缮、准备金等等都需要资本。为获得资本和最适当地利用可用的资金并避免轻率的承担义务，必须有完善的财务管理。许多本来可以繁荣起来的企业由于缺钱而倒闭了。没有流动资金或没有信贷，任何革新、修缮都不可能。成功的一个基本条件就是经常注意企业的财务情况。"法约尔还指出："会计职能。这是企业的视觉器官，它能使人随时了解企业处于什么状况并向何处发展，可以对企业的经济形势提供真实、清楚而又准确的情况。一个好的会计制度应当是简单明了的，可以给人以企业状况的确切概念，是领导的一个有力的工具。对于这项职能，与其他职能一样，需要某种程度的启蒙知识。"②

我国台湾的岳师在《华南贸易》一书中指出："财务导向的时代来了！目前在美国，不但最优秀的人都去搞财务，企业的最高主管（CEO）以财务出身的比例也正在扶摇直上。继生产、技术出身与行销出身之后，财务部门主管俨然成为攀登企业最高主管最抢手的主流派。在短短几年间，经济先进国家的企业界最高主管已悄然由行销的导向进入财务导向时代。"

美国佛罗里达大学教授尤金·伯格汉姆和路易斯·加潘斯基在他们的著作中指出："良好的财务管理对一个工商企业、一个国家乃至整个世界经济状况都至关重要……财务管理相对较为复杂多变，因此颇具刺激，使人为之着迷和振奋，同时也给人以挑战，令人困惑。"

（三）高校主要负责人不直接分管财务怎么能承担理财责任

江西、湖南、广东、黑龙江等提出"三个不直接分管"，即党政正职不直接分管干部人事、财务、工程建设项目。笔者认为，《高等教育法》第四十一条第五款规定校长的职权"拟订和执行年度经费预算方案，保护和管理校产，维护学校的合法权益"。在本章第二部分笔者引用大量法规，强调了政府要求高校主要负责人对理财领域负领导责任和主体责任，既然校长负有上述责任那怎么不能"直接分管"？这也与法规不符。同时，与其"拆分财权"不如"治理财权"，关键是完善法人治理结构

---

① ［法］H. 法约尔. 工业管理与一般管理［M］. 周安华，等译. 北京：中国社会科学出版社，1998：序.

② ［法］H. 法约尔. 工业管理与一般管理［M］. 周安华，等译. 北京：中国社会科学出版社，1998：4.

特别是财务治理。

五、大学校长可委托总会计师协助理财

(一) 中国大学校长首务是当科学家,可委托总会计师协助理财

1. 中国大学校长首务是当科学家

(1) 大学校长应符合政治家、教育家的标准

2017年1月13日,中组部会同教育部等印发的《高等学校领导人员管理暂行办法》第五条指出:"党委书记和校长应当符合社会主义政治家、教育家的标准,善于从政治上看问题把方向,有坚定的政治立场、崇高的理想信念、服务国家和人民的价值追求,有正确的教育思想和深厚的学识学养,有相当的教学科研和学校管理能力,有高尚的道德情操和人格魅力。"

(2) 中国大学校长的总体形象更接近官员

前武汉大学校长刘道玉先生指出,中国的大学校长"既要保住博士帽,也要保住乌纱帽"。施平报道:"2005年7月,一项调查结果很能说明问题。有69.87%的受访者认为当下中国大学校长的总体形象更接近官员,认为更接近教育家的则不过6.54%,认为更接近专家学者的也不过9.98%。公众推崇的大学校长皆为蔡元培等先辈,无一人是当下的。"①

刘天亮指出:"有调查显示,民众对于大学校长的不满与批评集中在三个方面,一是身份官员化,二是治校不专业,三是行为平庸化。一项对112所'211工程'大学的最新调查显示,教育学背景的校长仅占4.3%,尽管87.2%的校长认为最应该扮演的角色是教育家,却只有38.3%的人自认做到了这一点。"②

因此,我国大学的校长,虽然在校(院)长经济责任制中负首要责任,但是,他们首先要做科学家(学者),要有国家级的课题和奖项,要当博导或院士,这样"保住了博士帽又保住了乌纱帽"。在管理学校方面也是抓学科建设、抓科研,工作重心不在经济责任制方面。中国大学再不设总会计师,校(院)长经济责任制谁负责?

2. 大学校长的专业背景

笔者检索了42所"一流大学"现任校长的专业背景,仅有3位是经济学博士,占比不到8%;其余都是自然科学背景,其中院士(中国科学院院士、中国工程院院士或外籍院士)有15位。这并不是说有经济学背景就能掌握高校财经业务,即便是会计学博士也不一定能掌握高校财经业务;这也并不是说拥有理工科背景就不能掌握高校财经业务,中山大学校长黄达人是数学教授,对高校财务就发表过真知灼见。鉴于我国目前相当多的大学校长无财务背景,又肩负着重大的财务责任,因

---

① 施平.当今大学,谁是真正教育家[N].新民晚报,2005-12-08.

② 刘天亮."个性校长"还当塑造共同愿景[N].人民日报,2016-05-23.

此，大学校长可委托总会计师协助理财。

(二) 总会计师是校长理财的专业助手

哈特威克学院的首席信息官和筹划官艾伦·F.法尔多图(Ellen F. Falduto)指出："在为了技术而进行的财务筹划和预算中，首席财务官也是改革高等教育的最大的潜在力量之一，并且参与进了这项活动的筹划之中，有了对于首席财务官们来说立竿见影的和直接的利益，这包括一些合适的、支持财务跟踪的技术系统和报告系统，电子商务交易的潜力，校园卡系统，为资深管理者提供关键学校信息接口的经理信息系统等等。新的教育程序和新的指导方式的潜在益处可以为学校带来新的学生，因此，要提高收入流量以支付在技术上的投资。最大的益处是学校对于技术投资将有一个计划和财务模式。首席财务官也将有一个技术对于学校重要性的理解、技术成本要素的理解和学校技术成本的理解。"①

美国MCT公司的代理首席执行官和资深合伙人J.肯特·卡鲁特兹(J. Kent Caruthers)与MCT公司的负责人丹尼尔·T.莱泽尔(Daniel T. Layzell)指出："大专院校的首席财务官们每天花很大一部分时间考虑他们学校现今和将来的财务状况。有一项活动对于任何一个此类学校现在和将来的财务状况都有着重要的意义，那就是开发实物的(physical)校园总体计划以及确定相关的资本预算需求。因此，首席财务官积极地参与到总体筹划和资本预算流程中去将最符合首席财务官本人和学校的利益。"②

第二节 大学理财的复杂性

1993年，笔者在《预算会计研究通讯》第7期和第8期连续刊登了《事业单位财务会计比工业企业财务会计更为复杂》一文后，虽然过去了20多年，但事业单位会计与财务的复杂性，笔者一直在思考。高校管理会计作为高校会计的一个分支，本节首先对高校会计与财务的复杂性进行探讨。

一、高校的复杂性

(一) 高校复杂性的观点

闵维方教授在2003年就指出："大学是一个高度异体化的组织，其复杂程度不亚于一个跨国公司。"③

① [美]露西·拉普斯基，玛丽·P.麦考文·莫克.高校的财务运作[M].李正，主译.北京：中国财政经济出版社，2004(2)：56-57.

② [美]露西·拉普斯基，玛丽·P.麦考文·莫克.高校的财务运作[M].李正，主译.北京：中国财政经济出版社，2004(2)：84.

③ 校长二人谈[J].新闻周刊，2003(6)：50-51.

哈佛大学前校长德里克·博克在他的新书《市场中的大学》里指出:“与管理一个公司相比,领导一所大学是一项不确定因素更多的事业。其目的是利用教职工和管理者双方的力量,建立一种管理系统。而要建立这种系统,就要向前者灌输大学的需求和机遇,同时让后者认识到大学在保持可能实现的最高教学质量时,所需要的根本价值观和标准。”①

经济合作与发展组织高等教育管理项目办公室在一个报告中指出,如今的大学已不再像过去几百年里人们所熟知的那样:一块安静的地方,教授们悠闲地开展着教学或研究工作、思冥宇宙万物。如今的大学已经成为一项庞大、复杂、需求多元、充满竞争、需要持续大规模投入的事业。大多数高等教育机构都不是商业机构,不过许多正变得越来越像企业。在很多方面,管理高等学校要比管理企业复杂得多,而且必须因“校”制宜。②

《刻不容缓:确保高等教育可持续发展的未来——“高等学校财务管理与治理”项目成果报告(2004)》(简称《报告》)中还指出:“大多数高等教育机构都不是商业机构,不过许多正变得越来越像企业。在很多方面,管理高等学校要比管理企业复杂得多,而且必须因‘校’制宜。从传统的研究型大学眼光来看,这种不同可能更明显,如:① 高等学校主要着眼点是学术目标,不与经济目标直接挂钩;② 高等学校具有公共服务和社会责任的理念,若用商业的眼光来看这些服务可能并不合算;③ 学术人员在其工作方向和重点上有一定的自主权(尤其在研究上);④ 高等学校通常缺少企业所具有的那种能力(或许是意愿)来进行成本核算和绩效管理;⑤ 高等学校的治理和管理通常有赖于那些有奉献精神的人,而不是职业经理人。学术职位可能就由同事选举产生,通常是兼职、轮换担任。”③

布鲁贝克认为:高等学校是一个“按照自身规律发展的独立的有机体。”④

王强认为:“尽管在复杂科学理论应用于教育的问题上存在一些争论,在某些问题上也还未取得一致意见,然而通过国内外学者对教育复杂性研究的探索和实践,人们取得了一个基本共识,那就是认为教育是一个特殊的超复杂系统。”⑤

刘献君指出:“关于高等教育的特征,不少教育研究者进行了大量研究,并形成

① 霍华德·戴维斯.制定21世纪大学的发展战略规划,中外大学校长论坛文集:第二辑[M].北京:中国人民大学出版社,2004(9):170.

② 经济合作与发展组织高等教育管理项目办公室—英格兰高等教育拨款委员会.刻不容缓:确保高等教育可持续发展的未来——“高等学校财务管理与治理”项目成果报告(2004)[J].辽宁教育研究,2005(9):1-8;(10):1-12.

③ 经济合作与发展组织高等教育管理项目办公室——英格兰高等教育拨款委员会.刻不容缓:确保高等教育可持续发展的未来(下)——“高等学校财务管理与治理”项目成果报告(2004)[J].辽宁教育研究,2005(10):1-12.

④ [美]约翰·S.布鲁贝克.高等教育哲学[M].郑继伟,等译.杭州:浙江教育出版社,1987:15.

⑤ 王强.教育复杂性研究进展[J].开放教育研究,2003(4):16-19.

了一些基本共识。如高等教育是一个以知识活动为主要特征的社会系统，在高等教育系统内部，知识被发现、保存、完善、传递和应用，围绕知识运行是高等教育系统的主要特征。因而，知识领域是构建高等教育组织的'砖块'课程和项目之间彼此相独立，大学组织结构具有'松散关联'的特点；决策权高度分散，形成学术权力和行政权力的二元权力结构；由于任务的片段性、权力的分散性，高等教育机构的变革主要是递增性的，很少出现巨大的、突发的、包罗万象的变革……与企业、商业管理相比，高校战略管理更为复杂。"①

吴兰平认为："教育系统具有复杂系统的基本特点，它在结构与功能上表现为规模大、相关因素多且相关方式复杂、目标多样等特征；在运动上表现为随机性、非线性等特征。教育系统的复杂性决定着教育决策及教育评价的过程是复杂的和高难度的，这也是教育决策和教育评价过程中的许多具体操作的效度很难接近理想目标的重要原因。"②

（二）高校组织的复杂性

1. 大学是松散耦合的组织

20世纪70年代，美国学者维克(K. E. Weick)提出了松散结合系统理论，他认为："学校不同于企业，行政人员和教职工之间不是简单的上下级关系，教师与其他工人阶层也有区别。"将大学这样的教育组织称为"松散耦合系统(loosely coupled system)"。③ 科森很早就提出，大学是个"松散组织(loose or-ganization)"。科恩和马奇将大学称之为"有组织的无序状态(organized anarchy)"。④ 伯顿·克拉克认为："高等教育系统中的底层结构即以学科为主的层次朝着分化和松散型结构变化，并且随着学科和专业领域的日益专业化，其聚集形式越来越松散，因而它所遵循的是学科、专门知识和专业化无序状态的逻辑。""学术系统与其说是从一种观点看世界的专业人员紧密结合起来的群体，不如说是许多类型专业人员的松散结合。"⑤阎光才也认为："在大学组织内部，系科之间的松散状态是自然形成的，是知识分化并趋于高度专业化的结果。"⑥因此，正如樊平军、毛亚庆指出："松散结合是大学不同于其他组织的独特性质。这种特性是指大学组织的基本构成要素，诸如学院、学部、学系、讲座、研究所或中心，以及从事高深学问的教学与研究的教授、专

① 刘献君.论高校战略管理[J].高等教育研究，2006(2)：1－7.

② 吴兰平.教育系统及教育评价的复杂性研究[D].武汉：武汉理工大学，2002：1.

③ Weick, Karl E.. Educational Organizations as LooselyCoupled Systems[J]. Administrative Science Quarterly，1976(21)：3.

④ Cohen, M. D., J. G. March. Leadership and Ambigu-ity[C]//The American College President. McGraw-Hill，1974：203.

⑤ 伯顿·克拉克.高等教育系统：学术组织的跨国研究[M].杭州：杭州大学出版社，1994：39－41.

⑥ 阎光才.大学的组织特性与组织文化模式[C]//中国教育管理评论：第一卷.北京：教育科学出版社，2003：179.

家、学者，在组织的运行过程中各自保持一种独立自主、低度联结的工作状态或组合方式，以致整个大学组织就像一个拥有各种知识群体的控股公司。”①

2. 大学是行政权力与学术权力并存的学术组织

著名高等教育学家潘懋元认为：“高等学校是学术性的社会组织机构，作为社会组织机构来说，任何组织机构都有其组织目标、结构、规范，都有一定的内部或外部的行政事务，在其运转中，要行使一定的行政权力；作为学术性机构，高等学校的主要职能是教学、科研等学术性活动，为达到学术目的、完成学术任务，必须赋予大学教师和科研人员以充分的学术权力。因此，在高等学校中，行政权力与学术权力的存在都是必然的、合理的。……二元权力的合理性与局限性并存，其本身就必然导致学术权力与行政权力的矛盾冲突。”②帕森斯指出：“大学在某些方面是一种独特的‘逆权威’类型的组织，它的‘顶层管理部门’通常受一套明确的规定支配，限制其权威干涉教员(他们在某种意义上是‘下级’)的职权范围。大学强调教员的职务占有性，而且另一个重要方面是实行学术自由的规定，容许在广阔的领域内自由地教学、讨论和写作，而不受干扰。”③刘向兵、李立国也认为：“大学的组织与企业有根本性的不同。组织的特点决定了高校战略管理与企业战略管理的不同。……大学是二元权力结构的组织。除行政权力外，还存在着学术权力。学术权力的存在，改变了组织中的科层等级关系。”④

3. 大学是高度异质化的组织

金顶兵、闵维方指出：“当代巨型大学是高度异质化的组织。首先，大学组织的功能及其在社会生活中的地位发生了巨大变化。……大学组织也为政府提供了更多的研究和咨询服务。同时，大学组织也和企业进行了密切合作。企业获得了大学的研究成果和专利；大学组织通过合作研究、转让研究成果等获得了大量的资金支持。大学组织和教授个人甚至直接创办公司，在转化他们研究成果的同时获取经济利益。因此，大学组织的功能得到了很大的扩展。当前，大学不仅是社会经济发展中一个不可或缺的部分，而且逐渐成为社会经济发展的动力源，成为社会的轴心组织。……大学功能的扩展使大学组织的面貌发生了巨大变化。大学组织与其所在社会的界限开始变得很不明确。它已经不再是个简单的‘发现和传播高深知识的自治中心’了。相反，大学组织成员变得多样，结构变得复杂，组织活动也变得异彩纷呈了。大学校园也不再是一片安宁的土地，而是变得有点‘闹哄哄’了。……由于组织功能的复杂化及其与社会政治、经济部门之间关系的加强，大学组织中除了原来的教学、科研等核心作业系统以及围绕核心作业系统并为之提供服务

---

① 樊平军，毛亚庆．论大学松散结合组织特性的知识根源[J]．高等教育研究，2006(6)：51－54.

② 潘懋元．多学科观点的高等教育研究[J]．高等教育研究，2002(2)：15－16.

③ [美]帕森斯．现代社会的结构与过程[M]．梁向阳，译．北京：光明日报出版社，1988：44.

④ 刘向兵，李立国．高等学校实施战略管理的理论探讨[J]．中国人民大学学报，2004(5)：140－146.

的管理系统、后勤服务——辅助支撑系统之外,还存在着很多其他部门和机构。这些机构或穿插在原有的机构中,或附着在原有的机构上,或相对独立于原有的大学组织之外。它们使大学组织的范围向外伸展,并与社会经济部门交叉相错,从而更加强化了大学组织的复杂程度。”①刘向兵、李立国认为:“大学是高度异质化的组织。社会学家布劳在研究社会结构时,用不平等程度表示社会垂直分化的程度,用异质性程度表示社会水平分化的程度。大学组织的垂直分化程度低,而且权力关系模糊,因此,不平等程度较低但水平分化程度却较高。大学除了核心的教学和科研系统外,还有一个庞大的管理系统及纷杂的辅助支撑——后勤保障系统。……因此可以说,大学组织是个异质化程度很高的组织,大学组织内部这些不同系统的巨大差异及其矛盾是大学组织的一个重要特征。”②

4. 大学是特殊的非营利组织

联合国国际标准产业分类体系把非营利组织划分为3大类,它们是:① 教育。小学教育、中学教育、大学教育、成人教育及其他。② 医疗和社会工作。医疗保健、兽医和社会工作。③ 其他社区服务和个人服务。环境卫生、商会和专业组织、工会、其他会员组织(包括宗教和政治组织),娱乐机构、新闻机构,图书馆、博物馆及文化机构,运动和休闲。欧共体经济活动产业分类体系把非营利组织划分为5类:① 教育。高等教育、中小学教育、职业教育和护理教育。② 研究与开发。③ 医疗与卫生。医院、诊所,其他医疗机构,牙医和兽医。④ 其他公众服务。社会工作、慈善机构、专业组织、雇主协会、工会、宗教组织和学会、旅行社。⑤ 休闲与文化。娱乐机构、图书馆、档案馆、博物馆、动物园和体育组织。③《中华人民共和国教育法》第二十五条规定:“任何组织和个人不得以营利为目的举办学校和其他教育机构。”但是,学者们认为:大学是一种特殊的非营利性组织。魏玉、王名等认为:“与一般的企业不同,大学是非营利组织;但与一般的公益组织不同,大学又具有一定的产业性质,具有经济实体的一些特点。所以说,大学是一种特殊的非营利组织。”④王建华认为:“营利性院校以及完全受政府控制的军事院校处在坐标轴的两个极端,也可以说是处在第三部门的边缘,占整个高等学校的极少数。绝大部分高等学校在营利性与自治程度两个指标中居于中间地带。展望未来,正确地运用第三部门理论,对高等学校这种特殊的非营利组织加以研究,有助于大学在21世纪对人类做出更大贡献。”⑤笔者也同意这个观点。⑥ 企业是营利组织,大学是非营

① 金顶兵,闵维方.论大学组织的分化与整合[J].高等教育研究,2004(1):32-38.

② 刘向兵,李立国.高等学校实施战略管理的理论探讨[J].中国人民大学学报,2004(5):140-146.

③ 转引自李晓明.国内外非营利组织研究述评[J].西北大学学报:哲学社会科学版,2007(5):147-152.

④ 魏玉,王名.大学:一种特殊的非营利性组织[J].高教探索,2001(3):74-77.

⑤ 王建华.高等学校属于第三部门[J].教育研究,2003(10):36-39.

⑥ 乔春华.大学经营的财务视角[M].南京:南京大学出版社,2008:38-44.

利组织，这是两者根本的区别。大学是一种特殊的非营利性组织，不同于典型的非营利组织，这是大学的复杂性。

5. 大学是典型的利益相关者组织

伦敦政治经济学院院长霍华德·戴维斯指出："在大学里，分析利益相关者比在许多公司里都有意义。如今，公司负责人喜欢谈论他们的利益相关者，但他们还是要接受股东利益高于一切的事实。事实上，我有时都怀疑一些公司的负责人对利益相关者高谈阔论，其实是为了掩人耳目，因为他们事实上并不将这些人的利益作为公司的关键目标。而对于大学来说，考虑不同类型利益相关者的利益是至关重要的。从法律上讲，利益相关者对大学有着不同却又平等的期望。……从这个定义你就能看出大学管理者的职责。无论他或她的头衔是什么，要完成这种职责，就要采取有别于商学院所传授的战略规划方法。我学习的管理有一部分是麦肯锡模式，我觉得这种模式不能完全适合我现在的管理工作。这让人尴尬！但从某种意义上说，它使大学变成了一个人所遇到的更有趣的管理挑战。"①张维迎认为："大学作为一个非营利性组织，是一个典型的利益相关者组织，每个人都承担一些责任，但没有任何一部分人对自己的行为负全部责任。大学里面的利益相关者包括教授、校长、院长，包括行政人员，包括学生以及毕业了的校友，当然也包括我们这个社会本身（纳税人）。"②刘向兵、李立国认为："高校作为非营利组织，是一个典型的利益相关者组织。大学的决策必须在诸多利益主体之间寻求平衡，不能仅强调某一方面的利益。高校管理者与企业的管理者相比，缺乏完全的自主性与控制力，高校管理者在制定发展战略与决策时，必须与其他重要的利益相关者分享权利，这使得高校在实施战略管理时比企业更为困难和复杂。因为利益相关者理论所确定的'平衡利益相关者的利益'目标，只是提出了一个美好的目标，并没有告诉人们如何去实施。学校中各利益相关者的利益是相互竞争的，甚至是实现一方利益必然以牺牲另一方利益为代价，管理层完成多个目标并同时完成最优化的求解任务是不现实的，事实上要同时实现多个目标的最大化也是不可能的。"③大学这种典型的利益相关者组织，与企业不同，企业要接受股东利益高于一切的事实，而大学则要考虑不同类型利益相关者的利益却是至关重要的，而又没有任何一部分人对自己的行为负全部责任。因此，这又是大学的复杂性。

（三）高校复杂性的特征——不确定性

1. 不确定性概述

美国科学家亨利·N. 波拉克将不确定性归纳为：(1) 不确定性总是伴随着我

---

① 霍华德·戴维斯. 制定21世纪大学的发展战略规划，中外大学校长论坛文集：第二辑[C]. 北京：中国人民大学出版社，2004：168-170.

② 张维迎. 大学的逻辑[M]. 北京：北京大学出版社，2004：13-19.

③ 刘向兵，李立国. 高等学校实施战略管理的理论探讨[J]. 中国人民大学学报，2004(5)：140-146.

们，它绝不可能从我们的生活（无论个人还是社会整体）中完全消除。由于不确定性的存在，我们对过去的理解和对未来的预测总是模模糊糊。(2) 因为不确定性永远不会消失，对于未来的决定，无论其大小，总是在缺乏确定性的情况下做出的。在做决定之前一直等到不确定性完全消除是对现状的含蓄支持，常常是维持现状的一个借口。(3) 预测长期的未来是一件危险的事情，很少能做出与现实非常接近的预言。随着未来的逐渐展开，需要做"中期方向修正"以便考虑到新信息和新发展。(4) 不确定性，远非前进的障碍，它实际上是创造性的刺激因素和重要组成部分。① 著名经济学家弗兰克・H. 奈特指出："我们生活的世界是一个变化的世界，一个充满不确定性的世界。"而"世界上有太多的客观对象要由有限的智力来对付。"②由此可见，不确定性与"有限理性"联系密切。奈特还认为："经济学中不确定性问题的根本在于经济过程本身的前瞻性(forward-looking)。"③因此，不确定性是指事先不能准确知道某个事件或某种决策的结果或只要事件或决策的可能不止一个结果。不确定性具有普遍性。

2. 教育活动的不确定性

博尔诺夫认为："教育不是一种可以预料的活动，它不像工程计划那样，人们能够准确地预测其结果。虽然信任是教育成功的必要条件，但是由于被信任对象的行为是自由的，因而其效果是无法预料的，并不如自然规律那样具有必然性。所有信任都可能会落空。这就是教育意图的失败。"④项贤明指出："除了那些简单的'刺激—反应'机制外，教育系统中的其他部分都是难以用某一简单模型来描述的，我们很难在普遍意义说一个教育活动 A 必然获得一个结果 A′，也很难在普遍意义上说增加教育投入 B 就一定会得到 B′量的教育回报。"⑤钟洪、朱学红指出："由于公共物品和准公共物品的交易没有价格信号的作用，外部性和信息不对称的特点突出，市场不能对大学的整体运行形成有效的约束，并且大学所提供的公共产品和准公共产品的质量具有难计量的特性，教育服务的质量、教学水平的高低以及科学研究的价值不像面包的质量那样容易确定，这就造成在衡量大学提供的产品质量方面，还没有一个合适的科学标准，也不可能有这么一个标准，因此我们难以确定大学领域的投入和产出关系。譬如，大学中的多数原创性的研究结论具有事前的不可预测性，如果能够预期的话，其创新程度一定大打折扣，这必然造成事前无法准确确定研究项目的预算，故其研究者可以以此为借口要求追加经费；或者，由于

① [美]亨利・N. 波拉克. 不确定的科学与不确定的世界[M]. 李萍萍，译. 上海：上海世纪出版集团，2005:3.

② [美]弗兰克・H. 奈特. 风险、不确定性与利润[M]. 安佳，译. 北京：商务印书馆，2006:179-186,215.

③ [美]弗兰克・H. 奈特. 风险、不确定性与利润[M]. 安佳，译. 北京：商务印书馆，2006:179-186,215.

④ [德]O. F. 博尔诺夫. 教育人类学[M]. 李其龙，等译. 上海：华东师范大学出版社，1999:47-48.

⑤ 项贤明. 泛教育论：广义教育学的初步探索[M]. 太原：山西教育出版社，2000:486.

研究目标的模糊性，研究者也可以在不能进一步得到经费情况下，降低研究目标，降低研究质量。”①曹树真的研究表明“教育活动是一种比物理运动、化学运动更高级的社会运动形式……教育的不确定性存在于教育与社会、人的发展的关系和教育过程的内部联系(如教育行为与教育发生、教育内容与认知结构、教育意图与教育效果、教育活动与身心发展等)之中。任何教育活动总是以一定的社会文化生活为背景，以教育主体的全面生成和发展为指向，通过建立以言语信息交流为中介的多重形态教育主体的多极交往关系，对个体的社会性发展和自我生成产生影响，所以教育现象的模糊性、教育性状的多变性、教育系统的复杂性等等”②。孟繁华也认为：“从确定性到不确定性是现代教育决策应把握的一个重要特征。”③

3. 科研活动的不确定性

科研活动是高校的重要内容。科研活动的不确定性表现于科研主体(课题组成员)与科研客体(科研项目)两个方面。科研项目是待研究的对象，包含着诸多未知因素和不确定性，课题组成员的认识能力和水平也存在诸多不确定性。科研过程是个探索过程，探索本身具有不确定性；科研过程又是个创新过程，著名技术经济学家 G. 多西认为：“创新包括一个基本要素即不确定性，这不仅仅是指缺乏与已知事件的发生有关的信息，更根本的是还包括：① 存在着尚不知道如何解决的技术经济问题；② 准确地追踪行动结果是不可能的等。这些创新活动的不确定性特征是第一个‘程式化事实’。”④因此，不确定性是科研活动的基本性质。

综上所述，高校的教学、科研活动具有高度不确定性，这种不确定性反映了高校的复杂性。而这种复杂性又体现在高校会计与财务活动中。

二、高校理财的复杂性

(一) 高校预算复杂性

罗伊 · T. 梅耶斯等指出：公共“预算非常复杂，其中充满了行话、会计的神秘以及错综复杂的步骤，写得不好就会造成理解上的障碍”。⑤

史蒂文 · A. 芬格乐博士指出：“在公共服务领域，由于不是所有的经济活动都直接与利润最大化相联系，所以预算的制定比较复杂。……战略规划没有具体详细的财务目标。而是确定了制定专门、详细预算的步骤，以利于机构组织最高目标

① 钟洪，朱学红. 中国公立大学预算软约束的解释及对策建议[J]. 清华大学教育研究，2005(5)：87－90.

② 曹树真. 论教育的不确定性[D]. 武汉：华中师范大学，2001：摘要.

③ 孟繁华. 不确定性：现代教育决策的重要特征[N]. 中国教育报，2001－03－03.

④ G. 多西. 创新过程的性质[M]//G. 多西. 技术进步与经济理论. 钟学义，等译. 北京：经济科学出版社，1992：274.

⑤ 罗伊 · T. 梅耶斯，等. 公共预算经典：第一卷　面向绩效的新发展[M]. 苟燕楠，董静，译. 上海：上海财经大学出版社，2005：前言.

的实现。”[①]

公共预算的复杂性表现于零基预算、绩效预算、全面预算等在公共领域应用难。公共预算的复杂性直接影响高校的部门预算，公共预算改革难直接影响高校的预算改革。

麻省理工学院的副校长约翰·克里(John Curry)曾如是描述高校预算：高校预算是一件非常复杂的事，涉及方方面面，就像一颗钻石上的各个斜面形成不同方向上的反射光线一样。因此，美国高校把学校预算比作整个行政机器的动力和润滑剂。没有预算乱铺摊子，收取的费用就只能“超载或带病运转”。[②]

高校预算的相关内容在第五章中阐述。

(二) 高校确定教育成本的复杂性

笔者曾在20世纪80年代中叶探索过人才成本。[③] 后来认为教育成本计算难度大且研究意义不大。[④]《高等学校生均成本核定办法》与《高等学校成本管理暂行办法》未出台是由于计算难。臧文丽报道：“张保庆：教育培养成本问题没完全研究透。”[⑤]刘开普报道：“大学生培养成本很模糊：一个无法说清的问题。”[⑥]代小琳报道：“但学生培养成本确实很难计算，因为涉及的因素太多。王旭明指出，中国的高等教育实行的是教育成本分担机制，就是国家、学校和上学的学生本人各负担一部分费用。教育成本学生应该负担多少，是按照这个估算出来的标准收取学生的费用。……每个学生应该分担多少，这是一个很复杂的指标，所以研究起来要有一定的时间。”[⑦]

国外未计算过高校成本。段治平等认为：“华盛顿州公立高校自1977年始，采用成本分担理论作为其学费定价的理论基础，基于生均成本数据和分担比例确定学费。该州立法确定学费只能是教育成本的24%～33%。由于院校生均教育成本很难准确计量，以及合理分担比例的难以确定，该州在1995年宣布放弃以成本

---

① 史蒂文·A. 芬格乐. 财务管理：公共、医疗卫生和非盈利机构组织[M]. 张纯，译. 上海：上海财经大学出版社，2004：28－29.

② 孙佳，赵文华. 美国高等教育预算进行式——从官方到大学[J]. 世界教育信息，2004(11)：22.

③ 乔春华. 人才成本初探[C]//煤炭院校首届财务工作研讨会论文选. 秦皇岛：[出版者不详]，1985：31－43.

乔春华. 人才成本再探[C]//煤炭院校第二届财务工作研讨会论文选. 成都：[出版者不详]，1986：21－28.

乔春华. 人才成本的理论与实践[J]. 教育与经济，1987(2)：4－11.

④ 乔春华.《事业单位会计准则》与《事业单位财务规则》研究：以高等学校为例[M]. 南京：南京大学出版社，2010：248－249.

⑤ 臧文丽. 张保庆：教育培养成本问题没完全研究透. 人民网，2006－09－07.

⑥ 刘开普. 大学生培养成本很模糊：一个无法说清的问题[N]. 中国财经报，2006－04－14.

⑦ 代小琳.《高等学校生均成本核定办法》计划今年制定[N]. 北京晨报，2007－01－05.

决定法作为学费定价的基础。"[①]郭少峰报道:"但(我国)大陆高校以前没有做过成本核算,国外也没有先例,虽然也曾组织人员到国外考察,但现在做具体核算仍非常复杂。这位人士透露说,设备折旧、教室折旧等估计会算在成本核算里,不过在具体比例上还是有不同的意见。"[②]2010 年 3 月 5 日,由财政部会计司、中国会计学会、政府与非营利组织专业委员会主办,在中南财经政法大学召开的"政府与非营利组织会计高层论坛"上,笔者遇到了美国伊利诺伊大学陈立齐教授(中国财政部政府会计改革专家委员会顾问),向他请教了:"美国是否计算高校教育成本?"他沉思后答:"没有。"

(三) 高校确定财务目标的复杂性

1. 高校财务应以公共利益的目标

有些学者认为,政府应以公共利益最大化为目标。[③] 政府提供公共产品,高校提供准公共产品,高校财务应以公共利益为目标。公共利益却是难以界定的。按照经济学的一般原理,企业追求的是利润,因为"企业"的边界容易确定,"企业利润"的边界也容易确定,可以通过目标利润、目标成本测定;而"高校"的边界虽容易确定,但"公共利益"的边界却不容易确定。公共利益涉及教育的效率与公平,其衡量标准不易明确,在于高校经济活动和政策的效率与公平的权衡取舍,在经济学上称之为公平——效率抵换(equity-efficiency trade-off)问题。高校财务目标从宏观上以公共利益为目标,既要考虑公平又要把质量放在重要地位,而质量与成本的目标函数又不同;从微观上高校内部的"成本""结余"却不易测定。

2. 公共利益的概念难以界定

美国学者库珀认为:"几十年来学术界在对'公共利益'的定义与解释上仍然争论不休。"[④]并指出:"要想给出一个能得到理论界或实际工作者公认的'公共利益'定义,是不可能的。"[⑤]黛博拉·斯通指出:"在何谓公共利益这个问题上,永远无法形成广泛的共识。公共利益如同一个空盒,每个人都可以将自己的理解放入其中。"[⑥]国外还有学者认为:"公共利益是一个宽泛的和有点模糊的概念,它具有一

① 段治平,周传爱,史向东[J]. 价格理论与实践,2006(12):77－78.

② 郭少峰. 大学生培养成本核定出标准,文科生年成本 1.3 万[N]. 新京报,2006－04－05.

③ 如董江涛认为:"政府职能的目标:公共利益最大化。"(董江涛. 转变政府职能:以公共利益最大化为目标[J]. 长白学刊,2008(2):57－59.)杨琳认为:"社会管理应追求公共利益最大化。"(杨琳. 中国正值矛盾凸显期、社会管理应追求公共利益最大化[N].《瞭望》新闻周刊,2010－01－19.)戴黍华认为:"政府应以公共利益最大化为己任。"(戴黍华. 政府应以公共利益最大化为己任[N]. 羊城晚报,2005－03－24.)

④ [美]库珀. 行政伦理学[M]. 张秀琴,译. 北京:中国人民大学出版社,2002:72.

⑤ Cooper Terry L. The Responsible Administrator[M]. San Francisco: Jossey-Bass Publisher,1990:68.

⑥ 转引自林龙,李云. 浅论公共利益的概念[J]. 大众商务,2009(18):89.

种难以表达的本质。"①我国台湾学者陈新民认为："公共利益是一个'罗生门'式的概念。"他还认为：公共利益的特别之处"在于其概念内容的不确定性"，主要原因在于"对利益形成和利益价值的认定无法固定成型"，且"受益对象的范围难以确定"，"公共一词无法完全清晰定义"②。我国台湾学者陈锐雄认为：公共利益这一概念因"非常抽象，可能言人人殊"。③ 肖顺武认为："公共利益的概念犹如普洛透斯(Proteus)的脸孔：一方面，学术界对于什么叫'公共'的认识存在争议；另一方面对于什么是'利益'也是众说纷纭。这使我们难以在概念上对公共利益进行界定。"④莫于川教授认为："公共利益是一个混乱且无法丢弃的筐。"⑤张成福教授认为在公共行政学中关于公共利益是否存在主要有三种观点：第一种观点认为公共利益是一个政治浪漫主义；第二种观点认为公共利益是披着羊皮的狼，是政治家为了达到自己的政治目的的一点借口；第三种观点认为公共利益是政治的迷思(political myth)，公共利益是永远说不清楚的，实际上也并不存在公共利益。⑥

3. 公共利益的边界难以确定

肖顺武的研究表明：公共利益由谁界定尚未解决，至今由五个主体即立法机关、国家、法院、民众界定、听证会的方式界定公共利益。肖顺武的研究还显示：公共利益的界定依据的标准尚未解决，学术界有不同的认识即主要有三标准论、四标准论、六标准论和综合标准论等观点。⑦

陈其林指出："'公共利益'的不确定性，首先源自准公共产品的性质上。'公益目标'或'公益性质'本身是个宽泛的概念，无论其内涵还是边界，均具有较大的不确定性。在严格的意义上，'公益目标'或'公益性质'不是经济学概念，而是一个现代社会不可回避并与社会所有成员相关的伦理学范畴。……所谓利益边界的不确定性，指的是由准公共产品供给与消费方式决定的、公共利益与其他主体经济利益之间界限的模糊化。"⑧

徐明稚认为："高等学校属于非营利组织，高校运行追求的是事业目标，而不是经济目标。因此，高校的财务管理没有收必须大于支的客观要求，更不存在收

---

① 参见 Kaschuba, Christian. The digital challenge to the public interest: a policy analysis of the regulation of virtual advertising in the european union d[M]. Seattle: University of Washington, 2002:39.

② 陈新民. 德国公法学基础理论(上)[M]. 济南：山东人民出版社，2001:181,184.

③ 陈锐雄. 民法总则新论[M]. 台北：台湾三民书局，1982:913.

④ 肖顺武. 公共利益研究——一种分析范式及其在土地征收中的运用[D]. 重庆：西南政法大学，2008:5.

⑤ 莫于川. 公共利益是一个混乱且无法丢弃的筐——关于公共利益概念和实务问题的研究笔记[J]. 现代物业，2007(16):6-11.

⑥ 张成福. 在"第三届中美公共管理国际学术研讨会"上的发言[EB/OL]. (2006-06-08). http://theory.people.com.cn/GB/49167/4449785.html.

⑦ 肖顺武. 公共利益研究——一种分析范式及其在土地征收中的运用[D]. 重庆：西南政法大学，2008:68-73.

⑧ 陈其林. 公共产品、公共利益及其不确定性[J]. 中国经济问题，2007(4):7-16.

越大于支越好的趋利倾向。但是高校也和任何非营利的事业单位一样不能出现入不敷出的局面,否则高校的生存就会出现问题。高教事业是需要高强度投入的事业,即使是世界上最发达的国家中财力最雄厚的高校也总是感到还有许多工作因为受到经费的制约而不能如愿进行。高等教育的这些鲜明的固有特点决定了高校财务管理的目标和要求就是'量入为出'。高校在确定自身的建设目标时必须考虑自己的财力水平。……可持续发展的前提或者说必要条件是必须有健康的财务状况,有持续不断、逐步扩大的现金流来确保学校的正常运转和发展。"①

高校以公共利益作为财务目标很难确定。高校财务目标的相关内容在第五章中阐述。

(四) 高校会计的复杂性

1. 高校财务会计的复杂性

张琦的研究显示:"会计确认有着严格的标准,但公共领域的诸多不确定性因素影响着会计确认程序的实现,……'政府会计边界'概念期望将政府会计系统的功能定位于特定范围内。政府会计的功能不应扩展至该范围以外,否则是高成本且低效益的,范围外的功能可由其他信息系统予以实现。而在该范围内,政府会计应该充分发挥比较优势,并进行一定的功能优化(如引入应计制),最大限度地服务于公共受托责任中的信息披露要求。'政府会计边界'应该是一个动态概念,各国政府会计的决策者可以结合本国实际情况以及改革实施成本,决定该国政府会计功能选择的范围。但政府会计无论是扩展边界以增加功能,还是紧缩边界以节约成本,都需引入成本效益分析机制,按照系统设计的原则确定其限度('上限'是指政府会计功能扩张的限度,而'下限'是指政府会计至少应各具各的功能底限)。政府会计边界的上限:整体性原则的约束,政府会计边界的上限应该是信息披露的边际效益大于或等于边际成本的临界点,超过该临界点过度地扩展会计系统的功能将是低效益且高成本的;政府会计边界的下限:目的性原则的需求,政府会计边界的下限应该是以基本满足授权方的货币量化信息需求为前提,这要求政府会计系统在设计时应考虑授权方的评价需求,并进行功能优化。例如,政府会计系统不能因为信息成本过高便放弃使用应计制基础,而采用较简化的现金制基础。"②

由于高校的教育和科研效益的外溢性和长效性,因此,其经济效益和社会效益对会计主体提出了挑战,高校目前的会计边界对外部效益和未来效益的影响应考虑,应高校目前的收付实现制对未来效益的影响也应考虑。

① 徐明稚.高校财务管理应"量入为出"[J].中国高等教育,2005(20):8-10.

② 张琦.公共受托责任、政府会计边界与政府财务报告的理论定位[J].会计研究,2007(12):29-34.

2. 高校管理会计的复杂性

查尔斯·亨格伦等认为非营利组织的管理会计难点在于:① 很难定义产出,大学机构的产出可以认为是授予学位的多少,但许多评论家认为应以学生们掌握的技术的多少而定,因此衡量产出通常被认为不可能。② 主要的投入与产出不能被储存。③ 计量更为困难,这是因为一是没有利润指标;二是存在大量酌量性固定成本,使得投入产出关系很难确认和计量。④ "所有者"要求改善管理控制系统的竞争压力较少。⑤ 预算的作用常常只是为了与基金提供者进行讨价还价以获得最大可能的基金拨款,而不是一个严格的计划。⑥ 人的动机和对人激励与营利组织不同。⑦ 成本效益原则,许多专业人士如医生、教授或政府官员等甚至拒绝填写一张时间卡。复杂化将意味着收集和解释信息所花的成本超过带来的效益。①

高校管理会计的相关内容在第六章中阐述。

(五) 高校会计与财务制度设计的复杂性

1. 事业单位会计准则出台滞后

会计准则按行业分可分为企业会计准则、政府会计准则和事业单位会计准则三类。

(1) 企业会计准则发布了两次:既发布了《企业基本准则》又发布了《企业具体准则》。

(2) 政府会计准则虽然出台晚,但来势强劲。2015 年 10 月 23 日才开始发布《政府会计准则——基本准则》(财政部令第 78 号);2016 年 7 月 6 日,财政部印发了《政府会计准则第 1 号——存货》《政府会计准则第 2 号——投资》《政府会计准则第 3 号——固定资产》《政府会计准则第 4 号——无形资产》等 4 项具体准则(财会〔2016〕12 号);2017 年 4 月 17 日,财政部印发了《政府会计准则第 5 号——公共基础设施》(财会〔2017〕11 号);2017 年 2 月 21 日,财政部印发了《〈政府会计准则第 3 号——固定资产〉应用指南》(财会〔2017〕4 号)。

(3) 事业单位会计准则虽发布了两次,但未区分《事业单位基本准则》与《事业单位具体准则》,事业单位会计准则出台滞后。

2. 事业单位财务规则出台滞后

财务通则(规则)按行业分可分为企业财务通则、行政单位财务规则和事业单位财务规则三类:

(1)《企业财务通则》发布两次:分别为 1992 年和 2006 年(间隔 14 年)。

(2)《行政单位财务规则》发布两次:1998 年和 2012 年(间隔 14 年)。

(3)《事业单位财务规则》发布两次:分别为 1996 年和 2012 年(间隔 16 年)。

---

① [美]查尔斯·亨格伦,格里·L.桑顿,威廉姆·斯特尔顿.管理会计教程:第十版[M].许秉岩,等译.北京:华夏出版社,1999:5,180.

高等学校财务制度的相关内容在第三章中阐述。

3. 高等学校会计制度反复出台难

(1) 2009 年 8 月 12 日,财政部发布了《高等学校会计制度(征求意见稿第一稿)》,其中提到“修正的权责发生制”。

(2) 2010 年 9 月 2 日,财政部发布了《高等学校会计制度(征求意见稿第二稿)》其中提到“权责发生制”。

(3) 2013 年 7 月 12 日,财政部办公厅发布了《高等学校会计制度(修订)(征求意见稿)》其中又回到“收付实现制”。

(4) 2013 年 12 月 30 日,财政部发布了《高等学校会计制度》(财会〔2013〕30 号),回到了“收付实现制”。

4.《事业单位会计准则》与具体会计制度不统驭

(1) 在新《事业单位会计准则》和新《高等学校会计制度》出台过程中,出现了“权责发生制”与“收付实现制”的反复。

(2)《事业单位会计准则》与《医院会计制度》相矛盾。

2012 年 2 月 15 日,财政部办公厅发布《关于征求〈事业单位会计准则(征求意见稿〉)的说明意见》(财办会〔2012〕5 号)指出:“现行准则仅统驭事业单位会计制度的制定,征求意见稿将统驭范围扩大到了事业单位会计制度体系。适应这一定位变化,征求意见稿较现行准则的规定更为原则,现行准则中的一些具体确认计量原则将在新修订的《事业单位会计制度》中予以体现。”但是,从《会计准则》对所属会计制度未起到“统驭”作用。

① 时间相矛盾

2012 年 12 月 6 日,财政部公布了《事业单位会计准则》,2010 年 12 月 31 日,财政部印发了《医院会计制度》。

② 内容相矛盾

《事业单位会计准则》规定“一般采用收付实现制”,《医院会计制度》规定“医院会计采用权责发生制基础”。

(3)《事业单位会计准则》与具体会计制度不统驭

《事业单位会计准则》第二章规定了事业单位提供的会计信息应当具备可靠性、全面性、及时性、可比性、相关性、明晰性等信息质量特征。这里没有谨慎性、重要性、配比、专款专用。上位法中没有规定,下位法中却出现节外生枝的现象。如:

① 没有规定谨慎性原则却出现“坏账准备”科目

新《医院会计制度》1211 号科目为“坏账准备”,没有谨慎性原则,“坏账准备”科目是根据哪个原则设定的?

② 没有规定重要性原则却出现“财务报告附注”

《中国会计报》记者于濛、李嘉亮、惠赞瑾报道:“附注的加入也是新准则的一项进步。北京市财政局会计处副处长郝建国分析说，附注对会计报表中列示的重要项目进一步解释说明，有助于理解和分析会计报表需要说明的其他事项。”2012年12月19日，《事业单位会计制度》“附注”中要求披露“重要项目的进一步说明”“重要资产处置情况的说明”“重大投资、借款活动的说明”等。①

③ 没有规定专款专用原则却出现“专用基金”科目

《事业单位财务规则》与《事业单位会计准则》属于同位法，不应抵触应该协调。《事业单位财务规则》中有“专用基金”，《事业单位会计准则》与《高等学校会计制度》属于上位法与下位法关系，应统驭。新《高等学校会计制度》3201号科目为“专用基金”，新《高等学校会计制度》3101号科目为“专用基金”。高校有“985”“211”“重点学科建设”“重点实验室建设”等专项资金，都需要专款专用，是财政监督、专项审计、绩效评价的专项资金。上位法（《事业单位会计准则》）不设“专款专用原则”，下位法（《高等学校会计制度》）如何操作？

④ 没有规定配比原则却出现“配比”

新《高等学校会计制度》在“经营支出”科目中规定：“事业单位的经营支出与经营收入应当配比。”

5.《政府会计制度——行政事业单位会计科目和会计报表（征求意见稿）》存在两个问题

2016年8月1日，财政部印发了《政府会计制度——行政事业单位会计科目和会计报表（征求意见稿）》（财办会〔2016〕30号），笔者认为主要存在两个问题。

（1）关于会计主体——政事分开

财政部发布的《政府会计准则——基本准则》第二条规定：“本准则适用于各级政府、各部门、各单位（以下统称政府会计主体）。前款所称各部门、各单位是指与本级政府财政部门直接或者间接发生预算拨款关系的国家机关、军队、政党组织、社会团体、事业单位和其他单位。”财政部在《政府会计制度——行政事业单位会计科目和会计报表（征求意见稿）》的“第一部分总说明”中的第二条指出“本制度适用于各级各类行政单位和事业单位”。财政部在《关于〈政府会计制度——行政事业单位会计科目和会计报表（征求意见稿）〉的起草说明》中指出：“一般情况下，不再区分行政和事业单位，也不再区分行业事业单位，在具体表述上统一为‘单位’。”从上可以看出，《政府会计准则——基本准则》将“不再区分行政和事业单位”，而是统率了行政和事业单位，这里提出一个问题：还要不要《事业单位会计准则》？财政部出台《政府会计准则》非常好，终于完善了《企业会计准则》，《政府会计准则》和《事业单位会计准则》组成的会计准则体系。但是，现在《高等学校会计制度》却隶属于《政府会计准则》之下，而不是原隶属于《事业单位会计准则》之下，《政府会计准则》

① 于濛，李嘉亮，惠赞瑾. 事业单位会计准则迈入新旅程[N]. 中国会计报，2013-01-13.

能否替代《事业单位会计准则》?

事业单位很重要。2011年3月23日,《中共中央、国务院关于分类推进事业单位改革的指导意见》(中发〔2011〕5号)第1条规定:“事业单位是经济社会发展中提供公益服务的主要载体。”笔者质疑是:《政府会计准则》是否已取代《事业单位会计准则》?《事业单位会计准则》是否还有效?应该指出,因为政府与事业单位的功能不同,因此,中央坚持政事分开。如:十八届三中全会通过的《中共中央关于全面深化改革若干重大问题的决定》第38条指出“政事分开原则”;2011年3月23日,《中共中央　国务院关于分类推进事业单位改革的指导意见》(中发〔2011〕5号)第4条指出“按照政事分开、事企分开和管办分离的要求”,第15条指出“实行政事分开,理顺政府与事业单位的关系”。《政府会计准则——基本准则》中指的都是“政府会计主体”。在中央强调“政事分开”的大前提下,会计主体应分为政府会计主体和事业单位会计主体,事业单位会计主体又分为高校会计主体和医院会计主体等。《会计改革与发展“十三五”规划纲要》中“研究制定政府内部控制规范和非营利组织内部控制规范”,体现了“政事分开”。

事业单位又非常复杂。《中共中央　国务院关于分类推进事业单位改革的指导意见》(中发〔2011〕5号)第9条指出:“细分从事公益服务的事业单位。根据职责任务、服务对象和资源配置方式等情况,将从事公益服务的事业单位细分为两类:承担义务教育、基础性科研、公共文化、公共卫生及基层的基本医疗服务等基本公益服务,不能或不宜由市场配置资源的,划入公益一类;承担高等教育、非营利医疗等公益服务,可部分由市场配置资源的,划入公益二类。具体由各地结合实际研究确定。”其中“公益二类的事业单位”如“承担高等教育、非营利医疗等公益服务,可部分由市场配置资源的”,而政府与市场分别是两只手(看得见的手与看不见的手),因此,政府会计主体取代高校会计主体和医院会计主体等不妥。

(2) 两个《准则》统领一个制度——“一仆二主”

《事业单位会计制度》和《高等学校会计制度》根据《事业单位会计准则》制定。如2012年12月19日,财政部印发的《事业单位会计制度》(财会〔2012〕22号)第一条指出“根据《中华人民共和国会计法》《事业单位会计准则》和《事业单位财务规则》,制定本制度”;2013年12月30日,财政部、教育部印发的《高等学校会计制度》(财会〔2013〕30号)第一条指出“根据《中华人民共和国会计法》《事业单位会计准则》,结合《高等学校财务制度》规定,制定本制度”。但《政府会计准则——基本准则》和《政府会计制度——行政事业单位会计科目和会计报表(征求意见稿)》却又适用于事业单位。事业单位会计制度的上位法究竟是《政府会计准则——基本准则》还是《事业单位会计准则》?或者两者都是?这种事实上的“一仆二主”关系要造成法理关系的混淆。由此可见,高校财务领域供给侧改革首先需要制度供给的改革。

高等学校理财的相关内容在第五章中阐述。

6.《行政事业单位内部控制规范》未分《政府内部控制规范》与《非营利组织内部控制规范》

内部控制按行业分可分为企业内部控制规范、行政事业单位内部控制规范两类：

(1) 2012年《行政事业单位内部控制规范》未分《政府内部控制规范》与《非营利组织内部控制规范》。

(2) 2016年10月8日，财政部印发的《会计改革与发展"十三五"规划纲要》(财会〔2016〕19号)第五条指出"研究制定政府内部控制规范和非营利组织内部控制规范，修订《行政事业单位内部控制规范(试行)》"。

7.《行政事业单位内部控制规范》未分《行政事业单位基本规范》《行政事业单位应用指引》《行政事业单位评价指引》与《行政事业单位审计指引》

(1) 2008年，财政部等五部委发布了《企业内部控制基本规范》和《企业内部控制应用指引》《企业内部控制评价指引》《企业内部控制审计指引》。

(2) 2012年，财政部只发布《行政事业单位内部控制规范》，未分《行政事业单位基本规范》《行政事业单位内部控制应用指引》《行政事业单位内部控制评价指引》与《行政事业单位内部控制审计指引》。

高等学校内部控制的相关内容在第二章中阐述。

(六) 高校教育经费和科研经费绩效评价的复杂性

1. 教育经费绩效评价的复杂性

俗话说："十年树木，百年树人。"教育经费的投入不可能当年投入当年见效。教育经济学认为，教育的经济具有迟效性和长效性的特征。① 迟效性。高等教育投入周期长，一个学生从小学到博士需20余年时间，才能为社会做贡献，自己也得到收益。也就是说，高等教育的能力发挥为教育经济效益需要一个很长的时间，经过一个知识和能力转化的"滞后"的周期，高等教育投入的收益要经过较长的时间来体现。英国剑桥教育咨询公司中国部主任，曾供职于我国教育部的胡文斌认为，政府有各种各样的投入，在资源有限的情况下往往不会首先考虑教育，因为教育投资收效周期太长。这也是一个很现实的选择。② 长效性。高等教育培养的专门人才，无论在物质生产部门，还是在科研教育或政府部门，能够永久地发挥作用，长期为社会带来经济效益和社会效益，对个人的收益也是长期的，且不受年龄的限制。

值得注意的是，不少学校引进院士、教授靠的是用钱。这种投入产出的绩效不能反映引入高校的真实绩效，倒揭示了该校多年投入结构不合理、投入效果不明显。

2. 科研经费绩效评价的复杂性

王通讯的研究表明:美国作家马尔科姆·葛拉威尔写了一本书《超凡者》,其核心是“一万小时定律”,就是不管你做什么事情,只要坚持一万小时,基本上都可以成为该领域的专家。比尔·盖茨在开办公司之前,就已经在计算机程序设计上花费了一万多个小时。一万个小时,按每周二十个小时计算,也需要十年。格拉德威尔把这叫作“一万小时准则”。有一句话叫“十年磨一剑”,许广平在回忆鲁迅的一篇文章中说:鲁迅曾经说过,无论做什么,只要选定目标,积之十年,准可以成为一个专门家。笔者还看到一位英国学者也曾讲到,他统计的自然科学家,成才周期为十年。诺贝尔奖获得者成果发表后要经过十几年乃至几十年才被认可见成效。不仅自然科学家如此,社会科学家也是这样。

曹雪芹历经十年创作《红楼梦》前八十回的稿子,马克思《资本论》一开始只出版了一卷,后来恩格斯帮助出版了后三卷,从第一卷开始动笔到第四卷出版共三十九年,实际写作时间十八年。“杂交水稻之父”袁隆平 1964 年开始研究杂交水稻,1973 年实现三系配套,1974 年育成第一个杂交水稻强优组合南优 2 号,1975 年研制成功杂交水稻制种技术,用了十多年时间。此外,还有历史学家范文澜主张“板凳要坐十年冷,文章不写一句空”,以及“十年寒窗苦”“台上一分钟,台下十年功”等等,都表示:一部名著、一篇传世之作,并非旦夕之功可立竿见影。

2002 年 11 月 4 日,中山大学黄达人校长在研究生教育工作会议上的讲话中指出:“许多学术成果都是‘十年磨一剑’的结果,我校肿瘤医院发在《NATURE》[《自然遗传学》(Nature Genetics)]上的那篇文章就是用了几千万的投入,近百人共同努力了将近十年才取得的成果。”2006 年 6 月 3 日新华社报道,中山大学朱熹平教授和旅美数学家、清华大学讲席教授曹怀东,在历经十年潜心研究后,以一篇长达三百多页的论文,给出了庞加莱猜想的完全证明,破解了国际数学界已被关注百年的“七大世纪数学难题”之一的庞加莱猜想。

物质产品的生产绩效容易评价,农作物春播秋收,工业产品短的几分钟能出产品,航母那样的产品生产周期长些。而教育经费、科研经费不可能当年投入当年见效,因此,教育经费、科研经费评价很复杂、很难。

三、高校会计与财务难点的理论分析

1. 非营利组织“成果”的形态——服务

马克思指出:“任何时候,在消费品中,除了以商品形式存在的消费品以外,还包括一定量的以服务形式存在的消费品。”这种“以服务形式存在的消费品”,具有价值和使用价值,是整个消费品中一个重要组成部分。马克思还指出:“服务这个名词,一般地说,不过是指这种劳动所提供的特殊使用价值,就像其他一切商品也提供自己的特殊使用价值一样;但是,这种劳动的特殊使用价值在这里取得了‘服务'这个特殊名称,是因为劳动不是作为物,而是作为活动提供服务的。"马克思认为使用价值就其形态而言包括两类:一类是"物化、固定在某个物中"的"实物形式的使用价值";一类是"随着劳动能力本身活动的停止而消失""不采取实物的形式,不作为物而离开服务者独立存在"的"运动形式"的使用价值,后者就是服务的使用价值。"一切艺术和科学的产品,书籍、绘画、雕塑等等,只要它们表现为物,就都包含在这些物质产品中。"马克思还肯定了斯密的论述,他在转引时指出:"劳动不固定或不物化在一个特定的对象或可以出卖的对象或可以出卖的商品中,他的服务通常一经提供随即消失,很少留下某种痕迹或某种以后能用来取得同量服务的价值。"马克思还指出:"产品同生产行为不能分离,如一切表演艺术家、演员、教师、医生牧师等等的情况。"①这种"产品同生产行为不能分离"与"一经提供随即消失,很少留下某种痕迹"的特点在高校的"成果"也是具备的,这区别于企业的有实物形态的生产,这正是复杂性的体现。

查尔斯·亨格伦(Charles T. Horngren)指出:服务性、政府和非营利组织中的管理控制系统。大多数服务性、政府和非营利组织与制造业的企业相比,更难实施管理控制系统。主要原因是,比起制造业企业生产的汽车、计算机等产品,服务和非营利组织的产出更难计量。其结果是,只有在提供了服务之后(甚至还需过很长时间),我们才能评价这项服务譬如说是否是高质量的。在任何组织中,一个管理控制系统成功的关键,是恰当地培训和激励员工以取得目标一致和努力,并对那些与关键分目标相一致的具体目标进行前后一贯的监控。而这些在服务性组织中显得更为重要。对于非营利和政府组织来说,在设计和实施类似于私营企业作为重要激励手段的财务利润指标时,还存在别的困难。而且,许多在非营利组织中谋职的人往往不是为了金钱。例如,世界和平组织中的志愿者只收取很少的报酬,却通过帮助改善不发达国家的状况而获得极大满足。因此,在非营利组织中,物质刺激往往不是那么有效。②

查尔斯·亨格伦(Charles T. Horngren)还指出非营利组织中的控制系统可能永远不会像营利性企业那样发达,这是因为:① 组织的目标和具体目标不是那么清楚。而且,它们常常是多重的,需要进行困难的权衡。② 专业人员(如教师、律师、医生、科学家、经济学家等)在非营利性组织中占主导地位。由于他们特有的职业地位,他们不易接受正式控制系统的建立和实施。③ 计量更为困难,这是因为:一来没有利润指标;二来存在大量酌量性固定成本,使得投入产出关系很难确认和计量。④ 来自其他组织或"所有者"要求改善管理控制系统的竞争压力较少。

① 马克思. 剩余价值理论:第一卷[M]. 北京:人民出版社,1975:160,435,156,165,152.

② [美]查尔斯·亨格伦,格里·L. 桑顿,威廉姆·斯特尔顿. 管理会计教程:第十版[M]. 许秉岩,等译. 北京:华夏出版社,1999:180.

所以，许多美国城市正在通过与私营企业签订合同的方法，将一些重要的服务项目如卫生等"私营化"。⑤ 预算的作用常常只是为了与基金提供者进行讨价还价以获得最大可能的基金拨款，而不是一个严格的计划。(6) 人的动机和对人激励与营利组织不同。[①]

查尔斯·亨格伦等指出营利与非营利组织的特征可归纳如下：① 劳动密集。学校和律师事务所在费用中所占的比例最高的部分是周薪、月薪及与工资有关的成本，而不是与使用机器设备及固定设施有关的成本。② 很难定义产出。大学机构的产出可以认为是授予学位的多少，但许多评论家认为应以学生们掌握的技术的多少而定，因此衡量产出通常被认为不可能。③ 主要的投入与产出不能被储存。如飞机多余的机位不能储存下来用于下一航班；旅馆每一天可提供的劳务和房间要么被利用，要么未被利用。随着各种管理会计知识的介绍，我们会涉及服务行业和非营利组织的实际应用情况。值得一提的是，在服务行业和非营利组织建立会计制度时，简单化是首要原则，许多专业人士如医生、教授或政府官员等甚至拒绝填写一张时间卡。实际上，简单化是设计任何一个会计系统所应遵循的必要原则，复杂化将意味着收集和解释信息所花的成本超过带来的效益。简单化有时可用 KISS(即 keep it simple stupid)表示。[②]

2. 学校的"成果"——劳动能力

马克思指出："教育会生产劳动能力。"[③]马克思还指出："我们把劳动力或劳动能力，理解为人的身体即活的人体中存在的、每当人生产某种使用价值时就运用的体力和智力的总和。"[④]马克思指出整个"商品"世界可以分为两大部分：第一，劳动能力；第二，不同于劳动能力本身的商品。有一些服务是训练、保持劳动能力，使劳动能力改变形态等等的。总之，是使劳动能力具有专门性，或者使劳动能力保持下去的。例如学校教师的服务、医生的服务——购买这些服务，也就是购买提供'可以出卖的商品'等等。即提供劳动能力本身来代替自己的服务，这些服务应加入劳动能力的生产费用或再生产费用。[⑤] 在马克思看来，教育所生产的劳动是一种复杂劳动，"比较复杂的劳动只是自乘的或不如说是多倍的简单劳动。因此，少量的复杂劳动等于多量的简单劳动"[⑥]。

① [美]查尔斯·亨格伦，格里·L.桑顿，威廉姆·斯特尔顿. 管理会计教程：第十版[M]. 许秉岩，等译. 北京：华夏出版社，1999：180.

② [美]查尔斯·亨格伦，格里·L.桑顿，威廉姆·斯特尔顿. 管理会计教程：第十版[M]. 许秉岩，等译. 北京：华夏出版社，1999：5.

③ 马克思. 剩余价值理论：第一卷[M]. 北京：人民出版社，1975：210.

④ 马克思. 资本论：第一卷 上[M]. 北京：人民出版社，1975：190.

⑤ 马克思. 剩余价值理论：第一卷[M]. 北京：人民出版社，1975：159.

⑥ 马克思. 资本论：第一卷 上[M]. 北京：人民出版社，1975：58.

3．脑力劳动是从体力劳动分离出来，其“成果”计算尚不成熟

马克思指出：“簿记原来是当作生产机能的一个附带工作。”“单个商品生产者仅仅用头脑记账……或者仅仅在他的生产时间之外，附带地把收支、支付日等等记载下来。”马克思指出：簿记“不论这种职能集中在资本主义商品生产者手中，不再是许多小商品生产者的职能，而是一个资本家的职能，是一个大规模生产过程内部的职能，从而获得了巨大的规模；还是这种职能不再是生产职能的附带部分，而从生产职能中分离出来，成为特殊的、专门委托的当事人的独立的职能，这种职能本身的性质都是不会改变的”①。

如同簿记原来是被当作生产机能的一个附带工作，后逐步分离出来相对独立成专职职能，教科文卫等工作原来也是物质生产附带工作，后来也逐步分离出来相对独立成专职职能。第一次社会大分工是指农业部落和游牧部落从狩猎、采集者中的分离；第二次社会大分工是指手工业从农业中的分离；第三次社会大分工是指商业从工农业中的分离；第四次社会大分工是脑力劳动从体力劳动中的分离，产生了教科文卫等职业。教育科研等从生产企业中分离出来，一方面历史比较短，另一方面又比较复杂，因此，不仅其“成果”计算尚不成熟，而且《事业单位会计准则》与《高等学校会计制度》的制定也不如企业的《会计准则》与《会计制度》成熟，制定《事业单位会计准则》与《高等学校会计制度》也比较难。

4．无实物形态对会计的影响——计量难

上述，学校的“产品”是劳动能力。其通常一经提供随即消失，很少留下某种痕迹；产品同生产行为不能分离。而“能力”是相对单位的业绩而言的，它并不总是可以计量的。② 管理会计学家卡普兰指出：“若不能衡量，就没办法管理。”高红海报道：“卡普兰的态度很坚决：‘在管理当中，一个东西如果没有办法衡量，那就没有办法很好地进行管理。’”③因此，会计在要求确认、计量、报告时，无形产品计量难。于是，教育成本和定价难，科研成本和定价难。

综上所述，事业单位会计准则出台难，事业单位会计制度中的问题，高校会计制度的反复性，高校财务不确定性表现在：教育成本不确定性，科研经费不确定性，无形资产不确定性等，反映了高校会计与财务比较复杂。究其原因，高校“产品”的无形性、产品同生产行为不能分离，以及教育活动和科研活动效益具有迟效性。正如唐·R.汉森等指出的：“生产有形产品的组织称为制造组织，而提供无形产品的组织则称为服务型组织。一个组织的产出就是其重要的成本对象之一。组织有两种形式的产出：有形产品和服务。有形产品（tangible products）是指通过使用人工

① 马克思．资本论：第二卷[M]．北京：人民出版社，1975：144，151.

② Dean G. Smith，John R. C. Wheek. 2001. Tbe Finance-strategy Relationship[J]. Journal of Health Care Finance，28(2).

③ 高红海．卡普兰：转型中国需管理会计[N]．中国会计报，2013－11－29.

和资本投入，如厂房、土地、机器等，将原材料进行转化而生产出来的产品。服务(services)是指为客户履行的任务或活动，或者是由客户使用组织的产品或设施所进行的活动。服务的产生同样需要耗费材料、人工和资本投入。服务区别于有形产品的四个方面是：无形性、易逝性、不可分割性和异质性。无形性(intangibility)是指服务购买者在购买服务以前，是看不见、听不到、尝不到也感觉不到服务的。易逝性(perishability)是指服务在被实施时就必须立即消费掉，而不能被消费者储存起来以备将来使用(在某些特殊情况下，有形产品也不能储存)。不可分割性(inseparability)是指服务的提供者和购买者为了使交易发生通常必须直接接触。实际上服务与其提供者通常是不可分割的。异质性(heterogeneity)是指与产品的生产相比，实施服务中产生的变化可能更多。服务人员可能会受到所从事的工作、同事的人员构成、个人的教育程度以及家庭生活等个人因素的影响。这些因素使他很难提供始终如一的服务。"①

四、大学理财的理论基础

(一) 委托代理理论

现代意义的委托代理的概念最早是由罗斯(Ross. S，1973)提出的："如果当事人双方，其中代理人一方代表委托人一方的利益行使某些决策权，则代理关系就随之产生了。"詹森和梅克林将代理关系定义为"一种契约关系，在这种契约下，一个人或更多的人(即委托人)聘用另一个人(即代理人)代表他们来履行某些服务，包括把若干决策权托付给代理人"(詹森和梅克林，1976、1988)。以委托—代理关系为研究对象，形成了专门的委托—代理理论。

"委托代理理论"在高校称之为"公共受托责任理论"。什么叫公共受托经济责任？1985 年 5 月在东京举行的最高审计机关亚洲组织第三届大会上发表的《关于公共受托经济责任指导方针》的东京宣言中指出："公共受托经济责任，是指受托经营公共财产的机构或人员有责任汇报对这些财产的经营管理情况，并负有财政管理和计划项目方面的责任。"在其第五次代表大会发表的《北京宣言——促进公共财务与投资有效管理的指导原则》中指出："公共受托责任是指受托管理公共资源的人对那些资源所负有的职责。"

国有资产的所有者是全体人民，但并不等于人民亲自去经营管理，而是将属于人民的公共财产，通过各级人民代表大会委托给人民选举出来的各级政府去经营管理，各级政府也可以将公共财产委托给国有企事业单位的受托经营管理者去经营管理。公办高校的委托代理关系主要表现三个层次：第一层次委托代理关系是

① [美]唐·R. 汉森，玛丽安娜·M. 莫温. 管理会计：第 8 版[M]. 陈良华，等译校. 北京：北京大学出版社，2010：39.

全体人民委托各级人民代表大会;第二层次委托代理关系是各级人大委托各级人民政府;第三层次委托代理关系是各级人民政府委托公办高校管理层。

(二) 公共财政资金理论

高校的资金无论是教育经费还是科研经费,主要来自公共财政资金,是纳税人的钱。

1. 公共财政资金不可私用

早在希腊时代,欧塔涅斯(Otanes)就说过:"即使是最优秀的人士如果达到了拥有(可不负责任的权力)这样一种地位,也注定会变成最恶的人。"①王沪宁认为:"腐败是公共权力的非公共运用"②。格劳秀斯指出的"权力如同物的所有权一样是可以转让的"③。权力的所有者是人民。《中华人民共和国宪法》第二条指出:"中华人民共和国的一切权力属于人民。"权力的使用者是官员。通过委托代理人民将权力委托官员行使。因此,官员对权力只有使用权,没有所有权。如果将权力私自占用,则易以权谋私、利益输送。

2. 管理公共财政资金要像"花自己的钱为自己消费"那样

1976年,著名经济学家、诺贝尔经济学奖的得主弗里德曼在《自由选择》一书中用一个矩阵说明了四种花钱和消费的模式:

(1) 花自己的钱,为自己消费,既讲节约又讲效果。

(2) 花自己的钱,为别人消费,只讲节约不讲效果。

(3) 花别人的钱,为自己消费,只讲效果不讲节约。

(4) 花别人的钱,为别人消费,不讲节约也不讲效果。

高校属于后两种。因为高校的资金是公共财政资金,因此,理财目标第一位是合法性,第二位是效率性。这就是高校每年都接二连三地接受审计、检查、监督的原因。

高校的教育经费主要来自财政开支,最终由纳税人买单。但是,公立大学的公共性并不等于资源共享的任意性。学校理财应强调公益性,即兼顾合法性和效益性。

---

① 转引自季正矩.反腐败:成就、问题、对策[J].红旗文稿,2004(22):20-22.

② 王沪宁.腐败与反腐败:当代国外腐败问题研究[M].上海:上海人民出版社,1990:7.

③ 格劳秀斯.战争与和平法[C].北京:北京大学出版社,1983:162.

第二章 高校内部控制防范风险区域的研究

第一节　问题导向倒逼出高校内部控制的风险区域

一、利用高校巡视成果和反腐案例识别廉洁风险区域

（一）高校应打好防范化解重大风险的攻坚战

“防范化解重大风险”是十九大之后的3年要重点打好的三大攻坚战之一。

2018年1月5日，习近平在学习贯彻党的十九大精神研讨班开班式上发表重要讲话时强调“增强忧患意识、防范风险挑战要一以贯之”，并指出“面对波谲云诡的国际形势、复杂敏感的周边环境、艰巨繁重的改革发展稳定任务，我们既要有防范风险的先手，也要有应对和化解风险挑战的高招；既要打好防范和抵御风险的有准备之战，也要打好化险为夷、转危为机的战略主动战。我们要继续进行具有许多新的历史特点的伟大斗争，准备战胜一切艰难险阻，朝着我们党确立的伟大目标奋勇前进”。

2017年7月28日，习近平在省部级主要领导干部“学习习近平总书记重要讲话精神，迎接党的十九大”专题研讨班开班式上发表重要讲话中指出：“特别是要坚决打好防范化解重大风险、精准脱贫、污染防治的攻坚战。”

《2017年中央经济工作会议》又指出：“按照党的十九大的要求，今后3年要重点抓好决胜全面建成小康社会的防范化解重大风险、精准脱贫、污染防治三大攻坚战。”

（二）问题导向倒逼出识别风险区域

毛泽东在《反对党八股》中指出：“什么叫问题？问题就是事物的矛盾。哪里有没有解决的矛盾，哪里就有问题。……用马克思主义的方法去观察问题、提出问题、分析问题和解决问题，我们所办的事才能办好，我们的革命事业才能胜利。”①习近平同志很注意“问题”，如“问题意识”“问题导向”“问题倒逼”“带着问题学”等。

问题是实践的起点，问题是在实践中产生，也必须在实践中解决，并接受实践

---

① 毛泽东.毛泽东选集：第三卷[M].北京：人民出版社，1991：839.

的检验。实践发展永无止境，矛盾运动永无止境，马克思指出："世界史本身除了用新问题来回答和解决老问题之外，没有别的办法。"①只有找准了问题才能对症下药、有的放矢，"具体问题具体分析是马克思主义活的灵魂"。坚持问题导向，发现问题是前提，分析问题是核心，解决问题是关键。解决问题的过程，是实践创新、理论创新、制度创新的过程。因此，要增强问题意识，突出问题导向。乐于发现问题，善于分析问题，敢于解决问题，是高校财务工作者理论自信的表现，我们应心怀问题意识，肩负解决问题的责任。

在本节中，笔者从高校巡视中发现的廉洁风险区域中识别高校内部控制的风险区域，在下一节中，笔者从高校反腐败的案例中识别高校内部控制的风险区域。

（三）廉洁风险是政治巡视的重要内容

2015 年 10 月 23 日，王岐山在中央巡视工作动员部署会议上指出："巡视是对党组织和党员领导干部的巡视，是政治巡视不是业务巡视。"②

政治巡视是否会涉及高校的招生、基建项目、校办企业、科研经费、招投标与采购、财务管理、资产管理等业务领域？会。中纪委和监察部网站对中管高校巡视中将这些问题列为"重点领域廉洁风险"，如：

《中共浙江大学委员会关于巡视整改情况的通报》提的是"强化重点领域廉洁风险防范"。

《中共东南大学委员会关于巡视整改情况的通报》提的是"紧盯重点领域和关键环节，切实防控廉政风险"。

《中共中国农业大学委员会关于巡视整改情况的通报》提的是"关于防范重点领域廉洁风险的整改情况"。

《中共山东大学委员会关于巡视整改情况的通报》提的是"针对'一些重点领域廉洁风险问题突出'问题"。

《中共南京大学委员会关于巡视整改情况的通报》提的是"重点防控部分领域廉洁风险"。

《中共西北农林科技大学委员会关于巡视整改情况的通报》提的是"关于廉洁风险隐患方面"。

《中共重庆大学委员会关于巡视整改情况的通报》提的是"加大防控廉洁风险力度，遏制违纪违法问题"。

《中共中山大学委员会关于巡视整改情况的通报》提的是"加强重要岗位和重点领域廉洁风险防范"等等。

中共江苏省纪委的"清风扬帆网"中将上述领域放在"执行廉洁纪律方面"的问

① 马克思，恩格斯．马克思恩格斯全集：第 1 卷[M]．北京：人民出版社，1995(6)：203．

② 陈治治．王岐山：巡视，是政治巡视不是业务巡视[N]．中国纪检监察报，2015－11－05．

题。而“廉洁风险”“廉政风险”和“执行廉洁纪律方面的问题”是政治巡视。

(四) 财经纪律应是高校巡视关注的重点领域

1. 违反政治纪律、组织纪律与财经纪律的行为都不能放过

习近平第一次将政治纪律、组织纪律、财经纪律并列，并作为高压线。2014 年 1 月 14 日，习近平在《严明党的组织纪律，增强组织纪律性》中指出：“组织纪律、财经纪律过去都是不敢碰的高压线，现在这两条纪律在一些地方和部门成了最松弛的低压线。犯个组织纪律、财经纪律算什么？打个哈哈就过去了！一到节假日甚至不是节假日，有些人就到处跑，还带着一大家子，吃好的，住好的，玩好的，大江南北，长城内外，哪儿好就往哪儿去。不少是公款消费，财政成了他们家的钱包，财政局局长成了他们家的管账先生。社保基金、扶贫资金、惠民资金等关系千家万户切身利益，历来贪污挪用这种钱要罪加一等，也有人敢下手。要加强对各项资金使用情况的管理和监督，加强审计工作特别是对重大领域、重大项目、重要资金的审计监督，防止贪污、挪用、截留等问题发生。”

2014 年 1 月 20 日，习近平在党的群众路线教育实践活动第一批总结暨第二批部署会议上的讲话中指出：“执行党的纪律不能有任何含糊，不能让党纪党规成为‘纸老虎’‘稻草人’，造成‘破窗效应’。凡是违反党章和党的纪律特别是政治纪律、组织纪律、财经纪律的行为，都不能放过，更不能放纵。”

2015 年 5 月 22 日，《教育部关于直属高校落实财务管理领导责任，严肃财经纪律的若干意见》(教财〔2015〕4 号)指出：“新形势下，全面落实财务管理领导责任、严肃财经纪律，是直属高校贯彻落实‘全面建成小康社会、全面深化改革、全面依法治国、全面从严治党’的必然要求，是严明党的政治纪律和政治规矩、严守国家财经纪律和财经规矩的重要举措。……严格遵守国家财经法律法规，真抓真管，使财经纪律真正成为带电的高压线。……支持纪检监察部门查处违反财经法律法规和财经纪律问题。”

2. 关于执行财经纪律不严格

如江苏省在巡视中对南京中医药大学、南通大学、南京信息工程大学、江苏理工学院、江苏开放大学、江苏工程职业技术学院、海事职业技术学院、江苏农林职业技术学院、无锡商业职业技术学院、苏州经贸职业技术学院、江苏城乡建设职业学院、江苏省交通技师学院、江苏建筑职业技术学院、南京信息职业技术学院等提出了“执行财经纪律不够严格”“财经纪律执行不严格”或“关于‘违反财经纪律’”的问题。

事关财经纪律，事关廉洁风险，财务、资产管理、基建工程、招投标与采购、校办企业等风险领域，应作为政治巡视的内容。

二、中管高校巡视中的风险区域

从表 2－1 可以看出，这 31 所高校的风险区域，有的直接提的是“财务和资产管理不严格”“资金资产管理不严”“科研经费等领域存在廉洁风险”，这些直接与理财相关；而“基建工程”“校办企业”“附属医院”“招标采购”和“后勤管理”等领域存在风险，这些风险都与“钱”直接关联。因此，将管钱的权力关在制度的笼子里是防控风险的重要措施。

表 2－1　中管高校巡视中的风险区域

序号	高校名称	风险区域
1	中国人民大学	对财务管理体制、科研经费管理、自主招生等方面进行重点检查、监督，并切实加强廉政风险防控工作
2	复旦大学	科研经费管理、江湾校区基建工程、校办企业、附属医院管理等领域存在廉政风险
3	哈尔滨工业大学	校办企业、资产管理、物资采购、科研经费等领域存在廉洁风险
4	清华大学	干部选任程序不够规范、对校属企业的领导、规范和监管有所忽视和放松、所属一些单位和领域问题频发的问题
5	山东大学	科研经费使用、校属企业、附属医院、工程建设等领域存在廉洁风险
6	重庆大学	廉洁风险防控不力，基建项目、校办企业、科研经费、教材购销等领域存在问题
7	四川大学	强化对基建项目、附属医院、校办企业、科研经费、招生招考等领域的监督管理，防范廉洁风险
8	北京师范大学	财务和资产管理不严格，校办企业和合作办学等领域廉洁风险突出
9	大连理工大学	基建工程、校办企业廉洁风险大，监督管理不到位
10	吉林大学	资金资产、科研经费、校办企业等领域管理不严，廉洁风险多
11	北京大学	校办企业管理混乱，附属医院管理薄弱，廉洁风险突出
12	同济大学	校办企业、基建、资产管理、科研经费等领域廉洁风险较高
13	浙江大学	校办企业、基建、材料采购、科研经费等领域廉洁风险较高
14	西安交通大学	科研经费、校办企业等廉洁风险较高
15	西北农林科技大学	校办企业、基建和财务管理等领域廉洁风险较高
16	西北工业大学	校办企业缺乏监管，科研经费、基建项目管理问题较多
17	中国农业大学	后勤基建、科研经费、校办企业等重点领域存在廉洁风险
18	南开大学	基建工程、校办企业、科研经费等领域存在廉洁风险

（续表）

序号	高校名称	风险区域
19	天津大学	校办企业、后勤基建、科研经费等领域存在廉洁风险
20	厦门大学	关键岗位和重点领域廉洁风险突出
21	中山大学	一些重要岗位和重点领域廉洁风险大
22	南京大学	工程建设、资产管理、校办产业等领域存在廉洁风险
23	东南大学	基建后勤、财务管理、校办企业等方面存在廉洁风险
24	中国科学技术大学	基建、采购、科研经费等领域存在廉洁风险
25	北京航空航天大学	科研经费、基建工程、校办企业等重点领域存在廉洁风险
26	北京理工大学	对工程项目、科研经费和校办企业监管不够到位，存在廉洁风险
27	武汉大学	基建维修、资产管理、招标采购、校办企业等领域廉洁风险突出
28	华中科技大学	基建、资产管理、附属医院、校办企业等领域廉洁风险突出
29	兰州大学	校办企业和附属医院等领域存在廉洁风险
30	上海交通大学	校办企业、基建、资产管理、科研经费等领域廉洁风险较高
31	中南大学	基建后勤管理、资产管理、科研经费及学术、招生监管、附属医院管理重点领域存在廉政风险

资料来源：中央纪委监察部网站，中管高校党委开展专项巡视整改情况的通报。

以权谋财不可能培养出好人才，也不可能办好社会主义大学。因此，中央十分重视这个问题。2017 年 6 月 28 日，中共中央政治局召开会议审议了《关于巡视 31 所中管高校党委情况的专题报告》，会议指出："我国高校肩负着培养社会主义事业建设者和接班人的重大任务，是巩固和发展马克思主义的重要阵地。巡视对 31 所中管高校进行了全面政治体检，加强了党对高校的领导，促进了高校管党治党、办学治校各项工作，发挥了标本兼治作用。"会议强调："办好中国特色社会主义高等教育，必须旗帜鲜明坚持党对高校工作的领导。高校党委要增强'四个意识'，落实管党治党、办学治校主体责任，坚定'四个自信'，贯彻党的教育方针政策，坚持社会主义办学方向，把立德树人作为根本任务，以实际行动维护党中央权威和集中统一领导。要深入研究高校党建工作特点和规律，创新体制机制和方式方法，推动形成党委统一领导、各部门各方面齐抓共管的工作格局，提高党建工作针对性和实效性，有效发挥基层党组织战斗堡垒作用和党员先锋模范作用。要以巡视整改为契机，严肃党内政治生活，加强高校领导班子建设，切实防范廉洁风险，营造风清气正的教书育人环境。要坚持问题导向，把深化高校改革和全面从严治党结合起来，明晰责任、完善制度、堵塞漏洞，确保高等教育事业始终沿着正确方向健康发展，为实现'两个一百年'奋斗目标和中华民族伟大复兴的中国梦提供人才保障和智力支持。”

三、教育部、工信部巡视中的风险区域

除上述31所中管高校外，教育部、工信部巡视部分高校的风险区域如下。

2014年6月9日，《陕西师范大学关于教育部巡视组反馈意见整改情况的通报》指出：“‘重点部位、关键环节’的廉政风险点的排查与防控还不够到位、执行规章制度还不够严格。”

2014年6月5日，《中国政法大学关于落实教育部巡视组反馈意见整改情况的通报》指出：“重点做好干部选拔任用、各类招生、基建、采购、修缮工程、教育收费等工作的监督，促进重点工作和项目严格按照相关规定和流程行事。”

2015年1月16日，《教育部巡视组向中国传媒大学反馈工作情况》指出：“风险主要表现在：工程建设招投标不规范，存在补标、变更多的问题；后勤管理方面，采购、修缮、门面房、公房出租管理存在漏洞，后勤账户管理不规范，存在公款私存的风险；艺术类招生学校的合格证发放，存在学校与学院、学部的博弈，学部、学院自由裁量权比较大；资产公司管理粗放，资产公司下属的一些公司既不给学校上缴利润，又不实际增值，存在国有资产流失的风险；一些干部兼职办公司，特别是办与自己职务内业务同质的公司，存在廉政风险；群众对基建、资产、后勤等重要、敏感岗位的干部反映较多，个别岗位未能按要求轮岗交流，存在一定风险。”

2015年7月14日，《教育部巡视组向华南理工大学反馈巡视工作情况》指出：“群众反映强烈的其他问题方面，主要是学校在网络信息化建设过程中存在漏洞和风险，对校属企业监管不到位、清理不及时，校医院存在问题和管理漏洞较为突出。”

2015年8月3日，《教育部巡视组向西安电子科技大学反馈巡视工作情况》指出：“学校对基建、财务管理、资产管理、物资采购等重点部位和关键环节的监督管理还存在漏洞，有职责不清的现象。”

2015年8月3日，《教育部巡视组向南京农业大学反馈巡视工作情况》指出：“群众对招生、财务资产管理、采购与招投标管理等方面问题反映强烈。”

2015年7月8日，《教育部巡视组向华东师范大学反馈巡视工作情况》指出：“干部群众反映强烈的其他问题还有基建超概算和超计划支付工程款问题严重；国有资产流失、校办企业亏损；新校区为主的定位逐渐淡化等。”

2016年1月14日，《教育部第四巡视组向电子科技大学反馈巡视情况》指出：“国有资产监管不力，存在廉政风险。对校办产业、科研经费、基建等重点部位和关键环节的监管不力。……对清水河校区建设中存在违规招标、工程分包转包等问题没有认真进行清理检查。部分校办产业产权不明晰，运行情况未纳入学校监控视野，没有完全实行归口管理，国有资产使用、转让、处置不规范，存在廉政风险。”

2016 年 1 月 6 日,《教育部第一巡视组向北京语言大学反馈巡视情况》指出:“对基建修缮项目管理、国有资产管理、财务管理等方面可能发生廉洁风险的问题重视不够、监管不力。”

2016 年 1 月 8 日,《教育部第二巡视组向中国矿业大学反馈巡视情况》指出:“对重大廉政问题关注不够。对基建后勤校办企业、附属中小学等重点领域监控不力,对教育部科研经费和国有资产专项检查的整改,没有尽到监督检查责任。对信访案件处置重视不够,对一些涉及中层干部的信访线索查办不力、处理偏轻。重大事项违规决策。学校领导班子的规矩意识不强,在处置校园土地、开展徐海学院合作办学的决策上,出现过违纪违规的情况,存在廉政风险。……科研经费管理、基建修缮招投标、国有资产管理、附属中小学招生、财务管理等重点领域存在廉政风险。”

2016 年 1 月 11 日,《教育部第三巡视组向武汉理工大学反馈巡视情况》指出:“群众反映较多的其他问题。基建工程项目管理粗放,违规现象突出,存在廉政风险。南湖新校区建设进展缓慢,存在超计划投资、工程决算超合同、中标金额无学校班子会议纪要、工程竣工决算及转固不及时、档案管理不规范等问题。‘武汉理工大学科技孵化楼’建设项目违反教育部批复,擅自改变建设资金来源和用途。该项目虽已竣工,但在尚未完成消防验收手续的情况下,引入的孵化企业已经开始装修使用,存在安全隐患。学校产业集团参股企业‘武汉南华高速船舶工程股份有限公司’董事会、股东大会在充分知晓拟收购的目标公司存在质押、抵押等风险下,未经上级部门批复同意,擅自收购‘南华江北’;未按规定对收购的目标公司整体净资产进行资产评估并办理评估备案。《武汉理工大学研究生业务费管理规范》第六条规定的研究生论文评审费及答辩费用直接划拨到学生个人银行卡账户的支付方式,是以学生名义冒领评审教师劳务费,该行为违反财经纪律。”

2016 年 7 月 25 日,《教育部党第七组巡视组向河海大学反馈巡视情况》指出:“学校对重点领域的监管不到位。学校内控建设不健全。……信访问题线索的处置、管理流程有待进一步规范。”

2016 年 7 月 8 日,《教育部党组第三巡视组向北京中医药大学反馈巡视情况》指出:“抽查 2013 年以来财务资料发现,学校并没有对班子成员薪酬情况进行认真清理;领导班子对可能产生廉政风险的问题重视不够。……学校合作办学、办医单位多,对合作过程监管不到位,存在利益输送的风险。”

2016 年 7 月 25 日,《教育部党组第二巡视组向北京外国语大学反馈巡视情况》指出:“关于廉洁纪律方面的问题。主要是国有资产领域的监管力度不够,资产出租、出借未归口管理,收入未纳入学校统一核算,存在国有资产流失风险。财务管理不严格,一些重要经济事项管理不归口、不规范。重大基建项目论证不充分,风险意识和法律意识不强。对各项审计、财务与资产专项检查发现的问题整改不彻底。"

2016 年 7 月 25 日,《教育部党组第八巡视组向西南财经大学反馈巡视情况》指出:"国有资产监管不力,存在廉洁风险。转让涪江校区(现为天府学院),公司未按合同要求如期交付转让款,天府学院未按合同向学校缴交学费收入;校办企业多数亏损,有的投资损失严重;光华校区长期闲置,部分房产出租收入未上缴学校。"

2016 年 7 月 25 日,《教育部党组第四巡视组向东北师范大学反馈巡视情况》指出:"超规格设置岗位、擅自设置职务名称、擅自提高干部职级待遇。……国有资产监管不力,风险较大。后勤管理存在利益输送风险。存在土地无土地使用证、校舍无房屋产权证问题。"

2016 年 7 月 25 日,《教育部党组第六巡视组向上海财经大学反馈巡视情况》指出:"资产管理存在明显的风险隐患。"

2016 年 9 月 18 日,《华中师范大学关于落实教育部巡视组反馈意见整改情况的报告》指出:"开展学校科研经费管理、招生、干部选拔任用、基建、物资采购、财务管理、经营性国有资产管理等重点领域的廉政风险排查,编制高风险点管理工作流程图,完善重点领域廉政风险防控实施方案,进一步健全了权力运行监督和制约机制。"

2017 年 2 月 14 日,《教育部党组第三巡视组向中国石油大学(华东)反馈巡视情况》指出:"重点领域关键环节监管不到位,存在廉洁风险。对校办企业监管不力;'小金库'问题突出;招生领域廉洁风险较大;招投标工作不规范。"

2017 年 2 月 14 日,《教育部党组第一巡视组向北京交通大学反馈巡视情况》指出:"部分重点领域和关键环节存在廉政风险,资产与招投标管理体制不健全,管理制度缺失,招投标工作分散在多个单位,存在多头管理、监督不到位的情况,对外出租房屋普遍存在不按有关规定报批报备,不实行公开招租,出租收益不纳入学校统一核算和管理等,存在利益输送的风险。"

2017 年 2 月 14 日,《教育部党组第一巡视组向中央财经大学反馈巡视工作情况》指出:"个别重点领域、关键环节存在廉政风险。国有资产存在流失风险,国有资产专项整改不到位。大额资金管理未严格执行'三重一大'制度。基建工程招标管理不规范。"

2014 年 11 月 4 日,《工信部党组第一巡视组向南京理工大学反馈巡视工作意见》指出:"基建工程管理存在不规范现象……后勤资金使用方面缺乏有效监管。"

2016 年 12 月 14 日,《工信部党组第一巡视组向南京航空航天大学党委反馈巡视情况》指出:"资产管理制度不够健全,管理机制不够规范,科研经费管理制度修订滞后,财务审核把关不严,监管存在盲区。"

从上述 23 所高校被巡视的问题中可以看出,"基建工程项目管理粗放,违规现象突出,存在廉政风险""资产管理存在明显的风险隐患""个别重点领域、关键环节存在廉政风险。国有资产存在流失风险，国有资产专项整改不到位。大额资金管理未严格执行‘三重一大’制度。基建工程招标管理不规范。”“校办企业多数亏损，有的投资损失严重”“后勤管理方面，采购、修缮、门面房、公房出租管理存在漏洞，后勤账户管理不规范，存在公款私存的风险”“招标采购不规范”“资产存在账账不符、账实不符等现象，国有资产存在流失风险”“后勤管理存在利益输送风险”和“对各项审计、财务与资产专项检查发现的问题整改不彻底”等，这些风险都与“钱”直接关联。因此，将管钱的权力关在制度的笼子里是防控风险的重要措施。

四、十八大以来高校领导的腐败区域

(一) 高校落马校级领导的腐败区域

笔者主要从中央纪委监察部网站、百度网站以及报刊上搜索到高校领导的腐败案例，主要是十八大以来的案例，少数是十八大以前的。如表 2-2 所示。

表 2-2　高校领导腐败区域的分布表

序	姓　名	校　名	职　务	腐败区域	出　　处
1	陈昭方	武汉大学	常务副校长	基建、招生	中国青年报 2011-02-18
2	龙小乐	武汉大学	常务副书记	基建	中国青年报 2011-02-18
3	吴世明	浙江大学	副校长	工程、招生	宁波市人民法院判决书
4	褚健	浙江大学	副校长	校办企业	台海网 2014-01-11
5	吴世明	同济大学	常务副校长	基建	检察风云 2003 年第 5 期
6	安小予	四川大学	副校长	基建、后勤	新京报 2013-12-19
7	王冠军	吉林大学	副校长	基建、采购	新京报 2014-08-22
8	李良晨	西北农林科技大学	副校长	基建	华商报 2003-07-17
9	许晓鸣	上海理工大学	校长	校办产业	检察风云 2013 年第 19 期
10	胡铁辉	中南大学	副校长	基建、采购	中纪委监察部网站 2015-12-07
11	张培营	西安电子科技大学	副校长	基建、采购、招投标	中纪委监察部网站 2016-10-21
12	陈勇	西安电子科技大学	副校长	基建、采购、招投标	中纪委监察部网站 2016-10-21
13	周文斌	南昌大学	校长	工程	大江网(南昌)2013-05-10
14	江建明	东华大学	副校长	受贿、贪污、挪用公款	中纪委监察部网站 2016-05-13
15	刘庆成	东华理工大学	校长	工程、人事、招标、采购	中纪委监察部网站 2014-02-09

（续表）

序	姓　名	校　名	职　务	腐败区域	出　　处
16	吴元欣	武汉工程大学	党委书记	受贿	中纪委监察部网站 2017-04-21
17	高军	哈尔滨理工大学	党委书记	人事、受贿	中纪委监察部网站 2016-06-03
18	赵洪	哈尔滨理工大学	副校长	严重违纪违法	中纪委监察部网站 2016-05-08
19	周先雁	中南林业科技大学	校长	基建	中纪委监察部网站 2016-07-15
20	李金和	湖北大学	副校长	基建	检察日报 2006-07-31
21	刘丁	西安理工大学	校长	科研经费	中纪委监察部网站 2015-04-27
22	苗润才	西安工业大学	党委书记	收礼金，占有公共财物	中纪委监察部网站 2017-08-24
23	张治国	东北师范大学	副校长	基建、招生	中纪委监察部网站 2015-10-16
24	孙彦彬	东北石油大学	党委书记	招生	中纪委监察部网站 2015-01-19
25	徐同文	齐鲁工业大学	党委书记	工程、人事、招生	中纪委监察部网站 2014-02-09
26	陈少岚	三峡大学	党委书记	基建、招生	三峡新闻网 2006-06-15
27	白同平	浙江理工大学	党委书记	基建	检察日报 2008-09-24
28	邢苗	华南农业大学	党委书记	基建	羊城晚报 2012-06-12
29	吴国民	武汉科技大学	党委书记	基建、招生	湖北法院网 2007-11-09
30	刘光临	武汉科技大学	校长	基建	检察日报 2009-01-10
31	王国炎	南昌航空大学	党委书记	基建、合作办学、人事	经济参考报 2013-06-20
32	刘志和	南昌航空大学	副校长	基建	经济参考报 2013-06-20
33	谢大伟	杭州师范大学	副校长	基建、招标	新华网杭州 2013-05-22
34	曾庆福	武汉纺织大学	副校长	受贿	新华网武汉 2015-02-06
35	李海婴	武汉理工大学	副校长	招生、基建	新华网 2008-03-20
36	惠延德	延安大学	校长	基建、采购	检察风云 2006 年第 10 期
37	李汉昌	中南财经政法大学	副校长	基建	民主与法制杂志 2009-07-10
38	门树廷	长春大学	副校长	基建、后勤	检察日报 2012-04-03
39	刘东亮	河南大学	副校长	基建、后勤、招生	中纪委监察部网站 2016-09-29
40	李平	南方科技大学	党委副书记	受贿	中纪委监察部网站 2015-07-23

（续表）

序	姓　名	校　名	职　务	腐败区域	出　处
41	赵永华	桂林电子科技大学	副校长	基建	京华时报 2009－09－29
42	翁善波	福建农林大学	党委副书记	后勤	中纪委监察部网站 2015－11－24
43	全智华	南华大学	副校长	基建、采购	中纪委监察部网站 2017－06－01
44	夏鹭平	安徽建筑大学	督导员	基建	中纪委监察部网站 2015－07－24
45	陈久奎	重庆师范大学	副校长	基建	中纪委监察部网站 2015－06－25
46	刘代宁	南京财经大学	副校长	基建	上海师范大学纪委监察处网
47	甄朝党	云南民族大学	书记、校长	受贿	新华网 2014－10－17
48	彭振坤	湖北民族学院	书记、院长	基建	湖北法院网 2009－02－27
49	何益斌	湖南大学	党委常委、校长助理	后勤、基建	潇湘晨报 2015－09－21
50	张忠元	成都中医药大学	党委书记	基建、后勤	21 世纪经济报道 2013－07－25
51	范昕建	成都中医药大学	校长	基建、后勤	21 世纪经济报道 2013－07－25
52	李斌	新疆医科大学	党委书记	人事、基建	中纪委监察部网站 2015－05－13
53	庄孟虎	上海第二医科大学	副校长	受贿	人民网北京 2014－10－22
54	陈志中	南方医科大学	副校长	基建、采购	中纪委监察部网站 2014－06－13
55	肖玉平	中国医科大学	副校长	贪污、受贿	中纪委监察部网站 2015－05－13
56	杨银学	宁夏医科大学	副校长	严重违纪	中纪委监察部网站 2017－08－25
57	李然斌	吉林医药学院	副院长	严重违纪违法	中纪委监察部网站 2014－05－22
58	唐俊琪	西安医学院	院长	严重违纪	中纪委监察部网站 2016－07－29
59	江文富	广东医学院	党委书记	严重违纪	中纪委监察部网站 2016－02－26
60	王乃平	广西中医学院	院长	卖官、采购	检察日报 2012－07－17
61	农乐根	广西右江民族医学院	副院长	严重违纪	中纪委监察部网站 2015－09－28
62	张立洲	辽宁医学院	党委书记	基建、采购	新京报 2014－08－22
63	梁宇恒	辽宁医学院	副院长	基建、采购	新京报 2014－08－22
64	罗俊生	辽宁医学院	副院长	基建、采购	新京报 2014－08－22
65	黄林邦	赣南医学院	党委书记	人事、受贿	中纪委监察部网站 2015－05－05
66	刘树琪	滨州医学院	党委书记	受贿	中纪委监察部网站 2017－04－10
67	侯端敏	济宁医学院	党委书记	人事、企业	中纪委监察部网站 2015－04－28

（续表）

序	姓　名	校　名	职　务	腐败区域	出　　处
68	王庸晋	长治医学院	院长	人事、工程、招投标	澎湃新闻 2015－09－30
69	郭泽深	湛江师范学院	院长	基建、财务	湛江新闻网 2009－10－11
70	高安民	陕西教育学院	院长	人事	党风与廉政 2002 年第 4 期
71	张建刚	武汉科技学院	院长	基建	中国新闻周刊 2009－03－09
72	王志贵	武汉科技学院	副院长	基建	中国新闻周刊 2009－03－09
73	徐兴恩	河南财经学院	书记、院长	基建、人事	检察日报 2007－10－10
74	张志坚	海南经贸学院	党委书记	基建	海口网 2015－03－28
75	郝东恒	石家庄经济学院	党委书记	严重违纪违法	中央纪委监察部网站 2015－09－06
76	金潇明	湖南第一师范学院	院长	受贿	长沙晚报 2015－02－03
77	严文清	湖北第二师范学院	党委书记	基建、合作办学	中纪委监察部网站 2015－04－28
78	高楚元	湖北省第二师范学院	副书记	人事、校企	中纪委监察部网站 2016－12－21
79	苏智先	绵阳师范学院	党委书记	基建、投资	四川新闻网 2014－02－11
80	李可君	唐山师范学院	纪委书记	严重违纪	中纪委监察部网站 2016－08－25
81	程立生	琼台师范学院	校长	基建、人事、招生	中纪委监察部网站 2017－08－23
82	李向国	琼台师范学院	党委书记	基建、人事、招生	中纪委监察部网站 2017－08－23
83	陈福川	琼台师范学院	副书记、纪委书记	基建、人事、招生	中纪委监察部网站 2017－12－26
84	张登歧	阜阳师范学院	院长	基建、人事、招生	安徽商报 2007－06－06
85	李继承	合肥师范学院	副院长	工程、采购、招标	人民网 2016－12－23
86	朱秀云	南京人口学院	副院长(正)	基建、人事、招生、投资	中国监察 2003 年第 6 期
87	王立信	淮海工学院	院长	基建	检察日报 2005－12－17
88	李彦明	新疆警察学院	党委书记	受贿	中纪委监察部网站 2014－05－22

（续表）

序	姓　名	校　名	职　务	腐败区域	出　　处
89	杜敏	云南警官学院	党委书记	受贿	中纪委监察部网站 2016－03－22
90	林春贵	黑龙江政法管理干部学院	院长	受贿	中纪委监察部网站 2015－07－02
91	钱磊	云南警官学院	副院长	受贿	中纪委监察部网站 2014－04－15
92	毛志斌	河南警察学院	院长	受贿	中纪委监察部网站 2014－07－28
93	官汉蒙	湖北美术学院	副书记（正厅）	人事、招生、企业经营	人民网 2014－10－31
94	李泽霖	湖北美术学院	副院长	招生	正气 2001 年第 12 期
95	柴永柏	四川音乐学院	党委书记	基建	财新网 2015－09－14
96	周世波	武汉音乐学院	副院长	基建、采购	新华网湖北频道 2007－08－03
97	刘英奎	新疆艺术学院	副院长	严重违纪	天山网 2013－07－15
98	王红星	云南艺术学院	副院长	严重违纪	中纪委监察部网站 2017－03－07
99	张雄	南京体育学院	院长	贪污	中国青年报 2017－07－17(09)
100	白跃世	西安体育学院	副院长	严重违纪	中纪委监察部网站 2017－06－12
101	董建英	宝鸡文理学院	党委副书记	基建	陕西日报 2004－06－10
102	海焕智	宝鸡文理学院	副院长	基建	陕西日报 2004－06－10
103	高维平	吉林化工学院	院长	严重违纪	人民网 2014－07－14
104	郑孝雍	中国民航飞行学院	院长	受贿	法治周末 2017－08－10
105	吴旭勇	中国民航飞行学院	副院长	受贿	法治周末 2017－08－10
106	张力奎	郑州航空工业管理学院	党委书记	严重违纪违法	中纪委监察部网站 2014－09－09
107	刘宴宏	郑州航空工业管理学院	副院长	基建	大河网 2009－11－05
108	刘金海	河南教育学院	党委书记	严重违纪	中纪委监察部网站 2015－06－12
109	佘国华	湖南科技学院	党委书记	基建、招标	人民网 2013－10－12
110	吴起华	湖南科技学院	副院长	基建、招标	人民网 2013－10－12
111	曾黄麟	四川理工学院	院长	基建	华西都市报 2013－11－26
112	曾维宽	重庆水电学院	党委书记	受贿、违规入股企业	中纪委监察部网站 2015－01－05
113	唐定桂	湖南邵阳学院	副院长	基建	中国监察 2007 年第 19 期

（续表）

序	姓　名	校　名	职　务	腐败区域	出　　处
114	丁凤云	临沂大学	党委书记	招生、人事	中纪委监察部网站 2014－11－04
115	李富山	临沂大学	副校长	基建	中纪委监察部网站 2014－09－29
116	王树印	牡丹江大学	党委书记	严重违纪	中纪委监察部网站 2017－09－01
117	林韧卒	牡丹江大学	校长	人事、采购	中纪委监察部网站 2017－07－03
118	闫长青	鸡西大学	党委书记	受贿	中纪委监察部网站 2016－10－31
119	王树卿	佳木斯大学	副校长	采购	中纪委监察部网站 2017－07－18
120	孙兰雨	聊城大学	副校长	基建、贪污	中纪委监察部网站 2015－08－04
121	吕继臣	辽东学院	副院长	基建、招投标、招生	中纪委监察部网站 2014－10－17
122	赵丽娟	石家庄学院	副院长	人事、经营	中纪委监察部网站 2016－06－06
123	崔社军	邢台学院	副院长	经商，采购	中纪委监察部网站 2017－07－06
124	何根海	池州学院	党委书记	贪污、人事	中纪委监察部网站 2017－06－02
125	胡雄光	丽水学院	党委副书记	受贿	中纪委监察部网站 2015－09－17
126	文祯中	平顶山学院	院长	受贿	人民网 2014－08－13
127	郦华才	杭州科技职业技术学院	党委书记	基建	浙江在线 2013－07－23
128	黄凤凯	武汉软件工程职业学院	党委书记	受贿	中纪委监察部网站 2015－01－08
129	冯林华	景德镇陶瓷学院	党委书记	基建、人事	中纪委监察部网站 2015－01－09
130	朱根甲	吉林司法警官职业学院	院长	严重违纪	中纪委监察部网站 2016－02－24
131	郑万新	上海公安高等专科学校	党委书记	贪污、受贿	中纪委监察部网站 2016－10－19
132	巫向前	上海健康职业技术学院	院长	贪污、基建	中纪委监察部网站 2014－09－23
133	邹世凌	四川护理职业学院	院长	基建	21 世纪经济报道 2013－06－06
134	赵鲁平	四川护理职业技术学院	副院长	严重违纪违法	人民网 2014－05－23
135	郑丹竹	皖西卫生职业学院	党委书记	基建	中纪委监察部网站 2017－06－02
136	侯再金	四川中医药高专学校	校长	人事、经营	中纪委监察部网站 2017－02－09

（续表）

序	姓 名	校 名	职 务	腐败区域	出 处
137	黄祖春	重庆医药高专学校	校长	基建	法制网 2011-09-23
138	屈孝初	湖南外贸职业学院	党委书记	严重违纪	中纪委监察部网站 2016-09-09
139	舒火明	海南经贸职业技术学院	副院长	基建、采购	海口网 2015-01-14
140	余建强	宁夏财经职业技术学院	副院长	基建	宁夏新闻网 2015-08-03
141	金星	呼伦贝尔职业技术学院	党委书记	受贿	中纪委监察部网站 2017-07-24
142	王化勇	陕西杨凌职业技术学院	党委书记	招标、采购	华商报 2004-06-05
143	苏浩志	清远职业技术学院	党委书记	严重违纪	中纪委监察部网站 2015-12-08
144	陈小波	深圳职业技术学院	党委副书记	采购、基建、招投标	深圳晚报 2016-04-28
145	程晓强	南通农业职业技术学院	党委书记	严重违纪违法	中纪委监察部网站 2013-12-18
146	廖洪元	湖南工业职业技术学院	党委书记	基建、招投标	长沙晚报 2015-02-03
147	龙承海	湖南工业职业技术学院	党委书记	基建、招投标	长沙晚报 2015-02-03
148	解根法	山西省传媒学院	党委书记	基建、人事	人民网太原 2015-08-07
149	李绍祥	保定职业技术学院	党委书记	经营	中纪委监察部网站 2016-12-14
150	方光罗	安徽职业技术学院	院长	基建	安徽商报 2012-05-10
151	张喜堂	河南商业高专学校	校长	基建	新华网河南频道 2007-12-06
152	黄修玉	滁州城市职业学院	院长	基建	中纪委监察部网站 2015-01-09
153	杨文明	常德职业技术学院	院长	基建	中纪委监察部网站 2014-12-13
154	韩淑胜	泊头职业学院	院长	受贿	中纪委监察部网站 2017-09-07
155	杨晓炳	襄阳汽车职业技术学院	院长	基建、采购	新京报 2014-08-22
156	刘书铭	乐山职业技术学院	院长	受贿	人民网 2015-03-24
157	李高伟	四川财经职业学院	院长	培训中心出租	成都商报 2015-01-16
158	罗长国	四川幼儿师范高等专科学校	校长	基建、贪污、挪用公款	新华网 2015-06-16

（续表）

序	姓　名	校　名	职　务	腐败区域	出　　处
159	张金泉	驻马店职业技术学院	党委书记	严重违纪违法	中纪委监察部网站 2014-11-07
160	李烈阳	河南建筑职业技术学院	党委书记	受贿	人民网 2014-09-05
161	王庆刚	天津铁道职业技术学院	书记	贪污、受贿	今晚网(天津)2014-10-11
162	李群先	天津铁道职业技术学院	院长	贪污、受贿	今晚网(天津)2014-10-11
163	刘宝春	天津铁道职业技术学院	副院长	贪污、受贿	今晚网(天津)2014-10-11
164	杭中茂	无锡商业职业技术学院	院长	基建	江南时报 2004-11-16
165	杨佩剑	无锡商业职业技术学院	副院长	基建	江南时报 2004-11-16
166	吴军	贵州省凯里学院	院长	受贿	中纪委监察部网站 2015-05-22
167	姜紫勤	贵州黔西南州民族职业技术学院	院长	基建	中国新闻网 2015-03-27
168	丁业启	安徽机电职业技术学院	副书记	基建	正义网 2010-06-12
169	金跃武	安徽商贸职业技术学院	副院长	基建	正义网 2010-06-12
170	孙式灵	山东枣庄技师学院	院长	基建、招生	中纪委监察部网站 2016-02-18

说明：

1. 上述有些人的“腐败区域”笔者未找到，只能按其案情用“受贿”“贪污”“严重违纪违法”“严重违纪”等表示。

2. 上述不包括中国传媒大学、中央音乐学院、北京邮电大学、对外经济贸易大学等某些违纪案例，也不包括像中国人民大学招生处长蔡荣生等中层处级干部的违法案例。

（二）高校落马领导腐败区域的分析

1. 腐败案例比较中“一把手”占多数

从表2-2中可以看出，这170位校级领导是学校中的“关键少数”，其中党政两位“一把手”占57%。习近平历来强调紧盯“关键少数”，发挥其“头雁效应”，形成示范作用。2017年10月24日，《十八届中央纪律检查委员会向中国共产党第十九次全国代表大会的工作报告》指出：“抓住‘关键少数’，坚决查处十八大后、中央八项规定出台后、群众路线教育实践活动开展后仍然顶风违纪的党员干部。……

紧盯‘关键少数’特别是一把手，严把政治关廉洁关，用严明的纪律和严格的监督使党员领导干部知敬畏、存戒惧、守底线。”一个是“抓住‘关键少数”，另一个是“紧盯‘关键少数’”，上述这些领导干部腐败案例带来的极大危害，从反面将把领导干部作为“关键少数”突出出来，反映了在加强和规范党内政治生活中“关键少数”的关键作用。

2. 腐败案例比较集中的风险领域

《中国青年报》记者雷宇、叶铁桥报道：“高校腐败案增多，基建、招生等领域成重灾区。”①

《民主与法制》记者侯兆晓报道：“一些高校的基建、招生、物资采购、进人、后勤管理、学籍管理、考试等等，猫腻儿很多，但几乎无人监督。招标在高校其实成了摆设。”②

王肖潇、李静涛报道：“招生黑，基建肥，校办企业油水多：高校腐败的三大黑洞。”③

王燕、李莹报道：“基建、采购和招生是三大‘病灶’。海淀区检察院的这项专题调研表明，目前高校腐败发案部位相对集中，基建、采购和招生领域成为高校腐败的三大‘病灶’。前两者反映出高校在内部行政管理和监督方面存在着社会较为普遍的问题和漏洞；后者则反映出高校行业的特殊性，即在教育产业化思潮的影响下，在办学自主权的失范和滥用后产生的一系列问题。……一些高校负责招生工作的工作人员，利用招生之机索贿受贿。尤其是在单独招收保送生、艺术特长生、体育特长生等领域，很容易发生权钱交易等违法行为。而为学生转系、转专业、推荐免试读研究生、评奖等，也成为一些教育工作者搞权钱交易的‘大好’机会。”④

张太凌报道：“据海淀检察院检察长孙力介绍，目前高校职务犯罪发案部位相对集中，基建、采购、后勤和招生领域，成为高校腐败的四大‘病灶’。”⑤

《人民日报》记者田豆豆报道：“近年来，湖北高校多名领导干部因腐败‘落马’。职务犯罪高校频发，引起广泛关注。……基建、后勤、采购、招生等财权、事权集中的环节，是湖北高校领导干部职务犯罪的‘重灾区’。有关部门总结，这类高校经济腐败案呈现几大特点：权钱交易明显，窝案串案突出，腐败分子中党员、高学历、中老年人居多，‘明’‘暗’回扣盛行，作案频繁，涉案金额较高。”⑥

王世焕、储国强、边江报道：“检察机关在办案过程中发现，目前高校领导腐败

---

① 雷宇，叶铁桥. 高校腐败烈度逐年升级：权力过大制约过小[N]. 中国青年报，2011-02-18.

② 侯兆晓. 中国高校招生腐败到底有多严重？[N]. 民主与法制，2009-07-10.

③ 王肖潇，李静涛. 高校腐败的3大黑洞：招生黑　基建肥　校办企业油水多[N]. 环球人物，2014-01-23.

④ 王燕，李莹. 基建、采购、招生是高校腐败三大病灶[N]. 检察日报，2008-06-03.

⑤ 张太凌. 检察官称基建、采购、后勤、招生成高校四大腐败[N]. 新京报，2008-10-11.

⑥ 田豆豆. 湖北数所高校领导腐败落马　内部集权化成主因[N]. 人民日报，2007-04-17.

案发案部位相对集中，许多人都是在学校基建、采购和招生过程中犯案，这些领域已成为高校领导腐败的三大‘病灶’。……高校招生本是学校选拔人才的渠道，但这却成了一些招生人员手中决定学生能否上学的权力，使得他们借招生之机徇私舞弊，大肆贪污受贿。桂林医学院原党委书记何水淋（正厅级）在 1993 年至 2000 年，利用担任院长便利，采取‘特批录取’‘降分录取’‘关照录取’，多次收取学生家长送钱 3.7 万元，违规录取 3 名高考低分学生，最终被检察机关查处。”①

上述高校腐败区域的三大“病灶”是基建、采购和招生，四大“病灶”是基建、采购、后勤和招生领域，三大黑洞是招生、基建、校办企业。从表 2-2 中可以看出，高校的风险领域集中在基建、采购、招投标、人事、招生、后勤、校企等领域，具体将在本章第三节阐述。

3. 腐败案例比较集中的院校

（1）医科类院校

如吉林大学白求恩医学部、中国医科大学、上海第二医科大学、南方医科大学、成都中医药大学、宁夏医科大学、新疆医科大学、广东医学院、西安医学院、济宁医学院、滨州医学院、赣南医学院、广西中医学院、广西右江民族医学院、吉林医药学院、辽宁医学院、长治医学院、皖西卫生职业学院、上海健康职业技术学院、四川中医药高专学校、四川护理职业学院、重庆医药高专学校等。

（2）警官类院校

如新疆警察学院、云南警官学院、河南警察学院、黑龙江政法管理干部学院、上海公安高等专科学校、吉林司法警官职业学院等。

（3）艺术、体育类院校

如湖北美术学院、四川音乐学院、武汉音乐学院、云南艺术学院、新疆艺术学院、南京体育学院、西安体育学院等。

4. 有些院校是班子中两个或两个以上书记或校长(院)落马

（1）三个或三个以上

辽宁医学院党委书记张立洲，副院长梁宇恒，副院长罗俊生及辽宁医学院附属第三医院院长王志铭。

天津铁道职业技术学院党委书记王庆刚，院长李群先，副院长刘宝春。

琼台师范学院党委书记李向国，校长程立生，副书记、纪委书记陈福川。

（2）两个

浙江大学副校长吴世明，副校长褚健。

武汉大学常务副校长陈昭方，常务副书记龙小乐。

---

① 王世焕，储国强，边江．高校领导腐败三“病灶”：基建、采购和招生[EB/OL]．(2005-03-10)．http://www.sina.com.cn.

西安电子科技大学副校长陈勇，副校长张培营。

哈尔滨理工大学党委书记高军，副校长赵洪。

南昌航空大学党委书记王国炎，副校长刘志和。

武汉科技大学书记吴国民，校长刘光临。

成都中医药大学党委书记张忠元，校长范昕建。

武汉科技学院院长张建刚，副院长王志贵。

湖北第二师范学院党委书记严文清，党委副书记高楚元。

郑州航空工业管理学院党委书记张力奎，副院长刘宴宏。

中国民航飞行学院院长郑孝雍，副院长吴旭勇。

湖南科技学院党委书记佘国华，副院长吴起华。

宝鸡文理学院党委副书记董建英，副院长海焕智。

临沂大学党委书记丁凤云，临沂大学原副校长李富山。

牡丹江大学党委书记王树印，校长林韧卒。

无锡商业职技学院院长杭中茂，副院长杨佩剑。

湖南工业职业技术学院党委书记（前任）廖洪元，党委书记（继任）龙承海。

五、大学校长防范风险之道

（一）监管机制

黄永林指出："在法国，高校的财务机构设有一个向政府而非学校直接负责的自由人——财务监督人。财务监督人以个人财产为其可能在监督上发生的错误进行担保，但他们一般会到保险公司投保。如果大学校长用公款吃饭、旅游或为自己谋取好处，一旦被发现，只能引咎辞职。巴黎第一大学国际关系部部长都戴尔先生介绍，由于财务监督到位，法国的大学基本上不存在贪污腐败问题。"①

（二）严于律己

中国大学书记、校长中有许多自身硬又理财精的领导，中山大学黄达人校长就是杰出代表。羊城晚报特派北京记者洪启旺等报道："全国人大代表、中山大学前校长黄达人认为：在我们学校（中山大学），我以及管财务的副校长有个规矩，不在学校的任何行政经费里拿一分钱。另外，我希望大家不要忘记一条，我们的院长本身是好教授。你说他不能占有资源吗？你不能因为他是院长就不能占。"②

① 黄永林．教育财会改革探究[M]．武汉：华中师范大学出版社，2014：297．

② 洪启旺，尹安学，许静，等．夏杨中山大学前校长谈高校腐败：给我的钱统统退回[N]．羊城晚报，2011－03－07．

第二节 高校内部控制风险区域分析

一、高校内部控制根据制度规定可分为三个发展阶段

(一) 第一阶段控制的对象是会计控制阶段

2001年6月22日,财政部印发《内部会计控制规范——基本规范(试行)》(财会〔2001〕41号)。

(二) 第二阶段控制的对象是经济活动控制阶段

2012年11月29日,财政部印发了《行政事业单位内部控制规范(试行)》(财会〔2012〕21号)第五条指出:"内部控制应当贯穿单位经济活动的决策、执行和监督全过程,实现对经济活动的全面控制。"

2015年7月16日,教育部发布了《教育部直属高校内部控制制度(试行)(征求意见稿)》(教财司函〔2015〕451号),2016年4月26日,教育部发布了《教育部直属高校经济活动内部控制指南(试行)》(教财厅〔2016〕2号)。

(三) 第三阶段控制的对象是全部业务活动控制和内部权力运行阶段

1. 笔者的观点

笔者指出:"行政事业单位内部控制不应仅仅指经济业务的内部控制。《行政事业单位内部控制规范(试行)》的全面性原则却局限在'经济活动'内,如该《规范(试行)》规定:'全面性原则。内部控制应当贯穿单位经济活动的决策、执行和监督全过程,实现对经济活动的全面控制。'行政单位内部控制应包括行政事务控制和经济业务控制。行政事务是行政单位的风险高发区,行政事务的内部控制对于政府、事业单位比对于企业更为必要,但是,《行政事业单位内部控制规范(试行)》却忽视了行政事务的内部控制。"①

笔者还指出:"行政单位主要职责是行使公权力,它虽然也有经济业务,需要经济业务层面的内部控制,但毕竟是第二位的。内部控制控制什么?权力,把权力关在制度的笼子里,因此,行政单位的行政事务控制应是第一位的。企业则不同,企业从事的是经营活动,其经济业务层面的内部控制是第一位的。因此,在《行政事业单位内部控制规范(试行)》顶层设计时,应该区别于《企业内部控制规范》的控制内容。行政事务控制应是行政单位内部控制的主要组成部分,而《行政事业单位内

① 乔春华.行政事业单位内部控制若干理论问题的探讨——兼评《行政事业单位内部控制规范(试行)》[J].会计之友,2014(22):22-27.

部控制规范(试行)》恰恰没有注意这一点。"[①]

2. 财政部修正了行政事业单位内部控制对象

笔者的文章发表后,注意到财政部的文件将行政事业单位内部控制的对象从会计控制拓展到经济活动控制和内部权力运行。

2015年12月21日,财政部《关于全面推进行政事业单位内部控制建设的指导意见》(财会〔2015〕24号)规定:"规范行政事业单位内部经济和业务活动,强化对内部权力运行的制约,防止内部权力滥用。……逐步将控制对象从经济活动层面拓展到全部业务活动和内部权力运行。"这里是"单位内部经济和业务活动",不仅仅是"经济活动",还强调了"强化对内部权力运行的制约,防止内部权力滥用",并要求"逐步将控制对象从经济活动层面拓展到全部业务活动和内部权力运行"。

2016年10月8日,财政部印发的《会计改革与发展"十三五"规划纲要》(财会〔2016〕19号)第三条第五款指出:"完善内部控制规范体系。……研究制定政府内部控制规范和非营利组织内部控制规范,修订《行政事业单位内部控制规范(试行)》,将行政事业单位内部控制对象从经济活动层面拓展到全部业务活动和内部权力运行。"这里强调了"将行政事业单位内部控制对象从经济活动层面拓展到全部业务活动和内部权力运行"。

二、高校会计控制仍需继续完善

(一) 关于会计基础工作不规范

1. 巡视中查出会计基础工作不规范的问题

(1) 教育部部分直属高校会计基础工作不规范

2015年1月16日,《教育部巡视组向中国药科大学反馈巡视工作情况》指出:"学校资产存在账账不符、账实不符等现象,国有资产存在流失风险。……校办企业清理改制工作严重滞后、进展不大,对校办企业监管不到位。学校国有资产监管薄弱,风险管理机制不健全。部分校办企业存在利益输送、以权谋私的问题隐患,有些企业长期没有投资回报。一些企业投资、权属关系复杂,虽无实际运营,但长期得不到清理。企业清理整顿中由于历史上管理混乱,有些找不到相关责任人和原始档案。科研经费管理使用不规范,劳务费超支现象普遍。科研经费超预算支出比较普遍,校内财务核算制度不完善,原始单据不齐全;预算没有按计划执行,部分项目结余经费较多;劳务费超支现象比较普遍,科研经费管理使用不规范;科研项目立项奖支出缺乏严格规章依据。科研经费审计结论中有关劳务费调减工作尚未开展,问题整改落实不到位。"

---

① 乔春华.行政事务控制是行政单位内部控制的主要部分——再评《行政事业单位内部控制规范(试行)》[J].会计之友,2015(17):73-76.

2016年1月6日,《南京农业大学巡视反馈意见整改落实情况通报》指出:"关于学校财务管理粗放。部分资金支付管理存在明显漏洞,多次违规开出银行转账支票。资金监管松弛,存在公款私存形成账外资金现象。部分会计核算业务规范性有待加强,财务手续不全和违规报销等现象仍未杜绝等问题。"

2016年7月25日,《教育部党组第一巡视组向北京化工大学反馈巡视情况》指出:"财务管理不规范,监管不力,会计基础工作薄弱,会计凭证要素不全,无法准确反映经济活动情况。会计核算不规范,存在报销凭证不全、假发票、连号发票等问题。……科研经费使用管理不规范,监管缺失,科研管理制度不完善,执行不严格。部分科研项目结题不结账。异地建设项目管理不规范,存在廉政风险。"

2016年7月25日,《教育部党组第五巡视组向华东理工大学反馈巡视情况》指出:"财务和资产管理不规范,存在风险隐患。一是财务管理体制不健全,会计基础工作不规范。学校财务监督执纪不力,财务制度缺失,现有制度执行不到位。审核不严格,存在虚假发票报销问题。……科研经费专项检查整改完成后仍存在二级管理责任未落实、科研经费报销不规范等问题。"

2016年9月18日,《中国矿业大学关于落实教育部巡视组反馈意见整改情况的通报》第六条第4款指出:"关于'会计基础工作不规范,财务监管不到位。存在大部分会计原始凭证无人签字、大部分差旅报销单无事由等财务监管不严的问题。对教育部近年组织开展的经济责任、财务管理、科研经费和国有资产等各专项审计和检查发现的有关财务管理问题整改不到位'的问题。"

2017年2月14日,《教育部党组第三巡视组向中国海洋大学反馈巡视情况》指出:"'小金库'问题整改不彻底。重点领域关键环节存在风险。财务审批流程不严密,会计基础工作规范性不够;国有资产管理不够严格,专项整改不到位;科研经费管理不规范。"

(2) 江苏省巡视中高校会计基础工作不规范

2016年12月19日,《中共南京特殊教育师范学院委员会关于巡视整改情况的通报》第25条指出:"会计核算基础薄弱,财务审核把关不严。"

① 关于发票使用不规范

2016年7月20日,《中共南京工业职业技术学院委员会关于巡视整改情况的通报》第九条指出:"关于'财务报销审核不够严格,连号发票较多,数额较大,大额现金支付劳务费和购买食品情况较多。横向科研课题经费与二级单位创收管理制度不健全、支出不规范'的问题。"

2016年7月20日,《中共常州纺织服装职业技术学院委员会关于巡视整改情况的通报》第21条指出:"针对'有的用公款支付应由个人承担的费用,有的报销用途不明的发票'问题的整改。"

2016年12月19日,《中共南京特殊教育师范学院委员会关于巡视整改情况的通报》第 27 条指出"关于违规使用外购票据收取费用"。

2016 年 7 月 20 日,《中共淮安信息职业技术学院党委关于巡视整改情况的通报》第 14 条指出:"财务收费违规使用外购普通票据问题。"

② 关于提供发票为他人套取资金

2016 年 12 月 19 日,《中共江苏财会职业学院党委关于巡视整改情况的通报》第 5 条指出:"针对'成教部门违规提供发票,为他人套取资金提供便利'问题。"

③ 关于使用非法、虚假发票

2016 年 12 月 19 日,《中共徐州工业职业技术学院委员会关于巡视整改情况的通报》第 7 条指出:"关于'大量使用非法、虚假发票报销,有的用同一票据重复报销,甚至白条领款,违规报销外单位公、私费用'问题。"第 9 条指出:"关于'票据管理不严格,违规印制和使用票据,领用空白支票随意填写金额支付工程款的问题'问题。"

④ 原始凭证缺失

2016 年 11 月 19 日,《中共无锡职业技术学院党委关于巡视整改情况的通报》第 7 条指出:"关于部分专项资金实际使用情况与国库支付不一致,代管款项存在直接列收列支现象,校企合作费主要列支礼品、餐费,存在财务原始凭证缺失、大额资金拆分报销等情况'的整改情况。"

⑤ 关于现金管理松弛和多头开户

2016 年 12 月 19 日,《中共徐州工业职业技术学院委员会关于巡视整改情况的通报》第 8 条指出:"关于'现金管理松弛,违规使用现金问题严重,大额采购费直接用现金支付,廉政风险大'问题。"

2016 年 12 月 19 日,《中共南京邮电大学委员会关于巡视整改情况的通报》第 19 条指出:"关于财务管理规范性不够,多头开户"。

2016 年 7 月 20 日,《中共南京工程学院委员会关于巡视整改情况的通报》第二条指出:"学校在银行多头开户,合同管理存在制度缺失,廉洁风险大等问题。"

⑥ 关于白条支出

2017 年 3 月 14 日,《中共南京信息职业技术学院委员会关于巡视整改情况的通报》第 14 条指出:"关于存在违规收费、白条支出现象的问题。"

⑦ 关于支出不规范

2016 年 7 月 22 日,《中共江苏开放大学党委关于巡视整改情况的通报》第 10 条指出:"关于会议费用支出不规范的问题。"

2016 年 12 月 2 日,《中共无锡商业职业技术学院委员会关于巡视整改情况的通报》第 6 条指出:"关于'创收经费使用缺乏统筹监管,自定名目发放奖金福利较多'问题。"

2016 年 7 月 22 日,《中共江苏工程职业技术学院委员会关于巡视整改情况的通报》第6条指出:"一些二级学院创收性经费支出不规范、不透明。"

2016年7月25日,《中共常州轻工职业技术学院委员会关于巡视整改情况的通报》第5条指出:"关于'使用招生经费购买购物卡、烟酒'的问题;关于'在差旅费中报销景区门票'的问题。"

2016年12月19日,《中共苏州农业职业技术学院委员会关于巡视整改情况的通报》第26条指出:"'关于实习费、实训费科目列支内容不实'的问题。"

2016年12月19日,《江苏财经职业技术学院党委关于巡视整改情况的通报》第5条指出:"关于招生生源基地建设费支出管理不严的问题。"

⑧ 关于截留收入

2016年7月22日,《中共江苏警官学院委员会关于巡视整改情况的通报》第18条指出:"关于'有的二级单位违规出租校产,截留收入'问题。"

⑨ 关于报销把关不严

2016年7月20日,《中共南通大学委员会关于巡视整改情况的通报》第30条指出:"关于劳务费报销不规范的问题。"

2016年12月19日,《中共盐城师范学院委员会关于巡视整改情况的通报》第二条指出:"经费报销审核不严,存在违规报销、发票舞弊、虚构理由套取经费的情况。"

2016年12月19日,《中共淮海工学院委员会关于巡视整改情况的通报》第14条指出:"关于财务报销把关不严的问题。"

2016年12月19日,《中共江苏财会职业学院党委关于巡视整改情况的通报》第2条指出:"针对'会务费、培训费报销审核把关不严,凭证不规范、单据不完整'问题。"

2016年12月19日,《中共盐城卫生职业技术学院委员会关于巡视整改情况的通报》第二条指出:"关于'经费报销与管理把关不严'的整改落实情况。"

2016年12月19日,《中共无锡商业职业技术学院委员会关于巡视整改情况的通报》第二条指出:"关于'存在拆分发票金额报销情况'问题。"

⑩ 财务报表无法确认其真实性、完整性

2016年12月19日,《中共江苏省交通技师学院委员会关于巡视整改情况的通报》第二条指出:"下属企业财务管理混乱,财务报表无法确认其真实性、完整性,存在较大风险隐患。"

2. 处罚会计基础工作不规范的法规

在巡视中直接提及"会计基础工作不规范"的不仅有江苏省省属高校,也有教育部直属高校。间接提及"会计基础工作不规范",包括发票使用不规范,提供发票为他人套取资金,使用非法、虚假发票,违规印制和使用票据,原始凭证缺失,报销把关不严,财务报表无法确认其真实性、完整性,还有科研经费报销用假发票和假业务真发票，等等；此外，还有如艺术品管理未在账面反映，资产账实不符，关于资产无验收，等等。

1996 年 6 月 17 日，财政部印发了《会计基础工作规范》(财会字〔1996〕19 号)，至今已 20 多年；2001 年 4 月 16 日，朱镕基为上海国家会计学院题写的校训是“不做假账”；同年 10 月 29 日，朱镕基为北京国家会计学院题写的校训是：“诚信为本，操守为重，遵循准则，不做假账”。2002 年 11 月 19 日，朱镕基在香港举行的第六届世界会计师大会上演讲时透露，由于字写得不好，很少题词，但为国家会计学院题写了 4 个字“不做假账”。他说：“我希望每一个中国国家会计学院毕业的学生，永远都要牢记这 4 个大字!”“不做假账”至今也已 10 多年。

会计基础工作不规范，对高校来说是低级错误，对主管部门来说检查不认真，以至在巡视中曝了光。会计基础工作不规范，从源头上使会计信息不具备真实性、完整性。

《会计法》第四条指出：“单位负责人对本单位的会计工作和会计资料的真实性、完整性负责。”《会计法》第四十二条还指出：“违反本法规定，有下列行为之一的，由县级以上人民政府财政部门责令限期改正，可以对单位并处三千元以上五万元以下的罚款；对其直接负责的主管人员和其他直接责任人员，可以处二千元以上二万元以下的罚款；属于国家工作人员的，还应当由其所在单位或者有关单位依法给予行政处分：(1) 不依法设置会计账簿的；(2) 私设会计账簿的；(3) 未按照规定填制、取得原始凭证或者填制、取得的原始凭证不符合规定的；(4) 以未经审核的会计凭证为依据登记会计账簿或者登记会计账簿不符合规定的；(5) 随意变更会计处理方法的；(5) 向不同的会计资料使用者提供的财务会计报告编制依据不一致的；(7) 未按照规定使用会计记录文字或者记账本位币的；(8) 未按照规定保管会计资料，致使会计资料毁损、灭失的；(9) 未按照规定建立并实施单位内部会计监督制度或者拒绝依法实施的监督或者不如实提供有关会计资料及有关情况的；(10) 任用会计人员不符合本法规定的。”第四十三条指出：“伪造、变造会计凭证、会计账簿，编制虚假财务会计报告，构成犯罪的，依法追究刑事责任。”第四十四条指出：“隐匿或者故意销毁依法应当保存的会计凭证、会计账簿、财务会计报告，构成犯罪的，依法追究刑事责任。”第四十五条指出：“授意、指使、强令会计机构、会计人员及其他人员伪造、变造会计凭证、会计账簿，编制虚假财务会计报告或者隐匿、故意销毁依法应当保存的会计凭证、会计账簿、财务会计报告，构成犯罪的，依法追究刑事责任；尚不构成犯罪的，可以处五千元以上五万元以下的罚款；属于国家工作人员的，还应当由其所在单位或者有关单位依法给予降级、撤职、开除的行政处分。”

(二) 关于套取财政资金

1. 江苏省巡视中查出套取财政资金的问题

(1) 关于申报在校学生数量不实,套取财政资金

2016年7月22日,《中共江苏开放大学党委关于巡视整改情况的通报》第8条指出:"关于财经纪律执行不够严格,申报在校学生数量不实,存在多报多领财政补助资金现象的问题。"

2016年12月2日,《中共无锡商业职业技术学院委员会关于巡视整改情况的通报》第4条指出:"关于'财经纪律执行不严,曾出现虚报学生人数多申领财政拨款情况'问题。"

(2) 多领财政补助问题

2016年7月25日,《江苏第二师范学院　江苏省教育科学研究院党委关于巡视整改情况的通报》第10条指出:"关于多领财政补助等问题。"

(3) 套取国家专项资金的问题

2016年7月22日,《中共江苏工程职业技术学院委员会关于巡视整改情况的通报》第二条第(二)款指出:"挤占、挪用甚至套取国家专项资金。"

(4) 公司套取资金

2016年7月20日,《中共江苏大学委员会关于巡视整改情况的通报》第22条指出:"有的学科型公司套取资金、公款送礼。"

2. 处罚套取财政资金的法规

虽然在巡视中提及"申报在校学生数量不实,套取财政资金""挤占、挪用甚至套取国家专项资金"的是少数学校,其实在全国高校中是普遍问题。产生问题的原因是财政按招生计划人数拨款,但实际入学人数往往少于招生计划人数,财政拨完款没有核实收回,学校多收到款也未主动退回,这笔资金有些学校高达几千万元,虽然不是恶意的行为,但戴上了"套取财政资金"的帽子。

2004年11月30日,国务院发布的《财政违法行为处罚处分条例》(中华人民共和国国务院令第427号)第二条指出:"有财政违法行为的单位,其直接负责的主管人员和其他直接责任人员,以及有财政违法行为的个人,属于国家公务员的,由监察机关及其派出机构(以下统称监察机关)或者任免机关依照人事管理权限,依法给予行政处分。"第六条指出:"国家机关及其工作人员有下列违反规定使用、骗取财政资金的行为之一的,责令改正,调整有关会计账目,追回有关财政资金,限期退还违法所得。对单位给予警告或者通报批评。对直接负责的主管人员和其他直接责任人员给予记大过处分;情节较重的,给予降级或者撤职处分;情节严重的,给予开除处分:(一) 以虚报、冒领等手段骗取财政资金;(二) 截留、挪用财政资金;(三) 滞留应当下拨的财政资金;(四) 违反规定扩大开支范围,提高开支标准;(五) 其他违反规定使用、骗取财政资金的行为。"第三十四条指出:"对法律、法规

授权的具有管理公共事务职能的组织以及国家行政机关依法委托的组织及其工勤人员以外的工作人员，企业、事业单位、社会团体中由国家行政机关以委任、派遣等形式任命的人员以及其他人员有本条例规定的财政违法行为，需要给予处分的，参照本条例有关规定执行。”

2006年5月30日，财政部发布的《事业单位国有资产管理暂行办法》(财政部令第36号)第五十一条指出：“事业单位及其工作人员违反本办法，有下列行为之一的，依据《财政违法行为处罚处分条例》的规定进行处罚、处理、处分：(一) 以虚报、冒领等手段骗取财政资金的；(二) 擅自占有、使用和处置国有资产的；(三) 擅自提供担保的；(四) 未按规定缴纳国有资产收益的。”

(三) 关于不符合收支两条线和小金库问题

1. 巡视中查出不符合收支两条线和坐收坐支的问题

2016年7月20日，《中共江苏大学委员会关于巡视整改情况的通报》第26条指出：“有的部门收费项目未按规定实行‘收支两条线’。”

2016年7月22日，《中共常熟理工学院委员会关于巡视整改情况的通报》在“执行廉政纪律方面”的第1条指出“有的单位财务收支体外循环，坐收坐支”。

2016年7月25日，《江苏第二师范学院　江苏省教育科学研究院党委关于巡视整改情况的通报》第12条指出：“关于无证收费与坐收坐支问题。”第13条指出：“关于改制过程中的公款私存等问题。”

2016年12月19日，《中共盐城工学院委员会关于巡视整改情况的通报》第25条指出：“关于资产租赁经营收入没有实行收支两条线管理等问题的整改情况。”

2016年12月2日，《中共无锡商业职业技术学院委员会关于巡视整改情况的通报》在“重点领域关键环节监管缺失，存在廉政风险”的第5条中指出：“关于‘有的单位虚报冒领工作量津贴、坐收坐支租金收入’问题。”

2016年12月19日，《中共南京信息工程大学委员会关于巡视“回头看”整改情况的通报》第8条指出：“加强二级单位收支活动管理。……严肃处理了个别单位坐收坐支问题。”

2016年12月19日，《中共淮海工学院委员会关于巡视整改情况的通报》第13条指出：“关于‘收支两条线’管理不到位的问题。”

2016年12月19日，《中共江苏财会职业学院党委关于巡视整改情况的通报》指出：“针对‘违反收支两条线管理规定，存在坐收坐支’问题。”

2. 巡视中查出“账外账”和“小金库”的问题

2015年9月2日，《中共盐城工业职业技术学院党委关于巡视整改情况的通报》第二条指出：“针对自行组织的招投标活动收取报名费，设立账外账，用于发放评审费、加班费和支付招待费的问题。”

2016年7月20日，《中共江苏大学委员会关于巡视整改情况的通报》条23条指出："有的学院私设'小金库。"

2016年7月20日，《中共江苏护理职业学院委员会关于巡视整改情况的通报》第3条指出："关于'小金库'屡治不绝等问题的整改情况。"

2016年7月20日，《中共南京工业职业技术学院委员会关于巡视整改情况的通报》第二条指出："关于'个别企业收入不入账，涉嫌私设小金库，一些党员干部自律不严，有的利用职务便利收受学生钱物；有的用公款购买购物卡、礼品用于发放福利和公关送礼'的问题。"

2016年7月20日，《中共江苏商贸职业学院委员会关于巡视整改情况的通报》第二条指出："强化严格执行财经纪律。针对执行财经纪律不严格，收支两条线管理不到位，有的二级单位私设'小金库'，有的经营单位财务收支资金账外循环，招生宣传经费、继续教育经费等专项经费使用管理不够规范等问题"。

2016年7月20日，《中共南京体育学院委员会关于巡视整改情况的通报》指出："财务管理不规范，经费支出随意，有的二级单位虚列开支套取资金，私设'小金库'。"

2016年7月22日，《中共江苏工程职业技术学院委员会关于巡视整改情况的通报》第二条指出："'收支两条线'制度执行不严格，存在坐收坐支问题。"

2016年7月22日，《中共南京交通职业技术学院委员会关于巡视整改情况的通报》第二条指出："继续开展'小金库'专项治理。"

2016年7月22日，《中共常熟理工学院委员会关于巡视整改情况的通报》第2条指出："有的单位私设'小金库'。"

2016年7月25日，《中共常州大学委员会关于落实省委巡视组反馈意见整改情况的通报》指出："严肃处理'小金库'问题。针对相关学院'小金库'问题处理不及时、问责不力、公开度不高的问题。"

2016年12月19日，《中共盐城师范学院委员会关于巡视整改情况的通报》指出："资产入账不及时，有些部门借机建有'小金库'。"

2016年12月19日，《中共徐州工业职业技术学院委员会关于巡视整改情况的通报》指出："关于有的单位私设'小金库'、坐收坐支问题。"

2016年12月19日，《中共南京邮电大学委员会关于巡视整改情况的通报》指出："存在'小金库'清查不彻底等违规现象，有的问题虽经审计发现，但整改落实不到位的问题。"

3. 处罚小金库的法规

1989年11月14日，国务院发布了《关于清理检查"小金库"的通知》(国发〔1989〕77号)。

1989年11月17日，财政部，国务院税收、财务、物价大检查办公室发布了《贯彻落实〈国务院关于清理检查"小金库"的通知〉的具体规定》(〔89〕财综119号)。

1990年2月22日，国务院办公厅发布了《关于进一步清理检查“小金库”的通知》。

1995年5月4日，国务院办公厅发布了《关于清理检查“小金库”意见的通知》（国办发〔1995〕29号）。

2009年4月23日，中共中央办公厅、国务院办公厅印发了《关于深入开展“小金库”治理工作的意见》的通知（中办发〔2009〕18号）。

2009年4月23日，中共中央纪委、监察部、财政部、审计署印发的《关于在党政机关和事业单位开展“小金库”专项治理工作的实施办法》（中纪发〔2009〕7号）指出：“对专项治理中发现的‘小金库’，要严格按照‘依法处理，宽严相济’的原则进行处理。（一）‘小金库’治理工作鼓励自查，对自查发现的问题从轻从宽处理。凡自查认真、纠正及时的，对责任单位可从轻、减轻或免予行政处罚，对有关责任人员可从轻、减轻或免予处分。对自查出的‘小金库’，要如数转入符合规定的单位账簿，依法进行财务、税务等相关处理。各部门各单位对其所属单位进行的内部检查，视同自查。（二）对被查发现的‘小金库’，除依法进行财务、税务等相关处理外，还要对责任单位和责任人员依法予以行政处罚，并依纪依法追究责任。（三）对设立‘小金库’负有领导责任和直接责任的人员，依照《设立‘小金库’违纪行为适用〈中国共产党纪律处分条例〉若干问题的解释》《设立‘小金库’违法违纪行为政纪处分暂行规定》，严肃追究责任。（四）对在专项治理工作中弄虚作假、压案不查、对抗检查、拒不纠正、销毁证据、突击花钱、打击报复举报人的，或重点检查中发现‘小金库’数额巨大、情节严重的，要按照有关规定从重处理。涉嫌犯罪的，移交司法机关依法处理。（五）《意见》下发后再设立‘小金库’的，对主要领导、分管领导和直接责任人要严肃处理，按照组织程序先予以免职，再依据党纪政纪和有关法律法规追究责任。（六）对专项治理工作中发现的其他违反法律法规的问题，按国家有关法律法规进行处理。”

2010年1月5日，监察部、人力资源和社会保障部、财政部、审计署发布的《设立“小金库”和使用“小金库”款项违法违纪行为政纪处分暂行规定》（第19号）第四条指出：“有设立‘小金库’行为的，对有关责任人员，给予记过或者记大过处分；情节严重的，给予降级或者撤职处分。”第五条指出：“使用‘小金库’款项吃喝、旅游、送礼、进行娱乐活动或者有其他类似行为的，对有关责任人员，给予警告处分；情节较重的，给予记过或者记大过处分；情节严重的，给予降级或者撤职处分。”第六条指出：“使用‘小金库’款项新建、改建、扩建、装修办公楼或者培训中心等的，对有关责任人员，给予警告处分；情节较重的，给予记过或者记大过处分；情节严重的，给予降级或者撤职处分。”第七条指出：“使用‘小金库’款项提高福利补贴标准或者扩大福利补贴范围、滥发奖金实物或者有类似支出行为的，对有关责任人员，给予警告处分；情节较重的，给予记过或者记大过处分；情节严重的，给予降级或者撤职处分。”第八条指出：“使用‘小金库’款项报销应由个人负担的费用的，对有关责任人员，给予记过或者记大过处分；情节较重的，给予降级或者撤职处分；情节严重的，给予开除处分。”第九条指出：“以单位名义将‘小金库’财物集体私分给单位职工的，对有关责任人员，给予记过或者记大过处分；情节较重的，给予降级或者撤职处分；情节严重的，给予开除处分。”第十条指出：“有设立‘小金库’或者使用‘小金库’款项行为，并且有本规定之外的其他违法违纪行为需要合并处理的，对有关责任人员，依照《行政机关公务员处分条例》第十条的规定追究责任。”第十一条指出：“对在治理‘小金库’工作中有弄虚作假、对抗检查、拒不纠正、销毁证据、突击花钱、压案不查、打击报复举报人等行为的，依法从重处理。”第十二条指出：“中共中央办公厅、国务院办公厅《关于深入开展‘小金库’治理工作的意见》（中办发〔2009〕18 号）印发前，有设立‘小金库’或者使用‘小金库’款项行为，情节较轻，且能够按照有关规定认真自查自纠的，可以免予处分；情节较重，但能够按照有关规定自查自纠的，可以减轻或者从轻处分；情节严重，但能够按照有关规定自查自纠的，可以从轻处分。”第十三条指出：“中共中央办公厅、国务院办公厅《关于深入开展‘小金库’治理工作的意见》（中办发〔2009〕18 号）印发后再设立或者继续设立‘小金库’的，对有关责任人员，按照组织程序先予免职，再依据本规定追究责任。”

随着中央八项规定的深入落实，一些奢靡享乐现象开始由明处转到暗处，根据党中央要求，经国务院批准，2014 年 7 月 28 日，财政部、审计署印发了《深入开展贯彻执行中央八项规定，严肃财经纪律和“小金库”专项治理工作方案》（财监〔2014〕19 号）。“专项治理的内容，主要是 2013 年以来，违反中央八项规定和财经纪律以及设立‘小金库’的有关问题。数额较大和情节严重的，可追溯到以前年度。”

从上可知，“小金库”通常收入不入账或入“另册”，体外循环，“小金库”只是“账外账”的一种表现形式。“小金库”具有普遍性（党政机关、事业单位、企业、社会团体等），多样性（账外账、存折、现金、购物卡等），隐蔽性（不公开的私房钱），顽固性（1989 年至今 28 年来屡查屡犯，有蔓延上升趋势），腐败性（公款私分、挥霍消费、行贿受贿等）等特点。“小金库”虽冠以“小”字，却大得惊人。自 2009 年中央部署开展“小金库”治理工作至 2010 年 8 月底，全国共发现“小金库”58 225 个，涉及金额 266.54 亿元。

尽管上述规定，由国务院、中共中央纪委、中共中央办公厅、国务院办公厅等颁发，尽管上述规定如“对责任单位和责任人员依法予以行政处罚，并依纪依法追究责任”“对设立‘小金库’负有领导责任和直接责任的人员，严肃追究责任”“有设立‘小金库’行为的，对有关责任人员，给予记过或者记大过处分；情节严重的，给予降级或者撤职处分”“《意见》下发后再设立‘小金库’的，对主要领导、分管领导和直接责任人要严肃处理，按照组织程序先予以免职，再依据党纪政纪和有关法律法规追究责任”“（中办发〔2009〕18 号）印发后再设立或者继续设立‘小金库’的，对有关责任人员，按照组织程序先予免职，再依据本规定追究责任”等等，“小金库”绝对是个腐败的风险领域，但有些人就是不收手，顶风作案。在巡视中仍发现此类问题，这方面值得各校高度重视。

（四）关于往来款项清理不及时

1. 江苏省巡视中发现往来款项清理不及时的问题

2016年7月20日，《中共淮安信息职业技术学院党委关于巡视整改情况的通报》第14条指出：“关于一些个人借款长期未清欠，2009年12月的一笔借款至今未。”

2016年7月22日，《中共常州轻工职业技术学院委员会关于巡视整改情况的通报》第5条指出：“关于‘对承租方捐助的奖学金、助学金应收未收’的问题。”

2016年12月19日，《中共淮海工学院委员会关于巡视整改情况的通报》指出：“关于财务监管不规范，有的应收款超过三年未收回，教职工个人私借公款长期不还的问题。”

2016年12月19日，《中共盐城师范学院委员会关于巡视整改情况的通报》指出“音美楼工程超付180多万元，追债追责处理进展缓慢”。

2016年12月19日，《中共南京特殊教育师范学院委员会关于巡视整改情况的通报》第27条指出“往来款项清理不及时问题”。

2016年12月2日，《中共无锡商业职业技术学院委员会关于巡视整改情况的通报》指出：“关于‘一些应收款长期挂账无望收回’问题。”

2016年12月19日，《中共江苏省交通技师学院委员会关于巡视整改情况的通报》指出：“……个别领导干部在下属企业借款长期不还’的问题。”

2016年12月19日，《中共南京邮电大学委员会关于巡视整改情况的通报》指出：“往来款项清理不及时，出借货币资金长期不收回的问题。”

2. 斯坦福大学规定不按期或超准则报销要缴税

《斯坦福大学行政管理指南》规定：“报销清单——需要及时提交完整的记录预付款花费的报销清单。根据美国国税局指南，除特殊情况外，出差结束60天以后才提请报销费用的，报销所得将被视为个人的额外收入上报。”

《斯坦福大学行政管理指南》还规定：“所涉税务问题：作为额外收入报告的报销——运用搬迁政策时，各系应注意，美国国税局要求学校对任何与搬迁有联系的、超出了国税局准则的报销和预付款作为员工的额外补偿金的收入做出报告，并收取工资税。”

借款长期不还实际上是占公款的便宜，小则是占用利息不当增加个人收入，大则是用公款谋更大的利益。斯坦福大学的做法是根据《税法》，这点值得我国税务部门和立法机关借鉴。

(五) 江苏省高校巡视中发现的对外投资与违规出借大额资金问题

1. 关于对外投资不规范

2015年11月7日,《中共南京中医药大学关于巡视整改情况的通报》指出:"关于对外投资合作管理混乱、监管不力,存在国有资产流失风险问题。"

2016年12月19日,《中共南京邮电大学委员会关于巡视整改情况的通报》指出:"关于对外投资管理松散,违规持有股票的问题。"

2017年3月30日,《中共南京工业大学委员会关于巡视"回头看"整改情况的通报》第二条指出"对外投资收益多年未足额及时收取"。

2016年12月19日,《中共盐城师范学院委员会关于巡视整改情况的通报》指出"校办企业投资存在烂账"。

2016年7月22日,《中共江苏工程职业技术学院委员会关于巡视整改情况的通报》指出"有些资产经营管理混乱,有的对外投资学校账面无反映"。

2. 关于违规出借大额资金问题

2016年7月22日,《中共江苏工程职业技术学院委员会关于巡视整改情况的通报》指出:"违规出借大额资金。"

2016年12月19日,《中共苏州农业职业技术学院委员会关于巡视整改情况的通报》指出:"关于违规出借大额资金的问题。"

(六) 江苏省高校巡视中发现的突出风险问题

1. 关于挪用串用资金

2016年12月19日,《中共江苏财会职业学院党委关于巡视整改情况的通报》指出:"针对'挪用串用资金问题突出,违规列支其他单位人员出国考察差旅费,挪用图书补助、学生教材折扣款等专项经费'问题。"

2016年12月19日,《中共淮海工学院委员会关于巡视整改情况的通报》指出:"关于专项资金管理不规范的问题。"

2. 关于未依法纳税

2016年12月19日,《中共无锡职业技术学院党委关于巡视整改情况的通报》指出:"关于'有的经营性收入未依法纳税,部分咨询费和劳务费未代扣代缴个人所得税'的整改情况。"

3. 关于违规折扣

2016年7月22日,《中共江苏开放大学党委关于巡视整改情况的通报》指出:"关于违规截留学生教材折扣的问题。"

4. 关于乱收费

2016年7月20日,《中共江苏大学委员会关于巡视整改情况的通报》指出:"违规超标准收取学生材料费、住宿费、教材费。"

2016年12月19日,《中共南京信息工程大学委员会关于巡视"回头看"整改情况的通报》第 8 条指出“加强二级单位收支活动管理。严格执行收费许可规定，全面排查了二级单位收费情况”。

2016 年 7 月 22 日，《中共常熟理工学院委员会关于巡视整改情况的通报》指出：“关于不同程度存在违反财经纪律问题。……成教方面存在乱办班、乱收费现象，违规举办海安成教班，社会影响较为恶劣。”

2016 年 12 月 19 日，《中共南京特殊教育师范学院委员会关于巡视整改情况的通报》指出：“关于招生费用管理存在廉洁风险的问题。……关于违规收取重修费的问题。”

2016 年 7 月 20 日，《中共江苏护理职业学院委员会关于巡视整改情况的通报》指出：“对 2013 年、2014 年招生‘捐资助学’经费账目及相关人员名单进行了核对清查。进一步规范了经费管理，从 2015 年开始，我院不再收取招生‘捐资助学’费用。”

2016 年 12 月 19 日，《江苏财经职业技术学院党委关于巡视整改情况的通报》第 5 条指出：“关于教材代购存在多收费行为，教材折扣长期挂账不处理的问题。……关于四六级英语考试收费，普通话测试收费未及时上缴学校财务的问题。”

2015 年 9 月 2 日，《中共盐城工业职业技术学院党委关于巡视整改情况的通报》指出“针对自行组织的招投标活动收取报名费”。

2016 年 12 月 19 日，《中共南京特殊教育师范学院委员会关于巡视整改情况的通报》指出：“关于存在违规领取评审费、教学督导费、培训班管理费的问题。”

2016 年 7 月 25 日，《江苏第二师范学院　江苏省教育科学研究院党委关于巡视整改情况的通报》指出：“关于无证收费与坐收坐支问题。”

5. 关于奖助学金中的问题

2016 年 7 月 25 日，《中共常州轻工职业技术学院委员会关于巡视整改情况的通报》第 5 条指出：“关于‘将奖学金直接汇入各系班主任银行卡，助学金列支班主任津贴、保安餐费等’的问题。”

2016 年 12 月 19 日，《中共苏州经贸职业技术学院委员会关于巡视整改情况的通报》指出：“‘……存在少计提奖助学金、应缴财政专户款未及时足额上缴等问题’的问题。”

2016 年 12 月 19 日，《中共苏州工艺美术职业技术学院委员会关于巡视整改情况的通报》指出：“财务管理有漏洞，存在少计提奖助学金、应缴财政专户款未及时足额上缴的问题。”

6. 关于工会经费中的问题

2016 年 7 月 25 日，《中共常州轻工职业技术学院委员会关于巡视整改情况的通报》第 5 条指出：“关于‘学院工会以疗养费名义为教职工报销旅游费用’的问题。”

7. 关于党团费中的问题

2016 年 7 月 20 日，《中共江苏护理职业学院委员会关于巡视整改情况的通报》指出："规范了党团费的收支管理，党团费一律存入财务专用账户统一管理。对团费胡支乱报问题进行了认真查处，院纪委对 2013 年以来团费收支管理情况进行了专项审计，对涉及金额较大、存在明显违纪问题的 3 名责任人员予以立案调查，追究纪律责任；对涉及金额较小，违纪情节较轻的 3 名同志进行诫勉谈话。"

至于科研经费、三公经费、乱发绩效工资、加班费、津补贴、奖金、劳务费等几乎是普遍问题，本书就不具体列举了。

从上可以看出，高校的会计控制还存在不少问题，主要表现为：一是会计控制制度不完善，二是会计控制制度执行不力。

三、高校经济活动控制亟须完善

在高校经济活动内部控制中，属于会计控制的"预算管理"和"收支管理"前已述及，这部分阐述"建设项目管理""采购管理""资产管理"和"合同管理"等。

（一）高校建设项目控制亟须完善

江苏省高校巡视中发现的基建问题如下：

"基建"是一个明显的廉洁风险区域，在已巡视的江苏部分高校就存在这个问题。如"工程基建项目编报立项不规范，临时项目多""'工程项目变更多，程序不规范，操作不透明，招投标制度形同虚设'问题""造价源头控制不力问题，一些工程高估冒算的问题""新校区建设超概算、建筑质量不高""关于'工程建设管理混乱，一些工程高估冒算，低价中标、高价决算，变相规避招投标。有的领导干部在工程发包上收取贿赂，谋私利。一些已竣工项目长期不决算，廉政风险高，权力寻租空间大'问题""基建工程管理不善、把关不严的问题""基建工程管理混乱问题""关于基建项目管理不规范，有的工程款超付严重，有的工程量变更过大，有的项目竣工未及时送审的问题""'部分工程项目运作程序不规范'的问题""基建项目管理不到位，监督制约缺失，跟踪监管不力，一些项目签证管理不严格，结算审计不及时，竣工验收走过场""工程建设、物资采购等领域问题较为突出，一些重点工程应公开招标未招标，一些项目超概算严重，部分物资采购以化整为零或分批采购方式规避招标""关于'工程建设、物资采购等领域存在较多问题。有的基建项目应公开招标未公开招标，有的基建项目提前支付工程款，设备、耗材多采用竞争性谈判、询价、单一来源方式采购'的问题"。

（二）高校采购控制亟须完善

江苏省高校巡视中发现的采购问题如下：

"采购"也是一个明显的廉洁风险区域，在已巡视的相当多的高校都存在这个问题。如"物资采购过程中存在权力寻租现象的问题""物资采购制度设计不科学"

"'物资采购市场竞价不充分，运作不规范，项目资料管理无序，成为校内监管盲区'""关于'招标采购工作没有归口管理，有的项目应招标未招标，有的招标程序不规范'问题""关于'学生食堂招租面积增大和实行零租赁后，未公开招标，违规采取民主评议方式续租'的问题""部分仪器设备未按规定纳入政府采购的问题"等，以及"关于'在大额采购方面，执行招标程序不够严格，采购管理机制不健全，一些项目未实现公开招标，存在廉政风险'的问题""关于对设备采购验收环节把关不严，出现劣质设备进入课堂、宿舍问题"。

（三）高校招投标是内部控制疏漏的一个风险区域

1. 高校内部控制业务层面风险区域的划分不符合分类的逻辑

"业务层面的风险"区域划分不符合分类的逻辑，即不符合分类标准的同一性和各子项之间的排他性。

2012年11月29日，财政部印发的《行政事业单位内部控制规范（试行）》（财会〔2012〕21号）第十一条指出：单位进行经济活动业务层面的风险评估时，应当重点关注以下方面：① 预算管理情况；② 收支管理情况；③ 政府采购管理情况；④ 资产管理情况；⑤ 建设项目管理情况；⑥ 合同管理情况；⑦ 其他情况。

2016年4月26日，教育部办公厅印发的《教育部直属高校经济活动内部控制指南（试行）》（教财厅〔2016〕2号）所属的《内部控制应用指南》共有15个，它们是：第1号——控制环境；第2号——预决算管理；第3号——资产管理；第4号——债务管理；第5号——收入管理；第6号——支出管理；第7号——合同管理；第8号——采购管理；第9号——工程项目管理；第10号——科研项目管理；第11号——财政专项项目管理；第12号——经济活动信息化管理；第13号——所属企业管理；第14号——教育基金会管理；第15号——其他附属单位管理。

这里分析《行政事业单位内部控制规范（试行）》中业务层面的几个风险区域：政府采购管理、资产管理情况、建设项目管理是单独领域，因此具有排他性，而预算管理、收支管理、合同管理是贯穿于一切领域，因此具有兼容性。如这样划分，以合同为例，采购有合同、基建有合同、资产出租出借有合同、横向科研有合同、合作办学有合同等等。这种分类不仅不科学，而且会遗漏某一个或几个重大的风险区域，如招投标。

江苏省高校巡视中发现的基建、采购与招投标问题：

近20年来，高校的贪官大部分倒在基建、采购与招投标区域（还有卖官、招生、科研经费、校办企业、后勤等）。基建、采购与招投标这三者的关系是，基建工程和采购都是用钱部门，都需要通过"招投标"这个方式将大量资金配置给工程队或供应商，因此，工程队或供应商企图行贿有权力的人将基建工程、采购物资拿到手，而学校有权力的人受贿后也将打破招投标的正规公开程序向行贿者倾斜。于是，"招投标"成了行贿者与受贿者的关注点，自然成为腐败的高发区域或廉洁的风险区域。

2. 江苏省高校巡视中发现的招投标问题

"招投标"是一个腐败风险的高发区，在已巡视的江苏高校中绝大部分都存在这个问题。如："招投标的评委选择不严格""存在评委不足就开标的问题""工程项目招投标规章制度落实不到位""有的工程建设招投标前论证不够""有些工程项目招标信息公开不够，招标流于形式""招投标程序不规范""招投标制度执行力不强""招投标制度执行不力""附属医院工程建设不按规定招投标的问题"等，以及"物资、设备采购和工程发包中，存在违反招标规定操作的情况""'重点领域和关键环节存在廉洁风险。教学设备采购、物管购买服务过多采用单一来源、询价方式'的问题""针对工程招投标、执行招投标管理规定不严，工程造价源头控制不力，工程项目合同外签单过多，项目变更多等问题""关于招投标采购制度不完善，工程建设审批程序执行不严格的问题""有的基建工程、维修项目、物资采购、服务外包未能严格按规定公开招标，存在单一来源采购、邀请招标、竞争性谈判比重大的现象""关于'物资设备采购、修缮工程招投标规定执行不严，存在廉政风险'的问题""有的项目被拆分肢解，规避政府集中采购或公开招标；有的大型设备、维修工程招投标存在围标等人为操控现象；门面房出租未能全面引入市场竞争机制，存在权力寻租空间等问题""'在服务采购中，存在程序违规、任性用权的情况。在工程建设领域，对有些领导干部有权钱交易的反映'的问题""关于基建项目、物资采购等环节招标工作不规范，有的项目未履行规定的审批程序，有的化整为零回避招标，有的以邀标或议标代替公开招标，有的甚至以校长办公会决议代替招标的问题""关于有的基建项目招投标违规拆标、转包，有的物资采购未按规定公开招标的问题""关于'新校区建设，存在化整为零规避招投标、超付工程款、工程质量缺陷、审批验收把关不严、审计未跟上等'问题""有些工程项目招标信息公开不够，招标流于形式；设备采购招投标管理制度执行不严格，存在串标问题，教学设备采购竞争不充分，有的党员领导干部与供应商交往过密、称兄道弟""一些工程项目和物资设备采购未严格执行招标规定。有的应公开招标没有公开招标，有的合同价超过中标价，有的违规续标；在食堂经营、房产出租、图书采购等方面，没有按要求引入和严格执行竞争机制""部分教学用品批量采购和校园零星改造工程应招标未招标的问题""关于招投标工作不规范，新校区建设设计监理、造价咨询、项目管理等项目，有的应政府招标的没有政府招标，个别项目直接发包，部分教材采购、门面房出租没有招标问题""关于'一些项目依法应公开招投标未公开招投标'的整改情况""关于'有些工程建设、物资采购、装潢维修、经营性房产租赁等项目未按规定进行招标，有的项目未及时办理竣工决算，存在廉政风险；事前事中事后全程监督体系不够完善，缺乏对廉政风险点监督的常态化机制'问题"。

3. 招投标是重大的风险区域

记者陈磊报道："在近日披露的《受贿案件裁判大数据报告(2014—2017 年度)》中，一审文书共计 12 759 份，其中，6 872 件案件的受贿行为发生在工程领域。北京师范大学中国刑法研究所副所长彭新林告诉《法制日报》记者，在实务中，工程、采购、招投标领域成为受贿案件高发地带或者说重灾区，表明这些领域是受贿犯罪主要的风险点，其原因在于，这些领域利益和资源较为集中，容易滋生腐败。……发生在教育领域的受贿案件为 1 554 件，占比 12.2%。"①

反腐案例和巡视成果显示，基建、采购是腐败的高发区域，也是廉洁风险的突出区域。基建、采购的腐败表现为多方面的，但最主要的是将这个工程项目给甲公司还是乙公司施工，这批物资是从 A 供应商还是 B 供应商那里采购。于是，招投标是在基建、采购的廉洁风险中占据核心的地位。刘炎迅等报道："在阜阳师范学院，尽管每一个工程都要走招投标程序，但时任阜阳师范学院党委副书记、院长的张登歧利用分管新校区建设的职务便利，'想让哪家建筑单位入围就入围，想给谁打多少印象分就打多少分，倾向于谁中标谁就能中标，少有人能提出不同意见'，最终因受贿 50 余万元而被判刑。"②工程公司和供应商要得到这类业务，盯紧的是招投标环节。不法商人或通过行贿权力绕过招投标，或恶意操作招投标。招投标处在基建、采购廉洁风险区域的风口浪尖上，是基建、采购廉洁风险区域的重中之重，基建、采购领域中重大腐败案件源出于此。但在《行政事业单位内部控制规范(试行)》内却被忽略了。众所周知，有招投标就有合同，《行政事业单位内部控制规范(试行)》将"合同管理"作为一个领域，"招投标"却被遗漏了。从上述高校巡视中发现廉洁风险区域和校领导腐败案例可以看出，招投标与基建工程、物资采购等问题，关键在于招投标。

由于《行政事业单位内部控制规范(试行)》和《教育部直属高校经济活动内部控制指南(试行)》没有单独作为业务层面的风险区域，因此，其所属高校的《内部控制手册》也未在业务层面作为一个单独的风险区域。《行政事业单位内部控制规范(试行)》中在"建设项目管理情况"风险评估中只提了一下"是否建立有效的招投标控制机制"，而在"政府采购管理情况"风险评估中未提到"是否建立有效的招投标控制机制"。《教育部直属高校经济活动内部控制指南(试行)》分别在《第 8 号——采购管理》《第 9 号——工程项目管理》中各自提到了招投标内部控制。至于科技园项目招标，承包食堂招标，宾馆、门面房等出租招标根本就没有涉及，将招投标内部控制碎片化了。财政部印发的《行政事业单位内部控制规范(试行)》第十二条第(三)款规定："归口管理。……对有关经济活动实行统一管理。"在大学中，招投标

① 陈磊. 12 759 份受贿案裁判文书披露：过半受贿发生于工程[N]. 法制日报，2017-12-21.

② 刘炎迅，王婧，秋风. 高校基建腐败调查——大学之盗[J]. 中国新闻周刊，2009(39)：28-30.

办公室还是一个独立的处室，其廉洁风险至关重要。

4. 应重视招投标腐败中的“速度钱”现象

1974年获诺贝尔经济学奖的瑞典经济学家冈纳·缪尔达尔(Karl Gunnar Myrdal)曾经提出了一个“速度钱”(speed money)的概念，基本内容是人们为了避免官僚主义的低效率，花钱去加快政府机构的文件传送和决议达成的速度，用腐败去加快烦琐的行政程序，减少达成目标的障碍。清代贪官的“需索勒措”就是一个典型的案例：1704年，一艘外国商船回航前需要在粤海关办理出关手续，但贪官将出关手续滞留了20多天，外国商船的大班送给他100两礼银的第二天就获准离港了。这种用钱来加速拿到批文的现象就是“速度钱”现象。

在反腐案例中，高校的贪官收受了不法商人的贿赂后，就不按招投标的内部控制程序，或以邀标、议标代替公开招标，或拆分肢解项目等等，通过内部运作方式将工程项目的施工或物资的采购交给不法商人办理。其他如科技园项目招标，银行开户招标，承包食堂招标、宾馆、门面房等出租招标都存在“速度钱”现象。因此，招投标是权力寻租的高发区域。

2018年1月11日，习近平在十九届中央纪委二次全会上指出：“要强化不敢腐的震慑，扎牢不能腐的笼子，增强不想腐的自觉。要通过改革和制度创新切断利益输送链条，加强对权力运行的制约和监督，形成有效管用的体制机制。”健全招投标内部控制制度域是通过制度创新切断利益输送链条的重要环节。

（四）高校资产控制亟须完善

江苏省高校巡视中发现的资产风险问题如下：

2016年7月20日，《中共淮安信息职业技术学院党委关于巡视整改情况的通报》第12条指出：“关于工程项目变更审批不规范，维修及小型工程未经审计直接结算，存在较大的廉政风险问题。”第13条指出：“关于资产清理不彻底，烂尾现象和废旧设备长期不处置，存在国有资产流失隐患问题。”

2016年7月20日，《中共淮阴工学院委员会关于巡视整改情况的通报》指出：“关于‘国有资产管理存在漏洞和潜在风险’的问题。”

2016年7月25日，《中共常州轻工职业技术学院委员会关于巡视整改情况的通报》第5条指出：“关于‘国有资产管理存在较大漏洞，将属于学院所有房屋交由工会出租，收取租金全部作为工会活动费，未使用规定票据，逃避税收监管，未按照财政非税收入管理规定上缴，未实行收支两条线管理’的问题。”

2016年7月22日，《中共江苏海事职业技术学院委员会关于巡视整改情况的通报》第10条指出：“国有资产经营监督不到位。白下校区校企合作签订协议期限过长，合作方违规改扩建，存在国有资产流失隐患和廉政风险。”

2016年12月19日，《江苏城乡建设职业学院党委关于巡视整改情况的通告》第21条指出：“关于对国有资产和下属企业监督缺失，有的经营性用房长年闲置，有的下属企业多年没有进行审计，存在国有资产流失和廉洁风险问题。”

2016 年 12 月 19 日，《中共苏州工艺美术职业技术学院委员会关于巡视整改情况的通报》指出：教学器材、仪器设备等使用管理不到位，存在资产损失风险的问题；门面房租赁管理不够规范的问题。

2016 年 12 月 19 日，《中共盐城师范学院委员会关于巡视整改情况的通报》指出：“国有资产管理存在较大漏洞，经营性房产多头管理”。

2016 年 12 月 2 日，《中共无锡商业职业技术学院委员会关于巡视整改情况的通报》指出：“关于‘国有资产管理有漏洞’问题。”

2017 年 3 月 30 日，《中共南京工业大学委员会关于巡视“回头看”整改情况的通报》第二条指出“国有资产存在流失风险”。

至于其他还有“国有资产经营管理体制不完善”“国有资产管理不规范”“国有资产出租不规范”“国有资产缺乏有效监督”“资产无偿供外单位使用”等问题。

从上可以看出：高校的经济活动内部控制还存在不少问题，既有经济活动内部控制制度不完善，又有经济活动内部控制制度执行不力。

四、内部控制对象“拓展到全部业务活动和内部权力运行”需要补充

目前，由于高校内部控制停留在“经济活动控制”阶段，不可能做到内部控制全覆盖、无死角，因此，一些重大廉洁风险区域的内部控制被疏漏了，造成了内部控制廉洁风险的空白区域。

2014 年 6 月，笔者在苏州大学出版社出版的《高校内部控制研究》一书中，第四章为“高校业务层面内部控制的研究”，其中第七节为“高校学生事务控制研究”，第八节为“高校教学业务控制研究”，第九节为“高校科研业务控制研究”，第十节为“高校办公业务控制研究”。笔者在别的章节中也提到了“高校组织人事的内部控制”，阐述了职务提升、职称晋升、引进人才等的内部控制。在本书中重点阐述这三个问题。

耶鲁大学前任校长金曼·布鲁斯特(Kingman Brewster)指出：“大学有 3 项财产：蕴藏于教师队伍中的智力资本、校舍设施以及投资组合。”①人、财、物三权是高校的主要权力，前已阐述了财、物两权，下面重点阐述组织人事和招生两个领域，要把权力关在制度的笼子里，就必须对内部权力运行进行内部控制。

(一) 高校人事管理是内部控制疏漏的一个风险区域

在十八大以前的一个时期，卖官鬻爵在政界、军界等领域蔓延，高校也不例外，上述 170 个腐败案例中，有些人是卖官的。

---

① [美]露西·拉普斯基，玛丽·P.麦考文·莫克.高校的财务运作[M].李正，主译.北京：中国财政经济出版社，2004：59.

1. 选人用人不规范是31所中管高校中普遍存在的问题

在31所中管高校的《巡视整改情况的通报》中未提到“选人用人”的高校只有2014年2月21日巡视的中国人民大学，其他30所都提到了“选人用人”问题，并表示要“严格履行选人用人程序”，这个程序就是内部控制。

2. 防止出现选人用人上的不正之风和腐败问题

2013年6月28日，习近平在全国组织工作会议上指出：“有一种现象很值得注意，就是在一个地方、一个单位，一个干部好不好，群众有公论，实践有比较，领导心里也明白，但在具体用人时，结果却与事业需要和群众期盼大相径庭。这其中作祟的，是一些领导干部的私心杂念，是人们议论的‘关系网’‘潜规则’。正是这些不健康的因素起作用，任人唯贤被丢在一边了，任人唯亲、任人唯利等问题发生了。干部群众对这些问题深恶痛绝。必须下决心加以整治，使用人之风真正纯洁起来。必须看到，在有的地方和部门，正确的用人导向并没有得到很好体现，一些德才平平、投机取巧的人屡屡得到提拔重用，一些踏实干事、不跑不要的干部却没有进步机会，干部群众对此意见很大。”

2014年1月14日，习近平《在第十八届中央纪律检查委员会第三次全体会议上的讲话》中指出：“党委的主体责任是什么？主要是加强领导，选好用好干部，防止出现选人用人上的不正之风和腐败问题。”

2016年7月1日，习近平《在庆祝中国共产党成立95周年大会上的讲话》中指出：“坚决防止和纠正选人用人上的不正之风，把党和人民需要的好干部精心培养起来、及时发现出来、合理使用起来。”

2017年10月18日，习近平在十九大报告中指出：“坚持正确的选人用人导向，匡正选人用人风气，突出政治标准，提拔重用牢固树立‘四个意识’和‘四个自信’、坚决维护党中央权威、全面贯彻执行党的理论和路线方针政策、忠诚干净担当的干部，选优配强各级领导班子。”

尽管中央强调坚持正确选人用人导向，但在社会上跑官要官、买官卖官、拉票贿选、带病提拔等行为在巡视以及查处的一些大案要案中屡见不鲜，高校也不是一块净土。但是，高校的《内部控制手册》中几乎没有一个学校将人事管理作为监控的风险区域。

（二）高校招生也是内部控制疏漏的一个风险区域

十八届三中全会指出：“坚持用制度管权管事管人。”这个制度包括内部控制制度。上一个问题是用内部控制制度管选人用人，这里是用内部控制制度管招生，遗憾的是招生这个腐败高发区域和廉洁风险区域在高校内部控制制度建设中被疏漏了，几乎没有一所高校的《内部控制手册》中将招生作为监控的风险区域。然而下列信息表明，高校招生是内部控制中一个不容疏漏的风险区域。

记者徐静、通讯员粤教宣报道：“教育部统计数据显示，2003—2008年，高校职务犯罪案件数、涉案人数占全国教育系统的比例约为1/4，涉案金额100万元以上的特大案件和校级干部职务犯罪呈上升趋势，个别高校甚至出现几百万元、上千万元的贪污贿赂案件，有的高校甚至出现校长、书记同时落马的情况。数据显示，近五年，高校职务犯罪案件82%集中在基建、采购、财务、招生和后勤服务等部位和环节。基建工程、物资采购、招生、财务等领域成为高校职务犯罪的'灾区'。"①

蔡荣生案将高校招生腐败推向了风口浪尖。高校招生腐败成为媒体的关注点。《人民日报》记者孔祥鑫、凌军辉、周立权报道："高招腐败的本质是权力寻租。记者调查发现，高招腐败案件近年来呈多发趋势，自主招生、补录及调换专业三个环节已成为腐败的'重灾区'。养肥了一批教育贪官，严重危害教育公平。""过去曝光的涉及高校的腐败通常是工程建设、科研基金等方面的案件，但近年来高校招生成为职务犯罪的高发区。"吉林省人民检察院反贪局综合指导处处长王洪伟告诉记者："高招腐败涉案数额越来越大，在经济发达地区尤为明显。这类案件的发生通常是'两相情愿'，点对点交易秘密进行，因此，案件多发但却难以查处。""少数考生可通过自主招生录取，部分考生可获得补录的名额，个别人才有机会调换专业……"教育部教育发展研究中心体制改革研究室主任王烽认为：高校拥有的"小"权利变成了某些人手中"大"特权。有限的资源成为滋生高招腐败的"阵地"。调换专业衍生成花钱"买"好专业。吉林省教育厅原副厅长于兴昌的众多受贿记录中，大部分皆与考试录取、调整专业有关，其第一笔受贿就来自于帮助一个学生调换专业收取了1万元钱。业内人士透露，调换专业早就涨价了，少则几万元，多则10余万元。②

赵秀红报道："高校领导容易在哪些方面'栽跟头'？哪些环节的监督缺失容易造成高校领导腐败？北京师范大学国际反腐败教育与研究中心秘书长彭新林认为，一些高校在财务管理、基建工程、大宗物资设备采购、校办产业和后勤、招生考试等领域及科研经费使用中出现了一系列问题，已成为社会舆论关注的热点。'总的来看，高校领导腐败的风险点主要集中在基建工程、物资采购招投标、招生录取、财务管理、校办产业等领域，这些领域利益、资源较为集中，是容易滋生腐败的重点领域和关键环节，因而成为高校领导腐败行为的重灾区和"高发地带"。'彭新林说，一些学校、学院的党政一把手权力过于集中，即便是集体讨论的决策，他们往往也可以顺利地将个人意志强加在集体决策上。'高校腐败现象也多发于权力监控薄弱处，特别是对重要岗位和关键环节的权力运行缺乏有力的制约与监督'。彭新林近年来对反腐败案件有比较深入的研究，据他分析，高校腐败现象有一定的特殊

---

① 徐静.基建成高校职务犯罪"重灾区" 贪污受贿最多[N].广州日报，2011-11-26.

② 孔祥鑫，凌军辉，周立权.高招腐败案件呈多发趋势，招生自主权不能变"特权"——从蔡荣生等人被查看高招"黑幕"[N].人民日报，2013-12-03.

性，涉案领域相对集中，以受贿、贪污为主体，以权谋私、以职牟利、权钱交易的贿赂贪污类案件，长期居于发案量的首位。”①

张友林报道：“大学自主招生里一旦出现猫腻，损害的不仅是考生的切身权益，也会损害大学的名誉。《中国纪检监察报》刊文《向异化的自主招生亮剑》，这是近年该报再次点明批评高校自主招生的腐败问题。”②

在高校中，艺术类、体育类以及研究生招生也是风险高发区。

（三）高校其他部门（业务）的内部控制仍是空白

高校其他部门（业务）的内部控制如校办（党外、外办），纪委（在下节阐述中纪委重视内部控制建设），宣传部，保卫处，审计处，教务处，科研处，后勤处，校办企业等都存在风险，但目前内部控制建设仍是空白，内部控制必须全覆盖。

（四）高校“授权批准”是内部控制中不可轻视的风险区域

“授权批准”是内部控制的主要方法。笔者在第三章第一节中比较详细地整理了《斯坦福大学行政管理指南》中大学领导层“授权批准”的事项，但在各校的《大学章程》和《内部控制手册》中，对“授权批准”却不够重视，既不详细又不明确。

还需要强调的是，《中华人民共和国立法法》第十条规定：“授权决定应当明确授权的目的、事项、范围、期限以及被授权机关实施授权决定应当遵循的原则等。授权的期限不得超过五年，但是授权决定另有规定的除外。被授权机关应当在授权期限届满的六个月以前，向授权机关报告授权决定实施的情况。”

五、高校风险的类型与化解风险的一点建议

联合教育者风险保险集团公司的首席执行官和总裁詹尼斯·M. 亚伯拉罕(Janice M. Abraham)指出：风险管理并不是指要消除风险；它指的是在支持学校办学宗旨的同时以最有效、最明智的方式处理风险，以及处理我们的学生、教师、工人员和志愿者在从事教学、研究和学生活动时所遇到的潜在风险。……不管是进行风险管理、监督资本项目，还是制定预算，校园中的首席财务官都承担着整体调度的角色，将不同的校务相关团体的活动统一起来，平衡相互冲突的工作重点。③詹尼斯·M. 亚伯拉罕(Janice M. Abraham)还指出：“首席财务官在‘确认和管理风险’的具体职责包括：(1) 确认风险；(2) 开发一个校园计划以降低和控制风险；(3) 转移风险；(4) 跟踪并报告风险管理的成本。”④詹尼斯·M. 亚伯拉罕(Janice

① 赵秀红. 去年多家一本高校领导被通报：招生成腐败重灾区[Z]. 澎湃新闻网，2016-02-02.

② 张友林. 被点名批评的大学自主招生腐败，问题有多严重[N]. 中国青年报，2017-05-07.

③ [美]露西·拉普斯基，玛丽·P. 麦考文·莫克. 高校的财务运作[M]. 李正，主译. 北京：中国财政经济出版社，2004：96-97.

④ [美]露西·拉普斯基，玛丽·P. 麦考文·莫克. 高校的财务运作[M]. 李正，主译. 北京：中国财政经济出版社，2004：97.

M. Abraham)还指出:“风险类型在每个学校里各不相同,错综复杂。然而,大多数风险可以分为以下5类:实物的、伤亡的、财务的、经营的和名誉的。”[①]

(一) 高校风险的类型

1. 实物风险

实物风险的种类:① 自然灾害,如地震、洪水、雷击、火山、风雪等天灾造成的实物损失;② 人为灾害,包括人为故意破坏和责任事故造成的实物损失。

实物风险成本应包括四个方面:一是实物的原始价值,二是实物损坏将给整个活动带来的损失,三是救灾的成本,四是污染造成的损失和治理污染的成本。

2. 伤亡风险

伤亡风险的种类:① 因公伤亡,如施工、实验等造成的人身伤亡;② 非正常伤亡,如跳楼、溺水、斗殴、自残等造成的人身伤亡。这两种伤亡都与管理风险有关。

3. 财务风险

财务风险的种类:① 主动行为的风险,如投资风险、贷款风险、理财风险等,理财风险如前已述及的会计控制失控造成的风险,还如理财失误造成的财务危机。宝都学院的财务长和财务与管理机构的副总裁、哈佛高等教育协会的成员肯特·约翰·查博特指出:财务危机。一个学院或者大学如何发现财务危机?要寻找的最有用的计量方式是在年度运营预算中所发现的赤字。偶尔的、小的赤字通常并不形成预警的促发因素,并且,如果有足够的储备和捐赠足以弥补一年中的一次大的赤字的话,那么它也不会形成预警。当在连续年度内预算赤字均有所增加或者赤字超过了运营收入的5%～10%时,学校就要对此采取行动。[②] ② 被动行为的风险,如被盗、被骗等造成的资财损失。

4. 经营风险

经营风险是指在教学、科研、管理中因经营决策和经营管理失控造成的风险,对外如合作办学、合作科研、对外承包、出租出借等造成的风险;对内如决策和管理失误致使损失与浪费。

5. 名誉风险

名誉风险包括校内出现贪腐案件、学术不端、质量下降、诉讼以及各种丑闻造成损害学校声誉的风险。

(二) 高校化解风险的一点建议

高校风险管理主要靠实施内部控制。但具体建议购买保险,人身意外风险和

① [美]露西·拉普斯基,玛丽·P.麦考文·莫克.高校的财务运作[M].李正,主译.北京:中国财政经济出版社,2004:97-99.

② [美]露西·拉普斯基,玛丽·P.麦考文·莫克.高校的财务运作[M].李正,主译.北京:中国财政经济出版社,2004:26.

实物意外风险，可采取保险的办法，避免学校的财务损失。

第三节　内部控制应定位于政治学学科

高校内部控制不属于财务领域，但财务领域需要嵌入内部控制，因此，本节阐述根据内部控制的对象应将内部控制定位于政治学的学科领域。

一、建立健全内部控制是高校健全治理体系和提高治理能力建设的重要组成部分

(一) 高校内部控制的目标是建成与国家治理体系和治理能力现代化相适应的内部控制体系

大学内部控制与治理体系和治理能力现代化关系十分密切。

2015 年 12 月 21 日，《财政部关于全面推进行政事业单位内部控制建设的指导意见》(财会〔2015〕24 号)指出："总体目标。……到 2020 年，基本建成与国家治理体系和治理能力现代化相适应的，权责一致、制衡有效、运行顺畅、执行有力、管理科学的内部控制体系，更好发挥内部控制在提升内部治理水平、规范内部权力运行、促进依法行政、推进廉政建设中的重要作用。"

2016 年 4 月 26 日，教育部办公厅印发的《教育部直属高校经济活动内部控制指南(试行)》(教财厅〔2016〕2 号)第三条指出："高校党政领导班子及其各级领导干部要高度重视内部控制建设，要将建立健全内部控制作为高校健全治理体系和提高治理能力建设的重要组成部分，列入学校长期规划，常抓不懈。"

(二) 内部控制是治理的基石

2013 年 12 月 5 日，《教育部关于做好〈行政事业单位内部控制规范(试行)〉实施工作的通知》(教财函〔2013〕142 号)第一条指出："实施内部控制规范，是加强教育经费监管的重要举措，是完善教育行政事业单位内部治理结构、建立现代学校制度的必然要求。各单位要充分认识加强教育系统内部控制制度建设的重要性和紧迫性，认真贯彻落实内部控制规范的各项要求，不断提高内部管理水平。"

2013 年 7 月 19 日，财政部党组副书记、张少春副部长在行政事业单位内部控制规范实施动员视频会上指出："内部控制既是行政事业单位的一项重要管理活动，又是一项重要的制度安排，是行政事业单位治理的基石。"

(三) 建立和健全内部控制是内部控制是校长的重要职责

2012 年 11 月 29 日，财政部发布的《行政事业单位内部控制规范(试行)》(财会〔2012〕21 号)第六条指出："单位负责人对本单位内部控制的建立健全和有效实施负责。"

《教育部直属高校经济活动内部控制指南(试行)》第五条指出："高校党委要发

挥在学校内部控制建设中的领导作用；校长是内部控制建设工作的首要责任人，对内部控制的建立健全和有效实施负责；学校领导班子其他成员要抓好各自分管领域的内部控制建设工作；学校内部各部门负责人对本部门的内部控制建设承担具体责任。”

二、内部控制对象的外延是“单位内的全部业务活动”

1. 内部控制的对象从会计控制拓展到经济活动控制

我国业界和学界对内部控制对象外延的认知，经历了不断深化和发展的过程。

会计领域是较早引入内部控制机制的领域之一。会计控制的基本内涵就是在会计领域内实施内部控制，其基本要求是将内部控制机制嵌入到会计领域中。2001年6月22日，财政部印发《内部会计控制规范——基本规范(试行)》(财会〔2001〕41号)，提出内部会计控制的基本目标是“规范单位会计行为”，“内部会计控制的内容主要包括货币资金、实物资产、对外投资、工程项目、采购与付款、筹款、销售与收款、成本费用、担保等经济业务的会计控制”。

英格拉姆等指出：“会计作为一种信息系统在管理决策中是很重要的。管理者在筹划未来经营和评价组织发展是否符合组织目标时都使用了会计信息。为了有助于实现这些目标，会计信息必须是可靠的。……会计在保证信息的可靠性和保护公司资源中的作用一般被认为是会计的内部控制职能。它在大多数组织中是一项主要的管理会计活动。”①

郭道扬指出：“在泰罗制时代所产生的预算控制论、标准成本会计理论，以及差异分析理论的启示之下，一门着重于研究完善企业内部会计控制的理论——管理会计学问世了。管理会计学说的创立，使会计控制的体系发生了突破性变化，它标志着人类的会计控制领域进一步向纵深延展，从此，学者们在会计的外部控制与内部控制之间架起了一座桥梁，在未来的岁月里，人们将可以看到这座桥梁一直通向会计控制的宏观世界。20世纪30年代以后，受行为科学管理理论的影响，产生了人力资源会计、行为会计、业绩会计等，管理会计得到进一步发展，它初步有了一个控制体系。”②

由于内部控制对内部权力牵制和制衡的优越性使其功能外溢，一个单位仅局限在会计范围内实施内部控制不能使整个单位防控风险，内部控制的制约功能被经济领域的众多业务(如仓库管理等)所应用，于是内部控制的对象从会计控制拓展到经济活动控制。从上可以看出，经济活动的基本内涵就是在经济活动领域内

---

① [美]英格拉姆，奥尔布赖特，希尔．管理会计：决策信息　第2版[M]．陈晋平，程小可，译．北京：中信出版社，2004：469.

② 郭道扬．会计控制论：上[J]．财会通讯，1989(7)：7-10.

实施内部控制,其基本要求是将内部控制机制嵌入经济活动中。

2. 行政事业单位内部控制对象是"全部业务活动和内部权力控制"

2014 年笔者在《行政事业单位内部控制若干理论问题的探讨》一文中认为:"行政事业单位内部控制不应仅仅指经济业务的内部控制。《行政事业单位内部控制规范(试行)》的全面性原则却局限在'经济活动'内,行政单位内部控制应包括行政事务控制和经济业务控制。行政事务是行政单位的风险高发区,行政事务的内部控制对于政府、事业单位比对于企业更为必要,但是,《行政事业单位内部控制规范(试行)》却忽视了行政事务的内部控制。"①

2015 年笔者在评析财政部印发的《行政事业单位内部控制规范(试行)》文件时再次指出"行政事务控制是行政单位内部控制的主要部分","行政单位主要职责是行使公权力,它虽然也有经济业务,需要经济业务层面的内部控制,但毕竟是第二位的。内部控制控制什么? 权力,把权力关在制度的笼子里,因此,行政单位的行政事务控制应是第一位的。企业则不同,企业从事的是经营活动,其经济业务层面的内部控制是第一位的。因此,在《行政事业单位内部控制规范(试行)》顶层设计时,应该区别于《企业内部控制规范》的控制内容。行政事务控制应是行政单位内部控制的主要组成部分,而《行政事业单位内部控制规范(试行)》恰恰没有注意这一点"。② 因此,行政事业单位内部控制对象应当是"全部业务活动和内部权力控制"。

随着内部控制实践的推进,财政部很快修正了行政事业单位内部控制对象的界定。2015 年 12 月 21 日,财政部下发了《关于全面推进行政事业单位内部控制建设的指导意见》(财会〔2015〕24 号)文件,明确规定了:"规范行政事业单位内部经济和业务活动,强化对内部权力运行的制约,防止内部权力滥用。……逐步将控制对象从经济活动层面拓展到全部业务活动和内部权力运行。"这里是"单位内部经济和业务活动",不仅仅是"经济活动",而且强调了"强化对内部权力运行的制约,防止内部权力滥用",并要求"逐步将控制对象从经济活动层面拓展到全部业务活动和内部权力运行"。

2016 年 10 月 8 日,财政部印发的《会计改革与发展"十三五"规划纲要》(财会〔2016〕19 号)第三条第(五)款指出:"完善内部控制规范体系。……研究制定政府内部控制规范和非营利组织内部控制规范,修订《行政事业单位内部控制规范(试行)》,将行政事业单位内部控制对象从经济活动层面拓展到全部业务活动和内部权力运行。"至此,行政事业单位内部控制对象的外延由"经济活动层面"明确拓展为"单位内

① 乔春华. 行政事业单位内部控制若干理论问题的探讨——兼评《行政事业单位内部控制规范(试行)》[J]. 会计之友,2014(22):22-27.

② 乔春华. 行政事务控制是行政单位内部控制的主要部分——再评《行政事业单位内部控制规范(试行)》[J]. 会计之友,2015(17):73-76.

部全部业务活动和内部权力运行”,内部控制对象是“全部业务活动控制”。

三、内部控制对象的内涵是“单位内的内部权力运行”

1. 内部牵制机制的内涵是权力制衡

(1) 内部牵制机制实质是不相容岗位分离,不仅仅用于管钱、管物、管账,而且还在于权力的制衡

众所周知,内部控制发轫于内部牵制。从原初的仓库钥匙交给两个以上的工作人员持有,到中纪委对涉案款物的库房管理采用双人双指纹的认证系统才能打开库门、库房内至少两个人工作,都体现了职权分离的内部牵制机制。

在我国历史上,内部牵制机制曾不仅被嵌入到管钱、管物、管账,而且被运用到调兵遣将权力的制衡和秘藏重要文书的管理之中。如我国古代皇帝曾运用虎符作为调兵遣将的兵符,虎符分左右两半,设子母口相合;右符留存中央,左符在将领之手。朝廷若调动军队,就需带上右符,调兵遣将时需要两半勘合验真,才能生效。虎符在调动军队权力上起到了制衡作用。在国家秘藏重要文书的管理上,也同样运用了内部牵制的权力制衡方法。民国临时大总统袁世凯的《大总统选举法》规定:继任大总统由现任大总统预先确定,写在“嘉禾金简”上,密藏于“金匮石室”中。金匮设有3把钥匙,现任总统死后由3名钥匙持有者同时到场才能开启。这种内部牵制机制,形成了对内部权力的相互监督、相互制约,实质上也是通过权力制衡控制了内部权力的运行。

(2) 内部授权审批控制不仅仅限于经济活动的控制,而且在于对一切公权力的制约

内部授权审批控制的关键,是对公权力的制约。英国前首相卡梅伦于当地时间2016年6月23日上午7点开始“脱欧”公投计划。2016年11月3日,英国高等法院裁定,政府在正式启动“脱欧”程序前需经议会批准。2017年2月1日晚,英国议会下议院投票通过政府提交的“脱欧”法案,授权新首相特雷莎·梅启动“脱欧”程序。2017年3月13日晚,英国议会上院投票通过“脱欧”法案。2017年3月16日,英国女王伊丽莎白二世批准“脱欧”法案,授权英国首相特雷莎·梅正式启动“脱欧”程序。对于英国国家来说,“脱欧”并不是单纯的经济活动,但首相只拥有国家的决策建议权,必须经过法定的授权审批,做到法无授权不可为。

由此可见,内部控制的主要方法不相容岗位分离和内部授权审批控制的内涵是一种制衡权力的机制,它并不仅仅限于经济活动,核心是控制内部权力运行的监督、控制和制衡。

2. 十八大以来党中央加强内部控制实践的启示

(1) 突出内部控制机制建设

2017年1月,由中央纪委宣传部、中央电视台联合制作的电视专题片《打铁还

需自身硬》中两处提到了“内控机制”，强调“中央纪委不断加强内控机制建设，严控决策权、审批权”；要“认真查找、梳理风险点，在每一个关键环节提出有针对性的防范措施，强化内控机制，防止权力滥用”。

2017年1月6日，王岐山在中纪委十八届第七次会议的工作报告中指出：“制定监督执纪工作规则，把纪委的权力关进制度笼子。查找监督执纪各环节风险点，梳理、归纳、提炼、总结党的十八大以来的创新实践，规范审批程序和内控制度。”

十八届六中全会通过的《中国共产党党内监督条例》第三十四条规定：“各级纪律检查机关必须加强自身建设，健全内控机制，自觉接受党内监督、社会监督、群众监督，确保权力受到严格约束。”

中央纪委是党内监督的专责机关，履行监督执纪问责职责。突出强调“内控机制”“内控制度”建设，显然是指向控制权力，重视内部控制制度建设。

（2）强调内部控制对权力的切分

习近平强调，对我们党来说，外部监督是必要的，但从根本上讲，还在于强化自身监督。大量案例表明：权力越大，越容易出现“灯下黑”。强化党内监督，首先要把中央和国家机关管好。党的十八大以来，中纪委率先将内部控制嵌入中纪委业务的各个方面，体现了对权力的监督制衡。即将中纪委某一室集中的权力进行切分，改变由一个部门对一个案件主宰整个过程处理的做法，加强内部控制的主要方法是不相容岗位的分离。对从线索的处置、初核、立案，到审理、移送等16个环节和工作程序，要求各渠道反映的线索统一交由案件监督管理室管理，同时每年进行线索大起底；对各处置流程做出详细规定，并要求调取问题线索必须经过严格的报批程序，力求在每一个环节上将风险降低到最小；从具体承办人到各处、室、委部领导层层把关，各司其职。这种基于内部控制目标下的权力切分，某一个人的意志和行为就不能够决定该线索的处置结论了。

财政部监督检查局课题组的研究表明：“权力制衡思想源自国家政治理论，其基本内容是权力不能集中于同一人或者同一个机关之手，否则自由便不复存在。……作为政府部门最重要的公共权力之一，公共支出权力的运行状态事关国计民生和社会发展。但现实生活中公共支出权力异化现象较普遍，比如财政支出约束不严、控制不力、效益不高、浪费严重等问题，在一定程度上损害了公共利益。因此，完善公共支出治理机制极为必要的。这需要做到：一是形成一种有效的分权结构。通过权力的合理配置，形成一个相互制约的权力运作机制。二是形成一种有效的制衡与协调机制。三是形成一套有效的监督机制。共同规范公共支出权力运行和提高财政资金使用效益。在预算支出编制过程中，美国将专业分工和制衡机制引入编制工作以期提高预算编制的科学性和严肃性。此外，美国联邦政府预算编制工作具有较高的透明度，通过《联邦政府阳光法案》等法律对信息广泛披露。分权制衡思想在财政部门内部完善公共支出治理的过程中，应体现为预算编制、执行、监督权力在内部各职能机构间的合理配置能达到相互制衡。简言之，就是要在财政部门内部实现合理分权的基础上，构造一种全过程预算监督制衡机制，以此对支出资金的流动进行实时和全程式的监控与报告。”①

3. 内部控制的机制是“把权力关进制度笼子”“强化内部流程控制”和“防止权力滥用”

2013 年 1 月 22 日，习近平在十八届中纪委二次全会上指出：“要加强对权力运行的制约和监督，把权力关进制度的笼子里，形成不敢腐的惩戒机制、不能腐的防范机制、不易腐的保障机制。”

2014 年 10 月 23 日，中共中央十八届四中全会通过的《中共中央关于全面推进依法治国若干重大问题的决定》指出：“加快推进反腐败国家立法，完善惩治和预防腐败体系，形成不敢腐、不能腐、不想腐的有效机制，坚决遏制和预防腐败现象。……必须以规范和约束公权力为重点，加大监督力度，做到有权必有责、用权受监督、违法必追究，坚决纠正有法不依、执法不严、违法不究行为。……推行政府权力清单制度，坚决消除权力设租寻租空间。……加强对政府内部权力的制约，是强化对行政权力制约的重点。对财政资金分配使用、国有资产监管、政府投资、政府采购、公共资源转让、公共工程建设等权力集中的部门和岗位实行分事行权、分岗设权、分级授权，定期轮岗，强化内部流程控制，防止权力滥用。”

2015 年 1 月 13 日，习近平在十八届中央纪委五次全会上指出：“推行权力清单制度，公开审批流程，强化内部流程控制，防止权力滥用。”

加强内部控制，制度建设是根本。要加大治本力度，就要向制度建设要长效，把制度建设摆在党的建设的重要位置。以制度建设巩固思想建设、组织建设、作风建设和反腐倡廉建设成果，不断压缩腐败现象生存空间和滋生土壤。从中纪委的案例中也可以看出，内部控制机制是“把权力关进制度的笼子里”，“强化内部流程控制，防止权力滥用”的重要制度设计和有效的制度安排。

4. 控制权力运行为行政事业单位加强内部控制建设指明了方向

2015 年 12 月 21 日，《财政部关于全面推进行政事业单位内部控制建设的指导意见》开头就指出：“党的十八届四中全会通过的《中共中央关于全面推进依法治国若干重大问题的决定》明确提出：‘对财政资金分配使用、国有资产监管、政府投资、政府采购、公共资源转让、公共工程建设等权力集中的部门和岗位实行分事行权、分岗设权、分级授权，定期轮岗，强化内部流程控制，防止权力滥用’，为行政事业单位加强内部控制建设指明了方向。”第二条第（二）款又指出：“加强内部权力制衡，规范内部权力运行。分事行权、分岗设权、分级授权和定期轮岗，是制约权力运行、加强内部控制的基本要求和有效措施。”在党、政、军、公、检、法等腐败案中，权力滥

① 财政部监督检查局课题组：“公共支出治理研究”，财政部网站.

用造成的买官卖官、冤假错案；发改委等制定政策部门利用政策制定权谋私，国资委、国土资源部门等执行部门利用审批权谋私，证监会、税务局、药监局、环保局、质监局等监管部门利用监督权谋私；等等。其中一个重要原因是权力滥用。从上可知，权力必须制衡，权力必须控制。不受约束的权力、不受控制的权力必然会滋生腐败。而最有效的控制是内部控制！

法国著名思想家孟德斯鸠曾指出："一切有权力的人都容易滥用权力，这是万古不易的一条经验。有权力的人们使用权力一直遇到有界限的地方才休止。""从事物的性质来说，要防止滥用权力，就必须以权力制约权力。"①英国思想史学家阿克顿勋爵也指出："权力导致腐败，绝对的权力绝对地导致腐败。""在所有使人类腐化堕落和道德败坏的因素中，权力是出现频率最多和最活跃的因素。"②在行政事业单位特别党政机关拥有巨大的公权力，如果不受制约与控制，就会变为绝对的权力，导致权力寻租和利益输送。而"一把手"的权力不受制约与控制就会变成"一霸手"。

龚洋浩报道："从中央纪委监察部网站公布的高校腐败案件，可以发现落马高校官员多为学校党委书记和校长（院长），'一把手带头变坏'的现象，说明高校领导干部的腐败风险一点也不比党政机关领导低。高校党委书记、校长是党委和行政一把手，统揽学校这个'小社会'全局，牢牢控制着资金分配权、人事管理权和项目审批权，极易将集体领导变为个人专断，大肆任性用权。如云南民族大学原党委书记甄朝党，不仅贪婪，更是凡事自己说了算。在他担任校长时，强调大学是'校长负责制'，担任党委书记后，又只强调大学是'党委书记领导下的校长负责制'，大搞'一言堂'，极其狂妄霸道。"③

鉴于政治学研究的对象是权力，因此，将内部控制学定位在政治学学科范畴。

四、推进行政事业单位内部控制建设的思考与建议

1. 内部控制建设应当是"一把手"工程

新华网记者黄玥报道："习近平说得很明确，党政主要负责同志是抓改革的关键，要把改革放在更加突出位置来抓。解决中国的问题，关键在党，也关键在领导干部这个'少数'。……凡属重大改革，都不可能一蹴而就。党把干部放在'一把手'这个关键位置，是信任重托，也是要求领导干部真抓实干、奋发有为，一茬一茬接着干，一棒接一棒要干好。……'一把手'的'一'字，不仅仅是'排行'，更意指当

① ［法］孟德斯鸠．论法的精神［M］．张雁深，译．北京：商务印书馆，1963：156，36．

② ［英］阿克顿．自由与权力［M］．侯健，范亚峰，译．北京：商务印书馆，2001：1，342．

③ 龚洋浩．高校腐败频发十八大以来高校腐败案件已达50多起［N］．中国纪检监察报，2015-04-27．

好第一责任人，领导一方、带动一方。”[①]鉴于内部控制对象外延是单位业务的全覆盖，而全覆盖是一个单位全局性的工作；内部控制对象的内涵又是单位内的内部权力控制，孟德斯鸠指出：“从事物的性质来说，要防止滥用权力，就必须以权力制约权力。”[②]党政“一把手”拥有单位的最大权力，内部权力控制必须由党政“一把手”亲自抓，因此，内部控制建设是“一把手”工程。

2. 内部控制建设应当加强顶层设计和“全覆盖”

目前，财政部是行政事业单位内部控制的积极推行者。但是，财政部已无力推动全国行政事业单位内部控制的建设。一是《行政事业单位内部控制规范（试行）》和《关于全面推进行政事业单位内部控制建设的指导意见》的发文单位是“党中央有关部门，国务院各部委、各直属机构，全国人大常委会办公厅，全国政协办公厅，最高法，最高检，各民主党派中央，各有关人民团体，各省、自治区、直辖市、计划单列市财政厅（局），新疆生产建设兵团财务局”；二是发文的文号是财会字，行政事业单位收文后批给财务部门阅处。从上可知，内部控制对象的外延是全覆盖，内部控制对象的内涵是内部权力控制，这已经超越了财政部的发文边界，造成了“推而不动”或“推而不进”的瓶颈，建议从顶层设计改变现状，由国办或中办和国办联合发文。

3. 单独设置内部控制的职能部门

2017年6月26日，习近平主持的中央全面深化改革领导小组第三十六次会议指出：“改革牵头部门要担负起牵头抓总的责任，及时协调相关部门解决意见分歧、相互掣肘等问题。”由于行政事业单位内部控制对象（范围）超出了其牵头部门（如财务部门）的职责边界，从实践角度来看，财务部门作为一个理财的职能部门无法承担整个单位内部控制建设“抓总的责任”，这不仅会造成“小马拉大车”的窘境；更重要的是，从理论角度，财务部门的越权行为本身与内部控制的机制相悖。建议单独设置内部控制的职能部门。

4. 高校总会计师在内部控制建设中的责任仅在“财会控制方面”

(1) 高校总会计师仅在财会控制方面的责任

2011年4月1日，教育部、财政部印发的《高等学校总会计师管理办法》（教人〔2011〕2号）第十四条第（三）款指出学校主管部门对总会计师进行任期经济责任审计和离任审计，对总会计师任职期间的履职情况进行评估。审计事项包括：学校财会内部控制制度的完整性和有效性，学校财务风险控制情况。第十五条第（三）款指出总会计师对下列重大事项负有管理责任或直接责任：学校内部财会控制机

① 黄玥.这两次会议，习近平都要求“一把手”亲自抓改革[EB/OL].(2017-05-08). http://www.xinhuanet.politics/2017-05/09/c_129596186.htm.

② [法]孟德斯鸠.论法的精神[M].张雁深，译.北京：商务印书馆，1963:36.

制不健全、财会制度执行不力。

(2) 高校总会计师仅管经费与资产

《国家中长期教育改革和发展规划纲要》第 58 条规定:"在高等学校试行设立总会计师职务,提升经费使用和资产管理专业化水平。"

在《教育部直属高校经济活动内部控制指南(试行)》中,对"总会计师"只提到了两处:

《教育部直属高校经济活动内部控制指南(试行)》中的《内部控制应用指南》"第 2 号——预决算管理"第五条指出:"总会计师或分管财务工作的校领导应协助学校主要负责人开展预决算管理工作。"

《教育部直属高校经济活动内部控制指南(试行)》中的《内部控制应用指南》"第 6 号——支出管理"第九条指出:"高校应当设立大额资金分级审批制度,根据支付金额大小分别由各级财务人员、总会计师(分管财务工作校领导)、校长审批确认。"

《关于全面推进行政事业单位内部控制建设的指导意见》在"总体目标"中指出:"到 2020 年,基本建成与国家治理体系和治理能力现代化相适应的,权责一致、制衡有效、运行顺畅、执行有力、管理科学的内部控制体系,更好发挥内部控制在提升内部治理水平、规范内部权力运行、促进依法行政、推进廉政建设中的重要作用。"内部控制是保障行政事业单位权力规范有序、科学高效运行的有效手段,也是行政事业单位目标实现的长效保障机制。因此,全面推进行政事业单位内部控制的建设是全面实现国家治理体系和治理能力现代化的需要,是全面推进依法治国的需要,是全面提高执政能力的需要,是全面建成小康社会的需要。为达此目标,行政事业单位必须全面推进内部控制建设。内部控制是保障行政事业单位权力规范有序、科学高效运行的有效手段,也是行政事业单位目标实现的长效保障机制。因为行政事业单位内部控制是全域、全覆盖的,所有单位必须建立与社会主义市场经济规律相适应的横向到边、纵向到底的内部控制机制;因为行政事业单位内部控制对象是控制内部权力。只有"一把手"亲自抓,单独设置内部控制的职能部门,才能改变目前的"推而不动"或"推而不进"的困境。

五、高校内部控制实施中应重视三个"不是"的问题

高校内部控制的三个"不是"是指"内部控制不是万能的""内部控制不是一成不变的""内部控制不是挂墙上的"。本段的标题不像是论文的标题,这个问题虽然是众多内部控制专家熟知的,但笔者认为是熟视无睹的。笔者认为在内部控制的实施过程中,重视了这三个"不是",就重视了内部控制的实施;忽略了这三个"不是",就忽略了内部控制的实施。因此,取了这个醒目的标题。

(一) 内部控制不是万能的

《内部控制——整合框架》指出:“一些观察家认为内部控制可以保证主体不会失败,即主体总是会实现它的经营、财务报告和合规目标。从这个意义上讲,内部控制有时候被看作是包治主体所有实际和潜在的经营疾病的万应灵丹。这种观点是一种误导。内部控制并不是万能药。”①

1. 内部控制的局限

《内部控制——整合框架》第 7 章专门阐述“内部控制的局限”,它指出内部控制无论设计和运行得多么完善,也只能就实现主体目标向管理层和董事会提供合理的保证。实现的可能性受所有内部控制系统固有的局限的影响,这包括这样一些事实:决策中的人判断可能出错;由于简单误差或错误这样的人为失误可能导致发生故障。此外,控制可能会由于两个或多个人的串通而被规避,管理层具有凌驾于内部控制之上的能力。另一个局限因素是需要考虑控制的相关成本和收益。②

《企业风险管理——整合框架》第 11 章专门阐述“企业风险管理的局限”,它指出不管设计和运行得多么好,有效的企业风险管理只能向管理当局和董事会提供有关主体目标实现的合理保证。目标的实现受到所有管理过程中固有的局限的影响。它们包括下列实际情况:决策过程中的人类判断可能有缺点,由于类似简单差错或错误等人类失败会导致故障的存在。此外,控制可能会通过两个或多个人的串通而被绕过,而且管理当局有能力凌驾于企业风险管理过程——包括风险应对决策和控制活动——之上。另一个限制因素是需要考虑风险应对的相关成本与效益。③

2. 内部控制局限的原因

(1) 风险都是未来发生的,而未来预示不确定性,因此,内部控制只能为实现主体目标向管理层提供合理的保证而不是绝对保证

《企业风险管理——整合框架》指出风险与未来有关,而未来本来就具有不确定性。企业风险管理——即使是有效的企业风险管理——针对不同的目标在不同的层次上运行。对于战略和经营目标而言,企业风险管理仅仅能够帮助确保管理当局以及起监督作用的董事会及时地认识到该主体朝着实现这些目标前进的程度。但是它甚至不能为目标本身的实现提供合理保证。企业风险管理不能对任何一类目标提供绝对保证。合理保证并不意味着企业风险管理经常会失败。许多因

---

① [美]Treadway 委员会发起组织委员会. 内部控制:整合框架[M]. 方红星,译. 大连:东北财经大学出版社,2008:86.

② [美]Treadway 委员会发起组织委员会. 内部控制:整合框架[M]. 方红星,译. 大连:东北财经大学出版社,2008:86.

③ [美]Treadway 委员会发起组织委员会. 企业风险管理:整合框架[M]. 方红星,译. 大连:东北财经大学出版社,2005:120.

素单独或一起强化了合理保证的概念。满足多重目标的风险应对的累积影响和内部控制的多目标属性降低了主体不能实现其目标的风险。①

《内部控制——整合框架》指出内部控制无论设计和运行得多么完善,也只能就实现主体目标向管理层和董事会提供合理的保证。

(2) 合谋串通造成内部控制失灵

《内部控制——整合框架》指出两个或多个人的串通行为会导致控制的失效。通过集体行动来预防和掩盖某个行为,使其不被发现的人员,通常会以控制体系无法识别的方式改动财务数据或其他管理信息。例如,一名执行重要控制职能的员工与客户、供应商或另一名员工之间可能出现串通。在另一个层面上,不同层级的销售或分部的管理层可能会串通起来绕过控制,以便使报告业绩符合预算或激励目标。②

《企业风险管理——整合框架》指出两个或更多人的串通行为可能会导致企业风险管理失败。多人集体犯错和隐藏某项行动以防止侦查,通常会改变财务数据或其他管理信息,使其不能被企业风险管理过程所识别。例如,执行一项重要的控制职能的员工可能会与客户、供应商或其他员工串通。在另一个层次上,几个不同层级的销售或分部管理人员可能会串通起来绕过控制,以便使所报告的成果达到预算或激励目标。③

在高校腐败案例中,受贿案基本上是合谋串通的。如基建受贿是校领导、基建负责人与开发商合谋串通作案,采购受贿是采购方与供货方合谋串通作案,招标方与被招标方合谋串通作案,招生受贿是校领导、招办主任与考生家长合谋串通作案,等等。本章第一节中的腐败案例基本上是合谋串通的。

(3) 管理层特别是一把手凌驾于内部控制之上

《内部控制——整合框架》指出只有负责内部控制体系运行的人员有效工作,内部控制体系才会有效运行。即使在有效控制的主体——那些一般具有较高诚信水平和内部控制意识的主体中,管理人员也可能具有凌驾于内部控制之上的能力。这里所采用的术语"管理层凌驾"(management override)是指,出于个人利益或虚夸主体的财务状况或合规情况等不法企图,而拒绝执行既定的政策或程序。一个部门或业务单元的经理,或者高级管理层的成员,可能会出于多种原因而凌驾于内部控制之上:多报收入以掩盖超出预期的市场份额下降,多报盈利以满足不切实际

① [美]Treadway委员会发起组织委员会.企业风险管理:整合框架[M].方红星,译.大连:东北财经大学出版社,2005:121.

② [美]Treadway委员会发起组织委员会.内部控制:整合框架[M].方红星,译.大连:东北财经大学出版社,2008:87-88.

③ [美]Treadway委员会发起组织委员会.企业风险管理:整合框架[M].方红星,译.大连:东北财经大学出版社,2005:122.

的预算。在公开发行或销售之前抬出主体的市值，实现与业绩挂钩的奖金方案所依据的销售或营利计划，掩盖对债务契约条款的违背，或隐瞒不符合法律规定的行为。凌驾的具体做法包括对银行、律师、会计师或供应商有意虚报，以及故意签发虚假的购货订单和销售发票等文件。管理层凌驾不应与管理层干预（management intervention）相混淆，后者表示管理层出于合法的目的而偏离既定政策或程序的行为。管理层的干预对于处理非经常性和非标准的交易和事项是很有必要的，因为如果不这样做，控制系统将无法对其进行适当处理。在所有内部控制体系中预留管理层干预是必要的，因为没有任何系统在设计时就能预知一切情形。管理层的干预行为一般是公开进行的，通常要加以记录或者向适当的人员披露，而凌驾行为因为具有掩盖的企图，所以通常不会被记录或披露。①

《企业风险管理——整合框架》指出企业风险管理不可能比负责其运行的人员更加有效。即使在有效管理和控制的主体——具有高度的诚信和风险与控制意识、可供选择的沟通渠道以及具有适当的治理程序的积极的和见多识广的董事会，管理人员依然可能凌驾于企业风险管理之上。没有任何管理或控制系统是毫无缺点的，而那些有犯罪企图的人将会乘机破坏系统。但是，有效的企业风险管理将会提高主体防止和侦查凌驾行为的能力。这里使用“管理当局凌驾”（management override）这个术语来表示为了非法的目的——例如个人利益或对一个主体的财务情况或合规状况做出夸大的陈述——而破坏规定的政策或程序。一个分部或单元的管理人员，或者高层管理当局的成员可能由于许多原因而凌驾企业风险管理：为了提高所报告的收入以便弥补未曾预料到的市场份额的下滑；为了提高所报告的营利以便达到不切实际的预算；为了在公开发行或销售前抬高主体的市场价值；为了满足销售或营利预期以便支撑与业绩挂钩的奖金支付或股票期权价值；为了从表面上掩盖对债务协议条款的违反；或者为了隐瞒不太符合法定要求的行为。凌驾行为包括有预谋地向银行家、律师、审计师和卖主作错误陈述，以及故意开出错误的凭证，例如购买订单或销售发票。不应该把管理当局凌驾与管理当局干预（management intervention）相混淆，后者表示管理当局为了合法的目的而偏离规定政策或程序的行为。在处理非重复性和非标准交易或事项时，管理当局干预是有必要的，否则就可能会处理不当。因为在设计任何程序时都不可能预料到每一项风险和每一种情况，所以有必要为管理当局干预留有余地。管理当局的干预行为一般是公开的，并且通常会加以记录或者披露给适当的人员。凌驾行为一般出于掩盖该行为的企图而不予记录或披露。②

---

① [美]Treadway 委员会发起组织委员会. 内部控制：整合框架[M]. 方红星，译. 大连：东北财经大学出版社，2008：87－89.

② [美]Treadway 委员会发起组织委员会. 企业风险管理：整合框架[M]. 方红星，译. 大连：东北财经大学出版社，2005：123－124.

在高校腐败案例中，相当多的案例是管理层特别是一把手凌驾于内部控制之上。刘炎迅等报道："在阜阳师范学院，尽管每一个工程都要走招投标程序，但时任阜阳师范学院党委副书记、院长的张登歧利用分管新校区建设的职务便利，'想让哪家建筑单位入围就入围，想给谁打多少印象分就打多少分，倾向于谁中标谁就能中标，少有人能提出不同意见'，最终因受贿50余万元而被判刑。"①从上可知，基建工程的受贿居首位，招生受贿排第二。

(4) 当内部控制的成本大于效益时放弃内部控制

《内部控制——整合框架》指出资源总会存在约束，因此主体必须考虑建立控制相关成本和收益。在确定是否应该建立某一特定的控制时，需要考虑失效的风险和对主体的潜在影响，以及建立新控制的相关成本。例如，对一家公司来说，如果生产过程中采用的原材料的成本较低，原材料不易腐烂，材料供应来源充裕而且储存空间容易取得，那么安装一套复杂的库存系统以监控原材料的库存水平就可能不合算。可以对实施控制的成本与效益的进行不同精确度的计量。一般来说，等式中的成本一侧处理起来比较容易，在许多情况下，可以相当精确的可以量化。通常需要考虑所有与构建控制有关的直接成本，以及实际上可以计算的间接成本。有些公司还会考虑与利用资源有关的机会成本。但是，在另外一些情况下，成本可能很难被量化。例如，很难量化与特定控制环境因素有关的时间和努力，比方说：管理层对道德价值观或员工胜任能力的要求；风险估计；以及获取诸如不断变化的顾客偏好方面的市场情报等外部信息。收益一侧通常需要更多的主观估算。例如，有效培训计划的效益通常比较明显，但是很难被量化。不过，在评估潜在的效益时可以考虑一些特定的因素：非预期的情形发生的可能性，活动的性质，以及事项可能给主体带来的潜在的财务或经营影响。控制与经营之间的相互联系，加大了确定成本与效益的复杂性。在控制与管理和经营过程相整合或嵌入后者之中的情况下，很难区分它们的成本和效益。②

《企业风险管理——整合框架》指出：就像在风险评估那一章中所讨论的那样，资源总是有约束的，因而主体必须考虑决策的相关成本和效益，包括那些与风险应对和控制活动相关的决策。在确定是否应该采取一项特别的行动或建立控制时，在考虑失败的风险和对主体潜在影响的同时，还应该考虑相关的成本。对于执行事项识别和风险评估能力以及相关的应对与控制活动的成本和效益，以不同的精确度水平进行测度，它通常因主体的性质而异。挑战在于寻求恰当的平衡。正是由于不应该把有限的资源配置到低于重大风险的地方，所以过分的控制是成本高

① 刘炎迅，王婧，秋风. 高校基建腐败调查——大学之盗[J]. 中国新闻周刊，2009(39)：28-30.

② [美]Treadway委员会发起组织委员会. 内部控制：整合框架[M]. 方红星，译. 大连：东北财经大学出版社，2008：87.

昂而且难以奏效的。客户通过电话下订单,就不能忍受太烦琐或旷日持久的订单接受程序。一家让有信誉的潜在借款人"饱经磨炼(jump through hoops)"的银行,将不会放出太多的新贷款。另外,太少的控制会导致过度的不良债务风险。在高度竞争的环境中,需要一个适当的平衡。并且尽管很困难,也要继续作成本——效益决策。①

(5) 判断失误导致的失效

《内部控制——整合框架》指出:控制的有效性将会受到经营决策中出现人为过失这个事实的限制。这类决策必须在一定的时间内、基于所掌握的信息以及在开展经营的压力下通过人为的判断来做出。一些基于人为判断的决策,通过事后的反思可能会发现没有产生理想的结果,从而可能需要改变。②

《企业风险管理——整合框架》指出:企业风险管理的有效性受到经营决策中的人为过失这个事实的局限。决策必须在可利用的时间内根据所掌握的信息在经营行为的压力之下通过人为判断来做出。根据事后的剖析,后来可能会发现一些决策所导致的结果比预期的要差,而且可能需要变动。③

(6) 故障会导致的失效

《内部控制——整合框架》指出:即便内部控制体系设计得再好,它也仍然会出故障。员工可能会误解指令。他们可能做出错误的判断。或者可能会由于粗心、分心或疲劳而犯错。负责调查例外事项的会计部门监督人员可能忘记或者没有把调查深入到能够做出适当矫正的程度。顶替休假或生病员工代行控制职责的临时人员可能没有正确地履行职责。在对员工进行培训以便对不正确的运行迹象做出适当的反应之前,系统可能已经做出了改变。④

《企业风险管理——整合框架》指出:设计良好的企业风险管理也可能会失效。员工可能会误解指令。他们可能会做出错误的判断。或者,他们会因为粗心、分心或疲劳而犯错误。一名负责调查例外事项的会计部门监督者完全可能会忘记追查到底,或者没能将调查深入到足以做出适当矫正的程度。代替休假或生病员工行使控制职责的临时性人员,可能没有正确地履行职责。系统变更可能在对员工进

① [美]Treadway 委员会发起组织委员会. 企业风险管理:整合框架[M]. 方红星,译. 大连:东北财经大学出版社,2005:123.

② [美]Treadway 委员会发起组织委员会. 内部控制:整合框架[M]. 方红星,译. 大连:东北财经大学出版社,2008:87.

③ [美]Treadway 委员会发起组织委员会. 企业风险管理:整合框架[M]. 方红星,译. 大连:东北财经大学出版社,2005:122.

④ [美]Treadway 委员会发起组织委员会. 内部控制:整合框架[M]. 方红星,译. 大连:东北财经大学出版社,2008:87.

行培训使其能够对不正确的运行做出恰当反应之前就已经实施。①

3. 高校内部控制局限与制度自信

内部控制存在局限，我们的责任是完善内部控制。2012 年 11 月 8 日，胡锦涛在十八大作的题为《坚定不移沿着中国特色社会主义道路前进为全面建成小康社会而奋斗》的报告中指出："道路自信、理论自信、制度自信。"

具体到内部控制，制度自信表现为：

(1) 内部控制是个好制度

笔者曾阐述过内部控制是治理和管理中的制度创新，对规范单位的合规性和提高单位效益性具有重大的实践意义，不再赘述。

(2) 内部控制是需要不断完善的制度

"制度"就是"笼子"，因此，首先要做好"笼子"，即制定或建立制度（包括内部控制）；其次是完善制度（包括内部控制），即修补篱笆、堵塞漏洞；再次是执行制度（包括内部控制），即扎牢制度樊篱；最后是评价和监督制度的执行情况，既有执行结果的处理，又有制度的进一步完善。

"篱笆破，野狗钻。""篱笆扎得牢，野狗钻不进。""苍蝇不叮无缝蛋，野狗专钻破篱笆。"腐败分子就是这样的野狗和苍蝇，专门利用内部控制局限的地方，因此，我们应该制度自信，我们的责任是完善内部控制，"把权力关在笼子内"。

(二) 内部控制不是一成不变的

1. 法应解决问题，一定要具体

新京报记者王姝报道："十八大以来，习近平总书记多次对法治中国建设提出要求，'不是什么法都能治国，也不是什么法都能治好国；人民群众对立法的期盼，已经不是有没有，而是好不好、管不管用、能不能解决问题'。……全国人大常委会委员长张德江对立法提出了一个新要求'能明确的明确，能具体的具体'，'也就是说，立法能够具体的一定要具体，能够到位的一定要到位，不要等到配套法规落实'。"②上述这段话对我们的启示：

(1) 法应管用、能解决问题

法产生于实践，随着实践的发展而不断丰富与完善。制度也是这样。邓小平同志 1980 年 8 月 18 日指出："制度好可以使坏人无法任意横行，制度不好可以使好人无法充分做好事，甚至走向反面。"③因此，无论是法律法规还是制度，该废止的废止，该修订的修订。这需要改革与更新制度，使制度管用、能解决问题。内部控制制度也是这样，需要不断改革与更新。

---

① [美]Treadway 委员会发起组织委员会. 企业风险管理：整合框架[M]. 方红星，译. 大连：东北财经大学出版社，2005：122.

② 王姝. 张德江以苍蝇拍喻人大立法：弯柄的拍不到苍蝇[N]. 新京报，2014-03-09.

③ 邓小平. 邓小平文选：第二卷[M]. 北京：人民出版社，1983：333.

（2）法一定要具体

笔者认为，《行政事业单位内部控制规范（试行）》涵盖面太广，不够具体、过于抽象。行政事业单位内部控制未建成规范体系，行政事业单位未制定分行业的《内部控制指引》，财政部、教育部应要求示范性高校制定《高等学校内部控制手册》。由于不够具体、过于抽象就缺乏针对性和可操作性。应按张德江所说："能明确的明确，能具体的具体。……立法能够具体的一定要具体，能够到位的一定要到位，不要等到配套法规落实。"

（3）法要不断升级

最高人民法院副院长江必新指出："法治中国是中国法治建设的'升级版'。……中国开始从'依法治国'阶段向'法治中国'阶段升级，具体表现为：从有法可依向科学立法、民主立法的升级；从强调法律体系和执法体系向强调体制、制度、机制、规则四位一体的国家治理体系升级；从依法管理向社会治理的升级；从法律面前的平等向权利平等、规则平等、机会平等的升级；从规范执法行为向从行为到程序、从内容到形式、从决策到执行一体规范的升级；从事前授权、事后纠错的控权方式向建立权力运行的监督制约体系的升级；从注重私法权利向不仅注重私法权利而且注重公法权利保障的升级；等等。"①内部控制制度也是这样，需要不断升级。

2014年2月17日，习近平在省部级主要领导干部学习贯彻十八届三中全会精神全面深化改革专题研讨班开班式上发表重要讲话时强调指出："坚定制度自信，不是要故步自封。"提出了"推进国家治理体系和治理能力现代化"。习近平的讲话对我们的启示是：内部控制应提高到"治理"层面去理解，不是要故步自封。这就是内部控制的升级版。

2. 内部控制不是一成不变的

内部控制也是随着实践的发展而不断丰富与完善的，内部控制的实践、理论、法规总是与时俱进的。

（1）内部控制的风险区不是一成不变的

内部控制的风险区不是一成不变的。如在高校大兴土木搞新校区的时期，基建工程是腐败的高发区，随着新校区的建成，采购、招生等仍为风险控制的重点区域，而基建工程则放在第二位。

（2）内部控制的操作流程不是一成不变的

李三喜指出："内部控制操作流程并非一成不变。……各个基本程序本身就是一个动态的过程，因此，内部控制操作流程并不意味着必须是僵化的、一成不变的。……内部控制实务不能模式化。"②各高等学校规模大小不同，历史长短不同，大学

① 江必新．以法治思维和方式推进法治中国建设[Z]．人民网，2013－11－25．

② 李三喜．内部控制操作流程并非一成不变[N]．财会信报，2012－10－08．

治理结构不同，大学文化不同，校内管理体制不同，业务繁杂程度不同等等，决定了内部控制的操作流程不能模式化。同时，随着高校的发展，治理结构、大学文化、管理体制、业务繁杂程度都会发生变化，内部控制的操作流程不是一成不变的。

(3) 内部控制需要制度创新

制度自信与制度创新是相辅相成的，是有机的辩证统一。制度自信是前提，制度创新使制度生命常绿。前已述及，内部控制不仅仅是个制度体系，更是一个动态的过程，制度体系必须伴随着过程的动态变化而更新，必须伴随着过程的动态发展而创新！

(三) 内部控制不是挂墙上的

2014 年 02 月 17 日，习近平在省部级主要领导干部学习贯彻十八届三中全会精神全面深化改革专题研讨班开班式上发表重要讲话时强调指出："制定出一个好文件，只是万里长征走完了第一步，关键还在于落实文件。"

审计署总审计师孙宝厚认为："内部控制不只是写在纸上、说在嘴上、挂在墙上的花架子。"他具体指出："李审计长曾指出，一些部门、单位和企业之所以出现违法违纪问题，其中一个重要原因就是不重视管理，内部控制苍白无力。这种评价非常客观，也是切中要害的。就一些企业而言，我理解内部控制的苍白无力主要有三种情形：第一种情形，企业没有建立起码的内部控制，内部控制几乎无从谈起。这是最典型也是最低级的苍白无力。好在实践中并不多见。第二种情形，企业虽然建立了一定的内部控制，但不成系统、不够完善，如采购、生产、销售等方面资金管理不规范，大额资金调度等重大财务事项监管不到位，内控责任、标准不明确，控制程序不严谨，缺乏有效的授权、监督约束机制，等等。存在这类问题的企业比较多。第三种情形，企业虽然建立健全了内部控制，甚至还比较完善，但只是写在纸上、说在嘴上、挂在墙上的花架子，执行不力，形同虚设，没有真正发挥应有的作用。这类企业也为数不少。用一句话概括第二、三种情况就是：企业内部控制的苍白无力主要是执行不力，缺乏应有的控制力。"①这三种情形高校都存在。

《十九届二中全会公报》指出："宪法的生命在于实施，宪法的权威也在于实施。"同理，内部控制制度的生命在于执行，内部控制制度的权威也在于执行。如果写在纸上、说在嘴上、挂在墙上犹如一纸空文，形同虚设。内部控制属"一把手"工程，党政"一把手"必须亲自抓。

1. 执行需要领导机关亲自推动

如何在 2014 年贯彻执行《行政事业单位内部控制规范(试行)》是行政事业单位关注的问题，高校作为事业单位也非常关注其执行问题。执行首先是个实践问题，汪中求指出："中国绝不缺少雄韬伟略的战略家，缺少的是精益求精的执行者；

---

① 李三喜，徐荣才. 企业内部控制基本规范的超越与应用[M]. 北京：经济科学出版社，2008：代序.

绝不缺少各类规章制度、管理制度，缺少的是对规章制度不折不扣的执行。”[①]一些研究舞弊的学者，批评“头痛医头、脚痛医脚”，主张从制度入手，这是对的。但制度需制定成体系，制度更需执行！“写在纸上、挂在墙上、说在嘴上”的制度是形式主义、表面文章！

(1) 执行决定成败

美国学者拉里·博西迪和拉姆·查兰合著的《执行：如何完成任务的学问》一书2002年出版后，“执行”成为最流行的词汇，在中国掀起了研究和实践“执行力”的热潮。政府官员认为：“执行力是政府工作的生命力。”企业家认为：“执行是企业生存之本。”徐中博士在推介《执行：如何完成任务的学问》一书时认为：“‘执行’之所以关键，在于执行是目标与结果之间的桥梁！是战略实施中不可缺失的一环，是各级领导者的主要工作，是企业文化的灵魂。”[②]

(2) 执行需要领导机关亲自推动

据笔者研究，高校设置总会计师的规定，有中共中央的文件、全国人大的法律、国务院的行政法规、有财政部和教育部的部门规章与规范性文件[③]，共21个。这不是三令五申了，有20令20申之多，且高校总会计师的设置收效甚微，步履艰难。目前，《行政事业单位内部控制规范(试行)》涵盖行政单位和事业单位，事业单位又包括教育、科研、文化、卫生等，只凭这个抽象且笼统的规范性文件，缺乏操作性，不利于执行。

领导机关(如财政部、教育部)首先要建立和健全“行政事业单位内部控制规范体系”，即不仅制定了《行政事业单位内部控制规范(试行)》，还需制定相应的内部控制法规，如《行政事业单位内部控制应用指引》《行政事业单位内部控制评价指引》《行政事业单位内部控制审计指引》等。其次，还要制定分行业的，如《行政单位内部控制应用指引》《行政单位内部控制评价指引》《行政单位内部控制审计指引》，又如《高等学校内部控制应用指引》《高等学校内部控制评价指引》《高等学校内部控制审计指引》等。最后，领导机关需抓好行政事业单位内部控制实施的试点工作，以便以点带面；试点先指导高校制定《高等学校内部控制手册》。

2. 执行需要领导者亲自推动

(1) 执行是领导者的首要任务

“执行力”一词最早由美国资深企业家保罗·托马斯和企业管理学家大卫·伯

① 汪中求. 细节决定成败[M]. 北京：新华出版社，2004：39-40.

② [美]拉里·博西迪，拉姆·查兰，查尔斯·伯克. 执行：如何完成任务的学问[M]. 刘祥亚，等译. 北京：机械工业出版社，2011：推介3.

③ 根据《中华人民共和国立法法》规定，我国的法规体系通常由四个部分构成：一是法律，由全国人民代表大会常务委员会通过、国家主席签署颁布；二是行政法规，由国务院常务委员会通过、以国务院总理令公布；三是部门规章，由国务院主管部门以部长令公布；四是规范性文件，由国务院主管部门以部门文件形式印发.

恩提出，他们认为：执行力在企业竞争中具有举足轻重的地位，执行力不仅是一个战术层面上的问题，也是一个战略层面上的问题，它是一个系统工程，更是一门学问。它必须充分融入一个组织的各个方面，渗透到组织的战略、目标、文化等方面。拉里在“导言”中还指出：“许多人认为执行是一种过于细节性的工作，企业领导者一般是不屑为之的。而我要在这里明确指出，这种观点是错误的。事实恰恰相反，执行应当是一名领导者最重要的工作。”

拉里·博西迪等认为：“执行是如此重要，但为什么长久以来却一直为人们所忽视呢？可以肯定的是，并不是没有人意识到这个问题，但为什么大家都没有采取实际的措施来建立一种执行文化呢？……领导者们总是喜欢自己制定战略，然后把执行落实的任务交给手下的经理。但你们可曾想到，难道那些伟大的CEO和诺贝尔奖得主不是通过亲手执行才取得这种荣耀吗？是的，实际上，轻视执行的重要性根本上就是错误的。”①因此，他们指出：“所有伟大的领导者都需要有一种执行的本能。”②

保罗·托马斯等也认为：执行是“领导者的第一任务。在这里，我们最需要强调的就是执行力，这是一切有效战略的关键要素。如果没有执行力，战略最终就是一句空话。执行本身就是战略的组成部分。执行是一套系统化流程，是一个完整执行的体系，其成功条件是：首先要有一流的业务流程。”③他们还强调指出：“领导者必须亲自参与。与传统认识不同，有效的执行是需要领导者亲力亲为的系统工程，而不是对企业具体运行的细枝末节的关心。”④

笔者之所以较多引用这两本权威专著（即《执行：如何完成任务的学问》《执行力：没有执行力，就没有竞争力》），是因为要强调内部控制执行是领导者的首要任务。CEO就称为首席执行官；小公司不设董事会就由执行董事一个人全权代理，相当于董事会的权利，是公司的法人代表和最高管理者；大学设立的执行院长就主持学院工作。因此，领导者的首要任务是亲自推动执行。

（2）校长对内部控制的建立健全和有效实施负责

习近平指出：“减少制度执行的自由裁量空间。”从习近平讲话可以想到“制度成败皆由吏”。

2012年11月29日，财政部印发的《行政事业单位内部控制规范（试行）》第六条规定：“单位负责人对本单位内部控制的建立健全和有效实施负责。”

---

① ［美］拉里·博西迪，拉姆·查兰，查尔斯·伯克．执行：如何完成任务的学问[M]．刘祥亚，等译．北京：机械工业出版社，2011：19－20．

② ［美］拉里·博西迪，拉姆·查兰，查尔斯·伯克．执行：如何完成任务的学问[M]．刘祥亚，等译．北京：机械工业出版社，2011：23．

③ ［美］保罗·托马斯，大卫·伯恩．执行力：没有执行力，就没有竞争力[M]．白山，译．北京：中国长安出版社，2003：25．

④ ［美］保罗·托马斯，大卫·伯恩．执行力：没有执行力，就没有竞争力[M]．白山，译．北京：中国长安出版社，2003：31．

2013年12月5日,《教育部关于做好〈行政事业单位内部控制规范(试行)〉实施工作的通知》规定:“强化领导责任。各单位负责人要对本单位内部控制的建立健全和有效实施负责。单位主要领导要切实负起责任,牵头做好内部控制规范的组织实施工作,合理确定本单位内部财务、审计、纪检监察、政府采购、基建、资产管理等部门的职责和权限。”

2013年7月19日,财政部在北京组织召开行政事业单位内部控制规范实施动员视频会。财政部党组副书记、副部长张少春指出:“单位领导重视和推动是实施内控规范的关键。内控规范的实施要靠各单位全员参与,但关键是单位领导,特别是一把手。……单位内部跨部门的沟通协调和通力合作离不开单位领导的高度重视和大力支持。领导重视是内控建设与有效实施最重要的保障,没有单位领导支持的内控建设,往往会流于形式,有了单位领导支持的内控建设,才能真正地发挥作用。……财政部门和各行政事业单位要将落实内控规范作为当前和今后一个时期的重要工作来抓,单位负责人要高度重视,切实加强对内控规范实施的组织领导,精心组织,周密安排,确保内控规范实施到位。‘打铁还需自身硬’。财政部门要结合开展党的群众路线教育实践活动,积极发挥表率作用,以高标准严要求来对照自己,带头执行好内控规范。”教育部党组副书记、副部长杜玉波指出:“各级教育行政部门和学校要将学习贯彻《内控规范》作为当前及今后一段时期的一项重要工作,周密安排,精心组织实施。一是加强领导。各单位负责人要亲自部署《内控规范》实施工作,指定专门机构和专门人员,落实这项工作。”

孙宝厚认为:“建立内部控制制度领导要带好头,执行时领导更要带头。内部控制制度不执行或执行不力,原因是多方面的,其中最深层次的原因是个人利益问题,是领导层不懂得、不能够或不愿意执行的问题。一般来说,许多企业领导人对内部控制制度的重要作用的认识是明确的,但当执行内部控制制度对自身利益、局部利益或本单位利益不利时,他们可能会带头破坏内部控制。上行下效,这种破坏作用是最大的。再好的内部控制,如果领导没有带头执行甚至率先破坏,内部控制又能控制得了谁呢?建立内部控制领导要带好头,执行时领导更要带头。”①

(3) 领导应带头实施内部控制

孙宝厚还指出:“关于内部控制执行不力、缺乏控制力的问题,我更想提请注意和克服的是这样两种情况:有的企业内部控制仅从制度层面看很完善,却不适用,造成内部控制制度无法执行。这种情况主要是在建立内部控制时没找准自己的控制点……有的企业有适用、健全、完善的内部控制,却没人去认真执行,或执行不到位,企业个别领导人故意绕过控制点和控制环节,带头破坏内部控制。尤其是某些比较成功的企业领导人,他们不仅个人能力很强,有建立内部控制的意识,也确实

① 李三喜,徐荣才.企业内部控制基本规范的超越与应用[M].北京:经济科学出版社,2008:代序.

建立了较好的内部控制，可是，执行起来却只要求别人遵守，而不约束自己，超然于内部控制之外。这样的内部控制，上行下效，层层执行的结果可想而知。这两种情况的内部控制无论多么完美，恐怕也只能是摆设，是花瓶，中看不中用，或中用而不管用。”①

3. 高校执行《行政事业单位内部控制规范（试行）》应注意的问题

（1）注重内部控制的宣传和培训工作

教育部党组副书记、副部长杜玉波也在会上指出：“二是加强培训。培训方案要具体、可操作，力争做到全覆盖。要将《内控规范》培训纳入会计、内审等专业人员的继续教育内容。……四是加强宣传。要营造注重风险防范、强化责任意识的内控文化，形成‘领导重视、相互协作、全员参与’的制度建设环境。”

教育部发布的《关于做好〈行政事业单位内部控制规范（试行）〉实施工作的通知》中指出：“加强宣传培训。各单位要加强宣传培训，让内部控制的理念深入人心，形成重视风险防范、强化责任意识的内控文化，形成‘领导重视、部门协作、全员参与’的内控制度建设环境。”

（2）注重内部控制的落实

2013 年 12 月 18 日，教育部杜玉波副部长在直属高校财务工作会议上做了题为“深化改革、科学理财、推动直属高校办出特色争创一流”的报告。他指出：“要做好内部控制。去年底，财政部印发了《行政事业单位内部控制规范》，教育部也将印发做好这项工作的指导意见，各高校要按要求落实。内部控制作为一项有效管理机制，对加强学校内部管理起到了重要作用。我们必须认识到，通过加强内部控制，对教育经费使用全过程、全方位进行监管，是解决当前教育经费使用管理突出问题的有效手段，是堵塞经费使用漏洞，提高经费使用效益的长效措施。”

为了落实内部控制，2013 年 12 月 5 日，教育部发布了《关于做好〈行政事业单位内部控制规范（试行）〉实施工作的通知》（教财函〔2013〕142 号），其提出的注重系统性、注重有效性、注重时效性这三条实施内部控制规范的基本原则和梳理各类经济活动业务流程，明确业务环节内容；分析经济活动风险，确定风险点，选择风险应对策略；建立健全管理制度；提高内部控制的信息化水平；建立内部控制评价机制；重视评价结果运用这六项实施内部控制规范的主要任务是非常及时的，具有很强的针对性，为各校实施内部控制指明了方向。

（3）加强检查和指导

教育部党组副书记、副部长杜玉波在财政部行政事业单位内部控制规范实施动员视频会上的讲话中指出：“组织检查。年底前，各级教育行政部门要结合‘教育经费管理年’活动，对内控制度建设情况开展一次专门检查，避免走过场、形式化。

① 李三喜，徐荣才. 企业内部控制基本规范的超越与应用[M]. 北京：经济科学出版社，2008：代序.

对检查结果要及时通报、及时反馈，并将检查结果与工作考核挂钩，使内部控制各项规定真正落到实处。”

教育部发布了《关于做好〈行政事业单位内部控制规范(试行)〉实施工作的通知》中指出：“各单位要将内部控制建设和实施情况纳入日常监管范围，并将其纳入领导干部经济责任审计内容，切实开展内部控制测试评价，编制内部控制自评报告。……各级教育行政部门要将内部控制工作开展情况，纳入领导干部经济责任履行和考核内容，将评价结果与财政绩效考核挂钩。内部审计监督部门要定期通过审计报告、审计建议书等形式将测试评价结果上报单位主要负责人，促进内部控制规范有效执行。”

马特和帕克指出：“内部控制的有三种基本类型，对于一个保护自身的资产和全体教职员工利益的学校会计制度来说，这三种类型都是至关重要的(Sawyer, Ditternhofer, & Scheiner, 1996)。(1) 预防式控制是在错误或不遵守规则的行为出现之前而设计的避免其发生的措施。一个关于预防式控制的办法，就是校长在购买物资或设备之前审批订购单。预防式管理具有成本效益。(2) 发现式控制是错误发生之后用来鉴别错误的措施。为了发现不遵守规则的事情，校长每月要审核学校的银行报表，这就是一种发现式控制。这种控制具有滞后性，与预防式控制相比，成本效益偏低。(3) 纠正式控制是确保通过发现式控制查找出错误以纠正的措施。一个纠正式控制的例子是当校长发现银行对账单上的错误，及时地彻查此事，以确保这个错误得到解释和纠正。”①

4. 设置总控制师职位

会计学家杨时展就英国考察团的报告指出：“美国工业会计的全部趋势可以总结为发展、建立了 Controller 这一职位。”这是一针见血的看法。“Controller”是指主管财务会计、成本会计、会计分析、会计制度、预算、内部审计、决策等工作的会计领导人员。这个词来源于“Control”，意思是“控制”。“Controller”也就是“控制人”。他必须首先具备会计师的资格和身份，但他的任务远远不止于过去观念中的会计工作，而主要是通过会计来控制整个企业的经济活动。为了适应愈来愈剧烈的竞争形势，资本主义企业目前迫切需要加强内部控制。控制离不开数据，控制的责任自然就落到掌握一切经济数据的会计主管工作人员身上。过去的“名”既已不能说明这一职务今天的“实”，把“名”加以改变，使它反映会计这一职能在今天的“实”，就完全有必要。这一改变给英国考察团留下了极为深刻的印象。他们在报告中多次指出：用“Controller”而不用“主任会计师”是有重要意义的。它强调会计和成本的控制作用。因此，与其将“Controller”这个具有新的、实际内容的词仍用旧的“总会计师”“会计长”“主计长”等名词来套，不如就照原意译为“控制师”或“总控制

① [美]Davida W. Mutter, Pam J. Parker. 校长理财实务[M]. 北京：中国轻工业出版社，2006：4-5.

师”，他必须具有会计师的资格和身份而领导会计师、成本会计师工作。在英国考察团写这一报告时，这一职务才引起人们注意。而在今天，据柯柏兰和戴雪二人的书所说：“典型的会计部门受总控制师的领导。”可见一切不由总控制师领导的会计部门在美国已不是典型的了。这一演变关系到会计工作的本质，它说明，在今天，会计已演变成为一种控制企业经济活动的有力武器了。①

① 杨时展．从管理会计学看近三十年西方国家会计科学的演变[J]．会计研究，1980(4)：53－60．

第三章　大学章程中财经条款的比较研究

第一节　境外大学章程中财经条款的主要内容及启示

目前，我国大学都有了“章程”。“章程”是学校的“宪法”，但普遍存在两个问题。一是有“章程”前与有“章程”后没有多大差别，执行不力，形同虚设。二是有些高校“章程”千校一面，缺乏特色，去掉校名、校徽、校史、校址等部分，几乎适用于同层次同门类的各校；且过于简单，特别是“章程”中的“财经条款”过于简单，本书对“财经条款”阐述之。

一、国外大学章程中财经条款的主要内容选摘

本部分从张国有主编的《大学章程》共五卷七本等资料中搜集了美国斯坦福大学、耶鲁大学、加州大学、南加州大学、密歇根大学，英国剑桥大学、牛津大学、伦敦大学，法国巴黎第一大学——先贤祠索邦大学、巴黎高等师范学校，德国柏林洪堡大学宪章、慕尼黑路德维希——马克西米利安大学，俄罗斯罗蒙诺索夫国立莫斯科大学，日本早稻田大学、东京大学，新加坡国立大学，澳大利亚国立大学等17所大学章程，其中选摘了部分财经条款。

（一）在大学财务治理中谁是主体地位

1）《斯坦福大学行政管理指南》[①]规定：“董事会：权力和职责——董事会托管大学的捐赠及所有资产。董事会负责管理投资基金、制定年度预算、确定大学运作和管理的政策。董事会的权力和职责来自《创始基金及修订、立法和法令》。此外，董事会依据其章程和一系列重大政策的决议进行运作。”

2）《耶鲁法人章程》规定：“耶鲁大学宪章明确规定其治理主体，即法律上所指的‘校长及耶鲁学院董事会成员’，简称‘法人机构’（即董事会），享有治理、维护及管理学校的权利与义务，并且制定出他们认为适合于教学和学生教育的合理法律。”

3）《加州大学董事会章程与常规》规定：“加州大学应组建一个公益信托组织且该信托由现有的法人“加州大学董事会”管理，该董事会有充分的组织和治理权

① 张国有．大学章程：第三卷[M]．北京：北京大学出版社，2012．

力，且只在必要的情况下接受法律监督，如确保其资金安全，遵循大学捐赠条款，接受根据有关出租建筑合同、不动产销售、材料、货物和服务采购的规定而适用于大学的竞争性招标程序。”

4）《剑桥大学章程》规定：“摄政院是剑桥大学的治理机构（Governing Body）。”“校务理事会是剑桥大学的主要行政机构和政策制定机构。校务理事会负责大学的行政管理、工作计划和资源管理；必要时，校务理事会有权采取行动以履行其职责。此外，校务理事会还有权履行摄政院授权的或依据章程或条例规定分配的其他行政和管理职责。

5）《牛津大学章程》规定摄政院有以下立法权，以及其他职能、权力和职责：① 对校务理事会提交的关于修改、废除或增加章程或规章的议案有决策权；② 对摄政院中二十名及以上成员提交的关于要求校务理事会提出修改、废除或增加章程或规章的议案有决策权；③ 审议校务理事会或摄政院会议中 20 名及以上成员提交的任何其他决议；④ 行使章程Ⅳ第 17 条所赋予的与规章有关的权力；⑤ 负责解答任何两个或更多摄政院成员的疑问；⑥ 授予学位；⑦ 举行任一章程或规章所规定的选举；⑧ 批准对校长的任命；⑨ 履行或行使任一章程或规章所规定的任何其他职责和权力。

6）《伦敦大学章程》规定：“根据 1994 年大学校规，董事会属于大学的治理及行政机构。董事会必须致力于大学诸多目标的实现，并对大学事务的处理具有普遍的控制之权。”

从上可以看出，在大学财务治理中的“董事会”“摄政院”居于主体地位。

（二）大学应设哪些与财经相关的委员会

1）《斯坦福大学行政管理指南》规定：“委员会——八个董事会常任委员会包括：财务委员会、发展委员会、校友及对外事务委员会、学术政策及规划和管理委员会、土地与建筑委员会、审计委员会、医疗中心委员会以及托管委员会。除非主席另有指示，每次董事会例会之前先召开常任委员会会议。”

2）《耶鲁法人章程》规定：“下列常设委员会的成员，只要他们是董事会成员，就应履行其职责直至他们的继任者被正式任命：重大事务委员会、财政委员会、审计委员会、投资委员会、教育政策委员会、机构政策委员会、名誉学位委员会、建筑物与场地委员会、大学发展与校友事务委员会、薪酬委员会、托管委员会、投资责任委员会及医学院委员会。校长应担任重大事务委员会主席。校长和其他资深董事协商后提名、经董事会选举产生（除重大事务委员会以外的）各委员会委员及各委员会主席。”

（1）财政委员会

财政委员会应由至少五名董事会成员组成。财政委员会应制定董事会的财政政策；审核学校的财务规划，审查并批准大学的年度运行预算和资产预算，并监督当前收入和支出使之与预算相一致；负责审查和批准已获得批准的运行或资产预算以外的支出；负责批准授权政策以及向教员和职员发放大学贷款的政策；负责审查并批准购买和出售出于教育目的而留用或使用的不动产，并应监督这些资产的管理。审查和批准由财政和商业运营副校长或人力资源与管理副校长提交的因索赔或争议而请求授权的法律解决方案，并应向董事会汇报此类授权。

(2) 审计委员会

董事会的审计委员会应由不少于三名董事会成员组成。具有审计经验的董事会成员以外的人员可以被邀请成为该委员会成员，但无投票权。经校长提名，审计委员会推荐并经法人批准，董事会可邀请这些成员在特定时期内任职。审计委员会应在其认为适当的时间召开会议以听取大学内部独立财政审计人员的报告。

(3) 投资委员会

投资委员会应由不少于三名董事会成员组成。投资委员会可以邀请具有投资经验的董事会成员以外的成员成为委员会成员，但无投票权。他们的任期由委员会推荐并经董事会批准。在可使用的董事会政策范围内，投资委员会有权代表董事会批准经理人员的选用及解聘，以及批准对捐赠款所做的特别投资及由法人授权的其他基金的选取和终止。委员会应定期向董事会汇报其活动。

(4) 投资责任委员会

投资责任委员会应由不少于三名董事会成员组成。该委员会必须考虑主要投资政策的相关事务并在这些方面提出建议，并负责就股东决议的股权持有者及其他涉及道德问题的事件为投资者责任重大事务委员会和投资办等单位提供政策性的指导。为保证这项工作的顺利进行，投资委员会应当接受并审核投资者责任重大事务委员会的相关报告。

3)《加州大学董事会章程与常规》规定下列为董事会常设委员会：合规和审计委员会、薪酬委员会、教育政策委员会、财务委员会、管理委员会、场地及建筑物委员会、卫生事务委员会、投资委员会、长期规划委员会、能源部实验室监督委员会。

(1) 合规和审计委员会

① 就董事会监督如下事宜的职责向董事会提出建议：

a. 大学遵守法律、规定和政策要求的质量和完整性，财务报告和财务报表以及与风险相关的内部控制。

b. 法人合规的功能、披露和履行，与道德、合规、风险、金融、审计相关的内部控制和风险管理系统，以及大学中这些学院的恰当性。

c. 独立的注册会计师的资格、独立性和表现，以及内部审计职能的表现。

② 每年至少召开四次会议。

③ 审查内部年度审计计划，以及计划中重点提出的高风险领域的程度。

④ 审查内部审计部门的年度报告，与大学审计员和管理人员讨论内部审计的

重大问题。

⑤ 与独立的注册会计师讨论年度独立审计计划的范围，并与独立的注册会计师和管理人员审查审计结果。

⑥ 与独立的注册会计师和管理人员接收和审查年度财务报告。

⑦ 在考虑管理人员的建议后，向董事会推荐注册会计师作为独立审计员，以及他们的年度审计范围，并批准独立会计师所提供的除审计以及与审计相关服务外的其他服务。

⑧ 有权力通过其主席或该委员会成员的多数票（意见），要求管理人员对委员会授权范围内的具体事务进行阐述，并有权聘请独立的律师和其他顾问履行其职责。

⑨ 就如下事项向董事会提出建议：批准法人合规项目模型，内部审计的任务说明，该委员会章程，其他与内部和外部的遵守以及大学内审计活动相关的管理文件。

（2）财务委员会

① 考虑到所有涉及加州大学和法人商业管理的相关事宜。

② 除常规中另有规定的拨款外，就所有的资金拨款、修改或增补款项提出建议。除非董事会另有指令，加州大学所有的拨款分配均由财务委员会提议并经董事会通过。

③ 审议并向董事会上报由大学校长准备的学校年度预算以及拨款要求。

④ 除非常规另有规定，就设计未来财政年度大学支出事项向董事会提出建议。

⑤ 除章程和常规中另有规定的，考虑章程中规定的对外融资项目事宜。

⑥ 在董事会对于本委员会加以限制的领域，有权在任何时间出于大学利益的考虑采取关于预算请求和拟议立法的必要举措。

⑦ 审议并通过设定或调整固定薪金，以替代可用于主要国家能源部实验室的管理和运行外包的间接费用。

⑧ 确定大学行政主管官员和雇员所缴纳保证金的数额和性质，并从董事会此前批准过的名单中指定一家公司或数家公司持有债券。

⑨ 除非章程和常规中另有规定，考量不动产的购买、出售或租赁，并向董事会提出建议；审查教育政策委员提出的接受、使用和分配不动产捐赠的建议，并向董事会做出报告。

⑩ 除非章程另有规定，以法人名义开设、保留和关闭银行账户，包括储蓄和商业账户；指示应存款和撤出资金的情况，且除章程和常规中另行规定外，指定可以提款的法人代表。

⑪ 审议并向董事会提出专利方面的政策，包括大学校长呈递的报告和建议。

⑫ 为校长就相关大学官员的任命提供咨询。任命的人选应当是委员会认为合适的，但最终由校长做出决定。

⑬ 就大学的注册费、教育费、学费、学生自治团体的必要费用，以及除住宅项目和停车场设施以外的使用贷款资金项目需支付的费用，向校长提供咨询，向董事会提供建议。

⑭ 在技资委员会就投资应上缴部分进行审查和建议后，听取董事会司库建议，就司库提出的年度预算进行考虑并向董事会上报。

(3) 投资委员会

① 管理法人的投资和投资地产。

② 授权出于投资目的而持有或获得的不动产购买、出售或租赁，以及地上建筑物的建造和修理；法人所有资金的贷款；债券、股票及其他证券的购买、出售、转让或交换；在投资转移与任何捐赠不发生冲突的前提下，法人各基金之间的投资转移。除委员会管辖下投资基金的贷款外，任何法人基金贷款只有得到董事会批准后方可生效。

③ 通过适当的决议或多个决议，保证所有证券的监管有力。

④ 就大学的投资业务定期向董事会汇报。

⑤ 在财务司库的建议下，向财务委员会就财务年度预算的投资资产部分进行考量并提出建议。

4)《南加州大学章程》规定：董事会共有十一个委员会：执行委员会、学术事务委员会、财务委员会、大学发展委员会、校友事务委员会、校区规划委员会、人事管理委员会、学生事务委员会、审计和纪律遵守委员会、公共事务委员会、投资委员会。

(1) 财务委员会

① 成员

财务委员会由不少于五名董事会成员加上当然成员组成。分管财务的资深副校长(他同时也是首席财务官员)以及大学财务主管可出席委员会会议并参与讨论，但没有投票权。

② 权力与职责

财务委员会拥有如下关于大学一般性财政事务和预算事务的权力和职责：

a. 行使对财务账簿和大学记录的一般监督，批准大学的所有债务和负债，包括为学校的利益发行债券。

b. 接受或拒绝给予大学的捐赠。

c. 审查投资委员会关于集合留本资金的资产分配情况的定期报告。

d. 指导大学财务主管出售学校的资产。

e. 确定采购、出售或出租大学不动产的所有条款及条件。通过决议，财务委员会可授权校长或他/她的指定人员确定采购、出售或出租价值不超过五百万美元的大学不动产的所有条款及条件，可授权校长或他/她的指定人员和董事会主席一起确定采购、出售或出租价值不超过一千万美元的大学不动产的所有条款及条件，任何高于一千万美元的采购、出售或者出租都需要得到整个财务委员会的批准。

f. 批准年度预算，考虑校长对该项预算的建议。

g. 为预算报告和已经批准的预算操作建立程序。

h. 定期审查大学的财务状况。

i. 审查和批准年度学费水平和所有强制收费。

j. 实施由此章程、董事会决议或执行委员会决议授权的其他行为和进一步行为。

(2) 审计和纪律遵守委员会

① 成员

该委员会由不少于三名董事会成员组成，这些成员不应是大学的官员或雇员。

② 权力和职责

该委员会拥有如下权力和职责：

a. 每年任命大学的独立公共会计师，审查和批准大学综合财务报表年度审计的范围、计划和费用，审查和批准已获许可的非审计服务，并把此类行动上报至董事会。

b. 任命独立的注册会计师，以独立的内部审计师的身份服务于大学审计和纪律程序，与大学的内部审查员一起审查和批准大学内部审计和纪律程序的范围、计划和费用，并把此类行动上报至董事会。

c. 与独立注册会计师、内部审计师和学校的合规官员一起审查并讨论如下事项：大学会计和财务控制的适当性和有效性；大学的会计实务；大学保留的用于财产保护和风险管理的系统和程序；以及可能对大学的财务状况或声誉造成实质性影响的法律、管理、监控或同类事项。

d. 和独立公共会计师共同审查，并在独立公共会计师完成审计后批准大学年度综合财务报表和相关通知、独立公共会计师对于财务报表检验的结果，以及与之相关的被提议由独立公共会计师呈递的报告和意见。

e. 审查并讨论由内部审计师提出的内部审查报告及任何被提议的改进方案。

f. 至少每年对审查和监控委员会章程进行一次审查和重新评估，并就被提议的变更向董事会提出建议。

g. 实施由此章程、审查与纪律委员会章程、董事会决议或执行委员会决议授权的其他进一步行为。

(3) 投资委员会

① 成员

投资委员会由不少于五名董事会成员加上当然成员组成。分管行政的资深副校长、分管财务的资深副校长(同时也是首席财政官员)、财务总监(或财务总监确定的助理财务总监)以及大学预算主任可出席委员会会议并参与讨论,但没有投票权。

② 权力和职责

投资委员会在大学一般财务事务和预算事务方面拥有如下权力和职责:

a. 常规地审查和确定集合留本资金的资产分配情况,并向财务委员会和董事会提交关于集合留本资金的资产分配情况的定期报告。

b. 任命一名或一名以上投资经理,让其投资大学资金并就投资大学的留本资产和其他资金向投资委员会提出建议。

c. 指导大学财务总监,使其对留本资产和其他基金的投资与投资委员会确定的资产配置相协调。

d. 实施由此章程、董事会决议或执行委员会决议授权的其他进一步行为。

5)《密歇根大学董事会章程》规定:董事会设有两个常务委员会,即财务、审计与投资委员会,人员、薪资与治理委员会。

财务、审计与投资委员会:该委员会将支持董事会完成其与学校内部控制、财务报告和投资政策与操作相关的职责。委员会可自行决定对与年度审计、财务报表和报告、投资相关,以及涉及是否符合相关法规的事务进行审查。

6)《剑桥大学章程》规定:校务理事会应有常设委员会,即财务委员会和审计委员会。

(1)《剑桥大学章程》规定的财务委员会

① 校务理事会的财务委员会人员组成为:

a. 校长或由校长正式任命的代理人,并由其出任主席。

b. 三名由各学院代表推选出来的摄政院成员。

c. 四名由校务理事会任命的成员,其中至少两名为摄政院成员。

d. 一名由学部总委员会任命的学部总委员会成员。

e. 三名由动议任命的摄政院成员。

f. 不超过两名由委员会增选的成员,但委员会增选人员并不是强制的。

必须符合要求:至少三名委员会成员是校务理事会成员(包括校长在内)。委员会临时秘书由校务理事会指定的剑桥大学教务长或者学校高级职员担任。

以下是校务理事会的职责,通过财务委员会执行:

a. 按照章程的规定,各学院为大学募集捐赠。

b. 公布若干学院的账目。

c. 根据章程规定,对各学院的餐饮进行监督。

② 财务委员会拥有校务理事会赋予的权力,依照章程的规定行使职权,并应

遵守以下限制：

a. 大学的实物或者借贷财产出售或者转让，或者与大学签订长达六十年或者更长的租约，需经摄政院动议正式批准，如果由校务理事会来决定出售或者租约，将剥夺大学的土地和建筑的现有的或者将来的可预见的使用权。

b. 所有可登记的投资均以剑桥大学名誉校长、教师和学生的名义，或者以财务委员会决议提名人的名义登记。

c. 所有有价证券的证书应存放于银行或者其他公认的且被财务委员会核准过的财务机构妥善保管。

d. 所有购买或者出售的无记名债券和仅可交割以及既可交割又可背书的有价证券只能通过财务委员会认可的银行办理移交手续。

(2)《剑桥大学章程》规定的审计委员会

① 校务理事会应有一个常务委员会，称为审计委员会，其人员组成包括：

a. 委员会主席为校务理事会委派的理事会成员。

b. 两名校务理事会成员，由校务理事会从其同时为摄政院成员的成员中指定，但校长、副校长和直属学院理事会主席没有资格担任此职。

c. 由校务理事会指定的四名成员，他们不能是摄政院成员或大学的雇员，应在公司的相应岗位上任职，并具备专业技能和经验，其中至少两人要有财务、会计或审计的经验。

d. 不超过两名成员由委员会增选，其中至少一名必须既不是摄政院成员，也不是校务理事会成员，但委员会增选人选并不是强制性的。

② 校务理事会的财务委员会成员不得列席审计委员会成员，如果审计委员会成员变更为财务委员会成员，那他(她)的位置即应空缺。

③ 审计委员会在每个财政年度将至少进行两次会面。职责如下：

a. 持续复查大学内部财务系统的效率和其他相关事项。

b. 向校务理事会提议与外部的和内部的审计员相关的事宜，包括他们的任命，审计员提供的超出其正常责任范围的附加服务，审计员的薪资，以及审计员辞职或解雇等相关问题。

c. 确保得到足够的资源供内部审计之用。

d. 批准内部审计员提出的内部审计提议。

e. 每年定期同外部审计员复查外部审计工作的内容和范围。

f. 评议外部和内部审计员递交的所有报告。

g. 监督内部审计员提出的任何建议的实施。

h. 以促进本大学经济、效率和效益的发展为本委员会开展工作之宗旨。

i. 建立适当的工作指标，每年监测内、外部审计员的表现和效益。

j. 经与外部审计员磋商后审议：一是所有附属于账目摘要的财务报表包括审

计员的报告,二是校务理事会提供的有关大学治理的报告。

k. 确保所有重大损失都能得到恰当的调查,同时确保将英格兰高等教育基金委员会的拨款事宜告之内、外部审计员。

l. 监督大学政策以防有欺诈和不规范因素存在,并及时报告在那些政策下进行的各种活动。

m. 向校务理事会、校长和英格兰高等教育基金委员会递交年度报告。

n. 从国家审计办公室和英格兰高等教育基金委员会处接收报告,并向该委员会提供咨询。

o. 转递其会议记录至校务理事会。

④ 非经至少五名成员出席,否则审计委员会会议不得议决任何事项。

7)《牛津大学章程》规定:

(1) 审计和监督委员会

该委员会应争取大学全体职员及学生的合作,并需完成以下职责。

① 有权进行其认为必要的调查,召集人员以及要求获得任何与调查相关的文件。

② 接收来自资金价值委员会关注合理安排以实现节俭、效率、有效性的定期报告。

③ 接收来自审计署、高等教育基金委员会及其他组织的报告。

④ 接收来自牛津大学出版社审计委员会的记录和年度内部审计计划,以及该委员会主席的定期报告;认真考虑这些记录和报告中受到大学审计委员会关注的问题,必要时可要求进一步的调查或者汇报。

⑤ 接收来自牛津大学出版社审计委员会的年度报告,以起草向校务理事会和摄政院提交的大学审计委员会的年度报告。

⑥ 接收并认真考虑二十名或二十名以上的摄政院成员通过学监和评审官递交的关于评议内部审计结果的要求。

⑦ 审查风险管理、控制和治理安排(governance arrangements)的有效性,包括评议外聘审计员的管理建议书,内部审计员的年度报告及管理反应(management response)。

⑧ 应校务理事会的要求,接手包括项目评议在内的审计评议。

⑨ 对机构防范诈骗及违规的政策进行监督,其中包括关注该机构根据该政策采取了何种举措。

⑩ 确保大学向各学院下拨的公共资金得到合理使用和控制,这些资金的效益收入得到合理安排;并每年向校务理事会汇报这些相关事项。

⑪ 审查内部审计员的风险评估、策略及审计计划;考虑内部审计调查的重大发现及管理反应;促进内部审计员和外聘审计员之间的合作,并确保内部审计员可

支配的资源是以满足机构的需要。

⑫ 监督已协商过的基于审计结果的相关建议的实施，无论该建议由谁提出。

⑬ 确保所有重大损失都得到了合理调查，并告之内部审计员和外聘审计员，如果需要则也应告之高等教育基金委员会会计主管。

⑭ 考虑并向校务理事会建议有关外聘审计员的任命、审计费用、所有外聘审计员的非审计服务规定，以及关于外聘审计员聘任及解聘的所有问题。

⑮ 在审计前就审计的性质和范围同外聘审计员达成共识。

⑯ 同外聘审计员谈论审计中期和尾期出现的问题，包括审计包含管理反应的管理建议书，以及其他外聘审计员或内部审计员希望探讨的问题（如果需要，管理层不出席）。

⑰ 考虑并决定内部审计服务部门（必要时包括内部审计主管）的任命及参与程度条款、审计费用、所有内部审计员的非审计服务规定，以及与内部审计员聘任及解聘相关的所有问题。

⑱ 每年都监督内部审计员和外聘审计员的业绩和效益，包括其保持客观的事项，并在适当的情况下向校务理事会建议对他们重新任命的相关事宜。

⑲ 在外聘审计员的参与下，根据高等教育基金委员会对财务的相关指示考虑年度财务报表，包括审计员的正式意见，成员职责声明及内部管控声明。

⑳ 每年向校务理事会及摄政院汇报一年的活动，汇报主要关注的是一些重大问题，并针对机构所做的以下安排的妥善性及有效性提供委员会的意见：

a. 风险管理、控制和治理（风险管理的内容包括年度账目报表中的内部控制声明的准确性）。

b. 节约、效率及有效性（资金价值）。

㉑ 在学年的任何时间都可以要求校务理事会提请摄政院关注委员会认为需要特殊、及时关注的任何事宜。

㉒ 在委员会接收到所有内部审计报告（包括按照本条第 6 款之规定所做的报告）后的一个月之内，由委员会在牛津校园网上发布报告中的完整意见（委员会认为需立即提交校务理事会的意见除外），或者关于所要求的核查的不必要性的总结。

㉓ 所有内部审计核查的完整报告（提交给校务理事会的报告除外），以备用于所安排的与委员会秘书的商议。

（2）财务委员会

① 财务委员会由以下人员组成：

a. 校长。

b. 由校务理事会任命的三名校务理事会成员，这三名成员不能是摄政院成员，也不能在大学、学院、学会或永久私人学堂担任教学、研究或行政方面的职务。

c. 由校务理事会从摄政院选举出的校务理事会成员中任命的一名成员。

d. 由学院联席会议任命的一名学院院长。

② 审计和监督委员会的成员不能成为财务委员会的成员。

③ 委员会负责：

a. 考虑大学可使用的财务资源；向校务理事会建议总收入和支出、预算、资本支出预算以及五年战略并获得校务理事会的批准；与规划和资源配置委员会交流沟通。

b. 向校务理事会建议通过预算而确定的大学需求，从而使校务理事会在制定投资政策时可以考虑这些建议。

c. 酌情考虑高等教育基金委员会的财务预测，以及大学、高等教育基金委员会与其他外部资助机构之间的财务关系，并向校务理事会提出相关建议。

d. 与审计和监督委员会一同审议并批准大学的年度财务报表。

e. 审查并考虑牛津大学出版社专员的年度报告和账目，并向校务理事会汇报。

f. 审议大学的财务规章，并酌情考虑对这些规定进行必要的变更。

g. 批准大学的银行业务安排。

h. 不时根据需要以校务理事会的名义就大学财务事宜采取相应举措。

④ 委员会经由校务理事会批准可增选至多两名额外成员。

(3) 投资委员会

《牛津大学章程》规定委员会应负责：

① 监督大学的捐赠资金管理、监督对外部机构按照大学制定的指导原则而置于大学中的资金的管理(这些资金应根据为实现大学目标而设定的基准来衡量绩效)。

② 向校务理事会汇报。

委员会尤其应负责：

① 确定目标并与校务理事会达成一致。

② 制定指导原则并设定基准从而实现目标。

③ 招聘、支持、评价并监督投资总监。

④ (以个人名义或者以委员会名义)推荐管理者。

⑤ 就分配不动产和选择管理者提出相关建议。

(4) 资金价值委员会

《牛津大学章程》规定该委员会负责：

① 制定一项资金价值政策，详述大学在追求资金价值时的目标以及负责目标实现的相关机构。

② 制定在大学范围内有助于提高资金价值的规划，并通过更节约(减少行动

的相关费用)、更高效(物品与服务的产出与所花费资源之间的关系)、更有效(目标实现的程度)的方式实现该规划。

③ 监督从大学下拨到各学院的公共基金的资金价值的实现。

④ 在规划与决策过程中,促进资金价值的提高并加强这样一种意识,即追求资金价值不仅仅是财务部门的责任,也是所有大学职员的责任。

⑤ 对为实现资金价值而采用的措施进行监督,并对追求资金价值的主观动机进行审议。

⑥ 将对委员会所认同的资金价值的审议行动规定为必须进行的审议。

⑦ 在适当时就宣传良好的习惯做法提出相关建议。

⑧ 每年向校务理事会以及审计和监察委员会进行一次汇报,其职责范围包括向校务理事会就大学内促进资金价值的安排是否令人满意提出相关建议。

8)《伦敦大学章程》规定:“董事会设立一个委员会负责审计和风险评估。”

董事会和理事会可随时设立其他的常设的、专门的和咨询性的委员会,以及委员会附属机构或其他机构。

9)《巴黎第一大学章程》规定:“行政管理委员会权限:行政管理委员会确立大学政策,审议批准大学合同。委员会审核批准预算、账目。”

10)《巴黎高等师范学校章程》第 22 条规定:“行政管理委员会审议事项包括:① 本机构的总方针;② 预算及其修正;③ 财务账目及盈亏划拨;④ 不动产的取得、让与和交换;⑤ 借款;⑥ 捐赠及遗赠;⑦ 司法行为及和解;⑧ 财政分红以及创建分支机构。行政管理委员会根据性质及数额来确定必须报请行政管理委员会批准的合同和协议种类,并确定由校长负责的合同和协议种类。行政管理委员会以在席绝对多数票通过学校内部规定。”

从上可以看出,大学一般设立财务委员会、审计委员会、投资委员会、投资责任委员会、资金价值委员会、行政管理委员会等,其中常设委员会主要有:财务委员会和审计委员会。这里需指出的是,美国高校设在董事会之下,而英国高校设在校务理事会之下。

(三) 大学校长在理财中的地位

在 17 所国外大学章程中,只有《加州大学董事会章程与常规》对大学校长在理财中的职责规定得最详细,除少数与理财不直接相关被笔者“省略”外,笔者详细摘录以下内容与读者分享。

1)《加州大学董事会章程与常规》规定:“总校校长职责。”

(1) 校长是加州大学的行政首脑,对大学各项事务管理和运行拥有全部权力,担负除秘书长、首席投资官、董事会总顾问、资深副校长、首席合规和审计官以外的全部责任。校长可以指定人选担任除董事会当然成员之外的其他职位。

(2) 校长每年应通过相应的常设委员会向董事会汇报学校预算、资产改善计划和资金拨款计划。

(3) 校长应该修订和确定所有的费用、罚款和根据学生数量制定的存款数额、付款条件和付款时间。校长应确保在评估学校登记费、教育费用、学费，以及获贷款资助项目的花费前得到董事会的批准，但由学生费用资助的设施、停车场和宿舍项目除外。

(4) 校长有权协商和批准间接成本率，该间接成本率将被写入与校外资金方签订的合同中，并将适用于校外资金支持的项目运作过程中。但与美国能源部重大合同中用于代替间接费用的固定费用需得到财务委员会的批准。美国管理预算局 A21 号通报中所批准的间接费用和此后类似公告条款应每年向财务委员会报告。

(5) 若合同、拨款和赠予依照董事会政策进行提取或协商同意，则校长有权允许从合同、拨款、赠予以及公司承付款项中冲抵开支。

(6) 校长有权批准学校运行资金的转移或分配以及将资金用于资本改善目的的转移活动，上述资金转移可能受到如下限制：

① 转移或分配的资金不得导致具有持续性义务的新政策、新项目、新活动的建立。

② 从预留资金中进行转移的资金不得用于预留资金建立目的之外的用途。

(7) 校长有权在下一年预算的生效日期之前批准占用预算的财政义务和支出。有关物品、服务和设施的预先支出不得超过州长报告给立法机构下一财年中用于此目的的预算的 50%。有关任命的预先支出不得超过州长报告给立法机构的下一财年的职位数量和资金。校长应决定此类授权预先支出的数量。

(8) 校长有权批准资产改善计划中少于 1 000 万美元的修订案。若经董事会主席和场地与建筑物委员会同意，校长则有权批准资产改善计划修正案中超过 1 000万美元至 2 000 万美元(含 2 000 万美元)的项目，并需在下一次董事会中报告。但是如下情况须得到董事会的同意：① 总费用超过 2 000 万美元的项目；② 总费用超过 2 000 万美元，导致追加费用超过标准费用增长(Standard Cost-rise Augmentation) 25%的项目更改；③ 当校长认为因涉及预算、外部融资、筹资活动、项目设计、环境影响、社区因素或是重大的计划变更影响资产改善计划建筑成本，需要董事会审核和批准时。

(9) 校长有权修改完全的或部分自给自足的活动的预计收入，并据此相应增加或减少拨款数量。此权力受限制于可用资金数量。

(10) 校长有权根据捐赠者明确提出的条件决定捐赠的目的、拨发的校区或地点、资金的收益和使用原则，并做出相应分配。

(11) 校长有权根据捐赠者明确表达的意图，决定捐赠的目的、拨发的校区和地点、资金的收益和使用原则，并在捐赠者未作规定的范围内相应的分配和重新分配。

(12) 依照(10)和(11)章程进行的所有行动都必须符合现有的学校纲要和政策,不得构成需要预算条目之外的支出义务。

(13) 若捐赠目的已实现或不可能实现或无法实现,且无其他的替换实现方式,则校长有权向总顾问征求建议后返还捐赠者全部或未使用的个人财产捐赠。

(14) 若有用于消除坏账的充足预留资金或者用于此用途的特殊收入或拨款,校长有权销掉坏账。

(15) 校长有权撤销联邦政府支付间接费用的资金,或通常拨款及合同下不予批准的报销请求。

(16) 校长有权任命已批准项目的主管建筑师、主管景观建筑师和主管工程师及咨询工程师,并履行和他们的协议。

(17) 校长有权批准建筑计划,要求对已批准计划进行投标,但校长不得批准董事会特别要求由场地和建筑物委员会批准的计划。

(18) 如果独立建筑物或项目的选址大体上与之前由董事会批准的学校的长远规划发展相符合,则校长有权批准独立建筑物或是项目的选址,并可以批准独立建筑物或项目在长远规划项目之外的选址,如观察站、研究站等大学地产上的选址。

(19) 校长有权代表法人对破产中的债主执行债务接收或清算,以及接收或清算已故人士财产。

(20) 除非章程和常规另有规定,校长有权:

代表法人同意并履行合同、不动产租赁合同、租约、地权租约和其他出于大学相关目的、不超过20年合同期的不动产使用文件(不包含大学是承租人的情况,但包含大学是出租人的情况)。

如在本常规中提到,大学相关目的指为推动学校建设而持有并/或使用的不动产,不包括以投资为目的而持有的不动产。

(21) 除非章程和常规另有规定,校长有权代表法人履行合同及其他完成校长职责所必需的文件,包括提取和接受抵押品的文件,以及赠予和拨款的文件。但以下文件或包含以下内容的文件需经董事会表决特殊授权:

① 已获批准的大学项目、政策和任务中,未解决资金来源但需要大学承担费用或需新建设施但尚未获得批准的部分。

② 大学基金贷款,但不包括现有学生、教师和行政人员的贷款基金。

③ 超过拨款额度的建筑合同。

(22) 若有任何未包含于上述(21)条款中的,当情况紧急、无法预先提交董事会时,校长有权采取行动,使所有履行校长责任所必需的文件生效。但校长应在下次董事会例会上通过恰当的理事会将所有行动向董事会汇报。

(23) 校长有权商讨用于或将用于大学相关目的的不动产的买卖、受赠或是出租,并管理所有此类财产和收益。

(24) 校长有权批准用于或将用于大学相关目的、低于 2 000 万美元的不动产买卖、受赠或其他获得方式。经董事会主席及财务委员会主席同意,并在下一次董事会例会中上报此类行动,校长有权批准用于或将用于大学相关目的、2 000 万美元至 6 000 万美元(含 6 000 万美元)的不动产买卖、受赠或是其他获得方式。高于 6 000 万美元的交易必须提请董事会批准。

(25) 为进一步阐明上述(23)项和(24)项中的授权,校长有权签署所有文件生效,但不包括转让所有权的文件。先签署后批准、符合(24)项所述情况的文件,应在获得此批准后方为有效。

(26) 校长应为所有买卖合同、捐赠协议书、租约、执照、通行权、地权租约、抵押借款、信托书、保险单的保管人,以及出于大学相关目的但章程和常规未提及的不动产交易文件的保管人。

(27) 校长有权对以下方面的执照、通行权进行批准并使之生效:① 用于或将用于大学相关目的的不动产;② 将被他人使用的大学相关不动产。

(28) 校长有权批准第一年土地租赁费低于 50 万美元的租赁合同、合同分配或转租合同,以及包括天然气、石油、其他碳氢化合物、地热资源、矿产权的文件。

(29) 校长有权对董事会批准的住宅贷款项目管理采取恰当的行动,包括:① 接收和管理期票、抵押贷款、信托书、转让书,回赎权取消之契约;② 当由抵押贷款、信托书保证的学校住宅贷款项目期票已得到支付或偿还时,执行抵押贷款的发放和信托书的返还;③ 通过取消抵押品赎取权,或代替取消赎还法律手续的文契及其他类似方式获得不动产产权。

(30) 校长有权制定并实施有关知识产权的政策和措施,包括专利权、著作权、商标权和实物研究成果;有权签署管理知识产权的必要文件,包括作出 7 年以上承诺的文件。校长应每年就有关知识产权事宜向董事会报告。

(31) 除以下所述情况,校长为法人所有外部融资的管理者。校长有权取得不超过 1 000 万美元(含 1 000 万美元)的外部融资,用于目的规划、建设、并购、购置及改进。经董事会主席及财务委员会主席同意,并在下一次董事会例会中上报,校长有权取得 1 000 万美元至 2 000 万美元(含 2 000 万美元)的外部融资。高于 2 000万美元的外部融资需得到董事会批准。校长有权:① 商讨并取得为争取外部融资的临时资金;② 设计、发行、出售收益担保债券或其他为外部融资而设的债券;③ 发行可变利率债券或固定利率债券,若有需要,实行利率交换以将固定利率或可变利率的债券分别转化为可变利率的和固定利率的债券;④ 若校长发起再融资的数额不受限制,可出于降低利率支出而将现有外部融资再融资;⑤ 提供准备金,并提供用于支付外部融资发行费的费用;⑥ 开展与签署内容相符的合理必要行动；⑦ 在不需要董事会一般信用抵押支付外部融资发行费用的前提下，履行上述内容的相关文件。

(32) 校长有权管理学校参与有限公司、无限公司及合伙企业的情况，并执行所有相关必要文件，但此类参与行为应为大学相关目的服务并得到董事会批准。校长应成为所有此类参与文件的保管人。

(33) 校长应在所有的银行账户、银行服务、银行关系中，及由银行外其他机构提供的金融和银行服务活动中代表大学，并有权执行相关协议，包括但并不限于以下方面：

① 校长应该选择法人用以储蓄和支取资金的银行。

② 校长有权将所有银行账户(包括存款时间证明、作为捐赠给法人的银行账户)转至法人名下，并有权从账户中提款或关闭账户。

③ 校长有权指定人员代表大学签署支票、汇票或者其他付款凭证，或对学校经常账户进行电子转账，但代理人需先签署信誉保证书。校长有权批准使用传真签名，并指示银行或是其他受托处认可传真签名。

④ 校长有权指定一组人员代表法人签署支票、汇票或者其他付款凭证，或对首席投资官现金总储蓄账户进行电子转账，从储蓄账户中提款，前提是所有此类行为需经两名代理人批准，其中一人来自校长办公室，另一人来自首席投资官办公室。所有代理人需先签署信誉保证书，且此处所有事宜不应被解释为授权校长指示银行或是其他受托处认可传真签名，除非得到财务委员会授权。

⑤ 校长有权安排银行存款箱、电子转账、第二者保管的契约服务、信用卡，及其他有利于资金募集与给付的措施。

2)《巴黎第一大学章程》规定："校长对本大学的行政管理拥有决策权。行政管理委员会拥有审议权。科学委员会和教学生活委员会拥有建议权。校长是学校的财务审核人，领导三大委员会，执行委员会的决定并听取其意见和建议。"

(四) 分管财务副校长的职权

在国外的大学章程中，《耶鲁大学章程》和《密歇根大学董事会章程》对财务副校长规定的最详细，摘录如下。

1) 耶鲁大学财政与商业运营副校长的职权

《耶鲁大学章程》指出：

(1) 负责财政与商业运营的副校长是经校长提名并由董事会选举产生的行政官员，就财政及某些非学术行政事务对校长负责。财政与商业运营副校长同时也是大学的当然财政主管，依照职权行使所有权力并承担相关事件的责任，包括那些1978年7月1日之前发生的事件或决议所产生的权责。财政与商业运营副校长的职责包括财政规划与审计，非学术性的支持服务以及由董事会或校长间或分配的其他行政工作。每当财政或行政事务影响教学或科研活动时，财政与商业运营副校长应同教务长协商。财政与商业运营副校长应出席重大事务委员会会议和董事会会议,并应担任审计委员会的秘书长。董事会可能会要求财政与商业运营副校长担保一定的数额。经校长提名,董事会可聘任一名审计官、一名或多名其他官员协助财政及商业运营副校长的工作。

(2) 财政及商业运营副校长应掌管法人的账目。财政及商业运营副校长应把所有可转让证券储存在一个经过财政委员会批准且只有在董事会授权的情况下方可被接触到的地方。财政与商业运营副校长应收取并说明学费、杂费及大学学生的其他费用,但财政与商业运营副校长可以将收取及临时保管这些资金的权力委托给由董事会任命的一位财务主管或下级职员。在每个财政年度的年终时期,财政及商业运营副校长应向财政委员会提交一份整理后的过去一年财政收支账目表,以及一份资产与负债的总平衡表,这份平衡表须经财政委员会选定的审计员审核。财政及商业运营副校长应打印一份大学上一年度财政运营报告并附上审核人的证明。

(3) 财政与商业运营副校长应依照已通过的预算控制大学的所有开支,未经董事会或重大事务委员会授权批准的任何预算外开支都是不允许的。

(4) 财政与商业运营副校长拥有如下权力,即:无条件地在现在及将来以耶鲁大学校长或耶鲁学院董事之名,或以耶鲁大学之名,或以负责财政商业运营副校长或耶鲁大学财政主管之名,出售、转让、移转、转移、放弃、解除和行使所有权利和权力,包括但不限于行使和转移对于股票、债券、抵押或其他证券所有权的代理权、其他票据及其附属权利。还有权基于这些目的委任一名或多名法律代理人。但必须保证这一切都在遵循投资委员会所制定的法规的前提下进行。

(5) 校长和财政与商业运营副校长,以及他们每人被授权以学校的名义代表大学履行如下事宜:

① 实施和履行任何及所有使大学可能或已成为缔约一方的书面协议和合同,包括但不限于大学所属不动产的租约,关于或涉及大学所属不动产的出售或转让,与大学利益相关的合同、契约及其他文书,但前提条件是出售或转让大学位于纽黑文市的不动产,或用于教育目的、位于其他任何地方的不动产,须经董事会或其重大事务委员会授权。

② 在现在或可能的未来,以耶鲁大学校长和耶鲁学院董事身份或以耶鲁大学的名义,分配、让渡或清偿任何及所有的抵押物或其他的担保利益,并执行和交付这些分配品、让渡品或清偿品。

③ 接收和开具大学及校内任何学院、系或部门到期的和应得的款项的收据,包括与遗产捐赠有关的款项。

④ 签署和背书支付大学或校内任何学院、系及部门的授权、账单和其他所有文书。

⑤ 在总法律顾问的批准及财务委员会的批准下，当耶鲁大学需支付的款项或某一项索赔数额超过 250 000 美元时，解决、协商并调整本校提出或针对本校的任何索赔事宜，及那些与耶鲁大学有利害关系的任何争议，并施行相应解决方案、协商方案或调整方案的条款和规定。

⑥ 在得到正式授权的情况下，在本段提到的所有单据及文书上署名并加盖耶鲁大学印章。

(6) 负责财政和商业运营的副校长有权委派一名或多名下属官员，或在校长的批准下在适当的时候委派给另一名官员或官员的下属，履行部分或所有职责的权力。除了第 10 款第(Ⅱ)项、第(Ⅲ)项、第(Ⅳ)项或第(Ⅵ)项以外，任何此类授权行为须经财政委员会审批通过。

2)《密歇根大学董事会章程》规定："常务副校长兼首席财务官是本校的首席财务官。除非另有规定，常务副校长兼首席财务官将对本校的财务、财产和商务业务进行总体监督。常务副校长兼首席财务官将在学校财务问题方面担当校长的首席顾问。"

《密歇根大学董事会章程》规定：常务副校长兼首席财务官(1993 年 11 月修订)。

除非另有规定，常务副校长兼首席财务官应该对本校财务、财产和商务性业务往来进行全面监督并负全面责任。常务副校长兼首席财务官应该担当校长关于本校商务业务往来和财务活动的顾问。

常务副校长兼首席财务官的权力和职责如下：

(1) 财务监督。常务副校长兼首席财务官应全面监督并负责收集、保管和核算所有属于本校的款项，同时在欠款到期时向国家财务或任何个人要求并接收这些款项。

常务副校长兼首席财务官应该全面监督并负责妥善管理所有运营资金，包括维持学校运转的资金、所有为造福本校或任何其内部单位进入信托基金的赠予资金，以及本校基金的所有投资活动。常务副校长兼首席财务官可以出于妥善保管本校财产的目的提起相应的法律诉讼程序，并选择适当的法律顾问。

经董事会或其他适当机构的合法授权，常务副校长兼首席财务官应为本校的所有业务支付费用。

(2) 会计。常务副校长兼首席财务官须备存或者安排备存完整且准确的常务副校长办公室所有交易的账簿。常务副校长兼首席财务官须安排定期审计本校所有单位并将审计结果通报董事会，还须在财政年度中定期对审计结果进行归档备案。

(3) 资产。常务副校长兼首席财务官须全面管理本校的有形资产并担负相关责任。常务副校长兼首席财务官须准备并以方便的形式备存应由其掌管的所有不动产和动产。常务副校长兼首席财务官须保管所有与本校财产有关的契据和其他文件。

常务副校长兼首席财务官有权针对建筑物、场地和仪器的安全保管、保护及使用而制定并发布相应规则。

常务副校长兼首席财务官应对出售任何陈旧或过时的设备或用品的适用条件予以审批。

在本校校园或建筑物内丢失或遗弃的所有财产，如无人认领或无人找到，应该交由常务副校长兼首席财务官处置。

(4) 财务、商务与资产报告。常务副校长兼首席财务官应该：

① 定期准备并向董事会提交简报，载明前一时期或自上次报告后一般项目下的收支情况。

② 至少每季度报告一次本校基金的投资与再投资情况。

③ 为董事会准备年度财务报告，报告中按细节要求载明本校基金在整个财政监督的收支情况，以及教育机构依据经验或共同实践经历要求载明的其他事务。

④ 应董事会要求提供与本校财务、投资、学生贷款基金、商务业务往来或财产相关的特别报告与相关信息。

(5) 采购。常务副校长兼首席财务官须全面管理和负责本校的所有采购。

(6) 非学术人员管理。常务副校长兼首席财务官应该负责管理与非学术和非行政人员相关的人员与员工关系、政策和程序。依据定义，这些人员包括技师、医师、化工师、制药师、护士、社工、营养师、治疗师、工程师、熟练和非熟练工人、办事人员和财务人员，以及其他一些有时可能被适当行政当局划分进来的人员类型。

(7) 部门领导。常务副校长兼首席财务官须在校长授权下委任部门领导，这些部门领导必须有意愿和能力在业务组织内贯彻常务副校长兼首席财务官的职责。

(8) 差旅。常务副校长兼首席财务官须制定必要的规则和条例来规范差旅的形式、报销额度和其他相关细节。在各单位预算中出于相应目的进行的拨款范围内，允许报销因代表本校进行差旅而引发的合理且必要的支出。

(五) 大学财务办公室与财务主管的职责

(1)《斯坦福大学行政管理指南》规定："财务办公室的使命是通过向斯坦福社区提供财务会计服务，促进大学的学术健康。财务办公室通过维护内部控制系统和财务报表系统来履行法定的如受托的关于大学所获拨款的职责。办公室通过提供财务信息和咨询来支持决策。此外，该办公室还负责创建良好的运营环境，使各种资金提供者(例如政府机构、捐赠者、学生以及债券持有人)得以安心地为支持斯坦福学术使命提供资源。财务主管和特定的委托人是唯一被授权为了大学利益而在银行开设账户的个人。"

(2)《南加州大学章程》规定:"大学财务主管可保管本法人的所有有价证券、其他财产和其他珍贵文件,但在董事会、执行委员会、财务委员会或者投资委员会批准之下,可将上述财产和文件放入一个保管账户。按照章程相关规定经投资委员会或财务委员会批准,他/她可投资、再投资或出售组织资产。经董事会要求,他/她应作保证实已忠实地履行职责。本校财务主管可间或任命副财务主管或助理财务主管,副财务主管和助理财务主管不是本法人的官员。副财务主管和助理财务主管直接对财务主管负责并履行财务主管分配的职责。"

二、我国港澳台地区大学章程中财经条款的主要内容选摘

本部分从网上搜集了"中央大学"、台湾"清华大学"、台湾大学、"政治大学"、台湾"交通大学"、台湾"中山大学"、香港大学、香港科技大学、香港中文大学、香港理工大学、香港城市大学、澳门大学等 12 所高校的大学章程,其中选摘了部分财经条款。

(一) 董事会在大学财务治理中占主体地位

2006 年 3 月 3 日,《香港大学规程》第二十章规定校董会的权力之一是"审议周年账目及核准司库做出的任何评注"。第十八章规定司库是校董会组成人士之一。

2009 年 9 月 1 日修订的《香港科技大学条例》第 8 条规定:"校董会是大学的最高管治机构,可行使本条例赋予大学的任何权力,亦须执行本条例委予大学的所有职责,但本条例赋予其他权力机关或其他人的权力及委予其他权力机关或其他人的职责则除外。"第 9 条规定:大学司库为校董会的成员之一。

2008 年 1 月 2 日,《香港中文大学条例》第 7 条规定了大学校董会的权力及职责:"在符合本条例及规程的规定下,大学校董会:(a) 是香港中文大学的管治及行政机构;(b) 须管理和控制香港中文大学的事务、方针及职能;(c) 须控制和管理香港中文大学的财产及财政事务,包括各成员书院的财产,但大学校董会就任何原有书院或逸夫书院的任何不动产行使上述控制及管理权时,如没有有关书院的书院校董会事先同意,则不得更改任何该项财产的用途;(d) 须为香港中文大学做出其认为适当的委任或聘任;(e) 有权批准香港中文大学就认可课程所收取的费用;(f) 须就香港中文大学印章的保管和使用做出规定。"《条例》还规定:"大学校董会的职责为:(a) 委任银行、核数师及大学校董会认为宜于委任的其他代理人;(b) 委任行政与计划委员会成员;(c) 就香港中文大学的一切收入及支出以及香港中文大学的资产及债务,安排备存妥善的账簿,使该等账簿真实而公正地反映香港中文大学的财务往来情况及财务状况;(d)安排于大学校董会所决定的每个财政年度完结后 6 个月内审计香港中文大学的账目;(e) 提供香港中文大学需要的建筑物、图书馆、实验室、处所、家具、仪器及其他设备。"同时,司库又是大学的高管人员。《香港中文大学条例》第 5 条还规定:"香港中文大学的主管人员指监督、副监督、校长、副校

长、司库、各原有书院的及逸夫书院的院长、每一学院的院长、研究院院长、秘书长、教务长、图书馆馆长、财务长及其他借特别决议指定为主管人员的人士。……司库的委任方式及任期由规程订明，其职责为由大学校董会所决定者。”

1997年6月30日，《香港理工大学条例》第3条规定：“大学的主管人员为当时出任以下职位的人(此等职位现构成大学的主管职位)：(a)大学校监；(b)校董会主席；(c)校董会副主席；(d)大学司库；(e)大学校长；(f)大学常务副校长。”第6条规定：“校董会的权力。校董会为大学的管治及行政机构，有权为更有效地贯彻大学的宗旨而做出一切所需或所附带的事情，或做出一切有助于贯彻其宗旨的事情，并在不损害前述条文的一般性的原则下：(a)取得、承租、购买、持有和享有任何财产，以及出售、出租或以其他方式处置该等财产；(b)订立任何合约；(c)建造、提供、装备、保养、维修与规管建筑物、处所、家具及设备以及为进行大学的工作所需的一切其他设施；(d)为成员、大学雇用的人员及学生提供合适的适宜设备；(e)为大学雇用的人员及学生提供住宿安排以及社交和体育设施；(f)批准大学动用资金以贯彻其宗旨；(g)以其认为需要或合宜的方式及规模，将大学的资金用于投资；(h)以其认为合宜的方式，并以其认为合宜的保证或条款(包括将大学的财产按揭)借入款项；(i)为执行其职能而以其认为适当的条件申请任何资助；(j)雇用专业人士或专家就其在本条例下的任何职能所引起或与该等职能相关的事宜向其提供意见；(k)接受与征求馈赠，以及担任以信托方式归属大学的款项及其他财产的受托人；(l)颁授学位及其他学术名衔，包括荣誉学位及荣誉名衔；(m)与他人订立合约、成立合伙或其他形式的联营关系；(n)取得、持有与处置在其他法人团体内的权益，以及参与成立法人团体；(o)提供咨询、顾问、研究及其他有关服务，不论是否为了牟利”。

1997年6月30日，《香港城市大学条例》第9条在“校董会”中规定：“(1) 现设立校董会，名为香港城市大学校董会。(2) 校董会是大学的最高管治机构。(3) 校董会可行使大学的权力，亦须执行大学的职责。”第10条规定：“司库是校董会的成员”之一。第7条在“大学的权力”中关于财经的内容规定：“(a)取得、承租、购买、持有和享有任何种类的财产，以及出售、出租或以其他方式处置或处理该等财产，其方式及范围为假使该等财产是由一名自然人按与大学相同的权益持有时法律所容许者”；“(c)建造、提供、装备、保养、改动、移去、拆卸、更换、扩大、改善、维修与规管建筑物、处所、家具及设备，以及所有其他财产”；“(g)收取与动用资金”；“(h)以其认为需要或合宜的方式及规模，将大学的资金用于投资”；“(i)以其认为合宜的方式，并以其认为合宜的保证或条款借入款项”；“(j)为执行其职能而以其认为适当的条件申请与接受任何资助”；“(l)就大学所提供的科目、设施及其他服务厘定与收取费用，并指明使用该等设施及服务的条件”；“(m)在一般情况下或就任何个别情况或类别的情况减收、免收或退还上述所厘定的费用”；“(n)不论是以信托方式或其他方式，以大学名义接受与征求馈赠，以及担任以信托方式归属大学的款项或其他财产的受托人”；“(q)以补助或贷款方式提供经济援助以贯彻其宗旨”；“(t)提供咨询、顾问、研究及其他有关服务，不论是否为了牟利。”

2016年2月27日，《澳门大学法律制度》第四条规定：“澳门大学设置校监、校董会、校长及其他机关。澳门大学校监为澳门特别行政区行政长官。”2006年4月19日，《澳门大学章程》第十一条规定：“澳大的机关为：(1) 校监；(2) 大学议庭；(3) 校董会；(4) 校长；(5) 教务委员会；(6) 财务管理委员会。”在第三节“大学议庭”中规定：“大学议庭为澳大咨询机关。学议庭的组成如下：(1) 校监，担任主席；(2) 由行政长官从社会贤达中委任的人士不少于二十名，任期最长为三年，可连任；(3) 校董会主席、第一副主席、第二副主席及司库，任期与其作为校董会成员的任期相合；(4) 校长；(5) 各副校长；(6) 澳门大学校友会会员大会主席；(7) 澳门大学学生会会员大会主席。”第十七条规定：“校董会为澳大最高合议机关，负责制定澳大的发展方针及监察其执行，并促进澳大与社会的联系。校董会的组成如下：(1) 主席；(2) 第一副主席及第二副主席；(3) 司库；(4) 校长；(5) 各副校长；(6) 学院院长两名，由各学院院长轮流担任，任期与其作为院长的定期委任任期相合，但以三年为限；出任的先后次序由各院长共同决定；(7) 教务委员会成员两名，由该机关全体会议选出，任期与其作为教务委员会成员的任期相合，但以两年为限，并可连任；(8) 社会文化司司长代表；(9) 高等教育辅助办公室主任；(10) 教育暨青年局局长；(11) 财政局局长；(12) 被公认为有成就的人士十四至十六名，由行政长官从澳门特别行政区以内或以外的科学、经济、社会事务、教育及文化领域的人士中委任，任期最长为三年，并可连任；(13) 澳门大学校友会理事会理事长；(14) 澳门大学学生会干事会会长。”第十八条规定：“校董会的主要职权如下：(1) 通过澳大的总体方针及发展计划；(2) 通过澳大年度及多年度的工作计划及财政计划；(3) 审议澳大的本身预算案，并呈交行政长官核准；(4) 审议澳大的补充预算案，并呈交行政长官核准；(5) 通过澳大的修改预算案，并公布于《澳门特别行政区公报》；(6) 通过银行账户的开立；(7) 审议管理账目，并呈交行政长官核准；(8) 审议澳大的工作报告及财务报告，并呈交行政长官核准；(9) 听取校长及教务委员会意见后，制定《澳门大学章程》及《澳门大学人员通则》的修改议案，并呈交行政长官核准；(10) 制定澳大人员报酬制度的修改议案，并呈交行政长官核准；(11) 通过澳大各项规章，并予以公布；(12) 向校监呈交澳大标志的修改建议；(13) 向校监推荐颁授荣誉学位及其他荣誉名衔名单；(14) 建议校董会成员的人选；(15) 招聘及建议校长候选人；(16) 在校长建议下任免副校长；(17) 在校长建议下任免学院院长；(18) 按照澳大长远发展需要及财政可行性，通过新课程的设立，并将课程的学术与教学编排及学习计划以通告形式公布于《澳门特别行政区公报》；(19) 按照澳大长远发展需要及财政可行性，通过新基本学术单位及新独立学术单位的设立;(20) 检讨及厘定澳大各项费用及手续费;(21) 接受给予澳大的各项津贴、捐赠、遗产及遗赠;(22) 批准有关动产及不动产的租赁或其他权利的设定,以及闲置或不适合的财产的转让或销毁;(23) 对按明文规定向澳大提起的上诉做出决定。"

(二) 校务委员会的权力

《香港大学规程》第二十二章"校务委员会的权力"规定:"(1) 校务委员会可行使大学的所有权力,及须执行大学的所有职责,但借本条例或规程而归于或委予大学其他权力单位或任何主管人员的权力及职责除外。(2) 尽管归于校务委员会的权力具概括性,但在符合本条例及规程的规定下,校务委员会有权:(a) 管理大学的财政、账目、投资、财产、校务及所有事务,并为此而委任银行家、大律师、律师及其认为合宜的人员或代理人;(b) 将包括任何未拨用收入的大学款项,投资于其认为适当的股额、基金、全部缴足款项的股份或证券、按揭、债权证或债权股证,不论该等投资是否规管信托款项投资的一般法律所授权者,亦不论其是否在香港之内所做的投资,而校务委员会亦有权以该等大学款项在香港购买批租土地财产作为投资,并以出售后再投资或以其他方式更改任何投资;(c) 代表大学购买、批予、出售、转易、转让、放弃、交出与交换土地财产和非土地财产,将土地财产和非土地财产予以分划、按揭、批租与再转让,以及接受他人将土地财产及非土地财产租赁予大学;(d) 提供大学需用的建筑物、处所、家具、仪器及其他工具;(e) 代表大学借款,并为此而将大学的所有或部分财产(不论是土地财产或是非土地财产)按揭,或以该等土地财产或非土地财产或其他财产提供其认为适当的其他抵押:但大学所借及所欠的款项在任何时间不得超过＄100 000 的总额,但如经校务委员会在会议上通过决议认许,并于该次会议举行最少 7 天后特别为此而召开的校务委员会会议上,得到四分之三出席会议并在席上投票的校务委员投票确认,则不在此限。

(三) 会计室主任是校务会议成员

2009 年 12 月 7 日,台湾"政治大学"组织规程核定:"本校设校务会议,议决校务重大事项,以校长、副校长二人、教师代表、学术与政主管、研究人员代表、职员代表、学生代表及其他有关人员组织之。校务会议代表总人定为一百二十人。教师代表不得少于会议成员总额的二分之一,教师代表中具备教授及副教授资格者,不得少于教师代表之三分之二。研究人员代表四人,职员代表四人,学生代表十二人,军护人员代表一人,技工工友代表一人。第一项所称'学术与政主管'指教务长、学务长、总务长、研发长、国合长、主任秘书、各学院院长、图书长、公共政及企业管教育中心主任、电子计算机中心主任、国际关系研究中心主任、选举研究中心主任、体育室主任、人事室主任、会计主任。本会议视实际需要,邀请有关人员列席。"

2003 年 4 月 11 日,台湾"交通大学"组织规程核定:"校务会议之地位:本大学设校务会议,为校务最高决策会议,议决校务重大事项。"校务会议之组成:校务会议由校长、副校长、教务长、学生事务长、总务长、研发长、各学院院长、各学系系主任、各研究所所长、各教学中心主任、体育室主任、军训室主任、图书馆馆长、主任秘书、人事室主任、会计主任、计算器与网络中心主任及经台湾教育主管部门核定之各中心主任等当然代表,及教师(含研究人员及专业技术人员)代表、职员(含技术人员、助教及工友)代表、学生代表等票选代表组成之。必要时由校长指定列席人员。校务会议之执行协调单位为秘书室,执行秘书为主任秘书。

2006 年 3 月 3 日,《香港大学规程》第二十一章“校务委员会”规定:“校务委员会由以下人士组成:(a) 获校监委任的 7 名不属于大学学生或雇员的人士,而其中 1 人须获校监委任为主席;(b) 获校务委员会委任的 6 名不属于大学学生或雇员的人士;(c) 由校董会根据规程选出的 2 名不属于大学学生或雇员的人士;(d) 校长;(e) 司库;(f) 按照规程选出的 4 名全职教师;(g) 按照规程选出的 1 名不属于教师的全职大学雇员;(h) 按照规程选出的 1 名全日制本科生;及(i) 按照规程选出的 1 名全日制研究生。”第九章“司库”规定:“(1) 司库由校务委员会聘任,任期为 3 年,并有资格再获聘任。……如此获委任的人,可按校务委员会的决定而行使司库的所有或任何权力及执行司库的所有或任何职责,并享有校务委员会所决定的司库的特权;(2) 司库可借致予校务委员会的书面通知而辞职。”因此,司库是大学财经方面的高级管理人员。

《香港中文大学条例》中规定:“大学校董会设有行政与计划委员会”,财务长是该委员会组成人士之一,其职责之一是“协助校长审核与统筹香港中文大学经常及资本开支的年度预算及补充预算,然后转交大学校董会的财务委员会”。在《条例》中规定:“财务长:(a) 由大学校董会根据叙聘咨询委员会的推荐而聘任;(b) 负责备存香港中文大学的所有账目及大学校董会所决定备存的清单;(c) 须履行大学校董会所决定的其他与香港中文大学财政及其他事宜有关的职责;(d) 为财务委员会秘书。”

《澳门大学章程》在第七节“财务管理委员会”中,第三十八条规定:“财务管理委员会为澳大的财务执行机关。财务管理委员会的组成如下:(1) 校长,担任主席;(2) 各副校长。财务管理委员会秘书由财务部主管担任,无投票权。”第三十九条规定:“财务管理委员会的责任是确保澳大的财政及财产的管理,主要职权如下:(1) 设立及保持会计监管制度,使澳大的财政及财产状况能适时得到准确完整的反映;(2) 制定澳大年度及多年度的财政计划,并呈交校董会审议及通过;(3) 制定澳大的本身预算案及补充预算案,并呈交校董会审议;(4) 制定澳大的修改预算案,并呈交校董会通过;(5) 制定财务报告及管理账目,并呈交校董会审议;(6) 向财政局申请登录在澳门特别行政区财政预算的拨款金额;(7) 收取澳大本身的收入及在具公共库房出纳职能的代理银行存取该等款项;(8) 按适用的法律规定核准开支;(9) 核准以有偿或无偿的方式使用澳大的设施及设备;(10) 按职权依法签署财务、买卖及租赁协议;(11) 按校董会授予的职权并根据法律规定,接受给予澳大的各项津贴、捐赠、遗产及遗赠;(12) 按校董会授予的职权依法批准动产及不动产的租赁或其他权利的设定,以及闲置或不适合的财产的转让或销毁;(13) 管理澳大的财产且监督其运用及保养,并确保动产及不动产的列表及其登记数据的编制及经常更新;(14) 定期审查备用资金及存款,查核会计及出纳的账目纪录,审核财政支出。"第四十条在"运作"中规定:"(1) 财务管理委员会每周举行平常会议一次,决议必须在全部成员或其代任人出席的情况下,以其成员的大多数票通过,若票数相等时,主席可做最后决定;有需要时,可举行特别会议。(2) 听取校董会意见后,财务管理委员会可将部分职权授予其中一名或多名成员、学术单位主管、学术辅助部门主管、行政部门主管或同等职位的人士。(3) 学术单位主管、学术辅助部门主管、行政部门主管或澳大机关的其他成员或职位据位人均可被邀列席财务管理委员会会议,但无投票权。"

(四) 会计室主任是校行政会议成员

2012 年 12 月 7 日,中国台湾"中央大学"组织规程核定:"本大学设行政会议,由校长、副校长、教务长、学务长、总务长、研发长、国际长、各学院院长、总教学中心中心主任、校属研究中心中心主任代表一人、联合研究中心中心主任、图书馆馆长、电算中心中心主任、主任秘书、人事室主任、会计主任组成之。校长为主席,讨论本大学重要行政事项。行政会议之决议应分送各单位公告周知。"

2005 年 12 月 7 日,台湾"清华大学"组织规程核定:"本大学设行政会议,由校长、副校长、教务长、学务长、总务长、研发长、主任秘书、图书馆馆长、计通中心主任、人事室主任、会计室会计主任、各学院院长、共教会主任委员、各学系主任、各研究所所长、各学位学程主任、各研究中心主任及共教会所属各单位主任组成,校长为主席,议决本校重要行政事项。"

2012 年 12 月 7 日,台湾大学组织规程核定:"本大学设行政会议,由校长、副校长、教务长、学生事务长、总务长、研发长、国际事务长、财务长、学院院长、进修推广部主任、图书馆馆长、秘书室主任秘书、人事室主任、会计室会计主任、计算机及资讯网络中心主任组成之。校长为主席,议决本规程所定事项及其他重要行政事项。校长于必要时指定其他单位主管、学生代表或相关人员列席会议。"

台湾"交通大学"组织规程第三十一条规定:"行政会议:本大学设行政会议,讨论及议决校务行政策略及重要事项。由校长、副校长、教务长、学务长、总务长、研发长、主任秘书、各学院院长、电子信息研究中心主任、图书馆馆长、计算器与网络中心主任、会计主任、人事室主任组成之,以校长为主席,学生联合会代表一人列席,必要时由校长指定其他列席人员。行政会议之执行协调单位为秘书室,执行秘书为主任秘书。行政会议下设财务委员会、宣传委员会、建筑空间规划委员会及两性平等教育委员会,必要时设其他委员会或项目小组,处理行政会议交议及其他相关事项。"

台湾“中山大学”组织规程第四十条规定：“本大学设总务会议，由总务长、主计室主任、各学院、通识教育中心教师及研究人员各一人，职员、驻卫警、技工工友代表各一人及推选之学生代表若干人组成之。以总务长为主席，研讨有关总务的重要事项。”

（五）校务监督暨经费稽核委员会职责

台湾“清华大学”组织规程第十二条规定：“校务会议设校务发展委员会、校务监督暨经费稽核委员会及议事小组，处理各有关事项，处理经过及结果应于下次校务会议中提出报告。经由选举产生之委员会委员及议事小组成员之任期以配合其校务会议代表之任期为原则，每任至多两年，连选可连任。校务会议因需要组成项目小组，处理指定之项目事务。校务会议各委员会及小组之运作细则，由该委员会或小组分别拟订，经校务会议通过后实施。”第十五条规定：“校务监督暨经费稽核委员会掌理下列事项：(1) 校务会议决议执行之监督；(2) 校务基金收支、保管及运用之稽核；(3) 校长拟续任时，依校务会议决议之方式，办理对校长政绩之意见征询；(4) 校长新任、续任及去职案同意投票之办理；(5) 学校重要选举、投票程序之监督或公证；(6) 学校其他重要行政措施之查询及建议。本委员会置委员七至十一人，由校务会议选出，委员互选一人为主席。学校各级主管(含副主管)、掌理总务及会计之相关人员、校务发展委员会委员及校务基金管理委员会委员不得担任本委员会之委员。”

台湾“政治大学”组织规程第三十七条规定：“校务会议设下列各种委员会，处理校务会议交议事项：(1) 程序与法规委员会；(2) 校务发展委员会；(3) 校务考核委员会；(4) 经费稽核委员会；(5) 校园规划及兴建委员会。校务会议于必要时设其他委员会或项目小组。各委员会之设置办法经校务会议通过，报教育部核定后实施。”

台湾“交通大学”组织规程第二十八条规定校务会议常设委员会之职掌。校务会议设下列常设委员会：(1) 校务规划委员会。规划校务发展事宜及审核预算之编列及执行。(2) 法规委员会。拟订全校性法规。(3) 经费稽核委员会。稽核各项经费之运用情形。(4) 举荐委员会。举荐各种荣誉及奖励之候选人。各常设委员会应将其处理及决议事项向校务会议提出报告或提案。第二十九条规定：“经费稽核委员会：由校务会议代表互选九人为委员组成之，任期一年，连选可连任一次。置召集委员一人，由委员互选。”

2007 年 7 月 9 日，台湾“中山大学”组织规程核定校务会议审议下列事项：(1) 校务发展计划及预算。(2) 组织规程及各种重要章则；(3) 学院、通识教育中心、学系、研究所、通识教育中心各组及附设机构之设立、变更与停办；(4) 教务、学生事务、总务、研究及其他校内重要事项；(5) 有关教学评鉴办法之研议；(6) 校务会议所设委员会或项目小组决议事项；(7) 会议提案及校长提议事项。校务会议下设下列委员会:(1) 校务研究发展及考核委员会:① 研议校务发展计划及预算;② 研议学术单位之增设、变更与裁并;③ 研议教学、学生辅导、学术研究、推广教育与社会服务之政策与措施;④ 考核校务会议决议案的执行情形;⑤ 其他校务会议交办的事项。(2) 经费稽核委员会。为监督有关校务基金之收支、保管及运用,其任务如下:① 学校教学、研究及推广计划财务运用之事后稽核;② 校区建筑与工程兴建计划、发包及执行等经费运用之事后稽核;③ 各项经费收支及现金出纳处理情形之事后稽核;④ 校务基金年度决算之稽核;⑤ 学校资产增置、扩充及改良等事项之事后稽核;⑥ 校务基金经济有效利用及开源节流措施之事后稽核;⑦ 其他经费之事后稽核事项。前款稽核事项,以该年度内发生与经费运用有关事项为限。但该事项涉及以前年度者,不在此限。

《澳门大学章程》规定常设委员会有:荣誉学位及荣誉名衔委员会、监察委员会、校务协调委员会、教务委员会、财务管理委员会。第二十四条规定:"监察委员会的组成如下:(1) 校董会主席;(2) 校董会司库;(3) 财政局局长。监察委员会秘书由校董会秘书长担任,无投票权;秘书职务所需的支持由行政部门负责。"第二十五条规定:"监察委员会的职权如下:(1) 跟进澳大的运作,并监察适用的法律及规章的遵守情况;(2) 审查会计账目及跟进预算的执行,并取得认为对跟进管理工作属必要的数据;(3) 审查及核对簿册、记录及文件,并在认为需要或适宜时,核查任何种类的有价物;(4) 就校董会向其提出的所有事宜发表意见;(5) 就最后账目以及年度工作报告及财务报告提供意见;(6) 编制其活动的年度报告,并将之送交校董会。"

(六) 会计机构设置

台湾"中央大学"组织规程第二十三条规定本大学设下列行政单位:"主计室:置主任一人,分组办事,各组置组长 1 人,职员若干人,依法办理岁计、会计,并兼办统计事项。"

台湾"清华大学"组织规程第六条规定本大学设下列一级行政单位:"会计室:置会计主任一人,依法办理岁计、会计及统计事项,其分组及人员之设置依有关规定办理,所需工作人员,就本校员额内派充之。"

台湾大学组织规程规定:"第二十一条　本大学设置下列行政单位、主管:……财务管理处:置财务长一人,掌理财务规划、资金调度、募款及新事业开发、管理、投资等事项。……会计室:置会计主任一人,依法办理岁计、会计及统计事项。"

台湾"政治大学"组织规程第六条规定本校设下列各单位:"会计室:依法办理岁计、会计,并兼办统计事项。分设第一组、第二组、第三组。国际关系研究中心设会计组。"第二十六条规定:"本校会计室置会计主任一人,专门委员一人。各组置组长一人,专员、组员、办事员、书记若干人。其设置均依有关法办。现职雇员未具任用资格者,需占用书记职缺继续雇用至职为止。"第三十条规定:"本校各级职员,由校长依法任用之，会计、人事人员之任用，各依有关规定办。”

台湾“交通大学”组织规程第七条规定：“处、馆、室及中心之设立：本大学为支持教学与研究之目标，设下列各处、馆、室及中心。会计室：办理岁计、会计及统计事务。”第十七条规定：“会计室：会计室置会计主任、组长、专员、组员，下设三组，依法令办理相关业务。”

台湾“中山大学”组织规程第十七条规定本大学设下列处、室及中心：“主计室：依法办理岁计、会计、统计事项，其分组依主计相关法律规定设置。”第三十一条规定：“主计室置主任一人，组长、专员、组员、办事员若干人，依法办理岁计、会计、统计事项。”

《香港大学规程》第十三章规定：“财务处长为主管人员，并且：由校务委员会聘任；须就大学一切账目的备存事宜向校务委员会负责；须就履行校长所决定的其他与大学财政有关职责，向校长负责。”

（七）财务程序

《香港大学规程》第二十四章“财务程序”规定：“(1) 财政年度由校务委员会订定；(2) 校务委员会须委任财务委员会，并可委任校务委员以外的人为该会的成员；凡属校务委员会管辖范围内而又在财政方面有重大关联的事宜，均须提交财务委员会处理；(3) 财务委员会须于财政年度开始前，向校务委员会提交大学的收支预算草案，而该预算经校务委员会做出其认为适当的修订后，须于该财政年度开始前由校务委员会予以批准；(4) 上述预算须列明有关年度大学的收支及预算的盈亏。预算开支须在款、项及(如适用的话)分项之下列明。校务委员会须就拟备该等预算及在该等预算范围内控制开支的事宜订立规例。校务委员会可于财政年度内修改该等预算，并可订立有关修订开支预算的规例，而该等规例可将上述修改开支预算的权力转授的事宜订定条文，但该项转授不得扩及更改总预算开支的权力；(5) 于财政年度终结后，须在切实可行范围内尽快将资产负债表、收支表及补充附表呈交核数师；(6) 经审计的账目须连同核数师就该等账目所做出的评注呈交校务委员会；(7) 本则规程并不撤回校务委员会在任何时间将盈余或预期盈余投资的权力；(8) 经审计的账目须于校董会周年会议上呈交校董会。”

《香港中文大学条例》在“财务程序”中规定：“(1) 财政年度由大学校董会订定。(2) 大学校董会设有一个名为财务委员会的委员会，该委员会由下列人士组成：司库，为该委员会的主席；校长或其代表；各原有书院的及逸夫书院的院长；大学校董会所委任的其他人士 3 名，其中包括并非大学校董的人士。凡属大学校董会管辖范围内而又在财务方面有重大关联的事宜，均须提交财务委员会处理。(3) 财务委员会须于财政年度开始前，向大学校董会呈交香港中文大学的收支预算草案，而该等预算经做出大学校董会认为适合的修订后，须于财政年度开始前由大学校董会予以批准。(4) 上述预算须列明有关年度香港中文大学的收支及预算的盈余或赤字。预算开支须在款、项及(如适用的话)分项之下列明。款与款或项与项之间的任何调拨，须经财务委员会认许。分项之间的任何调拨，则须经校长及司库认许，但如分项之间的调拨仅涉及某一原有书院或逸夫书院，则须经有关书院院长的认许，但该等调拨须符合财务委员会所发出的规则及指示。(5) 财务委员会须于大学校董会决定的时间就款与款或项与项之间的任何调拨向大学校董会做出报告。大学校董会可于有关财政年度内调整该等预算。(6) 资产负债表、收支表及补充附表须于财政年度终结后，在切实可行的范围内尽快送交核数师。(7) 经审计的账目须连同核数师就该等账目所做的评注呈交大学校董会。(8) 本则规程并不剥夺大学校董会随时可将盈余或预期盈余投资的权力。

(八) 其他

1. 校务基金管理委员会职责

台湾"清华大学"组织规程第十八条规定："本大学设校务基金管理委员会，掌理有关校务基金收支、保管及运用事项。置委员七至十五人，其设置要点另订之，经校务会议通过后实施。"

2. 财政报表及报告

《香港科技大学条例》第十八条规定："(1) 大学须就所有收支备存妥善的账目及记录。(2) 在每个财政年度终结后，大学须安排拟备上个财政年度的大学收支结算表，以及在该财政年度最后一日的大学资产负债表。(3) 大学可不定期订定某段期间为其财政年度。"在"报表及报告须呈交监督"中规定："校董会须在每个财政年度终结后 6 个月内，向监督呈交一份大学校务报告，以及呈交拟备的各报表的副本及做出的报告的副本。"

3. 收费、预算、账目和报表

《香港理工大学条例》第 12 条在"费用及收费"中规定："校董会：(1) 须就大学所提供的课程、设施及其他服务厘定费用及收费；(2) 可在一般情况下或就任何个别情况或类别的情况减收、免收或退还上述所厘定的费用及收费。"在第 13 条"预算及财政年度"中规定："(1) 校董会须在每个财政年度于行政长官指定的某个日期前，通过行政长官指定的人向行政长官呈交一份大学下个财政年度的建议活动计划书及收支预算。(2) 校董会可在行政长官事先批准下，不时订定某段期间为大学的财政年度。"第 14 条在"账目"中规定："(1) 校董会须就所有收支备存妥善的账目及记录。(2) 在每个财政年度终结后，校董会须安排拟备上个财政年度的大学收支结算表，以及在该财政年度最后一日的大学资产负债表。"第 16 条在"报表及报告须呈交校监"中规定："校董会须在每个财政年度终结后 6 个月内，或在校监就个别年度所容许的最后日期之前，向校监呈交一份大学校务报告，以及呈交拟备的各报表的副本及做出的报告的副本。"

4. 账目和监督报告

《香港城市大学条例》第 19 条在“账目”中规定：“(1) 大学须就所有收支备存妥善的账目及记录。(2) 在每个财政年度终结后，大学须拟备该财政年度的大学收支结算表，以及在该财政年度最后一日的大学资产负债表。(3) 大学可订定某段期间为其财政年度。”第 21 条在“监督报告”中规定：“大学须在每个财政年度终结后 6 个月内，或在监督就个别年度所容许的较长期间终结之前，向监督呈交：一份大学校务报告；拟备的各财政报表的副本；一份做出的核数师报告的副本。”

5. 财政及财产自主权

《澳门大学法律制度》第七条第四款规定：“澳门大学享有财政及财产自主权，按其所订定的标准，转移由政府所批予的预算中不同项目及章节中的款项；根据适用法例处置其资产。”《澳门大学章程》在第八条“行政、财政及财产自主权”中规定：“(1) 澳大享有行政、财政及财产自主权；(2) 在行政自主权方面，澳大的领导机关一般有权做出行政行为，如行政行为损害了相对人在法律上应受保护的权益时，则该相对人可就该行政行为直接提起司法申诉；(3) 在财政自主权方面，澳大可按其所订定的标准，转移由政府所批予的预算中不同项目及章节中的款项；(4) 在财产自主权方面，澳大拥有由其资产、权利及义务所组成的本身财产，亦可管理为实现其宗旨而获给予的属澳门特别行政区财产的资产。”

《澳门大学法律制度》第九条“财政收入”规定：“澳门大学的财政收入为：(1) 政府给予的拨款；(2) 自有财产或享有收益权财产的收入；(3) 学费收入；(4) 提供服务或出售出版物的收入；(5) 津贴、补贴、共同分享、捐赠、遗产及遗赠；(6) 转让本身资产的所得；(7) 储蓄利息；(8) 各年度滚存结余；(9) 费用、手续费及罚款；(10) 因进行活动而取得的，或按法律、合同或司法裁判而应该取得的其他收入。”

《澳门大学章程》第五章为“财政及财产的管理”，在第四十五条“管理模式”中规定：“澳大的财政及财产管理须严格遵循其管理原则，并采用下列模式：(1) 年度及多年度的工作计划及财政计划；(2) 年度预算；(3) 最后账目及年度财务报告。”在第四十六条“预算”中规定：“(1) 澳大的本身预算案通过行政长官批示公布于《澳门特别行政区公报》。(2) 澳大拨款款项的转移必须取决于校董会的通过。”在第四十七条“整体款项”中规定：“校董会主席每年将拟登录于澳大本身预算内用作支付其办公室负担的整体款项通知校长。上款所指的整体款项，须经按经济分类的适当项目预先分配后方可使用。”在第四十九条“开支”中规定：“澳大的开支为：(1) 与其运作有关的开支，尤其在人员、资产及劳务的取得、转移、其他经常开支及资本开支方面的负担；(2) 履行赋予或将赋予的职责引致的其他开支；(3) 法律规定的其他开支。”在第五十条“开支的做出”中规定：“(1) 在做出开支方面，财务管理委员会拥有由法律赋予自治机关及基金会的行政管理委员会的本身职权，以及由行政长官批示授予的职权。(2) 为使用根据第四十七条规定而给予的整体款项来做出开支,财务管理委员会在其本身职权范围内将有关职权授予校董会主席。(3) 为上款的效力,澳大以内部规章订立日常管理行为的类别。"在第五十一条"财产"中规定:"澳大的财产是由履行其职责时所收到或取得的所有资产、权利及义务所组成的,澳大亦可管理为实现其宗旨而获给予的属澳门特别行政区财产的资产。"在第五十二条"特别制度"中规定:"在第 1/2006 号法律第七条第四款赋予的财政及财产自主权方面,本章程的规定对于自治机关及基金会的财政制度而言属特别制度。"

三、境外大学章程中财经条款的启示

(一) 境外大学章程中财经条款与我国大陆高校的主要区别

(1) 在大学财务治理中的"董事会""摄政院"居于主体地位。

常设委员会主要有财务委员会和审计委员会。美国高校设在董事会之下,而英国高校设在校务理事会之下。

香港校董会是大学的最高管治机构,司库在校董会中居重要地位。

(2) 校长在理财中权力很大,财务副校长地位很高。例如,斯坦福大学商业事务兼财务总监的副校长管理财政政策和制度、财务控制、内部审计、科研管理、风险管理、公共安全、信息技术系统和服务、人力资源、债券持有人关系和商业发展;密歇根大学常务副校长兼首席财务官分管的业务较宽,如会计、财务、资产、采购等。慕尼黑路德维希——马克西米利安大学副校长中有一位属于不从事学术活动的学校职员,全职负责财政及人事管理。

(3) 普遍设财务委员会和审计委员会(台澳称"经费稽核委员会"或"监察委员会"),我国大陆高校基本未设这两个委员会,且职务交叉。如耶鲁大学财政与商业运营副校长担任审计委员会的秘书长,教务长担任财政委员会的秘书长。

(4) 财务办公室职责的差别。如斯坦福大学财务办公室职责:① 促进大学的学术健康;② 通过提供财务信息和咨询来支持决策;③ 使各种资金提供者(例如政府机构、捐赠者、学生以及债券持有人)得以安心地为支持斯坦福学术使命提供资源。

(5) 财务长和会计室会计主任地位较高。如台湾大学的财务长和会计室会计主任是行政会议的成员,却不是校务会议的成员;台湾"政治大学"的会计主任是校务会议的成员,却不是行政会议的成员;台湾"交通大学"的会计主任既是校务会议的成员,又是行政会议的成员。台湾"交通大学"在行政会议下设财务委员会,香港大学在校务委员会下设财务委员会。

(6) 重视内部审计。如香港的大学都有"核数师(审计官)"的规定。但斯坦福大学等大学财务副校长分管"内部审计",显然与内部控制的原则相悖。

(二) 在大学章程中重视内部控制的“授权批准”

“授权批准”是内部控制的主要方法。但是,我国大陆高校无论在“大学章程”中,还是在“大学内部控制方案”或“大学内部控制流程”中都忽略了“授权批准”的具体规定。

在《斯坦福大学行政管理指南》中的每一章或每一条首先跳入眼帘的是“授权批准”。《斯坦福大学行政管理指南》中对大学领导层的“授权批准”做了详细的规定。

1. 校长的“授权批准”

(1) 校长“授权批准”的事项如表 3-1 所示。

表 3-1　在行政管理指南中校长“授权批准”的事项

序号	行政管理指南名称	授权批准	页码
1	大学行为准则	授权:本指南备忘录由校长批准	1
2	与第三方的学术及商业关系	授权:本指南备忘录由校长批准	22
3	斯坦福校名及商标所有权利使用	授权:本指南备忘录由校长批准	33
4	赔偿	授权:本指南备忘录由校长批准	40
5	一般人事政策	授权:本指南备忘录由校长批准	106
6	定义(包括:教授会,在特定政策中心和学会的学术职位、学术人员,其他教职头衔,博士后研究员和博士后助理研究员,访问学者,豁免员工,等)	授权:本指南备忘录由校长批准	108
7	性骚扰和双方意愿下的性关系或恋爱关系	授权:本指南备忘录由校长批准	113
8	性侵犯	授权:本指南备忘录由斯坦福大学校长授权批准,并经负责学生事务的副教务长、负责人力资源的副校长和教务长授权执行。此外,违反本政策的个体可能会受到刑事诉讼和民事诉讼	120
9	无烟环境	授权:本指南备忘录由校长批准	126
10	要求为残疾员工调整工作场所环境	授权:本指南备忘录由校长批准	127
11	文档所有权	授权:本指南备忘录由校长批准	139
12	学校资源	授权:本指南备忘录由校长批准	189
13	外国国民的签证及就业	授权:本指南备忘录由校长批准	191
14	通信目录和列表	授权:本指南备忘录由校长批准	194

（续表）

序号	《行政管理指南》名称	授权批准	页码
15	斯坦福大学身份证件	授权：本指南备忘录由校长批准	199
16	命名设施和地貌	授权：本指南备忘录由校长批准	314
17	发展政策	授权：本指南备忘录由校长批准	315
18	筹款审批及优先次序	授权：本指南备忘录由校长批准	317
19	赞助新项目	授权：本指南备忘录由校长批准	321
20	计算机及网络使用政策	授权：本指南备忘录由校长批准	367
21	信息安全	授权：本指南备忘录由校长批准	374
22	大学活动	授权：本指南备忘录由校长批准	399
23	会议	授权：本指南备忘录由校长批准	401

资料来源：上表“页码”引自张国有．大学章程：第三卷[M]．北京：北京大学出版社，2011．

(2) 校长“授权批准”哪些事项

从表3-1中可以看出，在行政管理指南中校长“授权批准”的事项主要有两类：

① 涉及全局性的重要事项。如：“大学行为准则”“发展政策”“一般人事政策”“学校资源”“斯坦福校名及商标所有权利使用”“斯坦福大学身份证件”“命名设施和地貌”“通信目录和列表”“文档所有权”“无烟环境”“赔偿”等。

② 例外事项。即单位的高级管理人员把例行的一般事务授权给下级管理人员处理，而自己只保留对例外事项的决策权。如：“与第三方的学术及商业关系”“性骚扰和双方意愿下的性关系或恋爱关系”“性侵犯”“要求为残疾员工调整工作场所环境”“外国国民的签证及就业”“赞助新项目”“筹款审批及优先次序”等。

2. 两个副校长“授权批准”的事项（见表3-2）

表3-2 在行政管理指南中两个副校长“授权批准”的事项

序号	行政管理指南名称	授权批准	页码
1	捐赠设备记录	授权：本指南备忘录由负责发展规划的副校长和商业事务兼财务总监的副校长批准	308
2	学校车辆	授权：本指南备忘录由负责商业事务兼财务总监的副校长和负责土地、建筑和房地产的副校长批准	356
3	邮件服务	授权：本指南备忘录由负责商业事务兼财务总监的副校长和负责土地、建筑和房地产的副校长批准	392

3. 教务长(或副教务长)和一个副校长“授权批准”的事项(见表3-3)

表3-3　在行政管理指南中教务长和一个副校长“授权批准”的事项

序号	行政管理指南名称	授权批准	页码
1	高尔夫球车类型车辆的购置及使用	授权:本指南备忘录由负责商业事务兼财务总监的副校长和负责土地与建筑的副教务长批准	215
2	基础设施费用	授权:本指南备忘录由教务长和负责商业事务兼财务总监的副校长批准	283
3	快速采购订单	授权:本指南备忘录由教务长和负责商业事务兼财务总监的副校长批准	344
4	采购卡	授权:本指南备忘录由教务长和负责商业事务兼财务总监的副校长批准	347
5	向斯坦福大学出借设备	授权:本指南备忘录由教务长和负责商业事务兼财务总监的副校长批准	350
6	学费减免	授权:本指南备忘录由负责学生事务的副教务长和负责人力资源的副校长批准	179

《斯坦福大学行政管理指南》指出:“教务长,作为主要的学术及预算官员,管理学术规划(学校及其他独立单位的教学和研究)和支持学术规划的大学服务(学生事务、图书馆、信息资源和体制规划)。当无人或无法行使校长职责时,教务长应是大学代理校长。”由此可见,教务长拥有很大的权力。

4. 教务长(或副教务长)“授权批准”的事项(见表3-4)

表3-4　在行政管理指南中教务长(或副教务长)“授权批准”的事项

序号	行政管理指南名称	授权批准	页码
1	大学住房方案	授权:本指南备忘录由教务长批准	180
2	采购政策	授权:本指南备忘录由教务长批准	323
3	采购关系	授权:本指南备忘录由教务长批准	327
4	采购程序	授权:本指南备忘录由教务长批准	335
5	付款政策	授权:本指南备忘录由教务长批准	338
6	总括订购单概述	授权:本指南备忘录由教务长批准	340
7	总括订购单概述	授权:本指南备忘录由教务长批准	341
8	书籍、期刊和会费	授权:本指南备忘录由教务长批准	355
9	外部扶持行动	授权:本指南备忘录由教务长批准	360
10	基本工程项目	授权:本指南备忘录由教务长批准	403
11	本科生校园就业	授权:本指南备忘录由负责学生事务的副教务长批准	149

（续表）

序号	行政管理指南名称	授权批准	页码
12	研究生助教职位	授权:本指南备忘录由负责研究生教育的副教务长批准	151
13	卫生与安全服务	授权:本指南备忘录由负责科研的副教务长兼院长批准	161
14	紧急/意外事件处理程序	授权:本指南备忘录由负责科研的副教务长兼院长批准	162
15	查明和消除存在于工作场所的危险因素	授权:本指南备忘录由负责科研的副教务长兼院长批准	165
16	卫生与安全的培训与沟通	授权:本指南备忘录由负责科研的副教务长兼院长批准	166
17	卫生与安全的绩效标准与纪律	授权:本指南备忘录由负责科研的副教务长兼院长批准	168
18	体检	授权:本指南备忘录由负责科研的副教务长兼院长批准	172

5. 负责商业事务兼财务总监的副校长“授权批准”的事项（见表3-5）

（1）负责商业事务兼财务总监的副校长“授权批准”哪些行政管理指南

表3-5　在行政管理指南中负责商业事务兼财务总监的副校长“授权批准”的事项

序号	行政管理指南名称	授权批准	页码
1	财务违规行为	授权:本指南备忘录由负责商业事务兼财务总监的副校长批准	32
2	员工人事政策①	授权:该指南备忘录由负责商业事务兼财务总监的副校长批准	41
3	员工发展计划	授权:该指南备忘录由负责商业事务兼财务总监的副校长批准	86

① “员工人事政策”下面还有“政策授权”，包括：

a. 政策制定——员工政策由负责商业事务兼财务总监的副校长与其他副校长、副教务长及其他大学工作人员磋商后核准并认可。

b. 政策修订——有关政策改变的提案应被提交至负责人力资源的副校长，由其进行研究并提出建议。经核准的修订将在行政管理指南中发布，可在斯坦福通告中传达或者以书面通知的形式告知工作人员和管理人员。有关福利计划政策（如健康、人身保险、伤残和退休等）的修订将会在计划描述摘要中和个人规划手册中反映出来。

c. 政策解释——政策解释方面的问题应由员工关系代表大会负责。

d. 涉嫌政策违反——违反政策的控诉应以书面申诉方式提交至员工与管理服务中心主管。

（续表）

序号	行政管理指南名称	授权批准	页码
4	工作场所的暴力行为	授权:该指南备忘录由负责商业事务兼财务总监的副校长批准	139
5	州外员工	授权:该指南备忘录由负责商业事务兼财务总监的副校长批准	147
6	财产及责任保险	授权:本指南备忘录由负责商业事务兼财务总监的副校长批准	204
7	财产保护	授权:本指南备忘录由负责商业事务兼财务总监的副校长批准	210
8	车辆使用	授权:本指南备忘录由负责商业事务兼财务总监的副校长批准	212
9	有关大学资产的责任	授权:本指南备忘录由负责商业事务兼财务总监的副校长批准	219
10	大学基金	授权:本指南备忘录由负责商业事务兼财务总监的副校长批准	222
11	支出账户	授权:本指南备忘录由负责商业事务兼财务总监的副校长批准	225
12	财务记录的保留	授权:本指南备忘录由负责商业事务兼财务总监的副校长批准	235
13	支出政策	授权:本指南备忘录由负责商业事务兼财务总监的副校长批准	236
14	授权支出	授权:本指南备忘录由负责商业事务兼财务总监的副校长批准	244
15	预付开支	授权:本指南备忘录由负责商业事务兼财务总监的副校长批准	248
16	费用报销	授权:本指南备忘录由负责商业事务兼财务总监的副校长批准	249
17	非雇员薪水支付	授权:本指南备忘录由负责商业事务兼财务总监的副校长批准	252
18	小额现金基金	授权:本指南备忘录由负责商业事务兼财务总监的副校长批准	255
19	出差费用	授权:本指南备忘录由负责商业事务兼财务总监的副校长批准	260
20	教职员工搬迁	授权:本指南备忘录由负责商业事务兼财务总监的副校长批准	276

（续表）

序号	行政管理指南名称	授权批准	页码
21	备用基金投资、支付和缓冲政策	授权:本指南备忘录由负责商业事务兼财务总监的副校长批准	286
22	费用转移	授权:本指南备忘录由负责商业事务兼财务总监的副校长批准	289
23	分配和补偿	授权:本指南备忘录由负责商业事务兼财务总监的副校长批准	291
24	收入确认	授权:本指南备忘录由负责商业事务兼财务总监的副校长批准	295
25	融资采购	授权:本指南备忘录由负责商业事务兼财务总监的副校长批准	329
26	行政计算机系统	授权:本指南备忘录由负责商业事务兼财务总监的副校长批准	363
27	识别和认证系统	授权:本指南备忘录由负责商业事务兼财务总监的副校长批准	377
28	信息安全事故应对	授权:本指南备忘录由负责商业事务兼财务总监的副校长批准	383
29	移动设备及相关服务规定	授权:本指南备忘录由负责商业事务兼财务总监的副校长批准	396
30	信用卡接受及处理	授权:本指南备忘录由负责商业事务兼财务总监的副校长批准	408

(2) 负责商业事务兼财务总监的副校长“授权批准”哪些事项

① 在“组织结构图”中，校长下设 7 位副校长:(a) 负责商业事务兼财务总监的副校长;(b) 副校长和法律总顾问;(c) 负责发展规划的副校长;(d) 负责公共事务的副校长;(e) 负责斯坦福线性加速器中心的副校长;(f) 负责人力资源的副校长;(g) 负责土地、建筑和房地产的副校长。而负责商业事务兼财务总监的副校长排在第一位。

② 从表 3 - 4 中可以看出，在行政管理指南中负责商业事务兼财务总监的副校长“授权批准”的事项主要有两类:涉及“第三章财务”的事项;涉及“第三章财务”以外的事项。

③ 负责商业事务兼财务总监的副校长具有很大的权力，他(她)不仅拥有最多单独的“授权批准”(30 项)，而且超出了“第三章财务”的事项，特别是拥有其他领域的重要权力，如:“员工人事政策”“员工发展计划”“工作场所的暴力行为”“州外员工”“融资采购”“行政计算机系统”“识别和认证系统”“信息安全事故应对”等。

6. 负责发展规划的副校长“授权批准”的事项(见表 3-6)

表 3-6　在行政管理指南中负责发展规划的副校长“授权批准”的事项

序号	行政管理指南名称	授权批准	页码
1	大学所收馈赠	授权:本指南备忘录由负责发展规划的副校长批准	297
2	接收和处理馈赠	授权:本指南备忘录由负责发展规划的副校长批准	302
3	馈赠确认	授权:本指南备忘录由负责发展规划的副校长批准	307
4	部门的特别收藏品	授权:本指南备忘录由负责发展规划的副校长批准	312

7. 负责人力资源的副校长“授权批准”的事项(见表 3-7)

表 3-7　在行政管理指南中负责人力资源的副校长“授权批准”的事项

序号	行政管理指南名称	授权批准	页码
1	员工薪酬	授权:该指南备忘录由负责人力资源的副校长批准	6
2	有关义务和利益冲突的员工政策	授权:该指南备忘录由负责人力资源的副校长批准	28
3	正式员工的雇用	授权:该指南备忘录由负责人力资源的副校长批准	42
4	人事档案及数据	授权:该指南备忘录由负责人力资源的副校长批准	54
5	聘用来自斯坦福医院和诊所或其被接管公司的员工	授权:该指南备忘录由负责人力资源的副校长批准	58
6	休假	授权:该指南备忘录由负责人力资源的副校长批准	67
7	病假	授权:该指南备忘录由负责人力资源的副校长批准	71
8	其他特许缺勤	授权:该指南备忘录由负责人力资源的副校长批准	74
9	离职	授权:该指南备忘录由负责人力资源的副校长批准	78
10	员工退休	授权:该指南备忘录由负责人力资源的副校长批准	80
11	申诉程序	授权:该指南备忘录由负责人力资源的副校长批准	83
12	资深职员	授权:该指南备忘录由负责人力资源的副校长批准	94
13	解雇	授权:该指南备忘录由负责人力资源的副校长批准,并由其保留对本指南备忘录的最终解释权	99
14	服兵役假	授权:该指南备忘录由负责人力资源的副校长批准	104
15	管制物品与酒精	授权:该指南备忘录由负责人力资源的副校长批准	130

（续表）

序号	行政管理指南名称	授权批准	页码
16	员工培训	授权：该政策由负责人力资源的副校长制定，副校长经与大学其他主管和团体商议后确定各项培训要求（视情况而定）。此外，院长、副校长或教务长成员可确定各学院或组织要求的专门培训。此类培训可在当地实现，但须得到总培训供应者认为其适当可行的支持	134
17	遗属抚恤计划	授权：该指南备忘录由负责人力资源的副校长授权、批准	176
18	伤残及家事假期	授权：该指南备忘录由负责人力资源的副校长批准	180

8. 其他负责人“授权批准”的事项（见表 3 - 8）

表 3 - 8　在行政管理指南中其他负责人的“授权批准”的事项

序号	行政管理指南名称	授权批准	页码
1	赠予大学员工的礼物和奖品	授权：本指南备忘录由负责人力资源的副校长和财务主管联合批准	136
2	剩余资产销售	授权：本指南备忘录由负责科研管理的副校长助理批准	352
3	大学薪金	授权：本指南备忘录由财务主管批准	238
4	健康计划	授权：本指南备忘录由人力资源部副部长核准	177

（三）在大学章程中重视公章管理

（1）有专门规程规定，如《京都大学公章规程》。

（2）公章管理的“不相容岗位相互分离”在大学章程中有规定，如《剑桥大学章程》在第二章“大学的权力”中第 7 条规定：“(a) 大学应持有一枚大公章和一枚公章，并有权或制定条例授权在某个或某类文件上加盖。未经授权，任何人不得加盖校章，通过章程规定的其他方式获得授权的情况除外。(b) 大公章应被妥善保管，存放于有三把锁的箱子中，钥匙由校长和学监分别保管。只有校长或其正式任命的代理人以及学监或其代理人同时在场的情况下，才可以加盖大公章。(c) 公章应被妥善保管，存放于有两把锁的箱子中，钥匙由校长或由校长不定期委派的副校长（该委派须公之于众）以及教务长分别保管。只有在上述人员或由其任命的代理人在场的情况下，才可以加盖公章。”

（3）公章专人管理在大学章程中也有规定，如《加州大学董事会章程与常规》规定：“秘书长应是该法人印章和其他董事会正式记录和其他重要法人记录的保管者；并代表法人依据要求对文件和证明加盖印章。”《香港大学规程》规定：“教务长大学的记录及法团印章的保管人。"《香港中文大学》规定:"秘书长为香港中文大学法团印章的保管人。"

(4) 加盖公章的"授权批准"在大学章程中同样有规定,如《香港科技大学条例》在第 22 条"大学印章"中规定:"加盖大学印章须:(a)由校董会决议授权;及(b)由两名获校董会授权作签署认证的校董会成员签署认证,而其中一名成员不得为大学雇员。"《香港城市大学条例》在第 5 条"大学印章"中规定:"大学须备有一个法团印章,加盖印章须:(a)由校董会决议授权或追认;及(b)由任何两名获校董会一般授权或特别授权作签署认证的校董会成员签署认证。"《香港理工大学条例》在第 5A 条"大学的法团印章"中规定:"大学的法团印章须依据校董会的决议而加盖,加盖印章须由两名获校董会授权作签署认证的校董会成员签署认证,而其中一名成员不得为大学雇员。"

第二节 对中国大陆高校章程中财经条款的分析

通过上节对境外大学章程中财经条款的主要内容比较研究,不难看出中国大陆高校在大学章程中财经条款方面的差距。下面主要分析"一流大学"章程的情况。

一、中国重要教育法规中必须有财经方面的专门规定

(一) 财经方面的制度是教育法规中不可缺失的重要组成部分

一般有四种表述方式:

1. 学校资产与财务管理

《中华人民共和国民办教育促进法》中的第五章是"学校资产与财务管理"。

《中国教育改革和发展纲要》中的第六部分是"教育经费"。

2. 教育投入与条件保障

《中华人民共和国教育法》中的第七章是"教育投入与条件保障"。

《中华人民共和国高等教育法》中的第七章是"高等教育投入和条件保障"。

《国家中长期教育改革和发展规划纲要(2010—2020 年)》中的第十八章是"保障经费投入"。

3. 教育条件保障

《国家教育事业发展"十一五"规划纲要》中的第四部分是"保障措施"。

《国家教育事业发展第十二个五年规划》中的第十一章是"加强教育条件保障"。

4. "加快推进教育治理现代化"的重要内容

《国家教育事业发展"十三五"规划》中将"完善教育投入机制"作为第九部分

“加快推进教育治理现代化”的重要内容。

由此可见，中国重要教育法规中必须有财经方面的专门规定。

(二) 大学章程中必须有规定财经方面的条款

2015 年 12 月 27 日修订的《中华人民共和国高等教育法》第二十八条规定高等学校的章程应当规定以下事项“(七)经费来源、财产和财务制度”。

2011 年 11 月 28 日，教育部颁发的《高等学校章程制定暂行办法》(教育部令第 31 号)在第二章“章程内容”中规定：“(七)学校经费的来源渠道、财产属性、使用原则和管理制度，接受捐赠的规则与办法。”

二、“一流大学”章程中财经条款的分析

(一) “一流大学”章程中“经费”一章名称的分析(见表 3-9)

表 3-9 “一流大学”章程中“经费”一章名称的规定

序号	校　　名	“经费”一章的名称
1	湖南大学	第八章　财务管理
2	中山大学	第十章　资产
3	南京大学	第六章　经费、资产与财务管理
4	华中科技大学	第七章　经费、资产与财务
5	东南大学	第十一章　经费、资产及其管理制度
6	上海交通大学	第七章　资产与财务
7	四川大学	第七节　资产与财务管理
8	西北农林科技大学	第七章　财务与资产管理
9	北京大学	第六章　资产、财务
10	中国农业大学	第八章　经费与资产管理
11	浙江大学	第六章　经费与资产
12	中南大学	第九章　经费与资产
13	西安交通大学	第八章　经费与资产
14	厦门大学	第七章　财务与资产
15	北京理工大学	第六章　资产和经费
16	西北工业大学	第六章　财务与资产管理
17	中央民族大学	第十章　经费与资产
18	中国人民大学	第六章　财务、资产、后勤

（续表）

序号	校　　名	“经费”一章的名称
19	同济大学	第四章　经费、资产与后勤
20	山东大学	第六章　资产、财务和后勤
21	兰州大学	第七章　资产、经费、后勤
22	华东师范大学	第八章　经费、资产、后勤
23	南开大学	第九章　经费、资产和后勤保障
24	中国海洋大学	第七章　财务、资产、后勤
25	大连理工大学	第七章　财务、资产、后勤
26	华南理工大学	第七章　财务、资产、后勤
27	北京航空航天大学	第六章　资产、财务与后勤保障
28	哈尔滨工业大学	第六章　财务、资产、后勤
29	郑州大学	第六章　经费、资产和后勤
30	新疆大学	第七章　经费、资产、后勤
31	吉林大学	第七章　经费、资产、基建、后勤
32	天津大学	第七章　经费、资产与校园管理
33	东北大学	第六章　经费、资产、产业和后勤
34	武汉大学	第四章　资产与校园管理
35	电子科技大学	第六章　经费、资产、公共服务
36	云南大学	第六章　财务、资产、公共服务
37	重庆大学	第六章　内部保障
38	北京师范大学	第五章　保障体系
39	复旦大学	第五章　保障体系
40	中国科学技术大学	第七章　保障资源
41	清华大学	第二章　职责和任务

说明：上述序号首先按标题内容归类排序，其次根据《中华人民共和国教育部高等学校章程核准书》的排序。

以上41所高校可分为六组：

第一组为1～4号，这一章的名称为“经费、资产与财务”。

第二组为5～17号，这一章的名称为“经费与资产”。

第三组为18～30号，这一章的名称为“经费、资产与后勤”。

第四组为31～36号，这一章的名称为“经费、资产、基建、后勤”或“经费、资产、公共服务”。

第五组为37～40号，这一章的名称为“保障体系”。

第六组为41号，这一章的名称为“职责和任务”。

对上述六组名称的分析：

(1) 不符合逻辑分类。教学、科研、后勤等属于同一标准分类的不同领域，它们之间是并列关系，互不兼容；而财务则是综合部门，教学、科研、后勤等都与经费有着密切关系。后勤与财务放在一起，既削弱了后勤，又贬低了财务。经费在大学章程中的重要性已在第一部分阐述，在此不赘述。

(2) 法规对大学章程中的“经费”一章有过明确的界定，如：《高等教育法》为“经费来源、财产和财务制度”，《高等学校章程制定暂行办法》为“章程应当按照高等教育法的规定，载明以下内容：……学校经费的来源渠道、财产属性、使用原则和管理制度，接受捐赠的规则与办法”。这两个法规中对“经费”的界定，没有后勤、基建、公共服务等。“经费”一章内塞进“后勤、基建、公共服务”，有画蛇添足、狗尾续貂之嫌。建议“后勤、基建、公共服务”在章程中单列。

(3) “保障体系”不够明确。前已述及，教育经费和财务管理的规定曾在《中华人民共和国教育法》的第七章中称为“教育投入与条件保障”；在《中华人民共和国高等教育法》的第七章中称为“高等教育投入和条件保障”；在《国家中长期教育改革和发展规划纲要(2010—2020年)》的第十八章中称为“保障经费投入”。但这里的“保障”明确指的是“教育投入与条件保障”“保障经费投入”等。

(4) “职责和任务”也不够明确。境外章程中财经条款的标题很明确，且内容详细。如：

《斯坦福大学行政管理指南》第三章的标题是“财务”。

《牛津大学章程》章程XV的标题是“学院资金上缴方案与学院财务”，《牛津大学规章》中有“财务规章”。

《剑桥大学章程》章程E的标题是“基金”，章程F的标题是“财务和财产”，其中，第一章为“财务事务”，第二章为“资金、审计”，第三章为“财产、建筑物、贷款”。

《罗蒙诺索夫国立莫斯科大学章程》中的第二部分的标题是“大学资产和资金”。

《学校法人早稻田大学校规(基本章程)》中的第6节的标题是“资产与财务管理”。

《东京大学宪章》中的第二部分第16条的标题是“财务的基本结构”。

《澳大利亚国立大学法1991》中的第3章的标题是“经费事项”。

《新加坡国立大学章程和规则》中的“章程7”的标题是“对学校的赠予”“章程8”的标题是“新加坡国立大学的捐赠基金”。

香港大学、香港中文大学都有“财务程序”的条款；香港科技大学有“财政报表及报告”的条款；香港理工大学有“收费、预算、账目和报表”的条款；香港城市大学有“账目和向监督报告”的条款；澳门大学有“财政收入”“财政及财产的管理”的条款。

(二) 关于法人财产权

1. “一流大学”章程中有“法人财产权”规定的有三所大学

《西安交通大学章程》第八十一条规定：“学校设置资产经营有限责任公司，享有学校以经营性资产投资形成的全部法人财产权，依法运营和管理其所投资企业的股权和经营性资产，保障国有资产保值增值。”

《北京理工大学章程》第三十七条规定：“学校对资产享有法人财产权、管理权和使用权，实行‘国家统一所有，学校主管部门监管，单位使用’的管理体制。”

《新疆大学章程》第六十一条规定：“学校对拥有的资产享有法人财产权，依法进行管理、使用和处置。”

2. 对大学章程中规定“法人财产权”的分析

笔者认为在大学章程中规定“法人财产权”是非常重要的。“法人财产权”在我国最早出现是在 1993 年 11 月 14 日，十四届三中全会通过的《中共中央关于建立社会主义市场经济体制若干问题的决定》中指出：“建立现代企业制度，是发展社会化大生产和市场经济的必然要求，是我国国有企业改革的方向。其基本特征，一是产权关系明晰，企业中的国有资产所有权属于国家，企业拥有包括国家在内的出资者投资形成的全部法人财产权，成为享有民事权利、承担民事责任的法人实体。”

“法人财产权”是什么性质？是“经营权”。1994 年 7 月 24 日，国务院发布的《国有企业财产监督管理条例》第四章专门规定了“企业法人财产权”，第二十七条指出：“企业享有法人财产权，依法独立支配国家授予其经营管理的财产。”根据国家体改委政策法规司对《国有企业财产监督管理条例》的解释：“本条例所称的财产权，不是归属意义上的财产权，而是一种独立的支配权，主要指占有、使用和依法处分的权利。……但这种权利毕竟不是所有权，因为它只是所有权的其中几项权能，是一种不完全的物权。”我国法学界权威江平教授认为，从公司法第 4 条第 1 款的规定和我国已有的企业立法的思想脉络来看，将公司法人财产权认定为法人经营权更为务实一些。《中共中央关于建立社会主义市场经济体制若干问题的决定》第 6 条规定“实现出资者所有权与企业法人财产权的分离”，由此可见，“法人财产权”的性质不是“出资者所有权”而是“经营权”。

大学章程中规定“法人财产权”的意义在于：大学的一切财产归全体人民所有，大学的管理者只有经营权。任何大学的管理者(特别是一把手)都不得恣意挥霍浪费、不得以权谋私。建议制定大学章程时加入“法人财产权”。

（三）校务委员会审议决预算

前已述及，境外很多高校在大学章程中规定校务委员会审议预决算，但是在“一流大学”的《大学章程》中却只有三所高校对审议预决算做了规定。

《北京大学章程》第二十九条规定：“学校设校务委员会。校务委员会是学校的咨询议事和监督机构，是社会参与学校治理的组织形式。校务委员会行使下列职权：……（三）参与审议学校章程拟定和修订、发展与改革规划、学科建设与专业设置、年度预决算报告等重大事项；……（五）审议学校面向社会筹措资金、争取资源的规划或者计划，监督筹措资金的使用……”

《清华大学章程》第二十五条规定：“学校定期召开校务会议，研究决定学校的事业发展规划、年度工作计划和具体规章制度，教育教学、学术研究的计划和安排，副校长推荐人选，内部机构设置方案和机构负责人任免，教职工的聘任和解聘，学生的学籍管理和思想品德教育，师生员工的奖励和处分，年度财务预算方案的拟订和执行，校产保护和管理，社会服务、国际交流合作等行政工作的重要事务。”

《复旦大学章程》第十四条规定：“学校设置校务委员会。校务委员会是学校重大事务的咨询和审议机构，对学校事业发展总体规划、年度工作计划、财务预决算、重大发展项目、重大改革方案和举措等进行咨询和审议。”

（四）财经方面的专门委员会

前已述及，境外很多高校在大学章程中设置了财务委员会和审计委员会，“一流大学”的大学章程中规定了很多委员会，如学术委员会、学位评定委员会、教授委员会、教学指导委员会、专业技术职务评聘委员会等；却没有设置审计委员会的，财经方面的委员会设置只有三所。

1. 财经决策咨议委员会

《西安交通大学章程》第四十九条规定：“学校可以设置人事与机构、校园建设与发展规划、财经等专项事务决策咨议委员会。各委员会按照学校批准的章程组建和开展工作，为学校重大改革和发展事项提出咨询意见，审议学校相关领域的发展规划、规章制度和决策方案。”

2. 财经工作领导小组

《西北农林科技大学章程》第四十七条规定：“学校实行财务报告制度，财务主管部门和主管财务的校领导定期向学校财经工作领导小组、校长办公会、党委常委会及教职工代表大会汇报学校资金收支、财务运行及管理状况。”

《西北工业大学章程》第六十条规定：“学校年度经费预算、对外投融资等重大经济事项由学校党委常委会决策。学校重要经济事项由学校财经领导小组研究和审议，提交学校党委常委会或校长办公会审定。”

3. 预决算委员会

《复旦大学章程》第十四条第二款规定：校务委员会下设的“预决算委员会是学

校预决算管理工作的咨询机构，负责对学校预决算的编制、调整、执行等工作提出咨询意见”。

据笔者了解，“一流大学”普遍设置了财经工作领导小组（或委员会）和预决算领导小组（或委员会），笔者的建议是应将这些领导小组（或委员会）规定在大学章程中，以完善大学的财务治理结构。

（五）“学校预算决算中教学、科研经费的安排和分配及使用”等是否需征求学术委员会的咨询意见

1.“一流大学”在大学章程中规定了学术委员会的职责，只有十三所高校规定了学术委员会需审议预决算

《西北农林科技大学章程》第十八条第四款规定：“以下事项决策前，由学术委员会提出咨询意见：与学术相关事项的经费预算、决算；教学、科研重大项目的申报及资金的分配使用。”

《山东大学章程》第五十一条第三款规定：“学校做出下列决策前，应当通报学术委员会，由学术委员会提出咨询意见：学校预算决算中教学、科研经费的安排和分配及使用。”

《武汉大学章程》第三十六条第八款规定：“学校学术委员会的主要职责：就学校预算、决算中教学、科研经费的安排和使用以及教学、科研重大项目的申报和资金的分配使用提出咨询意见。”

《重庆大学章程》第五十五条第六款规定：“学校学术委员会的主要职责：知晓学校制订与学术事务相关的全局性、重大发展规划和战略规划，学校预算决算中教学、科研经费的安排和分配及使用，教学、科研重大项目的申报及资金的分配使用，开展中外合作办学、赴境外办学，对外开展重大项目合作等事项。学校在就上述事项做出决策前应听取其咨询意见。”

《北京大学章程》第二十七条第四款规定：“学校设学术委员会。学校学术委员会是学校的最高学术机构，行使以下职权：对学校事业中长期发展规划，机构编制总体方案，教学科研单位的设置，学校预决算中教学、科研经费的安排、分配与使用以及中外合作办学、重大项目合作等提出意见和建议。”

《西安交通大学章程》第四十条第十四款规定：“学术委员会作为校内最高学术机构，行使以下职权：对学校学术发展规划、预算决算中教学与科研经费的安排与使用、教学与科研重大项目的申报及资金的分配使用、开展中外合作办学、赴境外办学、对外开展重大项目合作等重大事项的决策提出咨询意见。”

《中国海洋大学章程》第三十一条第二款规定：“学校在决策下列事务前，向学术委员会征求咨询意见：学校预算决算中教学、科研经费的总体安排、分配及使用。”

《复旦大学章程》第十一条规定：“学校设置学术委员会。学术委员会是学校的

最高学术机构，根据相关章程统筹行使学术事务的决策、审议、评定和咨询等职权。学校应当就预决算中教学与科研经费的分配及使用、开展中外合作办学、重大项目合作等问题听取学术委员会的意见。”

《南京大学章程》第二十四条第三款规定：“校学术委员会是学校的最高学术机构，校学术委员会的主要职责是：为学校制定与学术事务相关的重大发展规划与战略、学校教学与科研经费预算决算方案、教学与科研重大项目申报及资金的分配使用、涉外办学与重大项目合作等事项提出咨询意见。”

《湖南大学章程》第六十三条第二款规定：“学校做出下列决策前，应当通报校学术委员会，由校学术委员会提出咨询意见：学校预算决算中教学、科研经费的安排和分配及使用。”

《华南理工大学章程》第四十五条第九款规定：“学术委员会的主要职权是：为学校预算决算，特别是教学、科研经费的安排和分配及使用提供咨询和建议。”

《北京航空航天大学章程》第三十五条第七款规定：“学校学术委员会主要负责下列事项：对学校预算决算中教学、科研经费的安排和分配及使用，教学、科研重大项目的申报及资金的分配及使用提供咨询意见。”

《西北工业大学章程》第四十一条第二款规定：“学校做出下列决策前，应当通报学术委员会，由学术委员会提出咨询意见：学校预算决算中教学、科研经费的安排和分配及使用。”

2.《高等学校学术委员会规程》规定了“学校预算决算中教学、科研经费的安排和分配及使用”等应征求学术委员会的咨询意见

2014 年 1 月 29 日，教育部颁布的《高等学校学术委员会规程》(教育部令第 35 号)第十七条规定：“学校做出下列决策前，应当通报学术委员会，由学术委员会提出咨询意见：(1) 制订与学术事务相关的全局性、重大发展规划和发展战略；(2) 学校预算决算中教学、科研经费的安排和分配及使用；(3) 教学、科研中重大项目的申报及资金的分配使用……”

3. 境外高校谁负责制定预算

(1) 斯坦福大学由教务长制定预算

《斯坦福大学行政管理指南》规定：“学校每年基于对收入与支出的估计制定一份综合预算。”编制预算使得大学在处理支出时能核实基金的可用性。

① 责任

a. 教务长——作为大学的首席学术官员和首席预算官，教务长对综合预算的制定和执行承担主要责任。

b. 负责预算和辅助管理的副教务长——代表教务长指挥并管理综合预算执行的过程。

c. 各院系的预算官员与教务长办公室下属的大学预算办公室和财务办公室

协作，在他们各自的组织内协调所有的预算活动。

d. 教务长办公室下属的大学预算办公室维护预算系统，批准所有院系提交的预算，并监督和报告与获批的预算中不一致的地方。

② 年度预算进程/周期——预算进程由大学预算办公室控制

a. 预测——预算官员每年春季准备好下一年度的收支预测。大学预算办公室使用这些预测制定大学综合预算，并呈交董事会批准。

b. 综合预算——董事会批准了斯坦福大学预算计划（综合预算）后，预算官员记录下预算编制系统中每一个账户对收入和支出（包括薪水和非薪水）的最终的、详细的预算。在每年 9 月 1 日前形成官方的大学综合预算。

c. 差异报告——经过一年周期，依据大学管理层的决定，预算官员根据大学预算办公室提供的指导方针，对实际的收支（或预期的收支）与综合预算之间的差异做出分析和解释。大学预算办公室运用这些信息为董事会和大学管理层准备一份高级别的差异分析报告。

（2）耶鲁大学由教务长制定预算

《耶鲁大学章程》指出："教务长是校长之后的主管教学和行政事务的大学首席官员。教务长根据校长提名，由董事会选举产生。在校长辞世、伤残或长期缺席的情况下，或依据校长嘱托，教务长应当行使校长的职责直至董事会做出新的任命或安排。"

在服从校长的权威下，教务长应在全校范围内引导教育政策和活动。教务长应在财政与商业运营副校长提供的预计运行收入与资本收益的基础上，制定大学的运行与资本预算，并将这些预算提交给校长。教务长同时担任财政委员会、教育政策委员会及医学院委员会的秘书长。教务长应是每个教授及管理机构的当然成员，也是所有委员会和其他有关教育政策或教员聘任/晋升机构的当然委员。除校长以外，所有院长、委员会主席及其他教育官员都应向教务长汇报。教务长应出席董事会会议及重大事务委员会的会议。经校长提名，董事会可任命一名或多名校级副教务长、院级副教务长或助理教务长在专门领域内协助教务长工作。

（3）加州大学由秘书长管理预算

《加州大学董事会章程与常规》规定："秘书长应管理董事会的年度运行预算，确保支出依照大学和董事会的政策和指导方针获得批准。"

（六）总会计师的设置

（1）"一流大学"在《大学章程》中规定了总会计师设置的大学有 18 所。东南大学、同济大学、西北农林科技大学、兰州大学、天津大学、东北大学、武汉大学、重庆大学、北京大学、南开大学、电子科技大学、西安交通大学、中国海洋大学、复旦大学、南京大学、湖南大学、华南理工大学、云南大学等大学的章程对设置"总会计师"做了规定，但职责规定简单，详细的如"总会计师协助校长管理学校财经工作，其职责及任免按国家教育行政部门有关规定执行”。

(2)《高等学校总会计师管理办法》要求高等学校设置总会计师岗位。2011 年 4 月 1 日，教育部、财政部印发了《高等学校总会计师管理办法》(教人〔2011〕2 号)第二条规定：“高等学校设置总会计师岗位。总会计师为学校副校级行政领导成员。”并在第三章中规定了“总会计师的职责和权利”。

(3) 境内外高校在大学章程中都规定了领导机构的组成人员，境外高校在大学章程中对财务副校长或首席财务官的职责和权利作了详细和明确的规定。

(七) 关于内部控制

1. “一流大学”章程中有“内部控制”规定的有 13 所大学

《东南大学章程》第七十条规定：“学校实行统一领导、分级管理、集中核算的财务管理制度。学校建立健全财务预算、内部控制、经济责任、财务信息披露等监督制度，依法公开财务信息，保证资金运行安全。”

《上海交通大学章程》第五十九条规定：“学校建立财务内控体系，实行财务年度审计制度。”

《兰州大学章程》第六十八条规定：“学校完善财务监督机制，建立健全内部控制制度、经济责任制度、财务信息公开制度等监督制度，主动接受国家有关部门的财务监督，保障资金运行安全。”

《北京大学章程》第四十一条规定：“学校实行统一领导、分级管理、财力集中、财权下放的财务管理体制，建立健全财务预决算、内部控制管理、经济责任审计监督等财务管理制度，控制财务风险，保证资金运行安全。”

《中山大学章程》第六十九条规定：“学校实行统一领导、分级管理、集中核算的财务管理制度。学校建立健全财务预算、内部控制、经济责任、财务信息披露等管理和监督制度，保证会计资料合法、真实、准确、完整，保证资金运行安全。”

《厦门大学章程》第六十条规定：“学校建立内部控制体系，执行审计监督制度。学校审计部门代表学校对学校与资源利用有关的业务活动及其内部控制的适当性、合法性和有效性进行依法审计，并建立审计报告制度。”

《华中科技大学章程》第五十三条规定：“建立健全内部控制制度、经济责任制度、财务信息披露制度等监督制度。”

《华南理工大学章程》第六十九条规定：“学校加强对学校经济活动的财务控制和监督，建立健全内部控制制度、经济责任制度等监督制度，防范财务风险，保证资金安全。”

《北京理工大学章程》第四十条规定：“建立内部财务管理控制制度，实施内部审计监督制度。”

《哈尔滨工业大学章程》第四十七条规定：“学校实行‘统一领导，分级管理，集中核算’的财务管理体制。建立健全财务制度和审计监察制度，完善内部控制制度，加强经济核算，实施绩效评价，有效防范财务风险，保证资金运行安全。”

《西北工业大学章程》第六十一条规定：“学校建立健全内部经济责任制、财务控制和审计监察制度，保证资金规范、安全、有效使用，接受国家相关部门的财务监督。”

《中央民族大学章程》第八十七条规定：“学校建立和完善财务预算、收支管理、财务报告与信息公开、内部控制、经济责任等管理制度体系，防范财务风险，保障资金运行安全。”

《郑州大学章程》第五十三条规定：“学校实行统一领导、分级管理、集中核算的财务管理制度。建立健全内部控制经济责任和审计监察制度，完善监督机制，保证资金安全。”

2. 对大学章程中规定“内部控制”的分析

（1）在42所“一流大学”的大学章程中仅有13所大学规定了“内部控制”，仅占约30％。

（2）这13所大学仅提到了“内部控制”“财务内控体系”“内部控制体系”“内部控制制度”，张苏彤的研究表明：“《康奈尔大学章程》第十一章为‘内部控制’，只占整个章程篇幅的3.7％。”①

（3）这13所大学中，上海交通大学提到的仅是“财务内控体系”，北京理工大学提到的仅是“内部财务管理控制制度”，西北工业大学提到的也仅是“财务控制”，而《行政事业单位内部控制规范（试行）》提到的是“经济活动控制”，并不局限在“财务内控”范围内。

（八）关于内部审计

1. “一流大学”章程中有“内部审计”规定的有32所大学

《吉林大学章程》第七十八条规定：“建立健全经济责任制度和审计监督制度，保证资金运行安全。”

《上海交通大学章程》第十四条第四款规定：“完善学校内部监督机制，加强纪检、审计和法律监督。”

《四川大学章程》第九十条规定：“建立健全经济责任制和审计监察制度，完善内部财务监督机制，确保资金安全运行。”

《西北农林科技大学章程》第四十六条规定：“建立健全财务预决算制度、经济责任制度和审计监察制度。”

《天津大学章程》第四十一条规定：“学校深化纪检监察、审计监督机制，强化民主监督、信息公开，构建制度完善、权责明晰、系统全面、精准有力的监督体系，保障决策依法规范，执行高效到位。”

---

①　张苏彤.大学章程的国际比较：来自中美两国六校的样本[J].中国高教研究，2010(10)：54－59.

《东北大学章程》第七十二条规定："建立健全经济责任制度和审计监察制度，完善监督机制，保证资金运行安全。"

《华东师范大学章程》第七十三条规定："学校建立财经制度、经济责任制度和审计监察制度，完善监督机制，保证资金运行安全。"

《武汉大学章程》第六十六条第三款规定："学校建立经济责任制度、审计监察制度，完善监督机制，提高经费使用效益，保障资金运行安全。"

《重庆大学章程》第九十六条规定："学校审计部门具体负责学校的审计监督工作。"

《北京大学章程》第十五条规定："学校建立内部审计制度，设立审计机构，在校长领导下依法独立行使审计职权，对学校及所属机构的业务活动、内部控制进行审计，对各内部组织机构负责人经济责任进行审计。"

《南开大学章程》第六十七条规定："学校建立财务预决算、经济责任、财务公开、审计监督等制度，保证资金安全、高效运行。学校的财务活动依法接受监督。"

《浙江大学章程》第六十一条规定："建立健全经济责任制度和审计监察制度，完善监督机制，保证资金规范合理运用。"

《中南大学章程》第五十二条规定："学校建立健全内部审计和经济责任制度，对学校经济活动实行事前、事中、事后的审计监督。"

《电子科技大学章程》第六十八条规定："建立健全经济责任制度和审计、监察制度，完善监督机制，保证资金运行安全，提高资金使用效益。"

《西安交通大学章程》第七十九条规定："学校依法建立经济责任制度和内部审计制度，规范财务行为，防范财务风险。学校接受国家审计机关和教育主管部门监督，依法公布财务信息，接受师生员工与社会监督。"

《中国海洋大学章程》第七十四条规定："依法建立健全财务制度和审计监察制度，保障财经工作规范有序。"

《大连理工大学章程》第六十八条规定："学校建立健全内部经济活动监控机制，接受国家有关部门和社会的监督。学校财务工作接受学校审计部门和上级审计部门的审计监督，按要求向有关主管部门和财政部门及其他有关报表使用者提供财务报告。"

《复旦大学章程》第十六条规定："学校依法建立监察、审计制度，设立相关机构，对学校各机构和工作人员的履职行为依法进行监督。监察、审计机构依法行使职权，不受其他部门、团体和个人的干涉。"

《南京大学章程》第七十四条规定："学校建立健全经济责任制度、财务监督制度和审计监督制度，构建有效的财务监控体系，防范财务风险，保障资金运行安全。"

《厦门大学章程》第六十条规定："学校建立内部控制体系，执行审计监督制度。

学校审计部门代表学校对学校与资源利用有关的业务活动及其内部控制的适当性、合法性和有效性进行依法审计，并建立审计报告制度。”

《华中科技大学章程》第二十三条规定：“学校设立监察机构，建立监察制度，对学校各机构和工作人员的履职行为依法依规进行监督。监察部门、审计部门在校长领导下，依法行使职权，不受其他部门、团体和个人的干涉。”第五十三条规定：“加强内部审计，依法接受外部审计，防范财务风险。”

《湖南大学章程》第八十一条规定：“学校设立审计机构，依法独立行使审计监督权，对学校所属单位的财务收支及其有关经济活动进行审计监督。”第九十二条规定：“学校严格执行国家和上级主管部门颁布的财经法律、法规，建立健全内部各项财务规章制度，强化经济责任审计，保证资金有效安全运行。”

《华南理工大学章程》第六十九条规定：“学校建立健全审计监督制度。建立财务预算编制审计参与机制，严格预算执行审计，实施决算审计。”

《北京理工大学章程》第四十条规定：“建立内部财务管理控制制度，实施内部审计监督制度。”

《北京航空航天大学章程》第七十三条规定：“学校建立健全经济责任制度和审计监察制度，完善监督体制，保证资金运行安全。”

《哈尔滨工业大学章程》第四十七条规定：“建立健全财务制度和审计监察制度，完善内部控制制度，加强经济核算，实施绩效评价，有效防范财务风险，保证资金运行安全。”

《西北工业大学章程》第六十一条规定：“学校建立健全内部经济责任制、财务控制和审计监察制度，保证资金规范、安全、有效使用，接受国家相关部门的财务监督。”

《中央民族大学章程》第六十三条规定：“学校依法对内设机构工作人员履职情况进行审计与监督。”第九十条规定：“学校依法公开经费与资产使用情况，强化经济责任审计，接受政府和社会监督。”

《中国科学技术大学章程》第六十一条规定：“学校建立内部审计制度，对资金使用进行监督。”

《郑州大学章程》第五十三条规定：“建立健全内部控制经济责任和审计监察制度，完善监督机制，保证资金安全。”

《云南大学章程》第八十五条规定：“建立健全经济责任制度、审计监察制度和内部财务监督制度，确保资金安全运行。”

《新疆大学章程》第六十条规定：“建立健全内部财务监督制度，完善经济责任制度和审计监督制度，确保资金安全运行。”

2. 对大学章程中规定“内部审计”的分析

(1) 在大学章程中提到“审计”的 32 所大学似乎不少，但可以看出，一般仅提及“审计监督制度”“审计监察制度”“审计监督机制”等，真正提到“内部审计”和学校“审计机构”的有重庆大学、北京大学、西安交通大学、大连理工大学、复旦大学、厦门大学、华中科技大学、湖南大学、中国科学技术大学等9所大学。

（2）这32所大学提到“内部审计”的也仅有几个字，张苏彤的研究表明：“《康奈尔大学章程》第四章为‘年度审计’，约占整个章程篇幅的0.6%。”①

香港的大学对内部审计岗位有专门规定，如《香港大学规程》第十四章“核数师（审计官）”规定：“① 校董会须委任一名或多于一名的核数师，获委任者不得为校董会、校务委员会、教务委员会、任何学院院务委员会或任何委员会的成员；② 核数师每次任期为1年，任满后有资格再获委任。”

《香港科技大学条例》第19条“核数师”中规定：“① 大学须委任核数师。核数师有权随时取用大学的所有账簿、付款凭单及其他财务纪录，并有权随时要求取得他们认为适当的关于上述财务纪录的数据及解释。② 核数师须审计拟备的各报表，并就该等报表向大学做出报告。”

《香港理工大学条例》第15条在“核数师”中规定：“① 校董会须委任核数师。核数师有权随时取用大学的所有账簿、付款凭单及其他财务纪录，并有权随时要求取得他们认为适当的关于上述财务纪录的资料及解释。② 核数师须审计拟备的各报表，并就该等报表向校董会做出报告。”

《香港城市大学条例》第20条在“核数师”中规定：“① 大学须委任核数师。核数师有权随时取用大学的所有账簿、付款凭单及其他财务纪录，并有权随时要求取得他们认为适当的关于上述财务纪录的资料及解释。② 核数师须审计拟备的各报表，并就该等报表向大学做出报告。”

（3）一般高校将“审计监督”放在“财务和经费”那一章，复旦大学、华中科技大学、湖南大学放在“治理体系”或“治理体制”那一章，将审计定位于治理，是有高度的。北京大学放在“职能”那一章，上海交通大学放在“举办者与学校”那一章，天津大学放在“管理体制和组织机构”那一章，都是很好的，没有隶属于“财务和经费”那一章，保持了内部审计的独立性。

（4）难能可贵的是，《北京大学章程》中提到了“对学校及所属机构的业务活动、内部控制进行审计”，这已超出了高校财务审计的范畴，属于高校管理审计的范畴。

① 张苏彤.大学章程的国际比较：来自中美两国六校的样本[J].中国高教研究，2010(10)：54－59.

第四章　大学财务治理研究

关于高校财务治理结构，笔者在一部专著中已阐述，其第三章为“大学财务治理”。① 该书阐述的内容是针对高校财务人员，而本章针对的是高校领导干部，同时，对该书(2006)出版后近些年的新情况进行阐述。

2015年5月22日，《教育部关于直属高校落实财务管理领导责任，严肃财经纪律的若干意见》(教财〔2015〕4号)第二条指出：“健全财务治理体制和运行机制。要按照统一领导、集中或分级管理的原则，规范内部财务治理体制和运行机制。”这是官方文件第一次提出高校需要“健全财务治理体制和运行机制”以及“规范内部财务治理体制和运行机制”。

第一节　大学财务治理结构的研究

一、大学应推进治理体系和治理能力现代化

(一) 十八届三中全会将“推进国家治理体系和治理能力现代化”作为全面深化改革的总目标之一

十八届三中全会通过的《中共中央关于全面深化改革若干重大问题的决定》指出：“全面深化改革的总目标是完善和发展中国特色社会主义制度，推进国家治理体系和治理能力现代化。”

十八大报告提出“坚持走中国特色新型工业化、信息化、城镇化、农业现代化道路，推动信息化和工业化深度融合、工业化和城镇化良性互动、城镇化和农业现代化相互协调，促进工业化、信息化、城镇化、农业现代化同步发展”。习近平提出“第五个现代化”是现代化视野下的概念。

(二) 财政是国家治理的基础和重要支柱

十八届三中全会通过的《关于全面深化改革若干重大问题的决定》指出：“财政是国家治理的基础和重要支柱。”

1. 议会审议预算将财政定位于国家治理层面

1215年，英国颁布的《大宪章》中规定：“英皇未获得议会同意不得征税。”这表

① 乔春华.大学经营的财务视角[M].南京：南京大学出版社，2006：102-134.

明纳税不能由皇帝或国王一人决定，而必须通过民意机关的同意或批准，这是财政进入国家治理层面的开始。正如马斯格雷夫指出："税收是现代民主制度兴起的先决条件。"①

我国财政进入国家治理层面始于清末。1910 年 9 月 23 日，清政府成立资政院，1910 年 10 月召开了资政院第一次会议，这是我国第一个具有国会性质的机关审议的宣统三年预算案，当时的资政院议员刘春霖认为，开国会"最重要者何？就是预算案。预算可以查看一国大政之方针，若预算不交，而仅议零星末节，即终年开会，于国计亦无所补救"②。一个末代王朝的第一任国会议员能敏锐地洞察到经国会制约皇权的预算是有效的预算。

著名预算学者林奇指出："从共和国时期开始，几乎每次预算改革都强化或影响了立法机构和政府的行政部门之间有意设定的紧张和权力平衡。"③

王绍光、马骏在其一篇文章的开头引用了国外两位著名政府预算专家的名言④："毫不夸张地说，一个国家的治理能力在很大程度上取决于它的预算能力。""如果你不能预算，你如何治理？"指出了政府预算与国家治理的关系。

由上可知，财政权力的配置是在国家所有权力中的核心权力，要对国家配置的财权职权和行动进行硬性约束，只有将其定位到立宪的层面上，成为国家治理的基础和重要组成部分，议会审议预算成为民主国家治理权力的重要形式。

2. 现代预算制度是国家治理体系的重要内容

楼继伟指出："预算是财政的核心，现代预算制度是现代财政制度的基础，是国家治理体系的重要内容。"⑤

2013 年 11 月 12 日，党的十八届三中全会通过的《中共中央关于全面深化改革若干重大问题的决定》第 17 条指出："改进预算管理制度。实施全面规范、公开透明的预算制度。"

2014 年 9 月 26 日，《国务院关于深化预算管理制度改革的决定》(国发〔2014〕45 号)指出："深化预算管理制度改革，实施全面规范、公开透明的预算制度……是推进国家治理体系现代化，实现国家长治久安的重要保障。"

3. 现代财政制度对高校预算的影响

财政是国家治理的基础，高校财务是学校治理的基础。治理体现在预算中，治理体现在内部控制中，治理体现在内部审计中，治理体现在现代大学制度和高校治

---

① Aaron H. J., Boskin M. J. Eds. The Economics of Taxation[M]. The Brookings Institution, 1980: 363.

② 李启成. 资政院议场会议速记录：晚清预备国会论辩实录[M]. 北京：三联书店，2011：78.

③ [美]托马斯·林奇. 美国公共预算[M]. 苟燕楠，董静，译. 北京：中国财政经济出版社，2002：31.

④ 王绍光，马骏. 走向"预算国家"——财政转型与国家建设[J]. 公共行政评论，2008(1)：1.

⑤ 楼继伟. 解读新预算法：取得 5 方面重大突破[N]. 人民日报，2014-09-01.

理结构中。笔者曾阐述过预算的治理职能①。高校预算的治理功能主要体现在以下两个方面：

（1）高校预算也需要"审议通过"

1997 年的《高等学校财务制度》第十三条规定："高等学校预算由学校财务处（室）根据各单位收支计划，提出预算建议方案，经学校最高财务决策机构审议通过后……"2012 年《高等学校财务制度》第十四条规定："高等学校一级财务机构提出预算建议方案，经学校领导班子集体审议通过后……"2012 年《事业单位财务规则》第九条规定："事业单位根据财政部门下达的预算控制数编制预算，由主管部门审核汇总报财政部门，经法定程序审核批复后执行。"

（2）公开透明

2013 年 11 月 15 日，党的十八届三中全会通过的《决定》第 17 条指出："改进预算管理制度。实施全面规范、公开透明的预算制度。"

2014 年 9 月 26 日，《国务院关于深化预算管理制度改革的决定》（国发〔2014〕45 号）指出："深化预算管理制度改革，实施全面规范、公开透明的预算制度……是推进国家治理体系现代化，实现国家长治久安的重要保障。"

公开透明首先是公开，重要的是透明。公开而不透明等于不公开。阳光是最好的防腐剂，高校的预算要放在玻璃房内，能晒到阳光，能受到公众的监督，才能真正起到治理作用。

（三）高校应完善治理结构

1. 中央与国务院多次对"完善高校法人治理结构"进行了规定

2010 年 6 月 21 日，中共中央政治局审议并通过的《国家中长期教育改革和发展规划纲要（2010—2020 年）》第四十条规定："完善中国特色现代大学制度。完善治理结构。"

2011 年 3 月 23 日，中共中央、国务院发布了《关于分类推进事业单位改革的指导意见》（中发〔2011〕5 号）第 16 条规定："建立健全法人治理结构。面向社会提供公益服务的事业单位，探索建立理事会、董事会、管委会等多种形式的治理结构，健全决策、执行和监督机制，提高运行效率，确保公益目标实现。不宜建立法人治理结构的事业单位，要继续完善现行管理模式。"

2013 年 11 月 15 日，十八届三中全会通过的《决定》第 42 条指出："完善学校内部治理结构。"

2014 年 1 月 29 日，《高等学校学术委员会规程》（教育部令第 35 号）第一条指出："为促进高等学校规范和加强学术委员会建设，完善内部治理结构，保障学术委员会在教学、科研等学术事务中有效发挥作用，根据《中华人民共和国高等教育法》

① 乔春华.论预算的治理职能——以高校为例[J].会计之友，2014(19):106-110.

及相关规定，制定本规程。”

2014年7月16日，《普通高等学校理事会规程（试行）》（教育部令第37号）第一条指出：“为推进中国特色现代大学制度建设，健全高等学校内部治理结构，促进和规范高等学校理事会建设，增强高等学校与社会的联系、合作，根据《中华人民共和国高等教育法》及国家有关规定，制定本规程。”

2015年4月16日，《中共教育部党组2015年党风廉政建设工作要点》第22条指出：“推进高校章程建设，完善高校内部治理结构。”

2017年1月13日，中组部会同教育部印发的《高等学校领导人员管理暂行办法》第四十条指出：“坚持和完善高等学校党委领导下的校长负责制，健全党委统一领导、党政分工合作、协调运行的工作机制。完善学校内部治理结构和内控机制，实行权力清单制度，明确权力运行程序、规则和权责关系，公开权力运行过程和结果，健全不当用权问责机制。”

2017年3月31日，教育部、中央编办、发展改革委、财政部、人力资源和社会保障部《关于深化高等教育领域简政放权放管结合优化服务改革的若干意见》（教政法〔2017〕7号）第七条指出：“完善高校内部治理。”

2. 中央与国务院对“完善高校法人治理结构”规定的基本要点

(1) 提出了“推进教育治理体系和治理能力现代化”

2015年5月4日，《教育部关于深入推进教育管办评分离，促进政府职能转变的若干意见》（教政法〔2015〕5号）指出：“围绕完善和发展中国特色社会主义教育制度、推进教育治理体系和治理能力现代化这一总目标。”

(2) 完善内部治理结构是现代大学制度的必备条件

2015年11月5日，《国务院统筹推进世界一流大学和一流学科建设总体方案》第十条指出：“完善内部治理结构。建立健全高校章程落实机制，加快形成以章程为统领的完善、规范、统一的制度体系。”吕春荣报道：“‘世界一流大学的建设标准，在底线上有相同点，顶端则没有相同点，所以并没有统一的衡量标准。’中国教育科学研究院研究员储朝晖向中新网记者表示，从‘底线’上说，世界一流大学有相同点，都有建立现代大学制度，拥有学校内部的治理意识，以及专业的管理制度等，但‘顶端’没有相同点，一流大学不尽相同，其各有特色，各有长处。”①

(3) 完善内部治理结构是《高等学校章程》主要内容

2010年10月24日，国务院办公厅印发的《关于开展国家教育体制改革试点的通知》第6条指出：“改革高等教育管理方式，建设现代大学制度。……推动建立健全大学章程，完善高等学校内部治理结构。”

① 吕春荣.中国大学明确“世界一流”时间表哪些内功需修炼？[EB/OL].(2015-11-06).http://www.china.com.cn/cppcc/2015-11-06/content_36999427.htm.

2011 年 11 月 28 日，教育部发布的《高等学校章程制定暂行办法》第四条规定："依法完善内部法人治理结构。"

（4）有两个文件是以"完善内部治理结构"为标题的

2011 年 7 月 24 日，《国务院办公厅关于印发分类推进事业单位改革配套文件的通知》（国办发〔2011〕37 号）的配套文件之四《关于建立和完善事业单位法人治理结构的意见》第二条指出："总体要求：要把建立和完善以决策层及其领导下的管理层为主要构架的事业单位法人治理结构，作为转变政府职能、创新事业单位体制机制的重要内容和实现管办分离的重要途径。要明确事业单位决策层的决策地位，把行政主管部门对事业单位的具体管理职责交给决策层，进一步激发事业单位活力。要吸收事业单位外部人员参加决策层，扩大参与事业单位决策和监督的人员范围，进一步规范事业单位的行为，确保公益目标的实现。要明确决策层和管理层的职责权限和运行规则，进一步完善事业单位的激励约束机制，提高运行效率。"

2014 年 7 月 8 日，国家教育体制改革领导小组办公室发布了《关于进一步落实和扩大高校办学自主权，完善高校内部治理结构的意见》（教改办〔2014〕2 号）。

（5）提出了"权力制约"和"廉政风险防控"

中共教育部党组于 2005 年 8 月 31 日发布了《关于贯彻落实〈建立健全教育、制度、监督并重的惩治和预防腐败体系实施纲要〉的具体意见》，其中第 11 条规定："加强对直属机关、直属高校领导班子及其成员的监督。2005 年至 2007 年，坚持完善直属机关、直属高校领导班子集体领导和分工负责制度，探索建立领导班子结构配置中权力分解、有效制约的机制，属于相互制约的权力不能由一个人、一个部门单独承担。"这个权力分解的机制就是大学治理结构。

2014 年 6 月 3 日，《中共教育部党组关于落实党风廉政建设主体责任的实施意见》第二条第三款指出："强化对权力运行的制约和监督，从源头上防治腐败。……强化权力制约，推进教育行政部门简政放权，实行管办评分离，建立机关权力清单和问题清单制度；完善高校内部治理结构，加快构建以高校章程为龙头的制度体系，完善廉政风险防控、防止利益冲突等制度，推行高校公开事项清单，让权力在阳光下运行。"

2015 年 4 月 16 日，《中共教育部党组 2015 年党风廉政建设工作要点》第 22 条指出："完善科学有效的权力制约机制。进一步简政放权，深入落实《教育部职能转变方案》，完善取消和下放审批事项后续监管措施，全部取消非行政许可审批。整治'红顶中介'，消除行政审批'灰色地带'。加快推行清单管理制度，出台教育部机关权力清单和责任清单，规范对保留行政审批事项的管理。认真落实《教育部关于改进评审评估评价和检查工作的若干意见》，出台直属高校落实财务管理主体责任、严肃财经纪律的意见，推进教育管办评分离的意见。推进高校章程建设，完善高校内部治理结构。"

3. 高校内部治理结构与公共文化机构法人治理结构的不同点

(1) 公共文化机构是以理事会为主要形式的法人治理结构

《中共中央关于全面深化改革若干重大问题的决定》第 40 条指出:"明确不同文化事业单位功能定位,建立法人治理结构,完善绩效考核机制。推动公共图书馆、博物馆、文化馆、科技馆等组建理事会,吸纳有关方面代表、专业人士、各界群众参与管理。"

2011 年 3 月 23 日,《中共中央、国务院关于分类推进事业单位改革的指导意见》(中发〔2011〕5 号)第 16 条指出:"建立健全法人治理结构。面向社会提供公益服务的事业单位,探索建立理事会、董事会、管委会等多种形式的治理结构,健全决策、执行和监督机制,提高运行效率,确保公益目标实现。不宜建立法人治理结构的事业单位,要继续完善现行管理模式。"

2017 年 7 月 19 日,中央全面深化改革领导小组第三十七次会议审议通过了《关于深入推进公共文化机构法人治理结构改革的实施方案》,会议指出:"推进公共文化机构法人治理结构改革,要坚持社会主义先进文化前进方向,按照政事分开、管办分离的要求,在公共图书馆、博物馆、文化馆、科技馆、美术馆等公共文化机构推动建立以理事会为主要形式的法人治理结构,吸纳有关方面代表、专业人士、各界群众参与管理,提高公共文化机构管理水平和服务效能,增强公共文化机构活力。"

2014 年 7 月 23 日,文化部办公厅发布了《关于开展公共文化服务标准化等试点工作的通知》(办公共函〔2014〕318 号),其中附件 3 为《公共文化机构法人治理结构试点工作方案》。

(2) 高校内部治理结构不是以理事会为主要形式的法人治理结构

2014 年 7 月 16 日,教育部发布的《普通高等学校理事会规程(试行)》(教育部令第 37 号)第二条指出:"本规程所称理事会,系指国家举办的普通高等学校(以下简称:高等学校)根据面向社会依法自主办学的需要,设立的由办学相关方面代表参加,支持学校发展的咨询、协商、审议与监督机构,是高等学校实现科学决策、民主监督、社会参与的重要组织形式和制度平台。"第四条指出:"高等学校应当结合实际,在以下事项上充分发挥理事会的作用:① 密切社会联系,提升社会服务能力,与相关方面建立长效合作机制;② 扩大决策民主,保障与学校改革发展相关的重大事项,在决策前,能够充分听取相关方面意见;③ 争取社会支持,丰富社会参与和支持高校办学的方式与途径,探索、深化办学体制改革;④ 完善监督机制,健全社会对学校办学与管理活动的监督、评价机制,提升社会责任意识。"

(3) 高校内部治理结构与公共文化机构法人治理结构不同的原因

2011 年 3 月 23 日,《中共中央、国务院关于分类推进事业单位改革的指导意见》(中发〔2011〕5 号)第 9 条指出:"细分从事公益服务的事业单位。根据职责任务、服务对象和资源配置方式等情况，将从事公益服务的事业单位细分为两类：承担义务教育、基础性科研、公共文化、公共卫生及基层的基本医疗服务等基本公益服务，不能或不宜由市场配置资源的，划入公益一类；承担高等教育、非营利医疗等公益服务，可部分由市场配置资源的，划入公益二类。具体由各地结合实际研究确定。”由此可见，高校属于“公益二类”的事业单位，而公共文化属于“公益一类”的事业单位。

（四）高校自主权越扩大越需要完善治理结构

《刻不容缓：确保高等教育可持续发展的未来——“高等学校财务管理与治理”项目成果报告(2004)》在“高等学校自主权及其相应责任”中指出：“该项目的大多数参与国都存在高等学校自主权扩大的趋势。部分原因是由于上文讨论过的一些因素(如大学职责扩展，核心拨款减少，市场压力增长)。一些国别报告指出：扩大高等学校自主权已被列为政府的政策目标。我们这里所谈的‘自主权’主要在学校管理和战略规划方面，而不是教学、研究等方面的学术自由。承担责任(政策意义上)是拥有自主权的必然要求。推动高等学校自主权扩大的那些因素同时要求新机制的建立，以确保高等学校能够回应整个国家或特定区域的公共利益，能够回应不同利益集团的需要。国别报告揭示不同高等学校在其财务和管理自主权方面所处的地位不同。这种不同既表现在同一国家的高等学校之间(不同类型的高等院校之间)，也表现在不同国家的高等院校之间。”

《刻不容缓：确保高等教育可持续发展的未来——“高等学校财务管理与治理”项目成果报告(2004)》还指出：“很多国家都在进行有关高等教育治理和管理、高等学校与政府关系的大讨论。很多人都认为，政府应该‘放松控制’，以允许大学自主决定发展战略并为自身的财务可持续性承担更多责任。政府放松控制的同时，还需要相应地调整高等学校的治理及责任结构。尽管改革的步伐不一，但是本项目的所有参与国都在朝着同一个方向努力。这种改革的结果就是政府作为高等学校‘唯一所有者和核心拨款者’角色的不断淡化，因此，政府对高等学校实现政策目标并保持自身财务可持续性的要求也就变得不那么直接。”

2014 年 1 月 15 日，袁贵仁在 2014 年全国教育工作会议上做了题为“深化教育领域综合改革、加快推进教育治理体系和治理能力现代化”的讲话，他指出：“完善内部治理结构。形成自我约束、自我规范的内部管理体制和监督制约机制。这也是政府放权的制度前提。”

2014 年 11 月 21 日，国家教育体制改革领导小组办公室《关于进一步落实和扩大高校办学自主权完善高校内部治理结构的意见》第三条指出：“坚持权责统一，完善高校内部治理结构。高校应严格遵守国家法律法规，着力完善内部治理结构，切实加强自律机制建设，自觉履行社会责任，维护校园和谐稳定，确保用好办学自主权。”

武德昆指出:“教育综合改革对高校的财务管理提出了新的要求,根据教育部综合改革的思路,教育部要进一步简政放权,主要是加强省级政府的教育统筹。还有就是进一步扩大高校的自主权,行政管理部门进一步向高校放权。凡是地方和学校能够自主管理和决策的事项,尽可能交由地方和学校来负责,减少不必要的行政审批和干预。高校自主权的扩大给高校财务管理提出了更高的要求,改变了政府包揽事业发展的观念。这样的话财务管理的好坏直接影响学校事业的发展,政府简政放权的变化,实际上对高校内部的财务管理来说责任更重,所以这个信息就是高校自主权的变化发展的责任也大了,大学要完善治理结构。另外传递一个信息,就是要提升学校财务的地位,发挥经费在学校事业发展中的作用。财务要主动参与学校事业的发展,这是一个教育综合改革的形势。”

在“十三五”期间,政府将进一步简政放权,教育部门与财政部门等将进一步扩大高校的自主权,高校面向社会,依法自主办学的地位更加明显,高等学校章程越来越重要,高校自主权的扩大给高校财务管理提出了更高的要求。但是,绝大多数高校未制定高等学校章程,已制定高等学校章程的绝大多数高校未明确构建法人治理结构,绝大多数高校尚未形成有效的法人治理结构。

(五)“一流大学”的章程中对“治理结构”的规定

大学章程是现代大学制度的主要载体,法人治理结构是现代大学制度的核心。但“一流大学”章程中对“治理结构”的规定却不容乐观。

章程中未提及“治理结构”的高校有25所:中国人民大学、东南大学、上海交通大学、同济大学、四川大学、西北农林科技大学、兰州大学、天津大学、华东师范大学、北京大学、清华大学、中国农业大学、南开大学、浙江大学、中南大学、中山大学、电子科技大学、中国海洋大学、南京大学、厦门大学、哈尔滨工业大学、中央民族大学、郑州大学、云南大学、新疆大学。

章程中将“治理结构”作为一章的高校有12所:山东大学、东北大学、重庆大学、西安交通大学、北京师范大学、大连理工大学、复旦大学、华中科技大学、湖南大学、北京理工大学、北京航空航天大学、西北工业大学。

二、大学财务治理的相关概念

(一)大学财务治理是大学治理的核心

1. 公司财务治理是公司治理的核心

杨淑娥等认为:“公司财务治理是公司治理问题的核心。”①

张敦力认为:“财务治理结构已成为公司治理结构框架中存在和运行的一个重

① 杨淑娥,金帆.关于公司财务治理问题的思考[J].会计研究,2002(12):51-54.

要系统，在公司治理结构中处于核心地位，是公司治理的灵魂。"①

冯全保认为："财务治理——公司治理的核心。"②

2. 大学财务治理也是大学治理的核心

学者们多次阐述过高校经费的重要性。

教育行政专家罗森庭格说过："学校经费如同学校的脊梁。"③

史密斯—巴克林协会是专门管理非营利组织的协会，在其组织撰写的一本专著中指出："虽然金钱不是万能的，但是，没有金钱(和正确的财务管理方法)，非营利组织就可能会陷入困境。组织需要及时、准确、有意义的财务信息，以评价当前的工作成果，并为未来做计划。"④

高校的资金是高校的血液，它流畅在高校运作的每一个环节；高校的血液没有了，高校的运作就停止了；高校的血液堵塞了，高校的运作就僵持了；高校的财务(资金)风险直接诱发高校的风险。

由此可见，高校的财务治理也是大学治理的核心。

(二) 高校财务治理的概念

财务治理的概念首先是从公司治理角度提出来的，国内学者的主要观点有：

伍中信认为："所谓企业财务治理，应该是一种企业财权的安排机制，通过这种财权安排机制来实现企业内部财务激励与约束机制。企业财务治理作为企业治理的一个重要方面，其目的就是为了解决这种经济利益冲突。"⑤

杨淑娥认为："所谓公司财务治理，是指通过财权在不同利益相关者之间的不同配置，从而调整利益相关者在财务体制中的地位，提高公司治理效率的一系列动态制度安排。"⑥

陈工孟等认为："公司各种治理关系中，最根本的是财权制衡(即财务治理)，而财权制衡中，含有多层次的财务监督安排。如果没有财务监督的安排，或失去财权制衡，公司治理毫无意义。"⑦

学者们对"财务治理"的表述虽然有差别，但"财权制衡"和"制度安排"是共同的。高校财务治理是指高校的利益相关者为了防控财务风险所做的财权制衡的制度安排。

笔者对大学财务治理的定义是"基于一种效率和公平的前提，是对各相关利益

---

① 张敦力. 公司治理的核心：财务治理[J]. 中国审计，2002(4)：45 - 47.

② 冯全保. 财务治理是公司治理的核心[J]. 中国合作经济，2006(5)：36 - 37.

③ 盖浙生. 教育经济学[M]. 台北：三民书局，1985：89.

④ [美]史密斯—巴克林协会. 非营利管理：第2版[M]. 孙志伟，罗陈霞，译. 北京：中信出版社，2004：83.

⑤ 伍中信. 现代企业财务治理结构论纲[J]. 财经理论与实践，2004(3)：62 - 65.

⑥ 杨淑娥，金帆. 关于公司财务治理问题的思考[J]. 会计研究，2002(12)：51 - 54..

⑦ 陈工孟. 公司治理概论[M]. 北京：清华大学出版社，2003：27.

主体的权、责、利进行相互制衡的一种制度安排。大学财权的配置是大学财务治理结构的核心。”①

（三）高校财务治理结构的概念

伍中信认为：“财务治理结构是以财权为基本纽带，逐步确立出资人、董事会、经理人和企业财务人员在财权流动和分割中所处的地位和作用，体现了各主体在财权上相互约束、相互制衡的关系。在此定义基础上，将财务治理结构主要问题可以概括为：如何建立一套以财权为基础的财务理论体系；如何把握以财权为基础的财务运作体系；财务治理结构与法人治理结构的相机治理；如何建立财务激励与约束机制；如何在不同的理财主体间配置财权，如如何实现财权的分层次管理、债权人对企业财务的相机治理。”②

黄菊波、杨小舟认为：“公司的财务治理结构是公司治理结构的一个子系统，从属并取决于公司的治理结构的根本性质。是公司财务决策权、财务执行权和财务监督权的划分与配置。”③

冯巧根认为：“财务治理结构是公司治理结构的一个重要组成部分，其内容与公司治理结构基本相同。主要包括治理主体、治理客体、治理手段。财务治理结构就是这样一种契约制度，它通过一定的财务治理手段，合理配置剩余索取权和控制权，以形成科学的自我约束机制和相互制衡机制，目的是协调利益相关者之间的利益和权责关系，促使他们长期合作，以保证企业的决策效率。”④

龚洪文认为：“何谓公司财务治理结构，简单地说，公司财务治理结构研究的是公司财务经济活动的制度安排问题。狭义地讲，是对有关公司内部所有者、经营者和财务经理等方面的财务制度的设计及优化。广义地讲，是对社会再生产过程中经济组织与各利益相关方在本金投入和收益过程中的财务责任、权利和财务利益进行协调和处理的一整套财务法律法规、观念和制度安排，其核心是公司财务控制权和剩余索取权的分配。可见，公司财务治理结构是关于财务关系的具体表现形式，这种制度安排合理与否是企业绩效最重要的决定因素之一。”⑤

冯全保认为：“公司治理结构影响公司利益相关主体的权利、义务和责任，进而影响公司的管理效率和内部凝聚力，其结果集中体现在公司的财务状况和经营成果上来。这种在公司财务管理活动中动态形成的分别体现各主体在财权上相互约束、相互制衡关系的治理结构，就是财务治理结构。”⑥

① 乔春华. 大学经营的财务视角[M]. 南京：南京大学出版社，2008：114.

② 伍中信. 现代企业财务治理结构论纲[J]. 财经理论与实践，2004(3)：62－65.

③ 黄菊波，杨小舟. 上市公司治理结构与财务治理相关问题的研究[J]. 财政研究，2003(2)：14－19.

④ 冯巧根. 财务范式新论[M]. 上海：立信会计出版社，2000：217－218.

⑤ 龚洪文. 对完善我国上市公司财务治理结构的建议[J]. 财会月刊，2002(11)：21－22.

⑥ 冯全保. 财务治理是公司治理的核心[J]. 中国合作经济，2006(5)：36－37.

上述定义中，有的学者把财务治理与财务治理结构说成一回事。有些学者在论述财务治理与财务治理结构内容时，表述也不一致。

所谓高校财务治理结构的概念是指高校的治理主体（党委会、校长办公会、学术委员会、教代会、学生会等）对治理客体（财权）运用治理手段（制衡、牵制、自我约束、监控等）达到防控财务风险目的的组织安排。

笔者还认为：财务治理与财务治理结构的联系都是“财权制衡”，它们的区别是前者侧重于“制度安排”，后者侧重于“组织安排”。

三、国内外对大学财务治理及其结构研究简介

（一）国外对大学财务治理的研究简介

1. 国外大学财务治理研究简介

国外对大学财务治理的研究早已展开。经济合作与发展组织高等教育管理项目办公室——英格兰高等教育拨款委员会曾于 2004 年发布《刻不容缓：确保高等教育可持续发展的未来——“高等学校财务管理与治理”项目成果报告（2004）》，该报告不仅对我国高等学校财务治理的理论研究具有指导意义，而且对我国高等学校财务治理的实际运作具有巨大影响。①

《报告》指出：“高等学校财务管理与治理项目”共有 8 个国家参与，分别为澳大利亚、爱尔兰、荷兰、瑞典、英国、德国、日本和美国，我国教育部教育发展研究中心由于其他事务繁忙而没有参加此项目。该项目主要是在高等教育规模膨胀和政府拨款有限的前提下，探讨高等学校的财务可持续能力建设问题。项目成果报告认为，扩大高等学校自主权是高等教育经费来源多样化在高等学校治理问题上的必然反映，是确保高等学校财务可持续能力的必然要求。与此同时，政府和高等学校的关系需要重新定位，以确保高等学校的可持续发展和确保高等教育满足公共利益需求的挑战。项目成果报告从国家政策和高等学校管理两方面，审视了实现财务可持续性发展的条件，探讨了市场因素对高等教育发展的作用。项目成果报告所涉及的问题与中国高等教育发展所面临的情况非常相似，有很强的借鉴作用，值得中国高等教育管理部门和高等学校参考。②

---

① 经济合作与发展组织高等教育管理项目办公室——英格兰高等教育拨款委员会. 刻不容缓：确保高等教育可持续发展的未来（上）——“高等学校财务管理与治理”项目成果报告（2004）[J]. 辽宁教育研究，2005(9)：1－8.

经济合作与发展组织高等教育管理项目办公室——英格兰高等教育拨款委员会. 刻不容缓：确保高等教育可持续发展的未来（下）——“高等学校财务管理与治理”项目成果报告（2004）[J]. 辽宁教育研究，2005(10)：1－12.

② 经济合作与发展组织高等教育管理项目办公室——英格兰高等教育拨款委员会. 刻不容缓：确保高等教育可持续发展的未来——“高等学校财务管理与治理”项目成果报告（2004）[J]. 辽宁教育研究，2005(9)：1－8.

《报告》中介绍:爱尔兰对大学的财务治理框架建立在高等教育署与爱尔兰大学校长联席会于2001年发布的《爱尔兰大学的财务治理——实现自主权与责任的平衡》报告之上。这种财务治理框架显示了高等教育署与大学之间的伙伴关系,经过近年来的发展完善,该框架已成为未雨绸缪式良好财务治理的典范,而高等教育署的角色主要就是监督。框架规定了实现良好财务治理的总体要求、治理机构的基本责任、内部审计及校长每年就学校内部管理情况提交的报告等要求。

《报告》中又介绍:澳大利亚的改革方案也包含改善大学治理的内容。联邦政府以一项关于治理方面存在不足的调查为基础,为公立高等学校制定了一套"国家治理标准"(National Governance Protocols)。这些标准通过增强大学理事会对商业行为的监督责任来强化治理工作,还包括要对理事会成员进行正式的职业发展培训。今后,联邦政府是否增加对某个学校的拨款将视该校执行上述标准(以及其他的政策)的情况而定。而在荷兰,高等专业教育大学提交了关于大学治理透明度的报告,提出的很多建议与有关公司治理的类似报告很相像。关于加强监督角色的建议得到了相当程度的重视。

《报告》中还介绍:美国公立高等学校的自主权有着很深远的历史和法律渊源。理事会的责任就是管理公立大学和学院,其作用与非营利性公司的董事会相似。这样,在治理和财务管理方面,理事会促使高等学校舍弃了以政府目标为重心的政策,鼓励采用更为"商业化"的模式。可能有人指出,政府对很多非营利性组织的免税政策与对高等学校的免税政策十分相似,这有利于高等学校在短期供求与长期可持续发展及公共利益之间寻求平衡。

2. 国外大学财务治理结构研究简介

2003年2月底至3月初,根据复旦大学考察团对耶鲁大学的深入调查,耶鲁大学的财务治理结构描述为:耶鲁大学董事会保留了对大学财政事务的最终控制权。董事会下属的财政委员会负责财务状况监督、规划和预算;审计委员会负责监督会计运作;投资委员会负责监督耶鲁捐赠基金和其他投资项目的管理。在校级行政层面,财务管理主要由校长、教务长、负责财务和行政的副校长三人负责,并成立由教务长任主席的预算委员会,同时由几位颇有声望的教授和行政部门的关键人物担任委员。校预算委员会审核大学的长期规划和预算,调查重大的财政问题,并审核一些关键的决定如学费或工资的增加。分管财务和行政的副校长掌管的财务部有三大职能:一是协助预算委员会制定规划;二是负责具体的财务运作;三是负责捐赠资金和资产以及债务的管理。学校每年的财政报告由一家外部的公共会计事务所审计,会计事务所会针对财务管理中的薄弱点和风险做出总结报告。这份报告每年由耶鲁董事会审计委员会审计。为了有效地管理校内财务,学校内部的审计部门要求各个院系每个月提交一份财务报告。耶鲁的财务运作体现了美国社会的三权分立思想:董事会相当于"国会",校长相当于"总统",教务长等人在学校和董事会之间起着联络和协调的作用，而起到监督作用的“司法机构”则主要由外部的公共会计事务所担任。这样的机构设置使得财务决策（立法）、资金运作（行政）和执行监督（司法）三者相对独立，避免了钱权交易。考察团在参观时发现，尽管富可敌国，但耶鲁仍十分节俭，许多办公桌椅虽相当破旧却仍在使用，显然耶鲁是尽可能地把钱花在刀刃上。①

周鲁卫等指出：“耶鲁大学董事会设有 10 个委员会：重大事务委员会（Prudential Committee）、财政委员会、审计委员会、投资委员会、教育政策委员会、机构政策委员会、荣誉学位委员会、建筑与土地委员会、发展与校友事务委员会、托管人责任委员会。重大事务委员会是董事会的执行委员会，由校长和 1～6 名董事会成员组成。其余委员会都安排一位学校行政官员担任该委员会的秘书，以与相应的校行政部门相沟通。例如，负责财务和行政的副校长可出席重大事务委员会的会议和董事会的会议，并担任审计委员会、投资委员会、建筑与土地委员会的秘书。”②

焦笑南指出：“英国 1992 年前成立的大学的治理结构一般设立二个独立机构：校董会（Court）、校务委员会（Council）和学术委员会（Senate）。校董会的作用类似于公司的股东大会，其规模在 50～400 人之间。校务委员会是大学治理机构（Governing Body），负责财务、投资和资产管理，代表大学签订合同。英国大学的校务委员会平均有 33 名委员，组成原则是包括大量校外人员；法律要求 1992 年后的大学设立董事会（Board of Governors）和学术委员会（Academic Board）。董事会是大学治理机构（Executive Governing Body），董事会由 12～24 名董事组成，其中校外工商界独立董事可多达 13 人，董事会主席在校外独立董事中选举产生。主要职责是制定大学的章程和大学的理念，批准年度收入和支出报告，保证学校资源的有效使用，聘任和解聘大学行政负责人，确定行政负责人的工资报酬。”③

（二）国内大学财务治理研究简介

国内对大学财务治理的研究极少，如厦门大学李建发教授的硕士赵建军在 2006 年完成的硕士论文《我国高等学校财务治理问题研究》④。该论文从委托代理理论、公共受托责任、新公共管理理论和治理理论发展的角度，对高等学校财务治理的理论基础进行了逻辑阐述，对高校财务治理体系问题进行了探讨；在对我国高校财务治理现状、存在问题进行剖析后，就建立和完善我国高等学校财务治理体系的相关措施提出十大政策建议。

---

① 周鲁卫，等. 为何耶鲁是耶鲁——耶鲁大学考察报告[J]. 教育发展研究，2004(2)：34－36.

② 周鲁卫，等. 为何耶鲁是耶鲁——耶鲁大学考察报告[J]. 教育发展研究，2004(2)：34－36.

③ 焦笑南. 美国、英国、澳大利亚的大学治理及对我们的启示[J]. 中国高教研究，2005(1)：51－53.

④ 赵建军. 我国高等学校财务治理问题研究[D]. 厦门：厦门大学，2006.

四、大学应健全财务治理体制和运行机制

张维迎博士在讲"为什么提出大学的治理问题"时指出:"其实任何一个组织都有一个治理问题,学校也不例外。涉及大学治理的时候,要讨论的一个问题是:用什么样的制度安排能够保证大学的目标和理念得以实现。大学里同样需要制度安排。这些制度安排就是治理结构,就是大学的治理。"他还指出:"大学的治理涉及一系列问题,比如:大学的控制权究竟应该在谁的手里?是在教授手里还是在行政主管手里,是在校长手里还是学生手里,或者是政府手里?就是说,所有与大学相关的这些人当中,谁应该有控制权?假如一个校长能够拥有控制权,那么这个校长应该对谁负责,也就是说他应该以谁的利益为主来进行决策?这和企业有些不一样。企业比较明确,经理是股东的代理,所以经理决策的时候他应该以股东的利益为主。但是大学没有股东,那么它应该以谁的利益为主做这个决策,就是一个有待讨论的问题。"①

(一) 财务治理体制与财务管理体制的区别

2015年3月5日,习近平在十二届全国人大三次会议上海代表团会议上强调指出:"治理和管理一字之差,体现的是系统治理、依法治理、源头治理、综合施策。"

英国学者鲍博·特里克在2003年指出:"董事会的责任是治理公司,经理的责任是管理企业。"②公司治理与公司管理的关系如图4-1所示。

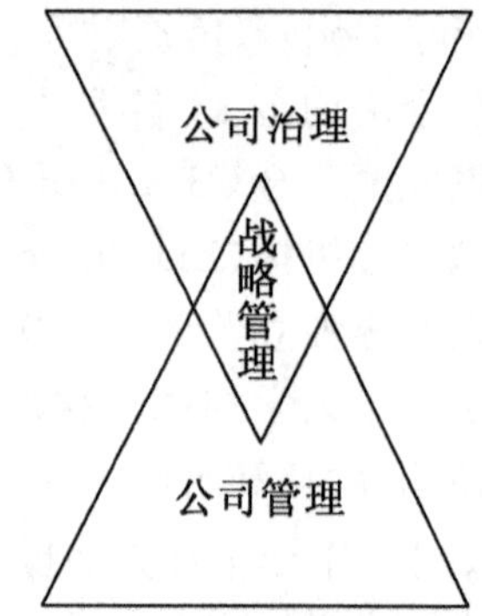

图4-1 公司治理与公司管理的关系

在我国,大学财务治理体制属于党委会层面,大学财务管理体制属于校行政层面。大学财务管理体制在本章第二节阐述。

(二) 大学财务治理体制的构建

《教育部关于直属高校落实财务管理领导责任,严肃财经纪律的若干意见》指出:"规范内部财务治理体制和运行机制。……形成决策权、执行权、监督权既相互制约又相互协调的运行机制。"

由于中国大学没有设置类似国外大学的董事会,因此,中国大学的治理机构很难描述,笔者建议用"党委会+校务委员会"替代类似国外大学的董事会。在财务治理体制方面,校务委员会作为党委会这个决策机构的咨询审议机构,下设财经领导小组、预算委员会和审计委员会,这样又可回避在党委会下直接设财经领导小

① 张维迎.大学的逻辑[M].北京:北京大学出版社,2004:4.

② [英]鲍博·特里克.董事与公司治理[M].刘文军,庄磊,译.北京:中信出版社,2005:4-5.

组、预算委员会和审计委员会。参见图 4－2。

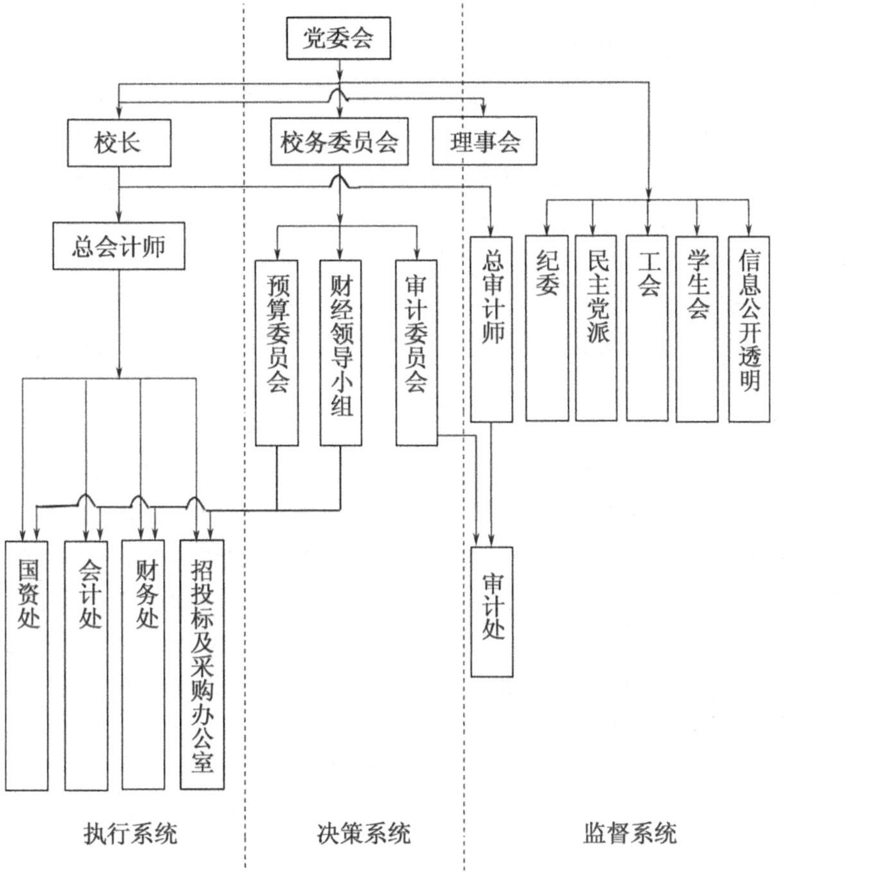

图 4－2　大学财务治理体制图

必须指出，在一些文件和论著中将“财经领导小组”和“预算委员会”等作为高校财务管理体制的内容，笔者认为，它们应属于大学财务治理体制的范畴，因为它们不具有管理层的执行功能，它们属于“专业咨询”，类似于全国人大的财政经济委员会和预算工作委员会，具有参与决策功能。在上述“决策权、执行权、监督权”中属于决策权。此外，审计委员会在国内外的治理结构中都隶属于董事会。

(三) 大学财务治理体制的内容

1. 党委会在大学财务治理体制的领导地位

(1) 党委会是高校法人治理结构中的领导核心和政治核心

① 企业法人治理结构中党组织是领导核心和政治核心

2017 年 4 月 24 日，《国务院办公厅关于进一步完善国有企业法人治理结构的指导意见》(国办发〔2017〕36 号)指出：“坚持党的领导。落实全面从严治党战略部署，把加强党的领导和完善公司治理统一起来，明确国有企业党组织在法人治理结构中的法定地位，发挥国有企业党组织的领导核心和政治核心作用，保证党组织把方向、管大局、保落实。""到 2020 年，党组织在国有企业法人治理结构中的法定地位更加牢固，充分发挥公司章程在企业治理中的基础作用。""坚持党的领导、加强党的建设是国有企业的独特优势。要明确党组织在国有企业法人治理结构中的法定地位，将党建工作总体要求纳入国有企业章程，明确党组织在企业决策、执行、监督各环节的权责和工作方式，使党组织成为企业法人治理结构的有机组成部分。要充分发挥党组织的领导核心和政治核心作用，领导企业思想政治工作，支持董事会、监事会、经理层依法履行职责，保证党和国家方针政策的贯彻执行。"

② 医院把党的领导融入公立医院治理结构，充分发挥公立医院党委的领导核心作用

2017 年 7 月 14 日，《国务院办公厅关于建立现代医院管理制度的指导意见》(国办发〔2017〕67 号)指出："把党的领导融入公立医院治理结构，医院党组织领导班子成员应当按章程进入医院管理层或通过法定程序进入理事会，医院管理层或理事会内部理事中的党员成员一般应当进入医院党组织领导班子。""充分发挥公立医院党委的领导核心作用。公立医院党委要抓好对医院工作的政治、思想和组织领导，把方向、管大局、保落实。""坚持把公立医院党的建设与现代医院管理制度建设紧密结合，同步规划，同步推进。加强和完善党建工作领导体制和工作机制，合理设置医院党建工作机构，配齐配强党建工作力量，建立科学有效的党建工作考核评价体系，进一步落实管党治党主体责任，推进党组织和党的工作全覆盖。"

③ 巡视中几乎所有高校都需要发挥党委会在高校法人治理结构中的领导核心和政治核心作用

2017 年 6 月 16 日，《中央第十三巡视组向北京大学党委反馈专项巡视情况》指出："巡视中，巡视组发现和干部群众反映了一些问题，主要是：党委领导作用发挥不够，'四个意识'不够强，贯彻党的教育方针和重大决策部署不深入，落实扎根中国大地建设世界一流大学的要求不到位。意识形态工作责任制落实不到位。贯彻党委领导下的校长负责制不够自觉。党的建设薄弱，政治保障作用未能充分发挥。党内政治生活不严肃，基层党建工作软弱。"

2017 年 6 月 16 日，《中央第七巡视组向清华大学党委反馈专项巡视情况》指出："巡视中，巡视组发现和干部群众反映了一些问题，主要是：'四个意识'不够强，党委领导作用发挥不够，贯彻党的教育方针在有些方面不够到位，对做好新形势下高校思想政治工作措施不够有力，思想政治工作队伍建设有所弱化。党的建设抓得不够严不够实，党内政治生活不够严格，基层党组织建设存在虚化弱化现象。"

党委会应是大学财务治理体制的核心。习近平新时代中国特色社会主义经济思想深刻内涵的第一条就是"坚持加强党对经济工作的集中统一领导，保证我国经

济沿着正确方向发展”。

2014 年 10 月 15 日，中共中央办公厅印发的《关于坚持和完善普通高等学校党委领导下的校长负责制的实施意见》强调指出的“党委统一领导学校工作”第 1 条指出：“高等学校党的委员会是学校的领导核心，履行党章等规定的各项职责，把握学校发展方向，决定学校重大问题，监督重大决议执行，支持校长依法独立负责地行使职权，保证以人才培养为中心的各项任务完成。”

《教育部关于直属高校落实财务管理领导责任，严肃财经纪律的若干意见》第一条指出：“全面落实财务管理领导责任。高等学校实行党委领导下的校长负责制。直属高校党委要切实负起对学校财务管理工作的领导责任。全面贯彻执行党和国家财经方针政策和决策部署，持之以恒深入贯彻落实中央八项规定精神。严格遵守国家财经法律法规，真抓真管，使财经纪律真正成为带电的高压线。积极配合上级主管部门做好总会计师委派工作，选好用好财务机构负责人。讨论决定事关学校改革发展稳定的重大财经事项和管理制度，健全规范学校财务管理的长效工作机制，强化对权力运行的制约和监督。支持总会计师（财务分管领导）、财务机构负责人、财务人员依法履行职责，支持内部审计工作，支持纪检监察部门查处违反财经法律法规和财经纪律问题。……党政领导班子其他成员要带头贯彻执行国家财经法律法规，按照‘一岗双责’的要求，根据分工抓好职责范围内的财经管理工作。”

2014 年 11 月 17 日，《教育部关于加强直属高校直属单位财务队伍建设的意见》（教人〔2014〕6 号）第二条强调了“切实落实单位领导班子在财务管理工作中的主体责任”，其第一款指出：“各单位领导班子承担财务管理的主体责任。财务工作是单位工作的重要组成部分。各单位应从事业发展基础和重要支柱的角度定位财务工作，充分认识加强财务工作的必要性和重要性，不断提高单位领导班子为民理财、依法理财、科学理财、平安理财的能力和水平。完善领导班子决策制度和议事规则，凡属重大决策事项、重大项目安排、大额资金使用等重大问题，要加强前期论证，要由单位领导班子集体研究决定，落实分工负责，切实承担财务管理的主体责任。”第二款指出：“党政主要领导干部要强化主体责任、主体意识。把财经纪律作为高压线，严格执行八项规定、国务院‘约法三章’、各项财经法律法规等。做到对重要财务工作亲自部署、重大财务问题亲自过问、重点环节亲自协调，切实抓好班子、带好队伍、管好自己。”第三款指出：“加强单位内部财务管理与监督。各单位主要领导同志应当支持总会计师、财务机构、财务人员依法行使职权。特别是要充分发挥总会计师的专业化管理作用。严格遵守和执行国家财经法规，进一步完善内部控制制度，加强自我约束、自我监督，防范财务风险。大力支持财务队伍建设和信息化建设，全面提高财务人员素质，不断提升业务水平和服务能力。”

2015 年 5 月 4 日，《教育部关于深入推进教育管办评分离，促进政府职能转变的若干意见》(教政法〔2015〕5号)第13条指出:“完善学校内部治理结构。进一步加强和改善党对学校的领导,在公办高等学校落实《中共中央办公厅关于坚持和完善普通高等学校党委领导下的校长负责制的实施意见》(中办发〔2014〕55号)。”

2017年1月13日,中组部分别会同教育部印发的《高等学校领导人员管理暂行办法》第三十七条指出:“加强权力运行的监督,重点监督领导班子和领导人员贯彻民主集中制,坚持集体决策,落实‘三重一大’决策制度,公道正派选人用人等情况,加大对招生录取、职务(职称)评聘、基建项目、物资采购、财务管理、科研经费使用、校办企业等重点领域和关键环节的监督力度。”

在全国高校的巡视中无一例外地强调了党委领导下的校长负责制,强化了党委会的领导地位,因此,党委会应是大学财务治理体制的核心。

(2) 党委会是大学法人治理结构核心的法律尴尬

① 关于“大学法人治理结构”的规定

十八届三中全会的《中共中央关于全面深化改革若干重大问题的决定》第15条指出:“推动公办事业单位与主管部门理顺关系和去行政化,创造条件,逐步取消学校、科研院所、医院等单位的行政级别。建立事业单位法人治理结构。”

2011年3月23日,中共中央、国务院发布了《关于分类推进事业单位改革的指导意见》在提到“推进从事公益服务事业单位改革”时,第16条规定:“建立健全法人治理结构。”

2011年11月28日,教育部发布的《高等学校章程制定暂行办法》第四条规定:“依法完善内部法人治理结构。”

② “大学法人治理结构”的“法人”是校长

顾名思义,“法人治理结构”的核心应是“法人”。《中华人民共和国高等教育法》第30条指出:“高等学校自批准设立之日起取得法人资格。高等学校的校长为高等学校的法定代表人。”这在法律上遇到了尴尬。

2. 校务委员会领导下的财经领导小组、预算委员会和审计委员会

2003年2月底至3月初,根据复旦大学考察团对耶鲁大学的深入调查,耶鲁大学的财务治理结构描述为:耶鲁大学董事会保留了对大学财政事务的最终控制权。董事会下属的财政委员会负责财务状况监督、规划和预算;审计委员会负责监督会计运作;投资委员会负责监督耶鲁捐赠基金和其他投资项目的管理。在校级行政层面,财务管理主要由校长、教务长、负责财务和行政的副校长三人负责,并成立由教务长任主席的预算委员会,同时由几位颇有声望的教授和行政部门的关键人物担任委员。校预算委员会审核大学的长期规划和预算,调查重大的财政问题,并审核一些关键的决定如学费或工资的增加。[①]

① 周鲁卫,等.为何耶鲁是耶鲁——耶鲁大学考察报告[J].教育发展研究,2004(2),34-36.

(1) 校务委员会

① 校务委员会的性质是咨询审议机构，属于现代大学治理机构

1984年12月19日，教育部党组发布的《关于高等学校试行设立校务委员会的通知》规定："校务委员会的成员，应以教育工作有见解，在学术上造诣较深的学者或富有经验的老教育工作者为主体，也要有在教学、科研和管理等方面做出贡献的优秀中青年代表参加。""高等学校校务委员会是学校工作的咨询机构，在校长领导下开展工作，并可以受校长委托，代表学校进行某些活动"。

1985年5月27日，《中共中央关于教育体制改革的决定》指出："学校逐步实行校长负责制，有条件的学校要设立由校长主持的、人数不多的、有威信的校务委员会，作为审议机构。"

《高等学校章程制定暂行办法》第十二条规定："对学校根据发展需要自主设置的各类组织机构，如校务委员会、教授委员会、校友会等，章程中应明确其地位、宗旨以及基本的组织与议事规则。"

杨育才报道："校务委员会，则是现代大学治理机构重要组成部分。根据试点要求，各高校要探索建立由举办者代表、学校党政负责人、教职工代表、企业行业代表和社会知名人士等多元主体参与的校务委员会(董事会、理事会)制度，完善学校治理结构，提升决策科学性。"①

② 校务委员会的主任由谁担任

a. 法规曾规定校长任校务委员会主任

如上述两个法规(《关于高等学校试行设立校务委员会的通知》《中共中央关于教育体制改革的决定》)中规定"在校长领导下开展工作"，"由校长主持的"。

b. 也可以由党委书记担任主任

《清华大学章程》第二十六条规定："学校设校务委员会作为咨询审议机构，依照有关规章产生和行使职权，通过民主协商，定期讨论关系本校全局的决策并提供咨询意见。校务委员会的成员包括部分学校负责人和院系负责人、校工会主席、教授专家及其他方面代表。校务委员会设主任一名、副主任若干名，主任由校党委书记担任。校务委员会主任、副主任可代表学校参加校内外活动。"

《上海交通大学》第二十二条指出："校务委员会主任由学校党委书记担任。"

《山东大学》第六十条指出："校务委员会主任由校党委书记担任。"

《中国农业大学》第二十一条指出："校务委员会设主任一名，由学校党委书记担任。"

《复旦大学》第十四条指出："学校党委书记任校务委员会主任。"

《厦门大学》第十九条指出："校务委员会主任由学校党委书记担任。"

---

① 杨育才. 沪7所高校首批试建现代大学制度校务委需吸收企业代表[N]. 东方早报，2014-09-24.

从这次高校的巡视结果看，要落实党委领导下的校长负责制，党委书记担任校务委员会的主任，校长担任校务委员会的第一副主任。

③ 香港大学校务委员会有财权

《香港大学规程》在“第二十二章校务委员会的权力”中指出：“校务委员会有权：a. 管理大学的财政、账目、投资、财产、校务及所有事务，并为此而委任银行家、大律师、律师及其认为合宜的人员或代理人；b. 将包括任何未拨用收入的大学款项，投资于其认为适当的股额、基金、全部缴足款项的股份或证券、按揭、债权证或债权股证，不论该等投资是否规管信托款项投资的一般法律所授权者，亦不论其是否在香港之内所做的投资，而校务委员会亦有权以该等大学款项在香港购买批租土地财产作为投资，并以出售后再投资或以其他方式更改任何投资；c. 代表大学购买、批予、出售、转易、转让、放弃、交出与交换土地财产和非土地财产、将土地财产和非土地财产予以分划、按揭、批租与再转让以及接受他人将土地财产及非土地财产租赁予大学；d. 提供大学需用的建筑物、处所、家具、仪器及其他工具；e. 代表大学借款，并为此而将大学的所有或部分财产（不论是土地财产或是非土地财产）按揭，或以该等土地财产或非土地财产或其他财产提供其认为适当的其他抵押：但大学所借及所欠的款项在任何时间不得超过＄100 000的总额，但如经校务委员会在会议上通过决议认许，并于该次会议举行最少7天后特别为此而召开的校务委员会会议上，得到四分之三出席会议并在席上投票的校务委员投票确认，则不在此限。”上述校务委员会的前五项权力都涉及财务领域。

（2）财经领导小组

① 财经领导小组的规定

1994年11月17日，国家教委发布的《关于当前国家教委委属高校财经工作中几点意见的通知》（教财〔1994〕64号）第二条指出：“为了提高校一级的统筹调控能力，学校的财经管理工作必须实行‘统一领导，分级管理’的原则和体制。有条件的学校应成立由学校主要领导负责的财经领导小组，统一领导协调学校财经工作。委属高校内部应实行统一的财经政策和制度，各项财经政策和制度要协调一致，符合国家有关的财经规定。各项财经制度应由财务处在财经领导小组组织和协调下统一制订和颁布，各校内单位不得各自为政。”

2000年6月12日，《教育部、财政部关于高等学校建立经济责任制、加强财务管理的几点意见》（教财〔2000〕14号）指出：“学校财经工作要坚持校（院）长负责制，坚持‘一支笔’审批制度。有条件的学校应成立由学校主要领导负责的财经领导小组，统一领导协调学校的财经工作。学校财经工作要增加透明度、增强严肃性，与学校发展规划相适应的经费需求计划的制定、年度预算安排及执行、对外投资、重要财务岗位负责人的任免等重大财经工作应建立科学合理的工作程序，经过集体讨论，按照民主集中制的原则决定。要在严格遵守国家法规规定的基础上，结合实际，建立健全内部规章制度，确保有章可循。”

2004 年 10 月 18 日，《教育部、财政部关于进一步加强直属高校资金安全管理的若干意见》(教财〔2004〕38 号)第四条指出：“对于大额资金的流动，以及非常规资金支付业务(如借出款、为外单位垫款、超预算付款等)，应建立集体讨论决策制度。先由学校财务部门根据校内部门的书面申请提出初步意见，经校财经领导小组对其真实性、合理性、合法性进行审查，同意后再提交学校领导集体讨论决策。财务部门根据学校会议纪要或决定办理相关资金业务。具体操作办法由各校根据实际情况研究制定并报教育部财务司备案。”

2007 年 1 月 15 日，《教育部　财政部关于“十一五”期间进一步加强高等学校财务管理工作的若干意见》(教财〔2007〕1 号)第 6 条指出：“高等学校应成立由学校主要领导负责、相关领导和部门负责人参与的财经领导小组，统一领导和协调学校的财经工作，提高学校对财经工作的统筹调控能力。”第 7 条指出：“高等学校应建立和完善重大问题集体决策制度、专家咨询制度和决策责任追究制度。凡学校重大经济决策、重大投资(融资)项目以及大额资金使用，必须组织相关专家进行科学论证，经学校财经领导小组研究后，提交学校最高决策机构集体讨论决定。”

② 财经领导小组的职责

a. 审查与学校发展规划相适应的经费需求计划的制定。

b. 审查财经方面的规章制度。

c. 审查对外投资等大额资金的流向。

d. 审查重要财务岗位负责人的任免。

e. 审查财经方面的其他重要事项。

③ 财经领导小组应是咨询审议机构，不属于行政执行系统

如上述文件所指的“统一领导和协调学校的财经工作”和“各项财经制度应由财务处在财经领导小组组织和协调下统一制订和颁布”其实是行政职能，应由校长为首总会计师为辅的行政系统去“统一领导和协调学校的财经工作”并统一制订和颁布各项财经制度。

④ 香港大学校务委员会还下设“财务委员会”

《香港大学规程》校务委员会还下设“财务委员会”。在“第二十四章财务程序”中指出：“校务委员会须委出财务委员会，并可委任校务委员以外的人为该会的成员；凡属校务委员会管辖范围内而又在财政方面有重大关联的事宜，均须提交财务委员会处理。”

(3) 预算委员会

《教育部直属高校经济活动内部控制指南(试行)》中的《内部控制应用指南》“第 2 号——预决算管理”第五条指出：“高校应设立预算管理委员会或类似机构，负责拟定预决算政策，审议年度预算及具体分解方案，协调解决预算编制、调整与

执行过程中出现的问题，组织开展预算绩效考核和预决算结果分析评价等工作。”

① 境内外大学预算委员会的设置

a. 境外的大学设置预算委员会：

如称“预算委员会”有美国的伯克利大学，澳大利亚、新西兰等的大学。

称“资源调配委员会”有香港城市大学、香港中文大学。

b. 境内的文件中未规定过高校设置预算委员会，但不少大学设置预算委员会：

称“预算委员会”有汕头大学等。

称“预算管理委员会”有中央财经大学、长沙电力职业技术学院等。

称“资金预算委员会”有中国石油大学。

称“资金预算管理委员会”有西南石油大学。

称“预决算工作委员会”有复旦大学。

称“财务收支预算委员会有”华北电力大学。

称“预算与投资委员会”有广东商学院。

称“预算专家委员会”有中国科学技术大学。

称“经费预算审查委员会”有南方医科大学等。

在高等学校章程中提及“预算委员会”的如：《复旦大学预决算工作委员会章程》《广东商学院预算与投资委员会章程》《中国科学技术大学预算专家委员会工作规则（试行）》《中央财经大学预算管理委员会工作细则》《华北电力大学财务收支预算委员会工作规则》《国立中兴大学经费稽核委员会组织章程》《高雄医学大学预算委员会设置办法》《中国医药大学预算委员会设置办法》等。笔者认为，“预算委员会”有个章程并称《章程》为好。

② 关于高校预算委员会的性质

香港城市大学是作为学校预算管理的决策机构。

广东商学院预算与投资委员会是学校实施全面预算管理和投资决策的咨询机构。

复旦大学预决算工作委员会的主要职能是：对学校预算管理办法等重大政策进行研究、审议和修改，并提出方案，供校长办公会议（党政联席会议）决策等。

中国科学技术大学预算专家委员会是学校可分配预算经费的项目论证与检查评估的议事机构。

华北电力大学预算委员会学校预算委员会对学校校长办公会议负责，校长办公会议是学校预算管理的最高决策机构。

由于名称不同，职责不同，因此，性质也不同。笔者倾向预算审定和咨询机构。

③ 有的学者建议预算委员会设在党委会

不少学者认为预算委员会应设在党委会，如王丽萍等认为：“目前国内不少高校建立了党委领导下由校长负责的预算管理委员会，负责管理学校的资金预算及其预算分配。”[①]张思强认为：“建立党委书记负责的绩效预算委员会。实行绩效预算，必须解决的第一个问题是谁来对绩效预算负责。我国香港和美国、澳大利亚高校的普遍做法是设立专门的预算委员会来对绩效预算负责。但这个预算委员会由谁来牵头呢？我们认为，能够选择的最佳方案是将预算委员会设在党委会。”[②]彭杰武认为：“要建立绩效预算委员会，它是高校内部绩效预算管理体系最高决策机构，结合我国高校财务管理要求，该机构应设在党委会。”[③]

④ 关于高校预算委员会的职责

高校预算委员会的职责：审查预决算方案；审查预算调整方案；监督预算执行等。

(4) 审计委员会

① 大学设立审计委员会的规定

2003 年 3 月 4 日，《审计署关于内部审计工作的规定》(审计署令第 4 号)第三条规定：“国家机关、金融机构、企业事业组织、社会团体以及其他单位，应当按照国家有关规定建立健全内部审计制度。法律、行政法规规定设立内部审计机构的单位，必须设立独立的内部审计机构。设立内部审计机构的单位，可以根据需要设立审计委员会，配备总审计师。”

② 审计委员会是董事会中最重要的委员会

笔者曾收集过不少审计委员会是董事会中最重要的委员会的论述。

阿瑟·洛克说过：“审计委员会肯定是董事会中最重要的委员会。”[④]

拉夫尔·D. 沃德(Ralph D. Ward)认为：“审计委员会是现代董事会中最有组织的委员会。”[⑤]

拉姆·查然(Ram Charan)指出：“大多数董事会只需要 3～4 个专业委员会。审计委员会和管理发展委员会(或薪酬委员会)是法定的。”[⑥]

阿瑟·利维特(Arthur Levitt)指出：“最后，称职、专注、独立和严厉的审计委员会是公众利益的最可靠守护者。”[⑦]

Arthur Levitt 又指出：“我认识到保护公众利益的最可靠的监护人之一，是一个有能力、守承诺、具独立精神和坚强意志的审计委员会。唯其重要，美国每一个

① 王丽萍，郭岚，张勇. 高校新绩效预算管理体系研究[J]. 财会通讯：学术版，2008(7)：110－113.
② 张思强. 高等学校绩效预算的理论框架[J]. 事业财会，2006(4)：4－6.
③ 彭杰武. 绩效预算对高校内涵发展的促进作用探讨[J]. 保山师专学报，2008(5)：98－101.
④ [美]苏珊·F. 舒尔茨董事会白皮书[M]. 李犁，等译. 北京：中国人民大学出版社，2003：172.
⑤ [美]拉尔夫·D. 沃德. 新世纪董事会：公司董事的新角色[M]. 黄海霞，译. 上海：上海交通大学出版社，2002：191.
⑥ [美]拉姆·查然. 顶级董事会运作[M]. 武利中，译. 北京：中国人民大学出版社，2003：35.
⑦ 黄世忠. 会计数字游戏：美国十大财务舞弊案例剖析[M]. 北京：中国财政经济出版社，2003：390.

公众公司不能没有审计委员会。”[①]

审计委员会定位在公司治理的最高层面上。[②]

没有审计委员会存在时务必小心。[③]

③ 审计委员会是治理结构的四大基石之一

国际内部审计师协会在 2002 年 7 月 23 日对美国国会的建议中指出:“一个健全的治理结构是建立在有效治理体系的四个主要条件的协同之上的,这四个主要条件是董事会、执行管理层、外部审计和审计委员会,并称之为公司治理的‘四大基石’。”

审计委员会是公司治理的四大基石之一,定位在公司治理的最高层面上。同理,高校审计委员会是高校治理的基石之一。

④ 审计委员会领导下的内部审计体制

笔者曾撰文阐述过大学审计委员会研究,建议我国高校设置审计委员会,将内部审计置在高校治理的层面上。[④]

谭东杰的研究表明:“目前美国大多数高校内部审计部门属于审计委员会领导下的管理体制,如美国耶鲁大学(Yale University)、波士顿大学(Boston University)等,这种管理体制下的内部审计立足点显然是高校出资者,因此内部审计机构既独立于校长,又独立于学校各职能部门,独立性最强,能够很好地发挥审计的作用。”[⑤]

苏运法的研究表明:“马里兰大学审计章程规定:内部审计对董事会审计委员会负责,并向他们提供审计报告,它是马里兰大学行政管理系统的一部分。为了管理的需要,内部审计部门可以向校长提交报告。为了管理,校长可以和内审部门负责人一起,保证内部审计部门独立性的专业水平以及保证内部审计有足够的资源完成它的使命”。

黄钰彬的研究显示:“2002 年,香港特区政府审计署通过对香港几所大学进行审计,建议大学设立独立的审计委员会,强化内部审计职能。香港城市大学董事会的 6 名校外成员被吸收为审计委员会成员,内部审核组直接对审计委员会负责,而审计委员会作为非行政部门向校董事会负责,其审计工作的结果向董事会报告,这使内部审计部门的地位得到提高,其独立性也得到加强。”[⑥]

司艳萍、朱守真指出:“风险管理和相关机构设置。哈佛大学将风险管理与审

① [美]亚瑟·莱维特. 公司治理结构的新标准[J]. 证券市场导报,2001(7):72-75.

② 全美证券交易商协会,纽约证券交易所. 新的公司治理最终规则,2003.

③ [美]霍华德·施利特. 财务骗术[M]. 吴谦立,译. 上海:上海远东出版社,2003:45.

④ 乔春华. 大学审计委员会研究[J]. 教育财会研究,2008(5):42-47.

⑤ 谭东杰. 中美高校内部审计问题比较研究[D]. 长春:东北师范大学,2009:14.

⑥ 黄钰彬. 境外高校内部审计对我们的启示[J]. 经济研究导刊,2009(20):132-133.

计整合为一个部门，即风险管理与审计服务部门（Risk Management & Audit Services，RMAS），其职责是辅助管理部门识别、管理和应对风险，并且为哈佛大学运营、教学和科研活动正常运转中的风险管理过程提供保证。在哈佛大学，校长和教务长代表管理层，确保大学存在良好的风险管理并使其发挥作用，并设立风险管理委员会，主要是在识别、讨论和解决风险方面，为校长和教务长提供咨询服务和决策意见。RMAS在董事会的审计委员会指导下开展工作，对于所有财务、运营和内部控制负有监督检查责任，并直接向董事会报告工作、向财务副校长兼首席财务官报告业务工作，同时向审计委员会至少每年报告工作4次和提供年度工作报告以及目前的财务、运行、内部控制和大学声誉风险情况。”①

毛成银的研究显示：“加拿大高校内部审计隶属于审计委员会，其审计人员全部由审计委员会聘用，并向审计委员会和主管财务审计的副校长报告工作。加拿大大学章程规定，任何单位必须接受审计。”②

3. 校长在大学财务治理体制的重要地位

（1）校长及其校长办公会议或校务会议是决策层

① 校长拥有高校财务治理体制的决策权

党员校长是党委会的第一副书记，又是校务委员会的第一副主任，拥有高校财务治理体制的决策权。

② 校长办公会议或校务会议是学校行政议事决策机构

《关于坚持和完善普通高等学校党委领导下的校长负责制的实施意见》第4条指出：“校长是学校的法定代表人，在学校党委领导下，贯彻党的教育方针，组织实施学校党委有关决议，行使高等教育法等规定的各项职权，全面负责教学、科研、行政管理工作。”第8条规定：“校长办公会议或校务会议是学校行政议事决策机构。”

（2）以校长为首的行政班子拥有高校财务治理体制的执行权

《教育部关于直属高校落实财务管理领导责任，严肃财经纪律的若干意见》第一条指出：“校长是学校的法定代表人，在学校党委领导下，全面负责学校财务管理工作。组织拟订和实施重大决策事项、重大项目安排、大额资金使用、预算安排、重要财经管理制度及信息公开工作。加强财务队伍建设。强化财务管理和内部审计监督。加强国有资产管理，防止国有资产流失。对各级各部门巡视、监察、审计、检查中发现的问题，应及时组织整改，注重结果运用。向党委报告重大财经决议执行情况，向教职工代表大会报告财务工作。”

学校应建立以校长为首的高校财务管理体制。

① 司艳萍，朱守真.美国高校风险管理与审计整合发展的启示[J].中国内部审计，2010(6)：44－45.

② 毛成银.加拿大高校财务管理、内部审计的特点及借鉴[J].南京工业职业技术学院学报，2012(4)：77－80.

（3）校长拥有高校财务治理体制的监督权

参照《中华人民共和国宪法》第九十一条关于“审计机关在国务院总理领导下，依照法律规定独立行使审计监督权”的规定，高校校长领导内部审计部门。上述《审计署关于内部审计工作的规定》要求企业事业组织“设立内部审计机构的单位，可以根据需要设立审计委员会，配备总审计师”。目前，不少政府审计机关和大型企业配备了总审计师，上市公司大多数设立审计委员会。

上述，校长在高校财务治理体制中拥有决策权、执行权、监督权，但主要是执行权。我国高校财务治理体制中的决策权是党委会的集体决策权，而监督权主要由纪委、监察、审计、民主党派、工会、学生会以及信息公开透明等的合力监督。

4. 学术委员会行使学术事务的决策、审议、评定和咨询等职权

《国家教育体制改革领导小组办公室关于进一步落实和扩大高校办学自主权完善高校内部治理结构的意见》（教改办〔2014〕2 号）第三条第二款规定：“保障学术组织相对独立行使职权。认真落实《高等学校学术委员会规程》，依法设立学术委员会，健全以学术委员会为核心的学术管理体系与组织架构，统筹行使学术事务的决策、审议、评定和咨询等职权。高校应当充分发挥学术委员会在学科建设、学术评价、学术发展和学风建设等事项上的重要作用，完善学术管理的体制、制度和规范，积极探索教授治学的有效途径，尊重并支持学术委员会独立行使职权。建立完善对违反学术规范、学术道德行为的认定程序和办法，维护良好的学术氛围。”

2014 年 1 月 29 日，《高等学校学术委员会规程》（教育部令第 35 号）规定：“为促进高等学校规范和加强学术委员会建设，完善内部治理结构，保障学术委员会在教学、科研等学术事务中有效发挥作用，高等学校应当依法设立学术委员会，健全以学术委员会为核心的学术管理体系与组织架构；并以学术委员会作为校内最高学术机构，统筹行使学术事务的决策、审议、评定和咨询等职权。”

《关于坚持和完善普通高等学校党委领导下的校长负责制的实施意见》第 14 条指出：“加强学术组织建设，健全以学术委员会为核心的学术管理体系与组织架构，合理确定学术组织人员构成，制定学术组织章程，保障学术组织依照章程行使职权，充分发挥其在学科建设、学术评价、学术发展和学风建设等方面的重要作用，积极探索教授治学的有效途径。”

《中共教育部党组 2015 年党风廉政建设工作要点》第 22 条指出：“完善科学有效的权力制约机制。进一步简政放权，推进高校章程建设，完善高校内部治理结构，充分发挥教职工代表大会、学术委员会的重要作用。严格执行‘三重一大’集体决策制度，完善群众参与、专家咨询和集体决策相结合的决策机制。”

5. 纪委、审计在大学财务治理体制的监督地位

2015 年 4 月 16 日，《中共教育部党组 2015 年党风廉政建设工作要点》第 17 条指出：“深化高校招生领域突出问题治理。”第 18 条指出：“巩固违规使用科研经费

治理成果。”第 19 条指出：“集中治理高校国有资产管理中的突出问题。”第 20 条指出：“坚决治理教育领域违规收费问题。”

（1）纪委、监察

《教育部关于直属高校落实财务管理领导责任，严肃财经纪律的若干意见》第二条指出：“要明确财务、审计、纪检监察及相关业务部门的职责分工，明晰经费投入的前期论证、执行过程的审核监督、事后的绩效评价等环节的责任边界，形成决策权、执行权、监督权既相互制约又相互协调的运行机制。”

2014 年 6 月 4 日，《中共教育部党组关于落实党风廉政建设主体责任的实施意见》第二条第三款指出：“强化对权力运行的制约和监督，从源头上防治腐败。推进预防腐败工作，健全惩治和预防腐败体系，依法治教，依法治校，构建决策科学、执行坚决、监督有力的权力运行体系。……强化权力制约，推进教育行政部门简政放权，实行管办评分离，建立机关权力清单和问题清单制度；完善高校内部治理结构，加快构建以高校章程为龙头的制度体系，完善廉政风险防控、防止利益冲突等制度，推行高校公开事项清单，让权力在阳光下运行。强化权力监督，落实集体领导和分工负责、重要情况通报和报告、述职述廉、民主生活会、信访处理、谈话和诫勉、询问和质询、特定问题调查等监督制度，加强和改进对主要领导干部行使权力的制约和监督。”在第四条中规定：“健全落实党风廉政建设主体责任和监督责任协调机制。就以下党风廉政建设中的重要事宜进行沟通、分析、研判。中央关于党风廉政建设的重大决策部署，党风廉政建设工作部署及落实中需要协调的事宜，分管部门和联系单位发生违纪违法问题的重要情况，监督检查和调研中发现的有关党风廉政和不正之风问题，群众反映的倾向性问题和领导干部存在的苗头性问题，招生、科研、学术、财务、基建、资产等方面存在的管理问题。”

2014 年 12 月 16 日，《中共教育部党组关于落实党风廉政建设监督责任的实施意见》（教党〔2014〕50 号）第 3 条指出：“加强领导班子和领导干部监督。对所在单位各级领导班子及其成员落实党风廉政建设责任制、民主集中制和‘三重一大’决策制度等情况进行监督。对领导干部履行职责和行使权力进行监督，重点监督执行党的政治纪律、组织纪律、廉政纪律和作风建设、廉政勤政等情况。强化对所在单位各级领导班子主要负责同志、重要岗位干部和可能还要提拔使用的干部的监督。”第 5 条指出：“严肃查处腐败问题。坚持有信必办、有案必查、有腐必惩，重点查处党的十八大以后不收敛不收手，问题线索反映集中、群众反映强烈，现在重要岗位且可能还要提拔使用的领导干部。严肃查办领导干部违反政治纪律、组织纪律案件，以及贪污贿赂、权钱交易、腐化堕落、失职渎职等案件，严肃查处滥用权力违反程序选拔任用干部、干预职称评定、违规招生等问题，严肃查处利用职务插手基建后勤、所属企业、招标采购、附属医院等领域的问题。加大惩戒力度，严格责任追究，实施‘一案双查’，对发生重大腐败案件和不正之风长期滋生蔓延的单位，既要追究当事人责任，又要追究相关领导责任，特别是主要负责人的责任。”

（2）内部审计

《中共教育部党组关于落实党风廉政建设监督责任的实施意见》第13条指出："推进教育部门、纪检监察部门与检察机关、审计部门等方面的合作，增强查信办案工作合力。”

《教育部关于直属高校落实财务管理领导责任，严肃财经纪律的若干意见》第十五条指出："加强内部审计工作。深入落实《教育部关于加强直属高等学校内部审计工作的意见》。学校主要负责人应直接领导内部审计工作。应设置独立内部审计部门，足额配备专职审计人员，切实加强内部审计专业化建设。强化预算管理审计、内部控制审计、经济责任审计，加强对科研经费管理、建设工程管理、采购管理、资产管理等重点领域的审计。拓展内部审计范围，探索开展重要政策跟踪审计、适时开展专项审计调查。强化审计结果运用，加强审计整改和责任追究，推进审计结果公开。”

2015年2月15日，《教育部关于加强直属高等学校内部审计工作的意见》（教财〔2015〕2号）第1条指出："进一步提高对内部审计工作重要性的认识。内部审计是规范权力运行的重要手段，是强化过程监管的重要方式，是提高资源绩效的重要保障。加强内部审计工作，是完善学校内部治理结构和健全权力约束机制的重要措施，对促进高校科学发展具有重要意义。要高度重视内部审计工作，切实发挥内部审计'免疫系统'作用，通过内部审计规范学校经济管理，落实领导干部经济责任，提高资源绩效。”第2条指出："健全内部审计工作领导机制。学校主要负责人应直接领导内部审计工作，定期听取审计工作报告，及时研究解决审计工作中遇到的问题和困难，把审计结果作为相关决策的重要依据。要加强内部监督管理部门间的沟通交流，综合利用监督成果。”

6. 群众团体、民主党派等在大学财务治理体制的监督地位

（1）民主党派在大学财务治理体制的监督地位

《关于坚持和完善普通高等学校党委领导下的校长负责制的实施意见》第15条指出："发挥教职工代表大会及群众组织作用，健全师生员工参与民主管理和监督的工作机制。实行党务公开和校务公开，及时向师生员工、群众团体、民主党派、离退休老同志等通报学校重大决策及实施情况。推行高等学校党员代表大会代表任期制和提案制，健全学校党委常委会向全委会报告工作并接受监督等制度。”

（2）教职工代表大会与校工会在大学财务治理体制的监督地位

《中华人民共和国高等教育法》第四十三条规定："高等学校通过以教师为主体的教职工代表大会等组织形式，依法保障教职工参与民主管理和监督，维护教职工合法权益。”

《国家教育体制改革领导小组办公室关于进一步落实和扩大高校办学自主权

完善高校内部治理结构的意见》第三条第三款规定："完善校内民主管理和监督机制。认真落实《学校教职工代表大会规定》，切实保障教职工参与学校民主管理和监督。学校专业技术职务评聘办法、收入分配方案等与教职工切身利益相关的制度、事务，要经教职工代表大会审议通过；涉及学校发展的重大事项要提交教职工代表大会讨论。积极拓展学生参与学校民主管理的渠道，进一步改革完善高校学生代表大会制度，推进学生自主管理。要完善多元参与的校内治理体系，加强议事协商，积极探索师生代表参与学校决策机构的机制，充分发挥群众团体的作用。"

《高等学校章程制定暂行办法》第十二条规定："章程应当明确规定教职工代表大会、学生代表大会的地位作用、职责权限、组成与负责人产生规则，以及议事程序等，维护师生员工通过教职工代表大会、学生代表大会参与学校相关事项的民主决策、实施监督的权利。"

(3) 学生与学生代表大会在大学财务治理体制的监督地位

① 学生代表大会的主要任务

2014 年 1 月 22 日，共青团中央办公厅、教育部办公厅、中华全国学生联合会《关于加强和改进高校学生会研究生会建设的指导意见》第 7 条规定："学生代表大会的主要任务是：审议学生会组织工作报告；选举产生新一届领导机构；制定及修订组织章程；开展学生代表提案工作，对学校工作提出意见和建议。"

② 学生代表应为校党委、校理事会、校务委员会成员

2014 年 10 月 15 日，中共中央办公厅印发《关于坚持和完善普通高等学校党委领导下的校长负责制的实施意见》第 5 条规定："党的委员会中除校级领导干部外，还应有院(系)、党政工作部门负责人及师生员工代表。"

2014 年 7 月 16 日，《普通高等学校理事会规程(试行)》(教育部令第 37 号)第五条第二款规定："理事会一般应包含以下方面的代表：学校及职能部门相关负责人，相关学术组织负责人，教师、学生代表。"

7. 信息公开透明在大学财务治理体制的监督地位

《国家教育体制改革领导小组办公室关于进一步落实和扩大高校办学自主权完善高校内部治理结构的意见》第三条第四款规定："把公开透明作为高校的基本制度，完善各类信息公开制度，重点加大高校在招生考试、财务资产及收费、人事师资、教学质量、学生管理服务、学风建设、学位和学科、对外交流与合作等方面的信息公开力度，保障教职工、学生、社会公众对学校重大事项、重要制度的知情权，接受利益相关方的监督。建立新闻发言人制度，及时准确回应师生和社会关切。"

《中共教育部党组 2015 年党风廉政建设工作要点》第 23 条指出："大力推进教育信息公开。依法公开各级教育部门特别是教育部机关司局行政审批项目目录、办理程序和审批结果。各级各类学校按照法定、规定的公开内容、公开途径和公开的要求进行公开。认真落实教育部《高等学校信息公开办法》，全面推进党务公开、

校务公开、财务公开，重点公开高校干部任用、职务评聘、招生录取、财务预决算及‘三公经费’和领导干部兼职兼薪、出国（出境）等重要信息。建立教育信息公开监督和考核评估机制，探索第三方参与教育信息公开监督的工作机制。”

高校财务透明度是完善高校财务治理的关键。笔者曾研究过高校财务的透明问题。①

（1）会计信息透明度对公司治理“至为关键”

葛家澍教授认为会计信息透明度对公司治理“至为关键”，他指出：“在公司治理中，建立和加强信息披露，提高上市公司对外报告的完整性和透明度，至为关键。要建立以财务报表为中心、其他财务与非财务信息披露为辅助的对外报告。”②

（2）高经济透明度对实现良好的公共治理是“至关重要”

陈小悦、陈璇认为高经济透明度对实现良好的公共治理是“至关重要”的，他们的研究显示：“可考虑使用以下表述作为政府会计目标：实现政府履行职责的高经济透明度。所谓透明就是指全面真实的反映。透明度指全面真实反映的程度。经济透明指全面真实地反映政府履行职责所涉及的一切经济方面。普遍认为，良好的公共治理依赖于四个支柱：受托责任（Accountability）、透明度（Transparency）、可预见性（Predictability）和参与（Participation）。高经济透明度对实现良好的公共治理和有效评估政府行为是至关重要的。……在实践中，对政府履责的经济透明度的定义和要求，可以比照国际货币基金组织（IMF）倡导的‘财政透明度（Fiscal Transparency）’原则宣言进行确定。政府会计的目标在于实现政府履行职责的高经济透明度。这个高标准要求能够统一各级政府以及各个政府部门的会计行为，任何一级政府或政府的某一部门偏离这一会计目标都会使整体会计目标的实现产生问题，即降低政府履责的经济透明度。”③

（3）高质量的财务会计信息是公司治理的基石

杨兴全、张海认为高质量的财务会计信息是公司治理的基石，他们指出：“财务会计信息是公司治理信息披露的核心，财务会计‘作为当今公司治理结构的语言’（Jeol Seligman 1993）主要体现了公司治理机制和效果，其基本目标是为信息使用者提供有利于其决策的相关可靠的信息。高质量的财务会计信息是公司治理的基石，而规范有效的治理是高质量财务会计信息的环境保障。因此，高质量的财务会计信息不仅有利于提高我国的公司治理效率，而且对减少财务舞弊，增强投资者信息，建立完善有效的资本市场有着重要的理论意义和实践意义。”④

（4）政府治理的核心是财政透明化

① 乔春华.论高校财务透明度[J].教育财会研究，2010(4)：11－17.

② 葛家澍.公司治理与对外报告[J].厦门大学学报：哲学社会科学版，2001(4)：5－10.

③ 陈小悦，陈璇.政府会计目标及其相关问题的理论探讨[J].会计研究，2005(11)：61－66.

④ 杨兴全，张海.财务会计信息与公司治理[J].财会通讯：学术版，2007(8)：48－50.

财政部财政科学研究所的钱凯研究表明："作为政府治理核心的财政透明化要求我们按照科学发展观的逻辑，以社会公众利益为根本，构建'民主开放、规范、高效'的服务型政府，通过透明度来加强公众与政府之间的对话和交流，增强公众参与程度，及时了解民意，围绕民众需求确定政府目标、科学决策和规范行政程序。以人为本的服务型政府就是要建立政府与公众之间的平等关系，公众不再是政府信息的被动接受者，政府也不再是公众行为的意向控制者，在公众与政府之间所形成的委托—代理关系中，政府主要承担公共受托责任，政府治理目标定位于社会价值的创造。"①

上市公司会计信息为什么要公开披露？因为上市公司是公众公司，它不仅涉及广大投资者，而且还涉及广大潜在投资者和上市公司的信息研究者和监管者。

高校经管的资金是财政资金和学生家长的学费(学费是大学经费的第二大来源)，涉及国有资产和公众利益，高校承担着对高校资金保全的公共受托责任，因此，高校的会计信息应向纳税人和学生家长公开和透明。但是，由于计划经济体制遗留的问题，公立大学的会计信息从来没有公开披露过。在信息不对称的条件下，公立大学的会计信息也没有公开披露过。这不仅剥夺了纳税人和全体学生及其家长的知情权，而且剥夺了纳税人和全体学生及其家长的监督权，这也是造成公立大学浪费严重与违纪违法事件发生的重要原因之一。因此，会计信息越透明越好，因为提高会计信息透明度，有利于降低代理成本。

阳光是最好的防腐剂，实施"阳光财务"，主动接受外部监督是完善大学财务治理的重要内容。

第二节　大学财务治理与财务管理体制研究

一、要建立与大学治理结构相适应的财务管理体制

笔者曾多次阐述过高校财务管理体制②，凡以前阐述过的只提纲挈领地提一下，有新内容的详述之。

(一) 政府提出"深化改革高校财务管理体制"

中华人民共和国成立以来的文件中只有两处提到"深化改革高校财务管理体制"。

2007年1月15日，教育部、财政部发布的《关于"十一五"期间进一步加强高等学校财务管理工作的若干意见》(教财〔2007〕1号)第二条规定："进一步深化改革，

① 钱凯.如何提高我国财政透明度研究综述[J].经济研究参考，2007，(60)：41-45.

② 乔春华.高校财务管理体制研究[M].南京：南京大学出版社，2011.

建立与公共财政体制和现代大学制度相适应的高校财务管理体制与运行机制。”

2008 年 9 月 17 日,中共教育部党组关于印发《贯彻落实〈建立健全惩治和预防腐败体系 2008—2012 年工作规划〉实施办法》第 16 条规定:“深化高校财务管理体制改革,健全高校各级经济责任制,探索建立直属高校总会计师制度。”

《延续中华文脉》——大型政论专题片《将改革进行到底》的解说词指出:“体制是保障,改革出活力。”这里阐明了“体制”与“改革”的关系。

(二) 建立“符合法人治理结构要求的财务管理体制”

2006 年 12 月 4 日,财政部公布的《企业财务通则》(财政部令第 41 号)第二章为“企业财务管理体制”,其第八条指出:“企业实行资本权属清晰、财务关系明确、符合法人治理结构要求的财务管理体制。”

《事业单位财务规则》与《高等学校财务制度》应该规定“符合法人治理结构要求的财务管理体制”,“法人治理结构”其核心是权力制衡关系,“符合法人治理结构要求的财务管理体制”就是体现财权制衡的财务治理结构。

因此,高校要建立与大学治理结构相适应的财务管理体制。大学财务治理体制与财务管理体制的区别是:前者属于党委会的决策层,后者属于校长的管理层。

(三) 建立与公共财政体制和现代大学制度相适应的高校财务管理体制

1. 建立与公共财政体制相适应的高校财务管理体制

高校提供准公共产品,高校资金主要来自财政资金,因此,高校财务应接受财政的制约和监督,财政要求的部门预算制度、政府采购制度、国库集中收付制度、收支两条线制度以及政府收支分类改革方案等高校必须执行,建立与公共财政体制相适应的高校财务管理体制也是题中应有之义。

2. 建立与现代大学制度相适应的高校财务管理体制

法人治理结构是现代大学制度的核心。“法人治理结构”其核心是权力制衡关系,“符合法人治理结构要求的财务管理体制”就是体现财权制衡的财务治理结构。

二、高校财务管理体制的内容

(一) 高校财务管理体制的基本内容

2012 年 12 月 19 日,财政部、教育部印发的《高等学校财务制度》(财教〔2012〕488 号)“第二章财务管理体制”共规定了五条:

第五条　高等学校实行“统一领导、集中管理”的财务管理体制;规模较大的学校可以实行“统一领导、分级管理”的财务管理体制。

第六条　高等学校财务工作实行校(院)长负责制。

高等学校应当设置总会计师岗位。总会计师为学校副校级行政领导成员,协助校(院)长管理学校财务工作,承担相应的领导和管理责任。

凡设置总会计师的高等学校,不设与总会计师职权重叠的副校(院)长。

第七条　高等学校应当单独设置一级财务机构，在校(院)长和总会计师的领导下，统一管理学校财务工作。

第八条　高等学校校内非独立法人单位因工作需要设置的财务机构，应当作为学校的二级财务机构。二级财务机构应当遵守和执行学校统一制定的财务规章制度，并接受学校一级财务机构的统一领导、监督和检查。

第九条　高等学校财务机构应当配备专职财会人员。财会人员应当具备与其工作岗位相适应的资格和能力。财会人员的调入、调出、专业技术职务评聘以及校内二级财务机构负责人的任免、调动或者撤换，应当由学校一级财务机构会同有关部门办理。

在这五条中规定了四个基本内容：① 第五条规定了高校财权管理的基本架构；② 第六条规定了高校财务管理体制的领导体制；③ 第七条、第八条规定了高校财务机构；④ 第九条规定了高校财会人员。笔者将逐一阐述之。

(二) 高校财权管理的基本架构

笔者梳理了中华人民共和国成立以来高校财务管理体制已经历了六次变革。从六个规章显示了高校财务管理体制这样的发展轨迹："统一管理、两级核算"→"一级核算、二级管理"或"二级核算、二级管理"→"适当集中财权，统一领导、分级管理"或"统一领导、集中管理"→"统一领导、分级管理、集中核算"。从上述我国高校财务管理体制类型演变的轨迹可以看出：我国高校财务管理体制类型完成了从计划经济体制向市场经济体制的转化过程，经过了逐步完善与成熟的过程；并提出了"财权配置是高校财务管理体制的核心"的观点，目前定型于"统一领导、分级管理、集中核算"的财务管理体制。①

(三) 高校财务管理体制的领导体制

高校财务管理体制是行政管理系统。高校财务管理体制是由校长领导的、总会计师协助校(院)长管理学校财经工作的行政管理系统。笔者重点阐述总会计师。

上述《贯彻落实〈建立健全惩治和预防腐败体系 2008—2012 年工作规划〉实施办法》第 16 条中，"探索建立直属高校总会计师制度"作为"深化高校财务管理体制改革"的内容之一。高校总会计师制度属于高校财务管理体制中的领导体制。笔者曾承担了教育部一项课题——"政府委派公办高校总会计师研究"②。

1. 中国公办高校总会计师的两重性

(1) 所有者(政府为人民的受托者)委派的监管属性

---

① 乔春华. 财权配置是高校财务管理体制的核心——论高校财务管理体制研究[J]. 会计之友，2011(5)：107 - 111.

② 乔春华. 高校财务管理体制研究[M]. 南京：南京大学出版社，2011：187 - 319.

据笔者考证，率先提出政府委派公办高校总会计师的规章是 2000 年 9 月 7 日，财政部、监察部印发的《关于试行会计委派制度工作的意见》。其指出："从改革会计人员管理体制入手，由政府部门或产权单位作为所有者，向国有单位或集体企业委派会计人员，受委派人员代表委派部门监督被委派单位的会计行为和经济活动，并在业务上受被委派单位领导，通过会计核算参与其内部管理。"

率先提出政府委派公办高校总会计师的是教育部部长助理杨周复同志。他在 2008 年指出："强化对高校财会人员及财务主管人员的专业培养，将有利于进一步强化教育经费的核算管理，提高使用效率。如果高校中能设置总会计师，而且是外派进去的，将十分有利于教育经费的核算管理。"①

《国家中长期教育改革和发展规划纲要》第 58 条规定："完善教育经费监管机构职能……公办高等学校总会计师由政府委派。"《高等学校总会计师管理办法》第七条规定："总会计师由学校主管部门负责选聘、委派。"关于这一点，国外也有先例。原复旦大学校长、曾任英国诺丁汉大学校长杨福家指出："校长有权力任命副校长，但是有两个人不能任命：财务长和教务长。执行校长是校委会选举的，财务长也是由校务委员选举的，然后推荐给校董会任命。还有管教学质量控制的教务长也是校务委员会选举的。……质量控制不在校长手里，财务权也不在校长手里。不像内地大学的财务长，如果不听党委书记或校长的话，马上就会被换掉。可是在诺丁汉大学，财务长工资很高，依法办事，只要他不违法，校长拿他没办法，因为他对校务委员会负责。教务长也是如此，哪像我们这里，一切都掌握在一个人手里，尤其是财务都捏在手中，权力集中，当然容易滋生腐败。"②

从上述第 58 条可以看出，政府委派高等学校总会计师为了"完善教育经费监管机构职能"，因此，政府委派高校总会计师性质上定位于政府监管。

(2) 高管层的理财属性

《高等学校总会计师管理办法》第二条规定："高等学校设置总会计师岗位。总会计师为学校副校级行政领导成员。"第三条规定："高等学校总会计师协助校(院)长管理学校财经工作，承担相应的领导和管理责任。"这两条界定了总会计师为高校高管层成员。

第十条规定："总会计师按国家有关法律、法规、规章和制度的要求组织领导学校的财经管理和会计核算工作；参与学校重大财务、经济事项的决策并对执行情况进行监督。主要职责如下：① 负责会计核算和财务报告，确保会计信息的真实和完整；② 负责财务管理，包括预算管理、筹资管理、资本管理(包括投资管理)、资金管理、成本控制、绩效评估等；③ 参加学校重大财经管理活动和重要经济问题的研

① 周明. 业内人士：应反省对国际会计师事务所盲目崇拜[N]. 中国证券报，2008-7-30.

② 马国川. 如何建立现代大学制度？对话著名教育家杨福家[N]. 财经，2010-5-22.

究与决策;④ 加强会计监督,负责或参与财务风险管理、偿付能力管理,保护学校财产安全完整;⑤ 结合学校实际情况,加强校内财务会计管理基础工作和基层建设,组织制定有关财务会计制度的实施细则和内部控制制度,并检查执行情况;⑥ 组织清产核资,加强资产管理,保护国有资产完整和保值增值;⑦ 组织落实审计意见,监督执行审计决定;⑧ 学校主管部门、法律法规和学校章程规定的其他职责。"

第十一条规定:"总会计师具有以下履行职责的工作权利:① 参加重大经济事项决策;② 对重大决策和财经法规的执行情况进行监督,对内部控制制度实施监督检查;③ 对学校财务部门负责人的任免、考核提出意见;④ 学校按规定对大额资金的使用,建立由总会计师与学校主要负责人联签制度,总会计师拥有大额资金流动联签权;⑤ 对违反国家法律、法规、方针、政策、制度和有可能在经济上造成损失、浪费的行为,有权制止或纠正,并报告学校主要负责人。制止或纠正无效时,应及时向学校主管部门报告。"这里,总会计师拥有"参加重大经济事项决策"的行政决策权,在治理层面属于"参与决策"。

从上述总会计师的职责和工作权利看,其定位于高管层的理财属性。

由此可以看出,高校总会计师既是监督者,又是运作者,这种"一身兼二任"的定位,如果定位不准屁股坐歪,很容易某种角色的"错位""缺位"或"越位"。

2. 中国公办高校总会计师向谁报告工作

《高等学校总会计师管理办法》第十三条指出:"总会计师参加校领导班子年度考核,并向学校主管部门提交述职报告。总会计师年度述职报告应就学校重大经济活动、财务状况、资产质量、财务风险、内控机制等全面报告履职情况,并提出改进措施。"第十四条第三款指出:"学校主管部门对总会计师进行任期经济责任审计和离任审计,对总会计师任职期间的履职情况进行评估。审计事项包括:学校财会内部控制制度的完整性和有效性,学校财务风险控制情况。"

(1) 向所有者(委派者)报告工作

从上述可以看出,总会计师向学校主管部门提交述职报告。

(2) 向管理层(学校主要负责人)报告工作

2012 年 12 月 19 日,财政部、教育部印发的《高等学校财务制度》(财教〔2012〕488 号)第六条指出:"高等学校财务工作实行校(院)长负责制。高等学校应当设置总会计师岗位。总会计师为学校副校级行政领导成员,协助校(院)长管理学校财务工作,承担相应的领导和管理责任。"

总会计师应向校党委和校长办公会报告工作。

从《高等学校总会计师管理办法》第十一条工作权利的第(五)款也可以看出,总会计师对违法等事项应报告学校主要负责人。

(3) 向校内教职工代表报告工作

① 每年应向教代会报告工作

每年召开教代会时总会计师应作学校上年决算和当年预算的报告。

② 每年年度考核时向校内教职工代表报告工作

总会计师参加校领导班子年度考核，在民主测评前，应向校内教职工代表作述职报告。

由此可见，总会计师定位的两重性应向多方面报告工作。这是总会计师与校内其他行政副职不同的地方。在党务系统中，纪委书记的委派制也是这样。

3. 主管财务副校长与总会计师的视角不同，需单独设总会计师岗位

校长不亲自抓财务设一位主管财务副校长可否？也不行！教育部原财务司司长陈伟光指出："总会计师与主管财务副校长在行使财务管理的分工上具有共同点，但在其职能所处的地位上、执行职能的权威性上和在职能涉及的范围上有很大的不同。比如，总会计师要对学校的所有资产安全、保值或增值全面负责，要对经济活动的重大事项提出权威性的决策建议。而主管财务的副校长可以按不全面的分工只承担所分工的部分责任。不全面的分工，是指副校长可能只管事业性经费，基建财务可以不管；或可能只管投资学校收益部分，而不管投资；或只管钱，不管物。在学校的经济决策中，作为副校长（即使是校长管财务），同其他副校长一样，发表的建议可以不具权威性。而总会计师，从专业的角度，发表的建议就应具权威性。总会计师的职能对全校的经济、财务管理要全面负责，从这方面讲，职能涉及的范围必须要大、要全；但又是专一的，不像校长可以既管财务，又管办公室，或又管后勤，不少还从事教学工作。综上所述，高校有必要设置总会计师。"①

同时，主管财务副校长不具有监管的职能，因此，要单独设总会计师岗位。

4. 完善中国公办高校总会计师遴选机制

高校总会计师肩负所有者委派的监管和高管层的理财的两个重任，既有很大的政治责任，又有很强的理财专业能力；同时，在高校"人、财、物"三权中，总会计师执掌"财、物"两权，可见总会计师责任重大。政府应加大委派高校总会计师的力度，加快委派高校总会计师的速度。因此，需要严格和精细的遴选机制。

《教育部公开选拔 10 所直属高校总会计师公告》中对公开选拔总会计师的"工作程序"规定了 6 个环节：① 公开需要选拔总会计师的岗位和条件。② 报名。报名方式采取个人自荐或组织推荐的形式进行，每人最多可报 3 个岗位。③ 职业素养综合评估。职业素养评估委员会依照规定标准，对通过资格审查的报名人员履行岗位职责应具备的素质能力进行评价。根据评价结果确定面试人选，面试人选与公选总会计师岗位数的比例为 3∶1，确定面试人选，并公示。④ 面试。面试不分岗位，采取竞职演讲和考官提问相结合的方式，根据面试成绩确定考察对象，考察对象与公选总会计师岗位数的比例为 2∶1，确定组织考察对象。⑤ 组织考察。

① 陈伟光.新形势下提高高校财务管理水平的思考[J].中国高等教育，2006(9)：26－29.

按照有关规定，对考察对象的德、能、勤、绩、廉等方面情况进行全面考察。《报名登记表》中所列的个人工作业绩将在考察人选所在单位公示，且拟委派人士公示。⑥ 委派。人事组织部门考察对象后任命。

但是，有的省在遴选高校总会计师时只有上述程序中的最后一个环节。建议完善中国公办高校总会计师遴选机制。

5. 高校章程中设置“总会计师”岗位的情况

在披露的38所(国防科学技术大学未披露)“985”高校中，《东南大学章程》《同济大学章程》《西北农林科技大学章程》《兰州大学章程》《天津大学章程》《东北大学章程》《武汉大学章程》《重庆大学章程》《北京大学章程》《南开大学章程》《电子科技大学章程》《西安交通大学章程》《中国海洋大学章程》《复旦大学章程》《南京大学章程》《湖南大学章程》《华南理工大学章程》《云南大学章程》等18所高校的章程中明确提出了设置“总会计师”岗位，反映了这些学校对“总会计师”岗位的重视，但有的省属高校的章程中却未提及设置“总会计师”岗位。

(四) 关于财务会计机构与人员的称谓

1. 关于财务会计机构与人员称谓的怪现象

在实务工作中却将人员称为“会计人员”，如高级会计师、会计师或张会计、李会计等；而将机构称为“财务机构”，如财务司、财务处、财务科。

1999年版《会计法》都称为“会计机构”和“会计人员”，未规定过“财务机构”和“财务人员”。如其第五章为“会计机构和会计人员”，第五条为“会计机构、会计人员依照本法规定进行会计核算，实行会计监督”。

1996年6月17日，财政部印发的《会计基础工作规范》(财会字〔1996〕19号)第二章名称为“会计机构和会计人员”，第一节名称为“会计机构设置和会计人员配备”。第六条规定：“各单位应当根据会计业务的需要设置会计机构；不具备单独设置会计机构条件的，应当在有关机构中配备专职会计人员。事业行政单位会计机构的设置和会计人员的配备，应当符合国家统一事业行政单位会计制度的规定。设置会计机构，应当配备会计机构负责人；在有关机构中配备专职会计人员，应当在专职会计人员中指定会计主管人员。”

2. 关于财务会计机构与人员称谓的规定

(1) 会计机构

1999年版的《中华人民共和国会计法》第三十六条规定：“各单位应当根据会计业务的需要，设置会计机构，或者在有关机构中设置会计人员并指定会计主管人员；不具备设置条件的，应当委托经批准设立从事会计代理记账业务的中介机构代理记账。”

(2) 财务机构

2012年12月19日，财政部、教育部印发的《高等学校财务制度》第七条规定：

“高等学校应当单独设置一级财务机构，在校(院)长和总会计师的领导下，统一管理学校财务工作。”第八条规定：“高等学校校内非独立法人单位因工作需要设置的财务机构，应当作为学校的二级财务机构。二级财务机构应当遵守和执行学校统一制定的财务规章制度，并接受学校一级财务机构的统一领导、监督和检查。”

(3) 财务会计机构

1963 年 1 月 3 日，国务院发布施行的《会计人员职权试行条例》第 2 条、第 23 条都称为“财务会计机构”。

1978 年 9 月 12 日，国务院发布《会计人员职权条例》中称为“财务会计机构”，其第二条规定：“国营企业、事业、机关、团体，都必须单独设置财务会计机构，根据工作需要，配备必要的会计人员；财务会计业务不多的单位，原则上也要配备专职会计人员，办理财务会计工作。”

1997 年 6 月 23 日，财政部和国家教育委员会发布的《高等学校财务制度》第九条指出：“高等学校校内设置财务会计机构，必须相应配备专职财会人员。校内各级财会主管人员的任免应当经过上一级财务主管部门同意，不得任意调动或者撤换。财会人员的调入、调出、专业技术职务的评聘须由财务部门会同有关部门办理。”

3. 关于财务会计机构与人员称谓的分析

(1) 中华人民共和国成立前与中华人民共和国成立初期称为会计处

1948 年 1 月 12 日，《大学法》第十六条指出：“大学设会计室，置会计主任一人，佐理员及雇员若干人，依法律之规定，办理岁计会计事宜。”

① 政府内设会计处

中华人民共和国成立前，贵州省政府下设秘书处、民政厅、财政厅、建设厅、教育厅、社会处、保安处、地政局、田粮处、合管处、人事处、会计处、统计处(1948 年底会计处与统计处合并为主计处)、卫生处和宣传处等机能机构。

1948 年 8 月，山东省政府直属机构共计 23 个，即秘书处、民政厅、财政厅、建设厅、教育厅、保安处、设计考核委员会、调查室、公路局、水利局、警务处、地政局、总务处、人事处、会计处、电话管理处、田赋粮食管理处、农林处、合作事业管理处、卫生处、社会处、抚恤救济委员会、省银行。各厅委处室职员约 2 692 人。

我国著名会计学家杨时展先生 1932 年进入南京中央政治学校大学部财政系学习会计专业；1936 年毕业，留校任助教；同年末，参加高等文官(会计审计人员类)考试，以笔试第一、综合第三的优异成绩，分至国民政府主计处会计局工作；1937 年，调浙江财政厅会计室；1938 年任浙江财政厅会计主任。

② 企业内设会计处

中华人民共和国成立前，上海机制面粉厂的内部组织，一般在总经理下设：总务处、会计处、批发处、麦务处、物料处、运输处、粉栈处、机房处等。

赵谦受指出："太原市军管会工业接管组副组长、副军代表陆达同志（离休前任冶金部副部长）与八路军总部从事军工生产的殷琏同志（离休前任冶金部机动司副司长）多次研究筹办小报事宜。经过考虑挑选，他们让在工业接管组会计室从事各厂矿资产交接清审核对工作。"①

③ 大学内设会计处

一位历史学家在回忆南京解放前夕的生活时称："中央大学每月发薪水的那一天，可以说是最紧张的一天。各人在会计处拿到薪水，就得赶紧奔向新街口换成银圆，立刻嘘嘘地赶到米市买米。"

（2）目前中国台湾的高校仍设会计处或会计室（主计室）

该内容在第三章第一节已阐述，从略。

（3）受行政化影响将会计处改为财务处

1949年后，教育部设财务司，教育厅设财务处，其职能不是从事教育部内或教育厅内的会计核算工作，这项工作在教育部内或教育厅内设一个类似会计处的"会计结算中心"，从事教育部内或教育厅内的会计核算工作。而教育部的财务司从事资金分配、预决算管理、教育财务政策以及对高校的宏观财务管理等，而教育厅财务处除了资金分配少些外，其他功能类似。因为这些功能属于财务领域，因此，教育部称为财务司，教育厅称为财务处是对的。

而高校目前称为的"财务处"或"计划财务处"的主要功能是记账、算账、报账的会计核算工作，财务功能较少，却受行政化的影响，几乎都称为财务处。而"计划财务处"并不确切，这里"计划"不是学校的"规划"而是"预算"，"预算"在国内属于财务领域，含义重叠。目前高校的"财务处"的名称没有反映从事大量的会计核算工作。

（五）财经管理部门的设置

2011年4月1日，教育部、财政部印发的《高等学校总会计师管理办法》（教人〔2011〕2号）第三条指出："高等学校总会计师协助校（院）长管理学校财经工作，承担相应的领导和管理责任。"由此可见，总会计师不仅仅领导财务工作，而且领导财经工作。

《国家中长期教育改革和发展规划纲要》第58条规定："在高等学校试行设立总会计师职务，提升经费使用和资产管理专业化水平。"总会计师领导财经工作的财经部门有：财务处、会计处、资产处、招投标及采购办公室等。

境外高校财务与会计机构的分别设置状况及理论依据笔者曾阐述过②，不再

① 赵谦受.毛泽东为《钢铁小报》题写报头[J].文史月刊，2007(7)：6－11.

② 乔春华.高校会计机构设置与会计人员配置研究——三论高校财务管理体制[J].教育财会研究，2011(2)：3－10.

赘述，仅补充一例。

台湾大学组织规程第二十一条在“本大学设置下列行政单位、主管”中指出：“财务管理处：置财务长一人，掌理财务规划、资金调度、募款及新事业开发、管理、投资等事项。……会计室：置会计主任一人，依法办理岁计、会计及统计事项。”第二十六条指出：“本校会计室置会计主任一人，专门委员一人。各组置组长一人、专员、组员、办事员、书记若干人。其设置均依有关法办。现职雇员未具任用资格者，得占用书记职缺继续雇用至职为止。”第四十二条指出：“本大学设行政会议，由校长、副校长、教务长、学生事务长、总务长、研发长、国际事务长、财务长、学院院长、进修推广部主任、图书馆馆长、秘书室主任秘书、人事室主任、会计室会计主任、计算机及资讯网络中心主任组成之。校长为主席，议决本规程所定事项及其他重要行政事项。校长于必要时得指定其他单位主管、学生代表或相关人员列席会议。”这里，台湾大学既设“财务管理处：置财务长一人”，又设“会计室：置会计主任一人”。

1. 总会计师应分管财务、会计、资产、招投标等方面的工作。高校规模大小不同，经济业务繁杂各异，财务领域机构的设置一般为：

(1) 财务处。下设：预算科、风险监控办公室、财务分析科、综合办公室等。

(2) 会计处。下设：教学核算科、科研核算科、行政与离退休核算科、管理会计科、会计信息科、后勤核算科、基建核算科、会计监督科等。

(3) 资产处。有的高校称“资产与实验室管理处”。下设：办公室、房产管理科、设备管理科、实验室管理科。

(4) 招投标管理办公室。有的高校称“招标管理办公室”或“招投标与政府采购管理办公室”。下设：管理科、招标科、政府采购办公室。鉴于内部控制的职责分离，资产处置(拍卖)的职能应放在招投标管理办公室。

2. 关于主要新设科室的说明

社会主义市场经济体制对高校财务领域影响越来越大，近几年来，高校经济活动日益复杂，高校财务领域机构设置的短板问题凸现，供给侧改革中机构设置的补短板任务非常突出。

(1) 需单独设置预算机构

① 职能扩充的需要

a. 高校预算科学化精细化管理的需要

2010 年 6 月 21 日，中共中央政治局审议并通过的《国家中长期教育改革和发展规划纲要(2010—2020 年)》第 58 条指出：“建立科学化精细化预算管理机制，科学编制预算，提高预算执行效率。”2011 年 6 月 29 日，《国务院关于进一步加大财政教育投入的意见》第三条第二款指出：“全面推进教育经费的科学化精细化管理。……二是要强化预算管理。提高预算编制的科学性、准确性，提高预算执行效率，推进预算公开。”目前，高校预算科学化精细化管理尚未达到。

b. 跨年度预算平衡机制的需要

2013 年 11 月 15 日，十八届三中全会通过的《中共中央关于全面深化改革若干重大问题的决定》指出：“建立跨年度预算平衡机制。”2014 年 8 月 31 日，全国人大颁布的新《预算法》第十二条规定：“各级政府应当建立跨年度预算平衡机制。”目前，高校实施中期预算或滚动预算的工作量很大，需要做大量的基础工作。

② 内部控制的需要

《企业内部控制具体规范——预算》第四条规定：“企业应当建立预算工作岗位责任制，明确相关部门和岗位的职责、权限，确保预算工作中的不相容岗位相互分离、制约和监督。预算工作不相容岗位一般包括：a. 预算编制（含预算调整）与预算审批；b. 预算审批与预算执行；c. 预算执行与预算考核。”由此可见，预算的编制者、审批者、执行者和监督者不能是同一个主体。境外高校预算编制和预算执行就分属两个部门，因此，需单独设置预算机构。

（2）需单独设置国有资产管理机构

2012 年 11 月 21 日，《教育部直属高等学校国有资产管理暂行办法》（教财〔2012〕6 号）第八条规定：“高校应建立健全国有资产管理机构，履行高校国有资产管理职责。”财政部张少春副部长指出：“资金管理是价值形态的管理，资产管理是实物形态的管理，财政管理和财务管理中，历来都包括资产管理的内容。”①

（3）需单独设置会计信息管理机构

2007 年 1 月 15 日，教育部、财政部颁布的《关于“十一五”期间进一步加强高等学校财务管理工作的若干意见》第 25 条规定：“大力推进高等学校财务信息化建设……高等学校财务部门要设置专门机构或岗位，配备合格的专业技术人员，负责财务管理信息系统的管理和维护，确保财务信息安全。”

（4）需单独设置招投标及采购专职机构

2003 年 8 月 21 日，教育部办公厅印发的《教育部政府采购管理暂行办法》第十条指出：“教育部财务司是教育部政府采购管理的职能部门。”第十一条指出：“教育部教育政府采购事务中心是教育部组织实施政府采购活动的专职执行机构，也是教育部系统政府集中采购机构。”第十二条规定：“部属各高校应成立政府采购领导小组，协调各方面工作；必须建立、健全本校的政府采购专职机构，落实责任人及相关人员的职责。部属各事业单位要结合实际确定一个部门负责此项工作。”第十七条指出：“政府采购方式包括以下几种：① 公开招标；② 邀请招标；③ 竞争性谈判；④ 单一来源采购；⑤ 询价；⑥ 政府采购监管部门认定的其他采购方式。”

（5）需单独设置管理会计科

① 张少春.齐心协力扎实进取开创事业资产管理工作新局面[J].行政事业资产与财务，2007(6)：13.

2014 年 11 月 18 日，财政部正式颁布的《财政部关于全面推进管理会计体系建设的指导意见》(财会〔2014〕27 号)指出："管理会计是会计的重要分支，主要服务于单位(包括企业和行政事业单位)内部管理需要，是通过利用相关信息，有机融合财务与业务活动，在单位规划、决策、控制和评价等方面发挥重要作用的管理活动。"显然，高校管理会计是"十三五"期间重点研究和实施的领域。

(6) 需单独设置专门科研经费管理服务科

2012 年 12 月 17 日，教育部、财政部发布的《关于加强中央部门所属高校科研经费管理的意见》(教财〔2012〕7 号)第 4 条指出："设立专门机构。科研管理任务重、科研经费规模大的学校，可以在财政部门或科研部门内部统一设置科研经费管理服务机构。科研经费管理服务机构负责协助、指导项目申请人合理编制经费预算，对已批复或签订合同(任务书)的项目提供从到款通知到具体项目经费分配、预算执行进度通报、经费使用建议、预算调整、决算编制、外部沟通协调等全过程服务，会同学校有关部门做好政策咨询、业务培训、科研合同管理、技术市场登记、税费减免等相关工作。"

(7) 需单独设置会计监督科

1982 年 1 月 11 日，《教育部部属高等学校财务管理试行办法》(〔82〕财事字第 4 号)第四十六条指出："部属高等学校都要设立财政监察组(科)，配备二至三名的专职监察人员，并选聘一定数量的兼职监察人员，实行专职人员与兼职人员相结合，对学校内的一切财务收支活动进行监督和检查。"

(8) 需单独设置风险监控办公室

前已述及，从高校层面应单独设置内部控制部门，对全校的业务而不仅仅是经济活动实施内部控制的全覆盖。但高校财务领域内自身也应该进行风险监控。

2015 年 5 月 22 日，《教育部关于直属高校落实财务管理领导责任，严肃财经纪律的若干意见》(教财〔2015〕4 号)第三条指出："按照分事行权、分岗设权、分级授权的要求，科学合理设置机构和岗位权责。要按照权责一致、有效制衡的原则，定期评估风险、检查漏洞，确保制度有效执行。"2014 年 11 月 17 日，《教育部关于加强直属高校直属单位财务队伍建设的意见》(教人〔2014〕6 号)指出："加强单位内部财务管理与监督。各单位主要领导同志应当支持总会计师、财务机构、财务人员依法行使职权。特别是要充分发挥总会计师的专业化管理作用。严格遵守和执行国家财经法规，进一步完善内部控制制度，加强自我约束、自我监督，防范财务风险。"因此，高校需要单独设置风险监控办公室。

3. 高校能自主确定内部组织机构的设置和人员配备

《高等教育法》第三十七条规定："高等学校根据实际需要和精简、效能的原则，自主确定教学、科学研究、行政职能部门等内部组织机构的设置和人员配备。"

2017 年 3 月 31 日，教育部、中央编办、发展改革委、财政部、人力资源社会保障部发布的《关于深化高等教育领域简政放权放管结合优化服务改革的若干意见》(教政法〔2017〕7号)第五条指出:“高校自主设置内设机构。高校根据办学实际需要和精简、效能的原则,自主确定教学、科研、行政职能部门等内设机构的设置和人员配备。鼓励高校推进内设机构取消行政级别的试点,管理人员实行职员制。改革后要保障高校内设机构人员享有相应的晋升、交流、任职、薪酬及相关待遇。”随着高校自主权的扩大和落实,高校财务领域机构设置齐全和功能发挥有望实现。

综上所述,随着高校会计与财务活动的日益复杂和业务量的增多,高校理财责任的日益增大和会计信息披露的逐步透明,除了高校财务处内部机构的基本设置外,政府通过法规要求高校设置的科室增加,高校加强内部管理也需增设科室。因此,据上综合分析,笔者认为:重点高校和特大高校对财务领域机构的科室一般应设14～19个,普通高校应设10～15个,职业技术学院应设7～12个。事情总是需要人去做的,设了财务会计机构总要配备足够的财会人员。

(六) 高校财务会计人员的配备

目前,高校会计与财务人员配备存在的短板问题是人员配备数量不足,素质不够高,造成了“不是有人无事做,而是有事无人做”,严重影响了高校会计与财务工作的质量,严重影响了高校事业的发展。

1. 法规多次强调充实财会队伍

1986年10月15日,国家教委、财政部发布的《高等学校财务管理改革实施办法》第三十条指出:“高等学校应重视财会队伍的建设,采取有力措施,充实财会队伍,通过培训,提高财会人员的素质。”

2000年6月12日,教育部、财政部发布的《关于高等学校建立经济责任制加强财务管理的几点意见》(教财〔2000〕14号)规定:“高校的校(院)长首先必须根据本校业务需要责成人事部门提出设置财会机构的方案,并经校领导集体研究后,按干部管理权限配备、选用具备法定从业资格的财会人员。”

2007年1月15日,《教育部　财政部关于“十一五”期间进一步加强高等学校财务管理工作的若干意见》(教财〔2007〕1号)第25条规定:“高等学校财务部门要设置专门机构或岗位,配备合格的专业技术人员,负责财务管理信息系统的管理和维护,确保财务信息安全。”第35条指出:“高等学校要高度重视财会队伍建设,把财会岗位作为重要的专业技术岗位,把财会队伍建设纳入学校人才队伍建设的整体规划,有计划、分步骤地配备高层次、高素质人员,着力改善财会队伍结构,提高财会队伍的整体水平。要加强财会人员的培养和考核,鼓励、吸引、保持优秀人才从事财务工作。”

2013年5月30日,财政部印发的《关于加强和改进基层会计管理工作的指导意见》(财会〔2013〕12号)指出:“科学设置基层会计管理机构,配备和优化基层会计管理队伍。”

2013 年 4 月 15 日,《教育部关于开展"教育经费管理年"活动,进一步用好管好教育经费的通知》第 15 条规定:"推动各级各类学校配备合格财会、内部审计机构和人员。各地要深入了解学校财会、内审机构和人员配备情况,按照国家有关基本配备标准的规定,推动配备合格机构和人员。"

2013 年 9 月 12 日,教育部党组副书记、副部长杜玉波在全国教育财务工作暨"教育经费管理年"现场推进会上指出:"要为各级各类学校配齐合格的财会人员。"

2014 年 11 月 17 日,《教育部关于加强直属高校直属单位财务队伍建设的意见》(教人〔2014〕6 号)第一条指出:"充分认识加强教育财务队伍建设的紧迫性。党的十八大以来,新一届党中央坚持从严治党,在转变作风、厉行节约、严肃财经纪律、强化权力制约和监督方面提出了更高的要求。随着 4%目标的实现,直属高校、直属单位经费总量快速增加,经费来源渠道日益广泛,经济活动日趋复杂,财务管理、监督任务越来越重。在当前形势下,进一步加强单位财务队伍建设,是坚决贯彻落实中央要求,强化财经工作管理和监督,完善教育治理体系,提升教育治理能力现代化水平的迫切需要。各单位要把财务队伍建设作为加强财务管理工作的重要任务,认真抓好抓实。"第五条指出:"加强财务人员配备和规范管理,合理配备编制。各单位应当根据单位实际、经费收支规模、财务部门职责及当前对财务管理工作的新要求,加强财务工作力量,科学合理配备财务人员编制和数量,并按事业发展需要动态调整,以保证财务工作正常开展。……按照人尽其才、人岗相适的原则选配人员,逐步优化性别、年龄、学历和职称结构,并保持财务干部队伍的相对稳定。"

2014 年 12 月 31 日,国务院发布的《权责发生制政府综合财务报告制度改革方案》指出:"按规定建立和实施行政事业单位内部控制机制,设置充足的财务会计管理岗位。"

《教育部 2014 年工作要点》第 7 条规定:"推动各级各类学校确立财会、内部审计机构并配备合格人员。"

《教育部 2015 年工作要点》第 16 条指出:"加强教育财务队伍建设。"

2012 年 2 月 13 日,财政部会计司原司长杨敏指出:"充实会计管理人员,严格把好人员'入口关'。"①

2. 配备、充实财会队伍的重要性

1962 年 6 月 23 日,中共中央批转财政部党组和人民银行党组《关于全国会计工作会议情况的报告》中指出:"办经济离不开会计。经济越发展,会计越重要。"

1963 年,时任财政部部长李先念指出:"会计工作同其他工作一样,是一个光荣的重要的岗位。要办好一个工厂,一个商店,一个生产队,乃至一个医院,一个学

① 杨敏,在全国会计管理工作会议上的讲话[J]. 中国农业会计,2012(5):4-9.

校，等等，都离不开财务会计工作。”①

1995年10月26日，国务委员李贵鲜受朱镕基同志委托，代表国务院在第四次全国会计工作会议上的讲话中指出：“会计工作不仅在过去重要，现在和将来更重要。市场经济越发展，会计工作越重要。”还指出：“会计人才，是做好会计工作的关键，也是搞市场经济的关键。”

原财政部部长王丙乾在第三次全国会计工作会议指出：“宁少几个行政人员，多一个会计人员。”②

3. 目前有关配备、充实财会队伍的标准

(1) 国(境)外参考标准

笔者借鉴有关资料研究表明，财会人员占教职工的比例，英国剑桥大学为5%，英国伯明翰大学为2.35%，德国锡根综合大学为2.74%，荷兰阿姆斯特丹大学为2.70%，香港理工大学为3.33%，香港科技大学为4.55%；江苏省属高校会计人员编制最低为0.47%，最高为1.43%。③

(2) 国内曾规定的标准

中共中央对1962年《关于全国会计工作会议情况的报告》的批示中指出：“必须有一支能够担当会计工作任务的队伍。各部门、各单位会计人员的多少，应当以能够担当记账、算账、报账的任务为准。”据资料披露，经国务院批准，财政部于1980年10月29日至11月7日在北京召开了全国会计工作会议。《会议纪要》指出：“据山东省调查，国营企业会计人员占职工总数的比例，1965年是2.32%，现在只有1.84%，全国铁道系统会计人员占职工总数的比例，从1965年的1.6%降到现在的1%。”④当然这是计划经济时期1962年的最低标准。计划经济时期1965年的会计人员编制的比例是2.32%和1.6%。

1979年11月22日，《教育部部属高等学校〈会计人员职权条例〉实施细则》第六条规定：“学校专职财会人员的编制比例，一般可按本校教职工总人数的1%到1.5%配备。财会人员的范围：包括财务部门、校办工厂、基建、物资以及膳食等单位专职从事财务会计工作的人员。各校财会人员的编制配备，由学校人事部门和财务部门共同研究提出方案，报经校(院)长批准后执行。”

2013年8月12日，陕西省教育厅印发的《陕西省高等学校财务管理办法》(陕教财〔2013〕99号)第十条指出：“高等学校财务机构应当配备专职财会人员。财会

① 李先念. 对财务会计人员的几点希望[N]. 人民日报，1963-09-04.

② 施明璋. 顾树桢同志传达第三次全国会计工作会议及中国会计学会一九八〇年年会精神[J]. 上海会计，1981(1)：3-7.

③ 乔春华. 高校会计机构设置与会计人员配置研究——三论高校财务管理体制[J]. 教育财会研究，2011(2)：7.

④ 财政部. 全国会计工作会议纪要[J]. 会计研究，1981(2)：72-75.

人员应当具备与其工作岗位相适应的资格和能力。财会人员的调入、调出、专业技术职务评聘，应当由财务机构会同有关部门办理。财务机构负责人应当具备法律法规所规定的条件。高等学校财务机构的人员数量，应当根据在校生人数和收支规模，以及财务工作的需要，足额配置。”

2016 年 9 月 30 日，《江苏省教育厅、省财政厅关于加强省属高校财务队伍建设的意见》(苏教财〔2016〕12 号)第五条“加强财务人员配备和规范管理”第一款指出：“合理设置岗位。各高校根据本单位经费收支规模、二级单位数量、财务部门职责及当前对财务管理工作的新要求等具体情况，科学合理设置财务人员岗位，原则上按教职工人数 1.5%～3%的比例，并按照不相容岗位相分离原则配齐配足财会人员，根据事业发展需要建立动态调整机制，以确保财务工作正常开展。按照人尽其才、人岗相适的原则选配人员，逐步优化性别、年龄、学历、专业和职称结构，并保持财务队伍的相对稳定。”

上述《陕西省高等学校财务管理办法》的创新之处提出了“应当根据在校生人数和收支规模”确定。

综上，会计人员的比例在境外高校为 2.35%～5%，“文革”前为 1.6%～2.32%，建议为 2%～4%。

(3) 应区分“编制”与“定编”两个概念

“会计人员编制”是指全校会计技术岗位的人员，他们大多数在财务处，有的可能在其他部门(如审计处)，这些人员不是财务处的委派人员；而“定编”是指财务处的定编数，在财务处定编内，绝大多数是会计技术岗位的人员，少数还有计算机等工程技术人员。

4. 高校对会计、财务岗位配备有自主权

2017 年 3 月 31 日，教育部、中央编办、发展改革委、财政部、人力资源社会保障部发布的《关于深化高等教育领域简政放权放管结合优化服务改革的若干意见》(教政法〔2017〕7 号)第四条指出：“高校依法自主管理岗位设置。高校根据国家有关规定在人员总量内组织制订岗位设置方案和管理办法，并主动公开，接受监督。岗位设置方案应包括岗位总量，教学科研、管理服务等各类岗位的名称、数量、结构比例、职责任务、工作标准、任职条件等。”

第五章　大学校长的财务视角

第一节　高校财务管理研究

一、高校财务管理目标

2017年1月10日,《国务院关于印发国家教育事业发展“十三五”规划的通知》(国发〔2017〕4号)第九条第四款指出:“加强经费使用管理和国有资产管理。科学编制教育中期财政规划和年度预算,加强项目库管理,硬化预算约束,健全预算绩效管理机制,加强绩效评价结果应用,确保教育经费发挥最大效益。”

高校财务的目标是在保证合规性和教学质量、科研质量与服务质量的前提下使高校有较好的经济效益,保障高校财务的可持续发展。

(一) 国外大学财务管理目标的启示

1. 本大学的收入和财产应全部用于促进本大学章程所规定的大学目标的实现

《伦敦大学章程》规定:“本大学的目标是:出于公共利益的目的,主要通过学院,同时也依赖核心学术机构和重要活动,通过教学与研究来提高大学的教育水平、促进知识和学习的进步,并鼓励实现和维持最高的学术水平。为了实现大学的权力,本大学的收入和财产应全部用于促进本大学章程所规定的大学目标的实现。”

2. 财务办公室的使命

《斯坦福大学行政管理指南》规定:“财务办公室的使命是通过向斯坦福社区提供财务会计服务,促进大学的学术健康。财务办公室通过维护内部控制系统和财务报表系统来履行法定的如受托的关于大学所获拨款的职责。办公案通过提供财务信息和咨询来支持决策。此外,该办公室还负责创建良好的运营环境,使各种资金提供者(例如政府机构、捐赠者、学生以及债券持有人)得以安心地为支持斯坦福学术使命提供资源。财务主管和特定的委托人是唯一被授权为了大学利益而在银行开设账户的个人。”

从上可知,财务办公室的使命有三个:

(1) 提供财务会计服务,促进大学的学术健康。

(2) 通过维护内部控制系统和财务报表系统来履行法定的大学所获拨款的职责，并通过提供财务信息和咨询来支持决策。

(3) 创建良好的运营环境，使各种资金提供者得以安心地为支持斯坦福学术使命提供资源。

(二) 高校财务目标之一是在保证合规性和教学质量、科研质量与服务质量前提下有较好的经济效益

1. 高校财务目标"最大化"的几种表述：

(1) 高校价值最大化

林国泉认为："高校财务管理目标应选择综合办学实力最大化、学校综合价值最大化。"黄兰霞认为："在目前的新环境下，高校财务管理目标应以高校价值最大化为目标。"①

(2) 经济效益与社会效益最大化

张海兰认为："社会效益和经济效益的最大化是高校财务管理的永恒目标。"李永宁认为："高校整体财务管理目标已由过去单纯强调社会效益最大化转向追求经济效益与社会效益最大化。"②

(3) 投资效益最大化是高校财务管理的首选目标

朱炜认为："'投资效益最大化'是高校财务管理的首选目标。"③张海兰认为："投资效益最大化是高校财务管理的首选目标。"

(4) 笔者也曾阐述过高校财务的目标④，如提出过"教育成本较低化""投资风险更小化"等。

2. 高校财务目标如何界定

1998年8月29日，《高等教育法》第二十四条规定："设立高等学校，应当符合国家高等教育发展规划，符合国家利益和社会公共利益，不得以营利为目的。"2004年7月13日，教育部、财政部发布的《关于进一步完善高等学校经济责任制加强银行贷款管理切实防范财务风险的意见》第4条规定："必须坚持效益第一的思想。高等教育事业是社会公益性事业，高等学校的非营利性质从根本上决定了高成本、有偿性的贷款资金只能作为高校多渠道筹措办学经费的必要补充。"财政部会计司

---

① 林国泉.论高校财务管理目标定位[J].事业财会，2006(3)：58-60.
黄兰霞：论高校财务管理目标及实现路径[J].内蒙古科技与经济，2008(11)：71-73.

② 张海兰.网络信息时代高校财务管理目标及其实现[J].北京航空航天大学学报：社会科学版，2005(3)：26-29.
李永宁.高校财务管理目标的转变及实现路径[J].财会月刊：综合版，2006(14)：12-14.

③ 朱炜.浅析高等学校财务管理目标[J].淮南工业学院学报：社会科学版，2001(1)：21-23.

④ 乔春华.院校理财学[M].北京：中国财政经济出版，1998：26-27.
乔春华.《事业单位会计准则》与《事业单位财务规则》研究：以高等学校为例[M].南京：南京大学出版社，2010：222-225.

认为:“企业会计与公共部门会计的主要区别首先是目标:以合法和适当的行为取得和使用资源,并不谋求资本的增长或保持。公共部门主体建立和运行的目标通常不在于营利,而是在其财务和其他资源允许的范围内向社会或社区提供尽可能多的产品或服务。”①

从上可知,高校财务目标是公共利益最大化。公共利益最大化却是难以界定的。按照经济学的一般原理,企业追求的是企业利润最大化,这里“企业利润”的边界容易界定。因为“企业”的边界容易确定,“企业利润”的边界也容易确定,可以通过目标利润、目标成本测定;而“高校”的边界虽容易确定,但“公共利益”的边界却不容易确定。公共利益最大化涉及教育的效率与公平,其衡量标准不易明确,在于高校经济活动和政策的效率与公平的权衡取舍,在经济学上称之为公平—效率抵换(equity-efficiency trade-off)问题。高校财务目标既要从宏观上以公共利益最大化,又要把质量放在重要地位,而高校内部“成本”“结余”却不易确定。

综上所述,笔者认为:从整个高校而言,将合规性和“量入为出,收支平衡,不出赤字”作为高校的财务目标;从校内某一项目而言,在保证质量(教学质量、科研质量、服务质量等)的前提下实现具体项目成本的较低化。

(三) 高校财务目标之二是高校财务的可持续发展

1. 大学财务可持续发展的内容

《刻不容缓:确保高等教育可持续发展的未来——“高等学校财务管理与治理”项目成果报告(2004)》指出:“该项目主要是在高等教育规模膨胀和政府拨款有限的前提下,探讨高等学校的财务可持续能力建设问题。项目成果报告认为,扩大高等学校自主权是高等教育经费来源多样化在高等学校治理问题上的必然反映,是确保高等学校财务可持续能力的必然要求。该项目探讨了不断变化的高等教育政策及拨款环境对高等学校在战略性财务管理方面提出的要求,尤其是高等学校的财务可持续能力问题。项目报告旨在为那些关注高等学校如何运用可持续的方式来实现教育目标的高等教育的决策者、治理者及高级管理人员提供参考。”②

《报告》指出:“高等学校的财务可持续能力可定义为:如果一所高等学校进行成本回收和投资基础设施(物质的、人力的、智力的)的速度适当,具备面向未来实现战略规划、服务学生及其他客户的维持力,那么它的财务运作基础是可持续性的。”该定义隐含了实现可持续能力的四个要素:① 战略:高等学校清楚自己的发展方向,有评估其未来需求、风险和绩效的机制。② 持续运转:高等学校能够回收成本,收入足以抵偿日常开支。③ 投资:高等学校的投资力度能达到维持其生产

① 财政部会计司.政府会计研究报告[M].大连:东北财经大学出版社,2005:19.

② 经济合作与发展组织高等教育管理项目办公室——英格兰高等教育拨款委员会.刻不容缓:确保高等教育可持续发展的未来——“高等学校财务管理与治理”项目成果报告(2004)[J].辽宁教育研究,2005(9):1-8;(10):1-12.

力的水平。④ 风险管理：高等学校能够应对与战略实施有关的风险，能够处理潜在的财务问题。

该定义的优点在于，它能协助我们根据一个简单的、与战略规划相适应的投资水平指标，来评估高等学校的可持续能力。当然投资每年都会有所波动，而且既可以由高等学校投资，亦可由政府代其投资。关键的因素是：在一定年限内有持续不断的投资，而且投资的规模和形式能与学校的未来需求相结合。需要强调的是，并非每个国家都有保护高等学校免于倒闭的政策。同样，财务可持续能力只是高等学校可持续发展的一个方面。因为高等学校的可持续发展不但要依靠良好的财务状况，而且更依靠丰硕的学术成果。所有政府都希望本国高等学校既能在学术方面、又能在财务方面健康运行，实现可持续发展。

《报告》认为，大学财务可持续发展应包括以下内容：① 高等学校治理和战略性财务管理的关系；② 可持续性运转：定价、成本回收、创收；③ 投资于可持续的基础设施建设；④ 风险管理及财务危机应对；⑤ 治理、领导和管理。

2. 大学财务可持续发展的内容

上述高校财务可持续发展内容中，财务治理在第二章中已阐述，财务战略在本章第二节中阐述。其他有关问题阐述如下。

(1) 大学应有盈利

大学盈利是大学财务可持续发展的基本前提。《报告》认为："为何需要盈余？盈余是大学财务稳健的指标之一，它提供现金，以便大学能够灵活处理突发事件或者把握发展机遇，账目盈余还有助于大学把握借贷或者使用其他外部资金的机遇。如果有时政府的资本拨款没有到位，那么高等学校自己的盈余是它们进行资本规划和投资可以依赖的唯一来源。不过，很多高等教育的管理者深受公共部门文化的影响。在公共部门中，往往没有'追求盈余'这样的概念，且重消费、轻投资。这就引出了谁应该为高等学校未来投资负责的问题：是高等学校自身、政府，还是二者都有？如果高等学校负担部分责任或者负全责，那么学校的高层学术人员或管理者就必须懂得盈余的重要性以及盈余意味着什么。"

但是，"营利"与"盈利"，"以营利为目的"与"盈利为结果"是两个概念。所谓"营"在《词典》《辞海》中解释为"谋求"，"以营利为目的"即为"谋求利润为目的"，而不是"以国家利益和社会公共利益为目的"。"盈利"则不同，是大学经营好后"收入减去支出的结余"。这一点，厉以宁教授早就指出：整个教育产业要有效地经营，一个个教育单位也要进行有效经营。经营的结果有可能是收入大于支出。收入大于支出当然优于收入小于支出。可以把收入大于支出的余额称作"盈余"，也可以称为"利润"。教育单位有好的经营结果，或者说，有了"盈余"或"利润"，这同教育的非营利性是不矛盾的。这是两个问题，不应把它们混淆在一起。教育的非营利性是就教育的性质而言的。但任何一个教育单位，不管它提供的是公共产品、准公共产品还是私人产品都要计算收入和支出，都要实行经济核算，都要设法增加收入，减少支出。经营得当，教育单位是可以带来“利润”的。问题在于：教育经营之后所得到的“盈余”或“利润”不同于企业经营之后所得到的利润。企业的利润在扣除公积金、公益金之后分配给投资者，这是名副其实的利润，而教育单位作为公共产品和准公共产品的经营者所得到的“盈余”或“利润”，一般作为发展教育的基金，不存在向投资者分配“盈余”或“利润”的问题。这正是教育的非营利性的体现。……教育单位不以营利为目标，所以教育是非营利性的。经营目标比经营结果更能说明问题。企业是营利性质的，这由企业的经营目标来决定。有些企业赔钱了，甚至倒闭了，能说由于它们赔钱了就是非营利性的？同样的道理，教育单位的经营目标不是营利，但经营得好，有了“盈余”或“利润”，难道就断定它们变成了营利性的？不能。

提出教育经营问题并从理论上阐明教育经营的“盈余”或“利润”的性质，对当前教育的建设与发展是有积极作用的。这种积极作用主要表现在以下三个方面：第一，鼓励各教育单位改善经营管理，提高效率，节省开支，使一定投入有更多产出。第二，提供公共产品与准公共产品的教育单位，如果经营得法而有了“盈余”或“利润”，那就意味着进一步发展教育的资金有了部分保证。我们经常说一家企业应当通过经营机制的转换而具有自我积累、自我成长的能力，为什么教育单位就不应当具有自我积累、自我成长的能力呢？第三，提供私人产品的教育单位，如果经营得法而有了“盈余”或“利润”，那么不仅进一步发展教育的资金有了部分的保证，而且可以使投资者得到一定的回报。投资者当初投资办学校或其他教育单位时，有些并不指望日后得到投资的回报。但如果他们也能由此得到一定的回报，会不会加大他们投资于教育的积极性呢？①

厉以宁教授还指出：“假如学校经营得好，有了盈余，这些盈余怎么用？有三个用途：① 用于教育再投入，把一部分盈余用来发展教育。② 提高教职工的待遇，把现有的人才留住，吸引更好、更多的人才进来。③ 如果是集资办学，可以给集资者回报。这有利于鼓励更多的人投资办学。”②

(2) 成本回收

《报告》认为：“可持续性运转：定价、成本回收、创收。……懂得并收回成本处于财务可持续能力建设的中心环节。如果高等学校的每一项主要活动(作业)都能产生足以涵盖其全部经济成本的收入，则学校的财务能力是可持续的。”

《报告》研究表明，在那些通常由政府提供资金拨款的公共部门，预算的重点往往是一个组织或活动的经常性成本(recurrent costs)。在完全由举办机构所有并

---

① 厉以宁.关于教育产品的性质和对教育经营的若干思考[J].教育科学研究，1999(3)：3－11.

② 厉以宁.关于教育产业的几个问题[J].高教探索，2000(4)：14－19.

负担其投资和风险的高等学校里，如果高等学校能够从其客户那里收回其活动的全部经常性成本，那它就可以实现可持续发展，因为其创办和发展成本由举办机构承担了。当然，前提条件是举办机构有足够的资金可供使用，并优先考虑高等学校的投资需求。如果达不到这两个条件，高等学校即使有能力回收全部经常性成本，但却无法自主规划投资，依然难以实现可持续发展。

《报告》还指出："获得财务可持续能力的一个主要政策问题是：高等学校能否长期具备收回学校运转的全部经济成本的能力。单从成本角度来说，这倒也不是个难题，但需要高等教育出资者和提供者理念与行为上的转变。"

成本回收对我们的启示是：收回成本是财务可持续能力建设的中心环节；大学需要收回全部经济成本；并非所有的活动都能回收全部经济成本。只要高等学校有其他筹资渠道，进行有计划的战略性补贴也是一种正常的管理手段。一套包含成本回收有关政策在内的财务战略能帮助大学明确每项活动的经费开支情况，对是否需要补贴做出理性判断，以及如何筹集有关资金。当某些必要活动获得的资金低于全部经济成本时，这套财务战略有助于明确能在多大程度上减少这些活动的开支。

十八届三中全会通过的《中共中央关于全面深化改革若干重大问题的决定》第19条指出："建立事权和支出责任相适应的制度。"周艳报道："降低成本提高效益。不管是国外的牛津、剑桥、哈佛，还是中国的北大、清华，在市场经济条件下的大学管理中，如何有效地降低成本和提高效益同样至关重要。耶鲁大学校长莱温说：'大学是一项公益性的事业，我们可以不要赢利，但是也不能亏本。'中山大学黄达人校长的观点更鲜明，他说：'成本意识和效率观念应该贯穿大学管理的始终。'一直以来，中国大学对政府的依赖性很强，但政府的财力毕竟有限，这一点各国的情况基本是一样的。因此怎样节约成本是大学经营过程中的一个重要方面。黄达人校长说，中山大学制定了预算的原则：量力而为、量入为出、勤俭节约、开源节流、有所为，有所不为。其次，在某些建设过程中，尽量实现资源共享以节约成本。……降低成本了，效益也要跟上去，但提高效益的关键问题还是资源配置问题。中外大学校长们在对话中也表示实现资源的优化配置会收到事半功倍的效果。资金应重点用在提高师资力量和加强学科建设上，精简人员，同时克服管理中大手大脚的习惯。这样可以加快科研成果的转化进度，从而获得收入。一所大学管理得好坏取决于经营是否恰当，尽管学校不同于公司，但同样要靠经营来运作，学校的大环境好了，优秀的师资会来，一流的人才会来，社会的赞助也会源源不断，最终才能来持续发展。"中山大学校长黄达人教授在第二届中外大学校长论坛上发表了题为"中国大学管理的成本与效率"的演讲时指出："在市场经济条件下如何有效地降低成本和提高效率，是目前中国大学管理体制改革过程中急待解决而又容易被忽略的问题。从某种意义上说，成本意识和效率观念应该贯穿于中国大学管理体制改革的始终。”围绕这一中心观点，黄达人教授从以下方面展开了阐述：① 大学管理需要引进经营理念；② 大学管理需要树立成本意识；③ 大学管理中必须强化效率观念；④ 探索基于成本与效率的大学管理新模式。高校浪费很多，控制成本和节支的渠道也很多。有些高校贪大求洋，铺张浪费，比阔气，讲排场，大到基本建设工程的豪华景点，大型设备重复采购及利用率低等；中到豪华办公室装修，豪华公务用车，公款消费等；小到节水、节电、节办公用纸等。总之，在构建节约型学校的路还很长。

（3）紧运营

《报告》指出：“高等学校面临着筹资压力和市场压力。在许多国家，这种压力迫使高等学校努力维持很多教学和科研活动，数量之大超出了它们收入所能承受的水平。这种现象可以描述为‘紧运营’状态。如果长期紧运营，那么学校的财务基础就会减弱，就会对学校的可持续发展构成直接威胁。紧运营项目参与国的主要表现有：① 学校基础设施老化；② 员工工作时间过长，而且不得不通过私下授课或提供咨询服务来弥补收入上的不足；③ 学校延缓了一些必要的投资，如教学改革或教学手段等方面。”

《报告》研究显示，紧运营可能是高等学校财务可持续能力建设最严重的威胁。但由于财务报告通常不会强调紧运营问题，且问题也是日积月累形成的，因此该问题可能好几年都得不到关注。

紧运营对我们的启示是：要解决长期紧运营的问题，高等学校可能不得不被兼并，或让出部分“主权”。有两项主要的管理行为可以纠正紧运营问题：① 减少不盈利活动的数量；② 通过缩减成本或增加每项活动的收入来改善成本回收状况。高等学校从长期来看，保留大量不盈利活动的风险很高。削减成本通常是面临短期财务危机时唯一可采取的办法。但它也会给员工、效率及未来机遇带来一些负面影响。

3. 风险管理及财务危机应对

《报告》认为：“高等学校都存在着的市场风险及运营风险，要妥善应对复杂的风险环境，高等学校需要建立更具战略性、更系统的风险评估及风险管理体系，而且该体系要涵盖到学校工作的各个环节，这样才能使学校免于遭受严重的财务危机。高等学校不一定非要杜绝或避免所有的风险，但是起码应该保证承担的风险与期望的机遇与收益是对称的。”

（1）风险评估的核心要素

《报告》认为：“系统化的风险评估和管理体系包含以下基本要素：① 学校有战略规划，能涵括并整合重点学术战略及资源战略；② 一套能够识别风险和机遇的机制；③ 一套能够评估风险发生的可能性和潜在影响，并能够确定该采取什么样的措施来监控、应对或消除风险的机制；④ 一套确保高层人事和理事会成员了解学校面临的风险，相应级别的管理者“包干”负责主要风险，随时更新风险评估的程序。”

(2) 财务危机应对

① 什么是财务失灵？

《报告》认为：“不能保证财务可持续能力的最坏结果就是学校财务失灵(financial failure)。随着高等学校自主权的扩大，高等学校破产的风险也在增长。一些参与国至少有过一次高等学校破产或者必须注入资金才能拯救高等学校的事件。”应对高等学校的财务危机有三个阶段：预警及(最好能够)防止；解决近期的财务问题；确保更为持续的发展轨迹。

② 风险管理

高等学校管理层风险管理的内容有：

a. 学校面临的主要风险及其潜在的财务后果有哪些？理事会成员和管理层是否经常对此进行审议？

b. 如何认清发展机遇并应对由此带来的风险？有何策略来消除这些风险？

c. 是否有一套工作程序来确保能够识别重大风险，明确风险应对措施及风险责任人？该工作程序是否与学校的规划及预算程序实现了整合？

d. 高等学校的全体员工是否知道学校面临的风险？他们能在风险管理中作何贡献？

(3) 大学保障基金会是防范风险的重要举措

荷兰的案例分析表明，如果这时是以整个部门的利益为代价的，那么这种方案就不可取。“解救”的代价通常是学校高级管理层的撤换、学校制定新的战略规划和监控体系，有时还要进行合并。这些新的要求会对学校的自主权产生负面影响，治理的有效性也是需要考虑的问题。

在荷兰，高等专业教育大学从 1997 年开始使用预警系统，并由一个独立的机构(荷兰高等专业教育大学保障基金会)来负责该系统的运转。这样做的主要原因是由于失业救济开支的增加引起了风险的增加。大学觉得应该控制责任风险，很大程度上是由于担心这种责任有可能牵连整个高等教育部门。该保障基金会与教育部签署了明确各自责任的协议，它的职责范围不包括研究型大学，因为它们有自己的内部机制来预测风险。

该保障基金会可以被视作一个外部监督者，相当于评价机构。而大学董事会则肩负着管理学校的责任，董事会要在必要时可采取适当措施满足学校的财务需要并将有关情况提供给保障基金会。如果高等专业教育大学遇到或者预测到财务问题，就必须首先与保障基金会沟通。后者将协助这些学校采取矫正措施，也有可能提供贷款。

预警系统由一系列预防措施和机制组合而成，用来监控高等专业教育大学的财务状况。该系统旨在根据学校每年提供的信息，尽早识别风险和机遇。保障基金会使用的主要的绩效指标有：问题解决能力、盈利能力和资产货币互换力。保障基金会编印了关于这些指标衡量细则的指导手册，用以评估这些大学的财务状况。

在进行数量和质量分析之后，保障基金会就会得出高等专业教育大学的警戒级别。包括：① 引起关注：目前存在的问题在可预测的未来不会引发严重的生存危机；② 注意/危险：该阶段不会立即引发生存危机，但是要保持警惕，在必要时采取一些矫正措施；③ 重组/警告：该阶段需要对学校的财务状况进行重组，以确保学校能够继续生存下去。

保障基金会会将有关结果通报给大学。如果大学被列为高警戒或者最高警戒状态，那么保障基金会还将与大学执行委员会(Board of Directors)商讨出现的财务问题及可能的解决方案。如果行政委员会行动不力，那么保障基金会将通知监督委员会(Supervisory Board)。

2003 年曾进行过一次针对高等专业教育大学保障基金会的评估，结果显示：该系统运转良好，且提升了高等专业教育大学的财务可持续能力。

关于大学财务风险的防范，大学保障基金会对财务风险防范的启示，是值得国内大学效仿的。

4. 治理与高等学校可持续发展能力

《报告》认为："治理是个财务管理的重要话题，治理在高等学校对政府和公共利益的责任中起很重要的作用，还能确保高等学校保持连贯的战略、走可持续发展的道路。治理机构独立性及专业性的改善有效地匹配了高等学校发展环境复杂性和自主权的日益扩大。在一些国家，治理机构之前一直由一些感兴趣的人士和退休的'知名人士'组成，相当松散。不过，一些项目参与国在这方面进行了重大的改革，治理工作得到了很大程度的强化。进行上述改革，一个关键因素是治理机构内部更为精简和高效、对外则更为独立地代表高等学校，并在高等学校的发展战略、责任承担和可持续发展中发挥更大的作用。"

爱尔兰对大学的财务治理框架建立在高等教育署与爱尔兰大学校长联席会于 2001 年发布的《爱尔兰大学的财务治理——实现自主权与责任的平衡》的报告之上。这种财务治理框架显示了高等教育署与大学之间的伙伴关系，经过近年来的发展完善，该框架已成为未雨绸缪式良好财务治理的典范，而高等教育署的角色主要就是监督。框架规定了实现良好财务治理的总体要求、治理机构的基本责任、内部审计及校长每年就学校内部管理情况提交的报告等要求。

《报告》研究显示，在新形势下，高等学校的治理者和高级管理人员对于学校可持续能力建设的作用愈发重要。在很多高等学校，治理者对学校战略发展方向及财务情况发挥独特的作用，他们往往在学校的投资和基建决策方面有很强的影响力。澳大利亚的改革方案也包含了改善大学治理的内容。联邦政府以之前一项关于治理方面存在不足的调查为基础，为公立高等学校制定了一套“国家治理标准”(National Governance Protocols)。这些标准通过增强大学理事会对商业行为的监督责任来强化治理工作，还包括要对理事会成员进行正式的职业发展培训。今后，联邦政府是否增加对某个学校的拨款将视该校执行上述标准(以及其他的政策)的情况而定。而在荷兰，高等专业教育大学提交了关于大学治理透明度的报告，提出的很多建议与有关公司治理的类似报告很相像。关于加强监督角色的建议得到了相当程度的重视。

它对我们的启示有：高等学校可持续发展能力必须加强治理、领导和管理。

《报告》指出：“不能保证财务可持续能力的最坏结果就是学校财务失灵(financial failure)。庆幸的是，这种情况很少发生。不过有关可持续能力建设的政策应该含有监控、预测和应对财务失灵的机制。财务失灵状况在各项目参与国有很大不同。总体来说，公立大学不会出现财务失灵情况，所以在一些国家不存在这个问题。在德国，几乎所有高等学校都是公立法人，是州政府的组成部分，其预算几乎全部来自公共资源。高等学校没有破产风险。由于其参与商业活动受限，因此，只要了解大学对州政府的财务规章(主要指有关预算的法规)的遵守情况，就足以长期实现对大学的财务监控。随着高等学校自主权的扩大，高等学校破产的风险也在增长。一些参与国至少有过一次高等学校破产或者必须注入资金才能拯救高等学校的事件。英格兰政府已经表明态度：不当高等学校最后的救命稻草或提款机。不过，政府或者英格兰高等教育拨款委员会是否真能狠心让一所主要高等学校破产还有待检验。虽然还没有发生过高等学校破产的事情，但有好几所财务困难的高等学校合并组建了更为强大的新学校，作为代价，它们丧失了原先的独立身份。”①

大学财务风险研究直接影响大学财务可持续发展。在研究财务风险理论时，经常会涉及“财务危机”和“财务困境”，我们认为财务风险与财务危机和财务困境是有区别的，财务风险不一定导致财务危机或财务困境。对于公立大学来讲，“财务风险”具有普遍意义，而陷入“财务危机”和“财务困境”只有少数高校。

二、高校财务管理基本原则

2012年12月19日，财政部、教育部印发的《高等学校财务制度》(财教〔2012〕488号)第三条规定：“高等学校财务管理的基本原则是：执行国家有关法律、法规和财务规章制度；坚持勤俭办学的方针；正确处理事业发展需要和资金供给的关

① 经济合作与发展组织高等教育管理项目办公室，英格兰高等教育拨款委员会. 刻不容缓：确保高等教育可持续发展的未来(下)——“高等学校财务管理与治理”项目成果报告(2004)[J]. 辽宁教育研究，2005(10)：1-12.

系，社会效益和经济效益的关系，国家、学校和个人三者利益的关系。”

（一）执行国家有关法律、法规和财务规章制度

高校财务管理基本原则的第一个原则是依法理财。

1. 依法理财是高校财务管理工作的核心和灵魂

2010 年 10 月 25 日至 26 日，财政部在北京召开了全国财政系统依法行政依法理财工作座谈会。“2010 年全国财政系统依法行政依法理财工作座谈会会议总结”指出：“谢旭人部长一直将‘依法理财’作为财政科学化精细化管理的重要内容来抓，此次亲自修改大会讲话稿，并提出‘财政法律法规是财政管理的依据和基础，依法理财是财政管理工作的核心和灵魂’。”还指出：“近年来，在党中央、国务院的正确领导下，财政部门根据国务院推进依法行政工作的总体部署，认真贯彻落实《全面推进依法行政实施纲要》和《财政部门全面推进依法行政依法理财实施意见》，坚持把依法理财作为财政系统落实科学发展观的重大举措，推进财政科学化精细化管理的基本要求，加强自身建设的重要内容，积极探索推进依法理财的新思路、新方法，取得明显进展。”

2005 年 5 月 17 日，财政部印发了《财政部门全面推进依法行政依法理财实施意见》的通知（财法〔2005〕5 号）。2011 年 8 月 24 日，财政部印发的《关于加快推进财政部门依法行政依法理财的意见》（财法〔2011〕14 号）第一条第 1 款指出：“加快推进依法行政依法理财的重要性和紧迫性。加快推进依法行政依法理财，是财政部门深入贯彻落实科学发展观的根本保证，是进一步完善公共财政体系的内在要求，是加强财政反腐倡廉建设的重要措施，是进一步提高财政管理水平的基本要求。加快推进依法行政依法理财，不仅非常重要，而且十分紧迫。近年来，财政收支规模越来越大，公共财政涉及面越来越广，社会各界对财政的监督意识越来越强，财政的地位和作用越来越重要，财政工作的复杂性和艰巨性越来越突出，因此，广大财政干部务必始终牢记‘为国理财、为民服务’的宗旨，牢固树立全局观念、法治观念、创新观念、效率观念、服务观念和责任观念，切实增强依法理财、科学理财、民主理财的能力，努力提高财政科学化精细化管理水平，更好地适应形势发展变化的客观需要。”

2. 高校依法理财的规定

2010 年 6 月 21 日，中共中央政治局审议并通过的《国家中长期教育改革和发展规划纲要（2010—2020 年）》第五十八条规定：“加强经费管理。坚持依法理财，严格执行国家财政资金管理法律制度和财经纪律。”

2011 年 6 月 29 日，国务院发布的《关于进一步加大财政教育投入的意见》第四条第二款指出：“全面推进教育经费的科学化精细化管理。一是要坚持依法理财、科学理财。”

2014 年 9 月 26 日，《国务院关于深化预算管理制度改革的决定》（国发〔2014〕

45 号)指出:“坚持依法理财,主动接受监督。”

2015 年 5 月 22 日,《教育部关于直属高校落实财务管理领导责任,严肃财经纪律的若干意见》(教财〔2015〕4 号)指出:“新形势下,全面落实财务管理领导责任、严肃财经纪律,是直属高校贯彻落实‘全面建成小康社会、全面深化改革、全面依法治国、全面从严治党’的必然要求,是严明党的政治纪律和政治规矩、严守国家财经纪律和财经规矩的重要举措。”

此外,还提到“依法建立、健全财务管理制度”“依法从事对外投资活动”等。

1998 年 8 月 29 日,《中华人民共和国高等教育法》第六十五条规定:“高等学校应当依法建立、健全财务管理制度,合理使用、严格管理教育经费,提高教育投资效益。高等学校的财务活动应当依法接受监督。”

2002 年 2 月 11 日,教育部、财政部发布的《关于清理检查直属高校资金往来情况,加强资金管理确保资金安全的通知》(教财〔2002〕2 号)第四条规定:“依法从事对外投资活动,加强对外投资的科学论证。”

2003 年 7 月 17 日,教育部发布了《关于加强依法治校工作的若干意见》(教政法〔2003〕3 号)。

2004 年 7 月 13 日,教育部、财政部发布的《关于进一步完善高等学校经济责任制加强银行贷款管理切实防范财务风险的意见》(教财〔2004〕18 号)规定:“各有关高校必须高度重视贷款管理工作,牢固树立依法理财、诚实守信的思想,明确责任,规范管理,努力形成有效的自我发展、自我约束、自我防范财务风险的机制。”

上述文件对“依法理财”的规定,源于“依法治国”和“依法行政”,源于针对财政或广义理财。正如原财政部部长谢旭人在全国财政系统依法行政依法理财工作座谈会上指出:“依法行政是建设法治政府的核心,也是现代政治文明的重要标志,依法理财是依法行政的重要组成部分。”①

3. 依法理财的“理”的三重含义

(1) 依法财务治理。

(2) 依法财务管理。

(3) 依法理顺财务关系,梳理财务思路,梳理财务结构,等。

(二) 坚持勤俭办学的方针

高校财务管理基本原则的第二个原则是勤俭办学。

1. 领袖教导

毛泽东指出:“财政的支出,应该根据节省的方针。应该使一切政府工作人员明白,贪污和浪费是极大的犯罪。反对贪污和浪费的斗争,过去有了些成绩,以后还应用力。节省每一个铜板为着战争和革命事业,为着我们的经济建设,是我们的

① 谢旭人.依法行政必然包含依法理财[N].法制日报,2010-12-02.

会计制度的原则。”①

毛泽东指出:“勤俭办工厂,勤俭办商店,勤俭办一切国营事业和合作事业,勤俭办一切其他事业,什么事情都应当执行勤俭的原则。这就是节约的原则,节约是社会主义经济的基本原则之一。中国是一个大国,但是现在还很穷,要使中国富起来,需要几十年时间,几十年以后也需要执行勤俭的原则,但是特别要提倡勤俭,特别要注意节约的,是在目前这几十年内,是在目前这几个五年计划的时期内。”②

毛泽东指出:“要使全体干部和全体人民经常想到我国是一个社会主义的大国,但又是一个经济落后的穷国,这是一个很大的矛盾。要使我国富强起来,需要几十年艰苦奋斗的时间,其中包括执行厉行节约、反对浪费这样一个勤俭建国的方针。”③

周恩来指出:“节约的观念,在我们现在要加紧建设的当中,是一个最中心的问题。要使我们的干部和人民都要有这样一个观念,节约一点,就是对于国家建设增加一分,对于国防力量增强一分;浪费一点,就是对于国家的经济建设和国防建设有害。要用这个观念经常地教育我们的干部和人民,因为这是很容易疏忽的。国家大了,稍微不留神,就要浪费一批人力,或者物力,或者财力,对我们建设就不利。”④

2. 法规规定

“厉行节约反对浪费”是中华民族的优良传统,是中国共产党的优良作风。党中央和国务院在每个历史时期都要颁布“厉行节约反对浪费”的文件,如:1997 年 5 月 25 日发布的《中共中央、国务院关于党政机关厉行节约制止奢侈浪费行为的若干规定》,2013 年 11 月 25 日,中共中央、国务院发布的《党政机关厉行节约反对浪费条例》等。

《党政机关厉行节约反对浪费条例》第三条规定:“本条例所称浪费,是指党政机关及其工作人员违反规定进行不必要的公务活动,或者在履行公务中超出规定范围、标准和要求,不当使用公共资金、资产和资源,给国家和社会造成损失的行为。”第四条规定:“党政机关厉行节约反对浪费,应当遵循下列原则:坚持从严从简,勤俭办一切事业,降低公务活动成本;坚持依法依规,遵守国家法律法规和党内法规制度的相关规定,严格按程序办事;坚持总量控制,科学设定相关标准,严格控制经费支出总额,加强厉行节约绩效考评;坚持实事求是,从实际出发安排公务活动,取消不必要的公务活动,保证正常公务活动;坚持公开透明,除涉及国家秘密事项外,公务活动中的资金、资产、资源使用等情况应予公开,接受各方面监督;坚持

① 毛泽东.毛泽东选集:第一卷[M].北京:人民出版社,1991:129.

② 毛泽东.毛泽东选集:第五卷[M].北京:人民出版社,1977:249.

③ 毛泽东.毛泽东选集:第五卷[M].北京:人民出版社,1977:399-400.

④ 周恩来.周恩来经济文选[M].北京:中央文献出版社,1993:206-207.

深化改革,通过改革创新破解体制机制障碍,建立健全厉行节约反对浪费工作长效机制。”

(1) 法律规定

《中华人民共和国宪法》第十四条指出:“国家厉行节约,反对浪费。”

2014 年 8 月 31 日,《中华人民共和国预算法》第十二条规定:“各级预算应当遵循统筹兼顾、勤俭节约、量力而行、讲求绩效和收支平衡的原则。”第三十七条规定:“各级预算支出的编制,应当贯彻勤俭节约的原则,严格控制各部门、各单位的机关运行经费和楼堂馆所等基本建设支出。”

2015 年 12 月 27 日,《中华人民共和国教育法》第二十六条新增一款规定:“国家举办学校及其他教育机构,应当坚持勤俭节约的原则。”

(2) 纲要规定

1993 年 2 月 13 日,中共中央、国务院印发的《中国教育改革和发展纲要》(中发〔1993〕3 号)第 50 条规定:“各级教育部门和学校必须努力提高教育经费的使用效益。要合理规划教育事业的规模,调整教育结构和布局,避免结构性浪费;要坚持艰苦奋斗、勤俭办学的方针,建立健全财务规章制度,加强财会队伍建设。各级财政和审计部门要加强财务监督和审计,共同把教育经费管好用好。”

2010 年 6 月 21 日,中共中央政治局审议并通过的《国家中长期教育改革和发展规划纲要(2010—2020 年)》第 58 条规定:“坚持勤俭办学,严禁铺张浪费,建设节约型学校。”

(3) 高校财务“八五”“十一五”期间规定

1991 年 4 月 8 日,国家教委、财政部发布的《高等学校“八五”期间财务工作的若干意见》(教财〔1991〕33 号)规定:“‘八五’期间高等学校财务工作的指导思想是:继续贯彻‘治理整顿、深化改革’的方针,开源节流,艰苦奋斗,勤俭办学,强化管理,提高资金使用效益,支持和促进学校内部各项事业的持续、稳定、协调发展。”

2007 年 1 月 15 日,《教育部财政部关于“十一五”期间进一步加强高等学校财务管理工作的若干意见》(教财〔2007〕1 号)第 13 条规定:“高等学校要根据‘量入为出,收支平衡,积极稳妥,统筹兼顾,保证重点,勤俭节约’的原则编制年度财务预算。”第 16 条规定:“高等学校应始终坚持艰苦奋斗、勤俭办学的思想,努力建设节约型校园,反对各种形式的铺张浪费。”

(4) 其他规定

2004 年 3 月 3 日,国务院批转教育部《2003—2007 年教育振兴行动计划》(国发〔2004〕5 号)第 43 条规定:“严格管理,不断提高教育经费的使用效益。牢固树立勤俭办教育事业的思想。建立科学、规范的教育经费管理制度,进一步完善、规范各级各类学校收费政策,加强对教育经费的审计与监督,提高使用效益。”

2008 年 9 月 3 日,中共中央纪委、教育部、监察部《关于加强高等学校反腐倡廉建设的意见》第十二条规定："加强基建(修缮)项目管理和监督。要科学合理地制定学校事业发展规划及校园建设总体规划，按照勤俭办教育的精神，控制建设成本。坚持基建(修缮)项目集体决策制度和按规定报批制度，新上项目或项目内容的变更必须经集体决策。"

2015 年 5 月 22 日《教育部关于直属高校落实财务管理领导责任，严肃财经纪律的若干意见》(教财〔2015〕4 号)第四条规定："预算编制应遵循统筹兼顾、勤俭节约、量力而行、讲求绩效和收支平衡的原则。"

(三) 正确处理事业发展需要和资金供给的关系，社会效益和经济效益的关系，国家、学校和个人三者利益的关系

高校财务管理基本原则的第三个原则是处理好三个关系。

1. 正确处理事业发展需要和资金供给的关系

"事业发展需要"与"资金供给"的关系实质上是需求与供给的关系，笔者曾撰写过《高等教育供给侧改革的财务视角》[①]，不再赘述。仅再作简短说明。

2004 年 07 月 13 日，《教育部、财政部关于进一步完善高等学校经济责任制加强银行贷款管理切实防范财务风险的意见》(教财〔2004〕18 号)指出："高等教育事业实现了跨越式发展。随着高等教育规模的不断扩大以及广大人民群众对高等教育需求的日益增长，教育投入与教育需求之间的矛盾更加突出。一些高校在资金供给不足的情况下，为适应事业发展的需要，积极利用银行贷款改善办学条件，解决了事业发展过程中的实际困难。但是，高等学校在利用贷款加快事业发展的同时，也出现了一些不容忽视的问题。部分高校对贷款的风险认识不够，还贷的责任意识不强；个别高校贷款论证不充分，贷款规模大大超出高校的经济承受能力；有的高校缺乏勤俭办事业的思想，不切实际地依靠贷款铺摊子、上项目，盲目追求高标准。这些问题必须引起高度重视和认真解决。"

笔者不主张这种不遵循教育规律和经济规律的"跨越式发展"，它不仅会造成高等教育质量的下降，而且由于资金紧张会产生贷款和乱收费，从而导致学校财务风险。笔者主张教育发展循序渐进，教育投入逐步增长。

2. 正确处理社会效益和经济效益的关系

1985 年 5 月 27 日，中共中央发布的《关于教育体制改革的决定》指出："在整个教育体制改革的过程中，必须牢牢记住改革的根本目的是提高民族素质，多出人才、出好人才。衡量任何学校工作的根本标准不是经济收益的多少，而是培养人才的数量和质量。紧紧掌握这一条，改革就不会迷失方向。"我们高校战略规划和最高目标应定位于"多出人才、出好人才"和"培养人才的数量和质量"。

笔者认为社会效益即公共效益应放在第一位，培养高质量的学生属于社会效

---

① 乔春华. 高等教育供给侧改革的财务视角[M]. 南京：东南大学出版社，2017.

益,它会带来学校的好声誉和未来好的经济效益;粗制滥造地对待学生,不仅会影响社会效益,而且会直接浪费教育资源,还会影响学校的声誉和未来的经济效益。

3. 正确处理国家、学校和个人三者利益的关系

正确处理国家、学校和个人三者利益的关系应从两个方面考虑:

(1) 必须兼顾国家、集体和个人三个方面

《中华人民共和国宪法》第十四条指出:"国家合理安排积累和消费,兼顾国家、集体和个人的利益,在发展生产的基础上,逐步改善人民的物质生活和文化生活。"

毛泽东在《论十大关系》中指出:"必须兼顾国家、集体和个人三个方面。……总之,国家和工厂,国家和工人,工厂和工人,国家和合作社,国家和农民,合作社和农民,都必须兼顾,不能只顾一头。无论只顾哪一头,都是不利于社会主义。"在《关于正确处理人民内部矛盾的问题》中指出:"在分配问题上,我们必须兼顾国家利益、集体利益和个人利益。"

胡耀邦在《在中国共产党第十二次全国代表大会上的报告》中指出:"我们的全部经济工作,我们的一切方针、政策、计划、措施,都必须立足于统筹安排,兼顾国家、集体、个人三者利益。"

学校理财在正确处理国家、学校和个人三者利益的关系时,既要考虑国家的利益,又要考虑教职员工和学生的利益。

(2) 要有大局意识

毛泽东在《关于正确处理人民内部矛盾的问题》中指出:"这里所说的统筹兼顾,是指对于六亿人口的统筹兼顾。我们作计划、办事、想问题,都要从我国有六亿人口这一点出发,千万不要忘记这一点。"

党的十八大以来,党中央明确提出,必须增强政治意识、大局意识、核心意识、看齐意识。

习近平强调指出"国家好,民族好,大家才会好"。习近平还指出:"必须牢固树立高度自觉的大局意识,自觉从大局看问题,把工作放到大局中去思考、定位、摆布,做到正确认识大局、自觉服从大局、坚决维护大局。"

大局意识,就是要从长远利益和全局利益出发,也就是国家的长远利益和人民的根本利益出发。学校做决策,做规划,做预算,制定校内制度,必须从长远利益和全局利益出发,任何短期行为,任何本位主义都是损害长远利益和全局利益的。学校理财中的套取财政资金、私设"小金库"、乱收费、挥霍公款、铺张浪费等都是损害长远利益和全局利益的。

三、高校财务管理主要任务

2012 年 12 月 19 日,财政部、教育部印发的《高等学校财务制度》(财教〔2012〕488 号)第四条规定:"高等学校财务管理的主要任务是:合理编制学校预算,有效

控制预算执行，完整、准确编制学校决算，真实反映学校财务状况；依法多渠道筹集资金，努力节约支出；建立健全学校财务制度，加强经济核算，实施绩效评价，提高资金使用效益；加强资产管理，真实完整地反映资产使用状况，合理配置和有效利用资产，防止资产流失；加强对学校经济活动的财务控制和监督，防范财务风险。”

（一）合理编制学校预算，有效控制预算执行，完整、准确编制学校决算，真实反映学校财务状况

这部分内容在本章第二节介绍。

（二）依法多渠道筹集资金，努力节约支出

这部分内容在本章本节中已介绍。

（三）建立健全学校财务制度，加强经济核算，实施绩效评价，提高资金使用效益

1. 建立健全学校财务制度，加强经济核算

1998年8月29日，第九届全国人民代表大会常务委员会第四次会议通过的《中华人民共和国高等教育法》第六十五条规定：“高等学校应当依法建立、健全财务管理制度，合理使用、严格管理教育经费，提高教育投资效益。”

1994年11月17日，国家教委颁布的《关于当前国家教委委属高校财经工作中几点意见的通知》第二条规定：“委属高校内部应实行统一的财经政策和制度，各项财经政策和制度要协调一致，符合国家有关的财经规定。各项财经制度应由财务处在财经领导小组组织和协调下统一制订和颁布，各校内单位不得各自为政。财务处应依照国家公布的有关法律、规章、制度对基层单位自行制定的财经制度或方案、办法组织调研和清理，对不符合国家规定、不符合学校统一政策的应予坚决纠正。”

高校应根据上级规定的法规，结合本校实际，制定适用于本校财务治理、财务管理、会计管理、内部财务控制、内部会计控制、审计等方面的规章制度。

2. 实施绩效评价，提高资金使用效益

笔者曾阐述过，由于高等教育和科研的迟效性，高等教育和科研的绩效评价很难，因此，曾建议先在“项目支出”中试点。①

晋浩天、吴凡报道：规模＝资源，不利于提高教学质量。闵维方认为基本支出是根据各高校的招生数和在校生数拨付生均定额的总额。这种拨款制度容易导致在校生数“规模导向”的“膨胀机制”。成刚认为由于六个项目中，只有一个提到了绩效拨款，为了避免在落实中出现“踏空”的情况，我们需要进一步加强细则方面的研究制定，并建立以绩效为导向的拨款体制。②

① 乔春华.高校预算管理研究[M].苏州：苏州大学出版社，2013：206－273.

② 晋浩天，吴凡.高校预算工作迎大动作　预算改革倒逼高校办出特色[N].光明日报，2015－12－09.

2014年9月26日,《国务院关于深化预算管理制度改革的决定》(国发〔2014〕45号)第5条第3款指出:“健全预算绩效管理机制。全面推进预算绩效管理工作,强化支出责任和效率意识,逐步将绩效管理范围覆盖各级预算单位和所有财政资金,将绩效评价重点由项目支出拓展到部门整体支出和政策、制度、管理等方面,加强绩效评价结果应用,将评价结果作为调整支出结构、完善财政政策和科学安排预算的重要依据。”

2015年5月21日,财政部印发的《中央部门预算绩效目标管理办法》(财预〔2015〕88号)第三条指出:“本办法所称绩效目标:按照预算支出的范围和内容划分,包括基本支出绩效目标、项目支出绩效目标和部门(单位)整体支出绩效目标。基本支出绩效目标,是指中央部门预算中安排的基本支出在一定期限内对本部门(单位)正常运转的预期保障程度。一般不单独设定,而是纳入部门(单位)整体支出绩效目标统筹考虑。项目支出绩效目标是指中央部门依据部门职责和事业发展要求,设立并通过预算安排的项目支出在一定期限内预期达到的产出和效果。部门(单位)整体支出绩效目标是指中央部门及其所属单位按照确定的职责,利用全部部门预算资金在一定期限内预期达到的总体产出和效果。”

(四) 加强资产管理,真实完整地反映资产使用状况,合理配置和有效利用资产,防止资产流失

这部分内容在本章第三节介绍。

(五) 加强对学校经济活动的财务控制和监督,防范财务风险

这部分内容在第四章第二节已介绍。

第二节　大学校长在理财中应重点关注的问题

一、制定财务战略与编制和执行预算

(一) 高校财务战略

1. 财务战略的重要性

1954年邓小平同志在谈财政工作时也强调指出:“财政部提意见要从全局出发,考虑有钱没有钱,是否符合国民经济发展的要求。”①“财政部门要看到大事,要有战略观念。”②

辽宁舰舰长刘喆认为:“我考上了解放军军事经济学院,用经济的眼光看待军事问题。但是更大的收获呢,是我明白了一个道理,军事经济问题,后勤问题,归根

① 邓小平.邓小平文集:第一卷[M].北京:人民出版社,1989:193.

② 邓小平.邓小平文集:第一卷[M].北京:人民出版社,1989:200.

到底，它是一个军事战略问题，于是我又报考了军事科学院的战略学博士研究生。”①

毕马威有限责任公司高等教育方向的全国行业董事罗纳德·E. 萨鲁兹奥(Ronald E. Salluzzo)指出：“驱动一个学校的办学宗旨应该由该学校的战略计划来确定并由学校的财务资源所限定。学校内的每个单独的部门的计划都是为战略计划服务的。运营预算向每个单独的部门的计划提供关于活动负担能力的信息。这种结构可以使院校思考如何通过再分配资源来完成办学宗旨，同时也可以使学校评估实物资本、人力资本以及开发新的课程等等。”②

罗纳德·E. 萨鲁兹奥(Ronald E. Salluzzo)还指出：“为了使预算成为一种富有活力的管理工具，学校的每一个组成部门都必须既将预算视为推动学校完成自己办学宗旨的文件，又同时把它看作衡量在预算期内完成目标进度的方式。预算期这个表述是非常重要的，因为时间段常常被限定为一年。如果要使预算以一种有意义的方式来说明学校的取向，那么首席财务官们应该考虑使用与服务周期相配比的预算期。”③

宝都学院的财务长和财务与管理机构的副总裁、哈佛高等教育协会的成员肯特·约翰·查博特指出：“预算作为一份对优先考虑事情和学校信念的重要报告，也具备战略职能。它不仅指出赚了多少钱和花费了多少钱，也指出了对学校来说哪些目标和活动才是真正最重要的。……战略预算的精髓是要与学校的战略计划明确地联系在一起。”④

维尔达夫斯基认为：“预算可以看成是一种预期行为，是一种预测……可成为实现政策、战略目标、财源和人们行为的纽带。”“预算也可以描述成一系列价值标签的目标。因为资金是有限的，它反映各种可替代方案中最佳的资金分配过程。”“从另一方面考虑，预算又可以被看作一种合同。”“预算反映战略制定的过程和成果。”⑤

《高等教育法》第四十一条第一款规定，高等学校校长具有“拟订发展规划，制定具体规章制度和年度工作计划并组织实施”的权力。2003 年元月召开的教育部直属高校工作咨询委员会第十三次会议和 2004 年 8 月第二届中外大学校长论坛均把高校发展战略规划列为重要主题。战略规划是战略管理的基础和核心，是一

① 刘喆. 辽宁舰舰长：我在航母上等着你们[Z]. 中国海军网，2017－10－10.

② [美]露西·拉普斯基，玛丽·P. 麦考文·莫克. 高校的财务运作[M]. 李正，主译. 北京：中国财政经济出版社，2004：72－73.

③ [美]露西·拉普斯基，玛丽·P. 麦考文·莫克. 高校的财务运作[M]. 李正，主译. 北京：中国财政经济出版社，2004.

④ [美]露西·拉普斯基，玛丽·P. 麦考文·莫克. 高校的财务运作[M]. 李正，主译. 北京：中国财政经济出版社，2004：15－16.

⑤ 财政部企业司. 企业全面预算管理的理论与案例[M]. 北京：经济科学出版社，2004：7.

种带全局性的总体发展部署，是学校成长的永恒主题。教育部曾把高校制度发展战略规划概括为回答“建设一个什么样的大学”和“怎样建设这样的大学”两个问题，精心制定了学校的“发展战略规划、学科建设和队伍建设规划、校园建设规划”。我国要按照科学发展观的要求，着眼全局、立足校情、突出重点，体现战略创新和特色，都在制定高校的战略发展规划。

2. 高校财务战略的重要性

财务战略规划是战略管理的核心，是高校战略管理重要组成部分。因此，财务战略管理一个单位为实现战略目标和核心竞争力，运用战略管理的方法决策与选择进行全局性、长期性、开拓性和创新性的谋划过程。财务战略的特征有：以财务战略目标为导向，以竞争力为核心，以决策与选择作为谋划的主要方法，以全局性、长期性、开拓性和创新性为标志。笔者认为：从整个高校而言，合规性和“量入为出，收支平衡，不出赤字”作为高校的财务目标；从校内某一项目而言，在保证质量（教学质量、科研质量、服务质量等）前提下具体项目成本的较低化。大学校长在理财中，应根据高校战略规划制定财务战略规划，用财务战略规划保障高校战略规划的落实，确保高校财务的可持续发展。

（二）高校预算管理目标必须符合高校财务战略目标

财务战略管理的逻辑起点是高校目标和财务目标，因此，战略管理必须首先明确目标。高校财务目标已在本章第一节阐述。

（三）大学书记和校长在财务战略与预算管理中应关注的问题

1. 书记和校长应主持制定财务战略与编制预算

（1）书记和校长应主持制定财务战略

笔者曾指出：“财务战略管理是一个单位为实现战略目标和核心竞争力，运用战略管理的方法决策与选择进行全局性、长期性、开拓性和创新性的谋划过程。财务战略的特征有：以财务战略目标为导向，以竞争力为核心，以决策与选择作为谋划的主要方法，以全局性、长期性、开拓性和创新性为标志。”①由此可见，书记和校长应主持制定财务战略。

（2）书记和校长应主持制定编制预算

① 大学预算决定高校活动的范围和方向

毛泽东同志早在1950年就提出了“国家的预算是一个重大的问题，里面反映着整个国家的政策，因为它规定政府活动的范围和方向”②。

Donald Axelrod 认为：“预算是政府的神经中枢，它是为了高效、经济地实现政府优先权和目标而进行分配资金和利用资源的一种决策制度，一种主要的政治决

① 乔春华. 高校预算管理研究[M]. 苏州：苏州大学出版社，2013：38.

② 毛泽东主席1949年12月在中央人民政府委员会第四次会议上的讲话[N]. 人民日报，1949-12-04.

策制度。”①

尼古拉斯・亨利指出：“预算是政府生命之血液，如果我们用‘政府应做什么’的说法来代替‘政府在预算中应该做什么’的话，则预算在政府中的核心地位，就更加清楚了。”②

冯俏彬指出：“‘钱包权力是一切权力中最重要的权力’。预算决定着政府活动的范围与方式，是一切政府行为的起点，谁控制了预算，谁就控制了破府。反过来，在预算方面不受控制的政府，必然是专制的政府和不负责任的政府。”③

Budgeting 指出：“没有钱什么都做不了，什么能做是体现在预算中的。”④

阿伦・威尔达夫斯基指出：“从总体上看，联邦预算是以货币形式表现的政府活动。”⑤由此可以推理，预算是以货币形式表现的高校活动，反映了高校“想做什么”。高校“想做什么”实际上反映在“高校预算中应该包括什么”。正如科依指出，公共预算的基本问题是：“在什么基础上，决定将某一数量的拨款拨给活动 A 而不是活动 B?”⑥

梁启超也指出：“预算案者，一年间施政之准绳也，凡百政策，皆表现于其上，欧洲国民，辨政府政策之善恶，皆于是乎察之。”⑦公共预算不仅决定配置国家权力，构建良好的国家治理模式，而且塑造国家的政治文化。正如美国公共预算学者乔森纳・卡恩所说：“公共预算不仅是配置政府资源的技术工具，也是塑造公共生活、国家制度以及两者之间关系的文化建构。”⑧

摩尔认为：“请记住，预测是做好决策的基石之一，做好决策又是做好计划的基石，而做好计划则是建立成功事业的基石。”他还认为：“对非营利性组织而言，费用不得超出预算是相当重要的，否则有时候还会侵犯法律之名，会受到重处。”洛依德・乔治认为：“我们正把这个沉重的负担加在最宽大的肩膀，我已决定在做我的预算时，将没有一个柜子可以更简陋，也没有任何东西会更难以带走。”⑨

里查德・J. 斯蒂尔曼认为：“预算在政府中有许多重要作用，这些作用使得公

---

① Donald Axelrod, Budgeting for modern government [M]. NewYork U. S. A: St. Martin′s Press, Inc., 1988:1.

② 尼古拉斯・亨利. 公共行政与公共事务[M]. 张昕等，译. 北京：中国人民大学出版社，2002.

③ 冯俏彬. 美国预算过程的发展演变及其启示[J]. 财政研究，2007(6)：75.

④ Aaron Wildavaky. Budgeting: A comparative theory of bud-getary process[M]. New York: Transaction Publishers, 1997:9.

⑤ 阿伦・威尔达夫斯基. 预算过程中的新政治学：第四版[M]. 上海：上海财经大学出版社，2006:2.

⑥ Key O. The lack of budgetary theory[J]. AmericanPolitical Science Review, 1940, (12).

⑦ 梁启超. 梁启超全集：第四册[M]. 北京：北京出版社，1999:2498.

⑧ Jonathan David Kahn. Budgeting democracy: state building and citizenship in America, 1890 - 1928[M]. New York: Cornell University Press, 1997.

⑨ [美]诺曼・摩尔. 如何编制预算：有效运用财源的 25 个弹性规则[M]. 陈小红，译. 汕头：汕头大学出版社，2004:120, 180, 136.

共预算的含义异常丰富：首先，它是一个法律文件。因为从某种意义上，它是行政和立法部门每年签订的合同。它承认行政机关和部门详加说明的下一财政年度所需筹集的和消费的国家基金，所以，它基本上是给政治选举产生的人民代表提供的对其下属政府机关实行财政监督手段的一种法律文件。其次，预算可以是把国家当前有限的财力和人力资源变成政府的目标并纳入规划的计划手段，在这方面预算是指导政府完成任务，利用社会上的人才和国家钱财的重要工具，也是使国家行政机关协调一致，提高效率的武器，从这个意义上讲，它还是个经济文件。最后，预算可以看作是政治文件。它通过分配经费反映出在议会选举中表现出来的国家不同集团的最终目的、兴趣和势力。在制定年度预算的过程中，各个政党的参与者要进行长时间的角逐、妥协和交易才能形成一个大致反映当前国家应优先发展项目的文件。全体公民所渴望的、在特定的时间他们所支持的政府管理工作的质量与数量，在预算上可以反映出来。"①

由此可见，高校预算是高校经济命脉的中枢神经，高校生命的血液。高校预算规定高校活动的范围和方向，是做好决策的基石之一，是一个法律文件，谁控制了预算，谁就控制了高校。因此，预算管理工作的好坏，直接影响高校日常运行和长远发展。笔者在搜集资料的过程中，发现预算的重要性被定位在如此高的地位，高校的领导必须注意到这一点。

② 书记和大学校长应在预算编制中起主导作用

a. 预算编制是龙头

2010 年财政科学化精细化管理专题研讨班于 6 月 1 日至 6 日在京举办，财政部部长谢旭人在讲话中指出："进一步加强预算编制管理。要紧紧抓住预算编制这个'龙头'，完善管理机制和流程。控制代编预算规模，提高预算年初到位率。"②

b. 高校经济工作的指挥棒作用

2000 年 6 月 12 日，教育部、财政部发布的《关于高等学校建立经济责任制加强财务管理的几点意见》第一条第一款规定："学校预算一经正式确定，就应成为全校经济工作的'指挥棒'，必须按管理层次将组织收入、控制支出的权利和责任落实到岗位、落实到人，各司其职，各负其责，在哪个层次上出现问题，其上一级必须及时采取措施予以解决并追究相应层次有关人员的责任。"

c. 高校财权配置中主导作用

2007 年 1 月 15 日，教育部、财政部发布的《关于"十一五"期间进一步加强高等学校财务管理工作的若干意见》第 13 条规定："高等学校应加强预算管理与控制，

---

① ［美］里查德・J. 斯蒂尔曼. 公共行政学：下册[M]. 李方，等译. 北京：中国社会科学出版社，1989：226－227.

② 谢旭人. 2010 年财政科学化精细化管理专题研讨班在京举办[N]. 政府采购信息报，2010－06－10.

强化预算的权威性与严肃性，充分发挥预算在资源配置中的主导作用。……预算执行的责任应分解到校内各部门、各单位。预算的调整必须按规定程序进行。”

高校预算是全校经济工作的“龙头”“指挥棒”“主导作用”，可见，大学校长应在预算编制中起主导作用。

2. 财务战略不能单靠学术或单靠财务来完成

战略规划不能单靠学术或单靠财务来完成。《刻不容缓：确保高等教育可持续发展的未来——“高等学校财务管理与治理”项目成果报告（2004）》指出：“战略规划不能单靠学术或单靠财务来完成。必须把二者的文化和需求结合到一起考虑。高等学校学术人员的行为既能给学校发展带来财务机遇，又能带来财务风险。开发一套整合的战略，首先需要学校内部进行有关学校需求和目标的讨论，学术方面的及非学术方面的高级管理者都要参与进来。而且，学术管理人员要参与有关财务战略的讨论，财务人员也要了解学校的学术情况及其对学校的推动作用。这既是管理方法上的变革，又是管理文化上的变革。”①

3. 预算的舍弃是保证战略规划的实现

（1）舍弃是战略的精髓

战略是指长远性的、全局性的谋略。为了实现长远性的、全局性的目标经常会发生舍车保帅的决策。

例如斯坦福大学于 1969 年撤销了在美排名前 10 位到 12 位的建筑学院，因为斯坦福估算了一下建筑系跻身全美前 5 名的成本和可能性（斯坦福的目标是使所有专业排名都居前 5 名），最后得出结论：为此付出的代价太不值得。伯克利已经有一所排名前 1 至 2 名的建筑学院，为什么斯坦福还要勉强办一所呢？基于同样的考虑，斯坦福在随后的 20 多年间又陆续取消了地理系和食品研究所。集中有限资源发展具有比较优势的专业或院系，而不是面面俱到或大而全，是美国名牌大学办学的一个基本方针。从斯坦福的例子可以看出，学科末位淘汰制是名牌大学在办学过程中不断优化校内资源配置的一个必然结果。② 因此，进行定位与发展自己的特色，集中利用有限的教育资源为学校重点建设。

刘献君指出：“舍弃是战略的精髓。”他还举例说：“美国斯坦福大学曾打算建立建筑学院，但建设建筑学院需要同时发展建筑学、土木工程等 4 个专业，这些须有很大的投入，而且，当时美国建筑行业的就业情况并不理想，同时该大学附近的加州伯克利大学已经有一个相当好的建筑学院。经过综合考虑后，斯坦福大学决定取消这个计划，从而保证了重点学科的发展。又如，卡内基·梅隆大学认为，在 21

---

① 经济合作与发展组织高等教育管理项目办公室——英格兰高等教育拨款委员会. 刻不容缓：确保高等教育可持续发展的未来（下），“高等学校财务管理与治理”项目成果报告（2004）[J]. 辽宁教育研究，2005（10）：1－12.

② 钱理群，等. 中国大学的问题与改革[C]. 天津：天津人民出版社，2003：357.

世纪，生物技术非常重要，要成为世界一流大学，必须发展生物学，但他们放弃了建设一个医学院的设想。因为建医学院工程太大，花费太高。后来他们决定借用附近匹兹堡大学的医学院来发展自己的生命学科。在国内，也不乏这方面的成功范例。例如电子科技大学，在全国办综合性大学的热潮中，他们始终抓住电子信息学科不放，舍弃其他一些学科，将学校发展定位为'在电子信息领域具有世界先进水平的一流大学'，使学校取得了长足的发展。中国地质大学近几年来在发展定位中，始终牢牢抓住地学学科不放，集中力量发展地学学科，而且其他一些学科也要紧紧依托地学来发展，因而学校发展迅速，争得了国家重点实验室、国家创新团队，院士人数也在不断增加。"1999 年 9 月，笔者在美国旧金山和曾任加州伯克利大学校长的田长霖院士讨论高等教育问题，他十分强调通过资源配置来发展学科。他说："我在美国当大学校长，也不可能下命令去砍掉某一个学科。我的办法是，对需要发展的优势学科，每年增加 3%的经费预算，对希望砍掉的学科，每年减少 3%的经费预算，让他们自己觉得无法办下去，自动提出撤销这个学科。"①

刘向兵、李立国指出："在 2002 年的中外大学校长论坛上，哥伦比亚大学教育学院莱文教授提出了一个'替代增长'的概念。它的基本含义是用有价值的活动取代无价值的活动。学校要学会放弃，学会合作，学会把资源用于最有潜力的方面。他列举了斯坦福大学曾先后放弃建筑学院、地理系、食品研究所，放弃师范教育，放弃建设大型图书馆，但并未影响其成为一所顶尖的研究型大学的实例。对于研究型大学来说，大学的个性主要表现为拥有不同的优势学科或强势学科，例如，牛津大学的环境科学、计算机科学、医学等；东京大学的行为学、经济学、教育学等；哈佛大学的哲学、政治学、商业管理等；斯坦福大学的心理学、电子工程、植物学等；剑桥大学的物理学、化学、数学等，都是举世公认的一流学科。虽然所有的研究型大学都是学科齐全的综合性大学，但研究型大学的学科并不都是一流水平的。伦敦大学副校长斯图尔特·薛瑟兰曾说：全世界的大学分守着它们各自对真理、学术和科研所做出的贡献。言外之意是，即便是世界一流的研究型大学，也不可能在所有的学科中都称雄，大学的个性在于采取有重点、有特色的学科发展战略，创造出自己的学术品牌。美籍华人科学家田长霖教授也讲到，研究型大学一定要想办法扶植最优异的学科，把它变成全世界最好的。为了保证重点发展的学科，要不惜遏制其他方面的发展，甚至让每个系都去配合它。南京大学在近十几年的发展，就是利用资源配置方式，成功地实现在较短的时间内积累并赢得学科发展优势的典型实例。"②

---

① 刘献君.论高校战略管理[J].高等教育研究，2006(2)：1-7.

② 刘向兵，李立国.高等学校实施战略管理的理论探讨[J].中国人民大学学报，2004(5)：140-146.

（2）把钱集中用在建设一流学科上

在"第一届中外大学校长论坛"上，朱清时认为："创建世界一流大学，经费投入很重要，但这笔钱如何分配更重要，如何做到'有所为有所不为'？就是把钱集中用在建设一流学科上，将'211 工程'等科研上的几股力量整合起来，共建'理化科学中心'。初创阶段，有的教师指责这是'一种类似炒股的学术路线。'如今中心已攻克了许多世界难题，大家也统一了思想：在经费不足的情况下，必须选准突破口，集中人力财力，在重点领域有所突破。打好'成本与效益'的算盘，是校长们必修的功课。"①

杜景顺指出："日本政府进一步明确了新形势下大学发展的新战略，即：首先通过预算分配等措施推进大学分类建设和国立大学法人化进程，支持私立大学自主运营；……同时政府加大财政扶持力度，根据第三者评价的竞争原理，在日本大学的各个研究领域里形成具有世界最高水平的研究教育基地，培养领先于世界的创造性人才，打造既有国际竞争力又有特色的大学。"②

威尔斯利学院的首席经营官威廉姆・S. 里德指出："资助重点重于成本限制。"③

预算是学校对可用资源进行宏观调控的经济杠杆，如伯克利大学，为保持世界一流大学的地位，通过对于那些有社会需求、有发展前景的项目增加预算，对那些失去社会需求或是评估成绩差的项目减少预算的方式来保证学校的正确发展方向。④

（3）资金配置服从于学校战略

罗建平、马陆亭指出："2007 年和 2008 年来自联邦政府的资金都占总研究资金的 80%，分别为 51 480 万美元、53 500 万美元，剩下的 20%分别来自基金会、公司、国外、州和当地政府还有研究所。哈佛大学的科研战略是以基础研究为核心，而美国国家科学基金会在《2006—2011》年战略规划中也着重支持美国高校的基础性研究，保证美国在新的科学研究领域的持续的领先的地位。"⑤

罗建平、马陆亭还指出 2005 年 9 月，牛津大学在其公报中公布了《牛津大学 2005—2006 学年至 2009—2010 学年整体规划》，该规划的目的是使牛津大学继续保持世界一流大学的地位，并区别于其他精英大学。那些与财务紧密相关的战略

---

① 温红彦. 大学经费：从拨款到找钱[Z]. 人民网，2002-08-04.

② 杜景顺. 日本高校运营及财务战略经验的启示与借鉴[J]. 高等农业教育，2010(5)：81-83.

③ [美]露西・拉普斯基，玛丽・P. 麦考文・莫克. 高校的财务运作[M]. 李正，主译. 北京：中国财政经济出版社，2004：41.

④ 张贵龙. 美国研究型大学财务管理体制[J]. 教育财会研究，2000(6)：44.

⑤ 罗建平，马陆亭. 哈佛大学财务报表与战略发展的契合——以 2007 年、2008 年为例[J]. 北京航空航天大学学报：社会科学版，2010(6)：98-102.

列举如下。如在研究战略方面：支持那些可能会提高学校研究影响，并保持财务稳定的新兴学科和跨学科研究；根据发展潜力和所需成本，有选择地对那些有望达到世界领先水平的系和学科群给予相应支持；留住那些最杰出的和最有潜力的学者，并通过选择性的招聘增加这类学者的数量；改善研究基础设施并提高使用效率。在资金战略方面：拓展收入来源用以支持牛津大学学术目标的实现，包括提高职工薪金、扩大研究生计划和改善学术基础设施；在制定学生数量方面的政策时要充分考虑牛津大学的经济成本；采取最好的措施对投资管理进行评估；通过提高学校的核心管理程序和规模效益来节约年度开支；筹措更多的资金来增加学术投入；继续改善财政体系，加强内部控制机制，为改善治理奠定基础，为实现更好的决策提供支持。①

(4) 筹资服从于学校战略

蔡玉民报道："2003 年，牛津就出现了 9 500 万英镑的亏空。学校领导层认为，在这种情况不用'猛药'，根本阻止不了学校地位的下滑。于是，学校制定了'战略发展书'。这份最近公布的'战略发展书'建议：5 年内将本科生的招生名额从 1.1 万人减少到 1 万人，节省下来的教学资源用以吸收更多的海外留学生，这些留学生费用完全自理。牛津大学是英国的公立大学，政府拨款占其财政收入的很大一部分，同时许多事情都得政府来拿主意。近年来政府不许提高本科生的学费对牛津大学影响很大，'战略发展书'专门就此算了一下账，牛津大学每年为每个本科生花掉 18 600 英镑，而从每个本科生身上只能得到 9 500 英镑，多培养一个本科生就等于多赔一份钱。"②

(5) 如何实施财务资源配置与高校战略相匹配

毕马威有限责任公司高等教育方向的全国行业董事罗纳德 · E. 萨鲁兹奥(Ronald E. Salluzzo)认为，要"创建一个交流战略实施情况的结构"，他指出："一个学校怎样使自己所有的运营计划(预算)符合学校的战略，并且如何着手去做？因为每个学校各具特点——在眼界上和现状上都是独特的——所以很难提出一套可以遵循的固定的步骤。然而，每个学校都应该实施一定的活动和决策，从而创建一个结构，使计划和预算明晰并向校务相关团体传递一致的信息。我们的出发点是在这项战略计划中创建清楚表述的目标。每一个学校倡导的活动都应该使其目标明确，并为其分配和再分配资源(财务资源、资本资源、人力资源和信息资源)，确定所要求的新的收入和这些收入的来源(如果有新的收入的话)，并且要明确关键的成功指标(key success indicators)。若没有明确清晰的目标、资源和绩效计量方式，很可能我们的项目就不能得到充分的支持，最终也就无法实施这些项目。大学

---

① 罗建平，马陆亭. 牛津大学财务报表与发展战略的关联分析[J]. 比较教育研究，2010(2)：44－48.

② 蔡玉民. 牛津大学为钱改章程，减少本国名额，扩大海外招生[N]. 环球时报，2005－01－26.

必须在其战略计划中明确它的成功关键指标。每个重要项目都应该设有关键的成功指标，这些指标应该包括非财务指标(例如驱动因素)和财务指标(创建一种对于负担能力的计量方式)。这些指标应该能够与校务相关团体进行较为容易的交流。战略计划一旦明确规定了学校的项目，创建其他计划的框架也就形成了。学院应该要求每个单位为运用相同框架而制定计划，从而保证学院运营计划发展的一致性，这种运营计划包括财务和非财务的计划。对于一些学校而言，需要更为全面的计量方式，这是因为很多计量方式通常在组织内部使用，用于整个学校的计量方式相对较少。应该始终把计量的重点放在可以决定一个计划能否成功的少数条款上。因为学校中不存在对于办学宗旨无意义的活动(否则它们就被废除了)，我们对于每项活动都应该做出计量。大多数学校看起来是通过创建动态战略来推动学校的前进。然而，如果学校的计划要求实质性的跳跃，而且详细的财务或非财务方案都是增量型的，这个学校就可能无法实现它的战略目标。学校的战略性平衡计划所需要的资源数量并未满足，而是必须在下一年投入，这会使战略计划负担加重(backloading)。许多学校在战略计划的最后一年需要调整自己的目标，但实际上亏空在其计划早期就产生了。”①

(6) 高校首席财务官在编制和平衡预算中的职责

编制和平衡预算是高校的首席财务官最重要的职责。露西·拉普斯基与玛丽·P. 麦考文·莫克在“前言”中指出：“首席财务官最为重要的一项职能是做出战略性的预算筹划。”玛丽·P. 麦考文·莫克还指出：“首席财务官(CFO)职责中最关键的组成部分之一就是预算筹划。……首席财务官(CFO)通常担负着预算筹划的责任。”②国外高校在预算编制和平衡方面有两点值得借鉴。

一是预算理念。哈佛高等教育协会成员、宝都学院的财务长和财务与管理机构的副总裁肯特·约翰·查博特(Kent John Chabotar)认为：“学院和大学通常把预算看作一个年度支出计划，但是预算作为一份对优先考虑事情和学校信念的重要报告，也具备了战略职能。……预算不是数学练习，而是一个经过非常仔细地准备并且对政策过程进行了讨论的预算。而且，以战略指标为基础的财务选择有着下面的重要优点：使预算对于学校最重要的价值和以办学宗旨为中心的课程更加具有可预测性和相关性。”③

二是将预算分为运营预算和资本预算。查博特认为：“预算也把营运需求与资

① [美]露西·拉普斯基，玛丽·P. 麦考文·莫克. 高校的财务运作[M]. 李正，主译. 北京：中国财政经济出版社，2004：76－77.

② [美]露西·拉普斯基，玛丽·P. 麦考文·莫克. 高校的财务运作[M]. 李正，主译. 北京：中国财政经济出版社，2004：116.

③ [美]露西·拉普斯基，玛丽·P. 麦考文·莫克. 高校的财务运作[M]. 李正，主译. 北京：中国财政经济出版社，2004：15－29.

本需求区分开来。营运预算为一年或者两年里每一天所需的资金。资本预算审查较长期的，在4～5年期间里要计划、建筑或者进行维护的建筑物和土地。”[①]现在各高校的预算是部门预算，未清晰地分为营运预算和资本预算，建设新校区往往资本预算挤占营运预算，美国MGT公司的代理首席执行官J. 肯特·卡鲁特兹和该公司的负责人丹尼尔·T. 莱泽尔指出：“没有充分筹划的资本项目会给每一个学校带来巨大的财务负担。”[②]

4. 预算执行好坏关键在领导

(1) 预算执行的重要性

王雍君指出预算执行面临两大基本问题：① 合规性，如何确保预算过程的参与者遵守相关的“游戏规则”；② 监控，对预算的实施进行监控。以上两个方面又包括了一系列具体问题。其中，合规性主要涉及预算执行的目标、支出周期、财务控制以及对预算拨款的管理规则；预算实施的监控主要涉及对预算的会计核算、审查和实施政策以及对人员与购买性支出的管理。……预算不仅需要精心准备和编制，更需要得到有效执行。编制得很好的预算可能会被糟糕地执行，而编制得糟糕的预算不可能被很好地执行。以此而言，预算执行是一个比预算准备更加紧要的问题，它在更高程度上决定了预算的最终结果与质量。[③]

杰西·伯克汉德在他关于预算的经典著作中认为，预算执行是一项管理责任，他观察到，在美国历史上国会多次干涉预算执行过程，修改它以前曾经做出的决策，影响管理部门的行为，并干涉对特定合同的独立审查。伯克汉德将预算执行工具分为两类：与财务控制有关的和管理控制的。财务控制是指被用来记录政府交易的多个账户，包括收入和支出两方面。管理控制是指对管理部门编制和更新立法部门审查并通过的预算计划的管理和调整。伯克汉德建议预算执行的目标应当包括贯彻立法部门的意图、了解财务限制，以及维持所有管理层面上的弹性。[④]

由此可见，预算执行是一项管理责任，预算执行是一个比预算准备更加紧要的问题，它在更高程度上决定了预算的最终结果与质量。2008年1月18日，《财政部关于进一步加强预算执行管理的通知》指出：“充分认识加强预算执行管理的重要性。预算执行管理是预算实施的关键环节。加强预算执行管理，关系党和国家各项重大政策的贯彻落实，关系政府公共服务水平和财政管理水平的提升，具有重要

① [美]露西·拉普斯基，玛丽·P. 麦考文·莫克. 高校的财务运作[M]. 李正，主译. 北京：中国财政经济出版社，2004：18.

② [美]露西·拉普斯基，玛丽·P. 麦考文·莫克. 高校的财务运作[M]. 李正，主译. 北京：中国财政经济出版社，2004：86.

③ 王雍君. 公共预算管理[M]. 北京：经济科学出版社，2002：100.

④ 转引自罗伊·T. 梅耶斯，等. 公共预算经典：第一卷　面向绩效的新发展[M]. 苟燕楠，董静，译. 上海：上海财经大学出版社，2005：20，18-19.

的政治、经济和社会意义。各级财政部门和预算单位要以科学发展观为统领，充分认识加强预算执行管理的重要意义，牢固树立'分配与管理并重、投入与绩效并重'的理念，加强领导，充实必要人员，提高管理水平，加强制度和规范建设，把预算执行管理放在更加突出的位置抓实抓好。"因此，2009 年 8 月 31 日，财政部印发了《关于推进财政科学化精细化管理的指导意见的通知》第四条强调："强化预算执行管理。"

(2) 预算执行的内容

斯蒂艾斯(Steis)描述以下过程：预算执行既是一个财务过程，也是一个实际经营过程。预算循环中的此步骤包括授权项目或计划时间安排，资金额度限制和理想状态的成本限制。预算执行是整个预算循环系统中最长的步骤，它覆盖了整个会计年度，并且与下年计划的形成和审查阶段互相重叠。①

王雍君指出："预算执行的基本任务在于确保预算执行的结果能够同预算的初衷相一致。在预算反映政府政策意图——更一般地讲反映人民意愿——的情况下，预算执行的好坏更关系到能否确保政策目标和公共利益的实现。在实践中，精心准备的预算可能会糟糕地执行，这不仅会造成前功尽弃，而且将使预算的结果同预算的初衷大相径庭。……更一般地讲，预算执行应致力于促进预算管理的所有关键性目标：支出控制、配置效率、营运效率、合规性以及控制风险损失。"②

罗伯特·J. 弗里曼、克雷格·D. 肖尔德斯指出："预算执行包括：① 记录拨款和估计收入；② 编制和记录分摊和分配；③ 收入管理；④ 人事管理；⑤ 采购产品和劳务；⑥ 事前审计；⑦ 会计；⑧ 期中报告；⑨ 行政机关提供的年末财务与统计报告。"③

由此可见，高校预算执行是预算主体(主要是高校领导层)根据预算目标和政策法令实践预算的过程。

(3) 高校预算执行关键在校领导

关于执行的重要性，笔者曾在第二章第三节中指出，引用《十九届二中全会公报》中的话："宪法的生命在于实施，宪法的权威也在于实施。"同样，预算的生命在于执行，预算的权威也在于执行。预算执行是领导者的首要任务，执行需要领导者亲自推动，党政"一把手"必须亲自抓。毛泽东在解放战争中制定三大战役战略，亲自指挥执行；毛泽东制定"三大纪律八项注意"后带头并严令执行。这就是 CEO 为什么称为首席执行官的缘由。《高等教育法》第四十一条指出：校长的职权之一是

① 参见 Alan Walter Steis, Financial Management in Public Organizations, Pacific Grove, Crove, Calif: Brooks/Cole Publishing Company, 1989: 153.

② 王雍君. 公共预算管理[M]. 北京：经济科学出版社，2002：100.

③ 罗伯特·J. 弗里曼，克雷格·D. 肖尔德斯. 政府及非营利组织会计：理论与实践　第 7 版[M]. 赵建勇，等译. 上海. 上海财经大学出版社，2004：63.

“拟订和执行年度经费预算方案，保护和管理校产，维护学校的合法权益”。因此，高校预算执行好坏都与高校的领导者休戚相关！

二、经费使用应科研与教学并重

（一）立德树人作为教育的根本任务

2016年12月7日，习近平在全国高校思想政治工作会议上指出：“高校立身之本在于立德树人。只有培养出一流人才的高校，才能够成为世界一流大学。办好我国高校，办出世界一流大学，必须牢牢抓住全面提高人才培养能力这个核心点，并以此来带动高校其他工作。”

《党的十七大报告》指出“坚持育人为本”。

《党的十九大报告》指出“学有所教”。

2017年9月，中共中央办公厅、国务院办公厅印发的《关于深化教育体制机制改革的意见》指出：“要健全立德树人系统化落实机制。……高等学校要把人才培养作为中心工作，全面提高人才培养能力。”

2012年5月16日，刘延东在《求是》杂志发表的《深化高等教育改革走以提高质量为核心的内涵式发展道路》中指出：“人才培养是高等教育的本质要求和根本使命。衡量高等教育质量的第一标准就是看人才培养水平，核心是解决好培养什么人、怎么培养人的重大问题。要牢固确立人才培养在高校工作中的中心地位，一切工作都要服从和服务于学生的成长成才，坚决扭转重科研轻教学、重学科轻育人的现象。”

1. 高校“轻教学”的倾向普遍存在

笔者从中央纪委监察部网站中搜索到高校巡视中发现高校“轻教学”的倾向普遍存在。

2017年6月—21日，在《中共教育部党组关于巡视整改情况的通报》中指出：“全面整改高校‘重科研轻教学问题’。”

2017年6月21日，在《中央第五巡视组向北京航空航天大学党委反馈专项巡视情况》中指出：“存在‘重科研轻教学、重智育轻德育’倾向。”

2017年8月25日，在《中共大连理工大学委员会关于巡视整改情况的通报》中指出：“不断推动‘轻德育、轻思政、轻教学’解决问题。”

2017年8月26日，在《中共东南大学委员会关于巡视整改情况的通报》中指出：“克服重教书轻育人、重智育轻德育、重科研轻教学倾向。”

2017年8月28日，在《中共重庆大学委员会关于巡视整改情况的通报》中指出：“着力从制度上推动解决重教书轻育人、重智育轻德育、重科研轻教学等突出问题。”

2017年8月29日，在《中共四川大学委员会关于巡视整改情况的通报》中指出:“着力解决‘重智育、轻德育’‘重科研、轻教学’的现象。”

2017 年 8 月 30 日,在《中共中国科学技术大学委员会关于巡视整改情况的通报》中指出:“彻底改变‘重教书轻育人、重智育轻德育、重科研轻教学’现象。”

2017 年 8 月 30 日,在《中共上海交通大学委员会关于巡视整改情况的通报》中指出:“切实扭转长期以来‘重科研、轻教学’的倾向。”

教学与科研是相辅相成的辩证关系,教学质量提高离不开科研成果,高校科研的使命之一是服务于教学质量的提高。两者不可偏废,不可重科研轻教学,也不可重教学轻科研,对于教学科研型的高校尤其重要,应该两手抓两手都要硬。

2. 培养一流人才是成为世界一流大学的关键

(1) 我国“一流学科”的博士点应培养世界一流的博士

韩声江报道:“17 位诺奖获得者,15 人为日本本土博士。……17 位诺奖获得者与名古屋大学相关的占到 6 名。”①新华社记者杨汀报道:“京大已经培养了 9 位诺贝尔奖获得者和两位菲尔茨奖得主等众多国际科研领域的领军人物。”②任羽中报道:“在那些流行的世界大学排行榜上,京大往往比不上北大、清华,甚至有时还被甩开挺远。但是,京大已经培养了 9 位诺贝尔奖得主,‘京都学派’举世闻名,大家公认,这就是当之无愧的世界一流大学。”③

笔者认为,我国“一流学科”的博士点应培养世界一流的博士,只有中国本土的博士成为院士或诺贝尔奖得主才称之为世界“一流学科”,而不是引进海外的博士成为院士或诺贝尔奖得主。

(2) 培养出一流人才关键是本科教育

董洪亮报道:“‘一流大学应有一流本科教育’‘本科教学是大学的根本、是建设世界一流大学和一流学科的迫切需要’‘本科教学是一流大学的灵魂’‘重视本科教学是一流大学成熟的标志’——在 5 月 5 日—7 日召开的‘一流大学本科教学高峰论坛’上,许多与会者这样说。……国际高等教育界对于‘本科乃大学之本’的认识是比较一致的,许多世界一流大学把本科教育当作学校的本质要求、主要特征和坚定目标。在世纪之交,美国提出重建以学生为中心的研究型大学的本科教育,并制定 10 多项改革建议。斯坦福大学 2012 年发布本科教育研究报告,启动新一轮本科教育改革。哈佛大学近年来也以课程为核心改进本科教育,通过网络开放课程,促进优质课程资源共享。国外名校将本科教育作为学校发展的第一要务,进行始终不懈的追求,这种做法有值得借鉴之处。……一流本科教育当然以学生为本,以学生学习发展为中心。教师是本科教育的第一资源,对于支持优秀教师投入主要

---

① 韩声江.日本 17 年拿 17 个诺奖,获奖者及名古屋大学校长却开始反思[Z].澎湃新闻,2016-10-27.

② 杨汀.专访:京都大学何以成为日本诺奖得主摇篮——访京大校长山极寿一[Z].新华网,2016-05-12.

③ 任羽中.大学要守住根本[N].人民日报,2016-12-27.

精力为本科生上课,教育部已经倡导了15年,所谓上课,不仅仅是开讲座,而是完整地讲授基础课程和专业课程。”①

哈佛大学前校长Derek Bok在《回归大学之道》一书中说:“正是因为教师扮演的角色如此重要,最近对本科教育的批评主要集中在他们身上。最普遍的抱怨是,教授承担了过多的科研和校外咨询任务,以至于他们开始忽视教学和学生。毫无疑问,这一现象的确存在,批评家矛头直指的顶尖研究型大学的情况尤其如此。”②

(二) 资金投入应重视引进优秀教师和教学方面

1. 引进人才的经费防止“重科研轻教学”的倾向

目前高校引进人才的经费投入方向“重科研轻教学”的倾向普遍存在,我国有些高校花几千万引进人才是为了拿国家级的重大课题,或在国内外权威刊物发表文章,而主要不是培养出一流人才。

2. 资金投入应重视引进优秀教师和教学方面

2012年3月16日,《教育部关于全面提高高等教育质量的若干意见》(教高〔2012〕4号)指出:“牢固确立人才培养的中心地位。……把本科教学作为高校最基础、最根本的工作,领导精力、师资力量、资源配置、经费安排和工作评价都要体现以教学为中心。”

2011年7月1日,《教育部、财政部关于“十二五”期间实施“高等学校本科教学质量与教学改革工程”的意见》(教高〔2011〕6号)指出:“引导各级政府和高等学校把教育资源配置、学校工作着力点集中到强化教学环节、提高教育质量上来。”

董洪亮报道:“一流本科教育要舍得投入,有经费保障。厦门大学逐年提高本科教学的投入,去年学费收入的60%用于本科教学,今年所有学费收入都用于本科教学。据复旦大学负责人介绍,学校在‘十三五’期间会大幅度提高对于本科教学的投入。”③

科研和教学对高校同样重要。两手抓两手都要硬。而“重科研轻教学”的倾向则是一手硬一手软,顾此失彼。优秀教师对于培养学生成才起主导作用,“师者,所以传道授业解惑也”“台上三分钟,台下十年功”,因此,资金投入应重视引进优秀教师和教学方面。

(三) 应将资金投放到群体和特色课程

从《党的十八大报告》的“推动高等教育内涵式发展”到《党的十九大报告》的“实现高等教育内涵式发展”,不仅反映了党对“高等教育内涵式发展”的重视,而且反映了“高等教育内涵式发展”从“推动”到“实现”的发展过程。我国高等教育从

---

① 董洪亮.没有一流本科,很难成为一流大学[N].人民日报,2016-05-12.

② 胡波.“重科研轻教学”更像一幅漫画[N].中国青年报,2012-08-29.

③ 董洪亮.没有一流本科,很难成为一流大学[N].人民日报,2016-05-12.

“高速度的外延式发展”到“高质量的内涵式发展”反映了高等教育发展理念的转变。质量是高等教育的生命线，坚持以提高高等教育质量为核心。提高质量既是内涵式发展的核心，也是内涵式发展的目标。

正如《21世纪的大学》中所描述的那样：虽然高等教育得到了公众的支持，但是仍有一个情况让我们感到忧虑，那就是这些投资都被用于扩大高等教育的规模，而并非用于提高高等教育的质量。……社区学院变成了四年制大学，四年制大学又开办了研究生课程，州立大学成为研究型大学。这一切都导致了美国高等教育在结构上的重复建设。我的同事们创造性地把这种现象称为“高等教育的哈佛化”。这种不切实际的愿望刺激着每一所学院都野心勃勃，力图成为另一个哈佛，这就使得分配给每一所机构的公共资源份额减少。①

提高高等教育质量，不仅需要高水平的教师，高水平的管理，而且需要高质量的学生群体和特色课程。应将资金投放到群体和特色课程。纽约摩西(Mercy)学院的总裁兼全国学院与大学经营官员协会的公立学校对学生资助建议委员会主席露西·拉普斯基指出：“学校的质量取决于它的学生群体的质量以及课程的水平。学校需要明确地确定在这两项上各自花费多少。国内少数几所顶尖的大学能够获得它们所需的高质量学生群体而无须任何财务资助方面的开销。这些大学选择对其中一些学生提供财务资助，以使本校学生群体的经济状况能够多种多样。其他大多数学校不但得向上不起大学的学生提供资助，而且必须向那些因不愿意支付已公布的学费价格而不愿意来学校的学生提供资助。这些人可能是学校里较好的学生，学校通常选择向他们提供资助来提高学生群体的质量。因此，现在大多数学校既提供基于需求的学生资助，也提供基于特长或优点的学生资助。一所学校在资助学生群体上花费得越多，它能够用来资助课程的经费就越少。在所需的净学费收入、学生群体的规模和类型以及用来资助课程的经费之间必须做出明确的权衡。”②

三、筹资是大学校长的重要职责

(一) 中国公办大学的筹资渠道

1. 法规规定

1993年2月13日，中共中央、国务院印发的《中国教育改革和发展纲要》(中发〔1993〕3号)第47条规定：“要逐步建立以国家财政拨款为主，辅之以征收用于教育的税费、收取非义务教育阶段学生学杂费、校办产业收入、社会捐资集资和设立

① [美]詹姆斯·杜德斯达. 21世纪的大学[M]. 刘彤，等译. 北京：北京大学出版社，2005：22.

② [美]露西·拉普斯基，玛丽·P. 麦考文·莫克. 高校的财务运作[M]. 李正，主译. 北京：中国财政经济出版社，2004：7.

教育基金等多种渠道筹措教育经费的体制。”后来，教育部财务司补充了科(科研经费)、贷(教育贷款)、息(利息)。当时教育投入体制概括地说，是由财、税、费、产、社、基、科、贷、息等渠道组成的。其中：

大部分公办大学的“财”(财政拨款)和“费”(义务教育阶段收费)占大部分。

原“985”和“211”高校的“产”(校办产业收入)，“社”(社会捐赠)、“基”(教育基金)和“科研经费”也不少。

个别学校“贷”(银行贷款)也不少。

2. 笔者观点

笔者在一部专著中将原财、税、费、产、社、基、科、贷、息等九个渠道改为是由财(高等教育公共财政)、税(高等教育税)、费(高等教育收费)、产(高校校办产业上缴)、社(社会捐赠与集资)、基(高等教育基金)、科(科研经费)、金(教育金融)、民(民间资本)、其(其他收入)等十个渠道组成的。①

3. 高校应扩大投入的渠道

2013 年 9 月 25 日，习近平主席在联合国“教育第一”全球倡议行动一周年纪念活动上发表的视频贺词中指出：“百年大计，教育为本。……中国将坚定实施科教兴国战略，始终把教育摆在优先发展的战略位置，不断扩大投入。”这里，由过去“加大”变成“扩大”，一字之差，所强调的内涵则是寻找新财源，扩大教育投入的渠道。李克强在“政府工作报告(2015)”中指出：“加大政府对教育、卫生等的投入，鼓励社会参与，提高供给效率。”杜玉波副部长在直属高校财务工作会议上指出：“保持经费投入强度，重点在‘扩渠引水’上下工夫。”因此，高校应寻找新财源，如捐赠、合作办学、民间资本、混合所有制等。

(二) 高校筹资的重要性

记者李玲报道：“争取经费是大学办学过程中一个永恒的主题”，“现代大学必须在资金筹集方面付出更大的努力”，参加论坛的香港大学校长徐立之在一年多的时间里成功地为学校募集到 6 亿港币。他说：“现在香港大学的经费 60%来自公共机构，我们的目标是通过多元化的融资使年收入的 50%自给。我们希望在财政上取得更大的自主权。大学筹款不是去讨钱。我们要与社会合作，告诉大家我们所做的就是将来社会所需要的。”美国奥斯汀大学校长福克纳同样肯定地说：“大学校长必须有能力筹钱。”福克纳给出的经验是：创造一个氛围，让投资者感到投钱给大学是最聪明和明智的决定，对社会的影响一定会超过其他社会投资。凭借这一招，福克纳将 7 年筹集 10 亿美元的计划变成了现在的 17 亿元美元，共有 13 万人参与了这些捐赠。②

---

① 乔春华. 高等教育投入体制研究[M]. 南京：南京大学出版社，2006(9)：前言.

② 李玲. 校长论坛会诊中国高校四大“通病”[J]. 半月谈，2004(16).

据人民网记者温红彦对第一届“中外大学校长论坛”的报道，世界银行在一份报告中指出：“目前高等教育的主要情形是经费‘处于世界性危机之中’。虽然各个国家的体制不同，但全球高等教育成本的上升和高等教育大众化浪潮，使得经费成为中外大学校长的共同难题。在国际上，大学争取社会捐助已成为一种传统，纽约大学选择校董会成员的原则是：‘捐钱，找钱，否则请便。’‘找钱不是校长额外的负担，而是分内的工作。过去我们的本事是向政府要钱，现在我们要学会到市场上去找钱。’大学经费问题，是全球高等教育面临的共同挑战。”①

美国斯坦福大学原校长杰拉德·卡斯帕尔认为在当前大学校长的角色有两个：角色一，协调筹资活动。筹资活动被定义为是有组织，按时间顺序进行，目的在特定时期内筹集到一定数量金钱的一系列活动和事件。机构必须认真制订日程表并协调筹资活动中各项工作。角色二，评估筹资效率。机构必须根据评估筹资结果不断尽力改善筹资效率。评估包括整体筹资效率，目标实现比例，资金结构，平均资金规模，捐款基础结构，市场份额及开销/捐款比率。机构同时也要评估发展官员的行为以便计算筹资效率。②

瑞士日内瓦大学前任校长路丝·E. 韦伯提出，大学要在激烈的竞争中保持优势，必须拓宽资金来源渠道，积极寻找政府投入和学费收入之外的其他财政来源，如建立捐赠基金、密切与企业合作以获取研究经费等，同时把握好学校的支出预算，有效地分配资金。高等教育资源危机，这不仅需要政府和高等教育机构强有力的参与，而且需要所有受益者，包括学生、他们的家庭、老师、专业协会和社会舆论等全力参与。因此，高等教育财政要采用多种控制模式。③

（三）高校要依法筹资

1993 年 2 月 13 日，中共中央、国务院印发的《中国教育改革和发展纲要》(〔1993〕3 号)第 21 条规定：“在国家和地方预算下达的教育经费之外，学校可依法筹集资金。”

1997 年 6 月 23 日，财政部和国家教育委员会发布的《高等学校财务制度》第四条规定：“高等学校财务管理的主要任务是：依法多渠道筹集事业资金。”

2000 年 6 月 12 日，教育部、财政部发布的《关于高等学校建立经济责任制、加强财务管理的几点意见》(教财〔2000〕14 号)提到：“高校财务工作为依法筹集事业资金，规范校内经济秩序，保障国有资产完整，提高经费使用效益，维护学校合法经济权益，促进教学、科研事业发展，起到了非常重要的作用。高等学校必须严格按照国家有关规定，切实加强对各种收费的管理。”

---

① 温红彦. 大学经费：从拨款到找钱[Z]. 人民网，2002-08-04.

② 杰拉德·卡斯帕. 成功的研究密集型大学必须具备的四种特性. 中外大学校长论坛文集(第一版)[C]. 北京：高等教育出版社，2002：102-122.

③ 转引自东北财经大学经济与社会发展研究院课题组.《高等教育财政的国际比较研究》研究报告.

2007年1月15日，教育部、财政部发布的《关于"十一五"期间进一步加强高等学校财务管理工作的若干意见》(教财〔2007〕1号)指出："高等学校财务工作以支持事业发展为中心，在依法筹集办学资金、规范校内经济秩序、保障国有资产完整、提高经费使用效益、维护学校合法权益等方面发挥了重要作用，取得了显著成绩。"

(四) 筹资是大学校长的首务

原南京大学常务副校长施建军认为："在国外，大学校长的第一任务就是筹款，国外选校长，董事会问候选人最多的问题不是怎么管好大学，而是怎么搞到钱，国外对大学校长的定位非常清楚，就是为大学找钱。我认为，大学校长要科学定位，一个大学校长就是要把钱弄来，请来一流的科学家，有了一流的科学家和一流的资金支持，你就待在一旁看吧，奇迹就会发生，诺贝尔奖啊，科研成就啊，就会源源不断产生。校长不用管教授干什么，教授会想到从哪个方向发展，只要你给他足够的钱。"①

薛涌认为："现在的大学校长，即使在教育问题上，也很少表明自己的立场。更多的校长，大部分时间在为学校募捐。据美国高等教育权威杂志《高等教育编年》的调查，目前有53%的美国大学校长，每天都在从事募捐活动。这已经是大学校长的首务。在被问及他们如何定义自己作为校长的成功时，大部分人的回答是'平衡预算'，而不是'建立优异的教育体系'。耶鲁的一位顶尖教授解释为什么大学校长挣的是普通教授的好几倍时说：'一个校长，必须在学术上出类拔萃，又能跨出本学科，领导一群特立独行的学者。有这个本事的人本来就少，而且这些人一旦担任这样的行政职务，一天到晚就要在那里为学校弄钱，放弃自己心爱的学术，牺牲太大了。所以，非高薪不能吸引这样一流的人才当校长。'既然大学校长的主要职务是搞钱，那么为什么不雇一个专门理财的人来当校长呢？……如今，市场大潮排山倒海，越来越多的大学开始从学术圈外招募校长。比如弗吉尼亚 Randolph-Macon 学院，是个小有名气的文理学院。其新任的校长 Robert Lindgren 仅在佛罗里达大学拿了个法律学位，在牛津拿了个管理硕士，没有博士学位，根本不具备在大学教书的资格，也没有教书的经验。但他是个职业募捐人，曾为他的前两个雇主募集了30亿美元。在接受这个校长职务之前，是约翰·霍普金斯大学的首席募捐人。类似的例子也越来越多。1986年，有25%的美国大学校长从来没有在大学拿过教职；2001年，这个比例上升到30%。1998年，只有9%的大学校长来自学术圈外；到2001年，这个比例上升到15%。在美国没有博士学位几乎不可能在一个正规的四年制大学当教授。但如今有的大学校长竟也没有博士学位。从教授的角度上看，他们对这些没有学术经验的外来客当然充满怀疑。但是，没有教授愿意在一个缺乏资金、管理不善的大学供职。只要他们的学术自由不受侵害，他们宁愿让一个

① 佚名.校长二人谈[J].新闻周刊,2003(6):50-51.

职业募捐专家为自己筹足经费，以便安心做学问。”①

第三节　高校资产管理研究

一、高校资产管理的一般规定

2006 年 5 月 30 日，《事业单位国有资产管理暂行办法》（财政部令第 36 号）第三十条规定：“事业单位国有资产产权登记（以下简称产权登记）是国家对事业单位占有、使用的国有资产进行登记，依法确认国家对国有资产的所有权和事业单位对国有资产的占有、使用权的行为。”

2008 年 10 月 28 日，第十一届全国人民代表大会常务委员会第五次会议通过的《中华人民共和国企业国有资产法》第三条规定：“国有资产属于国家所有即全民所有。国务院代表国家行使国有资产所有权。”第四条规定：“国务院和地方人民政府依照法律、行政法规的规定，分别代表国家对国家出资企业履行出资人职责，享有出资人权益。”

2008 年 9 月 3 日，中共中央纪委教育部、监察部颁发的《关于加强高等学校反腐倡廉建设的意见》第十五条规定：“加强高校企业和国有资产管理和监督。严格执行国有资产管理规定，依法维护高校国有资产的安全，提高国有资产使用效益，防止高校国有资产流失。”

2017 年 1 月 10 日，《国务院关于印发国家教育事业发展“十三五”规划的通知》（国发〔2017〕4 号）第九条第四款指出：“加强经费使用管理和国有资产管理。加强国有资产管理，盘活各类资产存量，规范资产处置行为，提高资产使用效率。”

二、国有资产管理的定义、基本原则和主要目标

（一）高校国有资产的定义

2006 年 5 月 30 日，《事业单位国有资产管理暂行办法》（财政部令第 36 号）第三条指出：“本办法所称的事业单位国有资产，是指事业单位占有、使用的，依法确认为国家所有，能以货币计量的各种经济资源的总称，即事业单位的国有（公共）财产。事业单位国有资产包括国家拨给事业单位的资产，事业单位按照国家规定运用国有资产组织收入形成的资产，以及接受捐赠和其他经法律确认为国家所有的资产，其表现形式为流动资产、固定资产、无形资产和对外投资等。”

2008 年 3 月 12 日，《中央级事业单位国有资产管理暂行办法》（财教〔2008〕13 号）第三条规定：“本办法所称的中央级事业单位国有资产，是指中央级事业单位占

① 薛涌．美国高等教育的产业化与大学校长——美国大学漫谈之三[N]．东方早报，2006-01-02.

有、使用的，依法确认为国家所有，能以货币计量的各种经济资源的总称。中央级事业单位国有资产包括：国家拨给中央级事业单位的资产，中央级事业单位按照国家政策规定运用国有资产组织收入形成的资产，以及接受捐赠和其他经法律确认为国家所有的资产，其表现形式为流动资产、固定资产、无形资产和对外投资等。”

2017 年 1 月 12 日，财政部印发的《行政事业单位国有资产年度报告管理办法》（财资〔2017〕3 号）第三条指出：“本办法所称行政事业单位国有资产，是指由行政事业单位控制的，纳入本单位核算，依法确认为国家所有，能以货币计量的各种经济资源。”

2012 年 11 月 21 日，教育部印发的《教育部直属高等学校国有资产管理暂行办法》（教财〔2012〕6 号）第三条指出：“本办法所称国有资产，是指高校占有、使用的，依法确认为国家所有，能以货币计量的各种经济资源的总称。高校国有资产包括用国家财政资金形成的资产、国家无偿调拨给高校的资产、按照国家政策规定运用国有资产组织收入形成的资产、接受捐赠等经法律确认为国家所有的其他资产，其表现形式为流动资产、固定资产、在建工程、无形资产和对外投资等。”

综上所述，高校国有资产是指依法确认为国家所有，高校占有、使用的，纳入本单位核算，能以货币计量的各种经济资源的总称。表现形式为流动资产、固定资产、在建工程、无形资产和对外投资等。

（二）高校国有资产管理的基本原则

2008 年 3 月 12 日，《中央级事业单位国有资产管理暂行办法》（财教〔2008〕13 号）第四条规定：“中央级事业单位国有资产管理活动，应当坚持资产管理与预算管理相结合的原则，推行实物费用定额制度，促进事业资产整合与共享共用，实现资产管理和预算管理的紧密统一；应当坚持所有权和使用权相分离的原则；应当坚持资产管理与财务管理、实物管理与价值管理相结合的原则。”

2009 年 8 月 28 日，财政部印发的《中央级事业单位国有资产使用管理暂行办法》（财教〔2009〕192 号）第三条规定：“中央级事业单位国有资产使用应遵循权属清晰、安全完整、风险控制、注重绩效的原则。”

《行政事业单位国有资产年度报告管理办法》第五条指出：“行政事业单位应当严格按照国家资产管理和有关财务、会计的相关制度规定，遵循资产管理与预算管理相结合、资产管理与财务管理相结合、实物管理与价值管理相结合的原则，完善资产管理内部控制体系，做好各项资产的日常管理及会计核算工作，做到账表、账账、账证、账实相符，保证资产报告数据的真实准确完整。”

2015 年 12 月 23 日，《财政部关于进一步规范和加强行政事业单位国有资产管理的指导意见》（财资〔2015〕90 号）指出：

坚持所有权和使用权相分离。行政事业单位国有资产的所有权属于国家，使用权在单位。根据健全“归属清晰、权责明确、保护严格、流转顺畅”的现代产权制度要求，明确国家和单位在行政事业单位资产管理方面的权利、义务，进一步明晰国有资产产权关系。

坚持资产管理与预算管理相结合。通过资产与预算相结合，管控总量、盘活存量、用好增量，有效缓解部门、单位之间资产占有水平不均衡的状况，促进资源配置的合理化，提高资产的使用效率。

坚持资产管理与财务管理、实物管理与价值管理相结合。通过对预算管理和财务管理流程进行必要的再造，实现资产管理与财务管理紧密结合，实物管理与价值管理紧密结合，做到账账相符、账实相符，提升单位管理水平。

（三）高校国有资产管理的主要目标

2015 年 12 月 23 日，《财政部关于进一步规范和加强行政事业单位国有资产管理的指导意见》（财资〔2015〕90 号）第三条“主要目标”指出：

保障履职。充分发挥行政事业单位资产在单位履行职能方面的物质基础作用，有效保障政权运转和提供公共服务的需要。

配置科学。行政事业单位资产配置的范围符合公共财政的要求；资产配置标准科学合理；根据行政事业单位职能、资产配置标准、资产存量情况以及资产使用绩效细化资产配置预算。

使用有效。行政事业单位资产日常管理制度完善，单位资产得到有效维护和使用；资产共享共用机制合理，实现使用效益最大化；绩效评价体系科学；对资产出租、出借和对外投资行为及其收益实现有效监管。

处置规范。有效遏制随意处置资产的行为，防止处置环节国有资产的流失；建立完善的资产处置交易平台和重大资产处置公示制度，引入市场机制，实现资产处置的公开化、透明化；规范资产处置收入管理。

监督到位。建立财政部门、主管部门和行政事业单位全方位、多层次的行政事业单位资产管理监督体系，以及资产配置、使用、处置等全过程的监督制约机制，单位内部监督与财务监督和审计监督相结合，事前监督与事中监督和事后监督相结合，日常监督与专项检查相结合。

三、高校国有资产管理体制

（一）高校国有资产管理体制

2006 年 5 月 30 日，《事业单位国有资产管理暂行办法》（财政部令第 36 号）第五条指出：“事业单位国有资产实行国家统一所有，政府分级监管，单位占有、使用的管理体制。”

2015 年 12 月 23 日，《财政部关于进一步规范和加强行政事业单位国有资产管理的指导意见》（财资〔2015〕90 号）指出：“行政事业单位国有资产是行政事业单位履行职能，保障政权运转以及提供公共服务的物质基础。行政事业单位国有资产管理是财政管理的重要基础和有机组成部分。近年来,行政事业单位资产管理工作取得明显成效,确立了'国家统一所有,政府分级监管,单位占有、使用'的管理体制,初步构建了管理制度框架,逐步规范资产配置、使用、处置等各环节管理。"

《教育部直属高等学校国有资产管理暂行办法》第七条指出:"高校应建立'统一领导、归口管理、分级负责、责任到人'的国有资产管理机制。"

(二)高校国有资产管理的主要职责

2006 年 5 月 30 日,《事业单位国有资产管理暂行办法》(财政部令第 36 号)第八条规定:"事业单位负责对本单位占有、使用的国有资产实施具体管理。其主要职责是:① 根据事业单位国有资产管理的有关规定,制定本单位国有资产管理的具体办法并组织实施;② 负责本单位资产购置、验收入库、维护保管等日常管理,负责本单位资产的账卡管理、清查登记、统计报告及日常监督检查工作;③ 办理本单位国有资产配置、处置和对外投资、出租、出借和担保等事项的报批手续;④ 负责本单位用于对外投资、出租、出借和担保的资产的保值增值,按照规定及时、足额缴纳国有资产收益;⑤ 负责本单位存量资产的有效利用,参与大型仪器、设备等资产的共享、共用和公共研究平台建设工作;⑥ 接受主管部门和同级财政部门的监督、指导并向其报告有关国有资产管理工作。"第九条规定:"各级财政部门、主管部门和事业单位应当按照本办法的规定,明确管理机构和人员,做好事业单位国有资产管理工作。"

2008 年 3 月 12 日,《中央级事业单位国有资产管理暂行办法》(财教〔2008〕13 号)第八条规定:"中央级事业单位负责对本单位占有、使用的国有资产实施具体管理。其主要职责是:① 贯彻执行国家有关国有资产管理的法律、行政法规和政策;② 根据财政部、主管部门有关国有资产管理的规定,制定本单位国有资产管理的具体办法并组织实施;③ 负责本单位资产购置、验收入库、维护保管等日常管理,负责本单位资产的账卡管理、清查登记、统计报告及日常监督检查工作;④ 办理本单位国有资产配置、处置和对外投资、出租、出借等事项的报批手续;根据主管部门授权,审批本单位有关国有资产配置、处置和对外投资、出租、出借等事项;⑤ 负责本单位用于对外投资、出租、出借等资产的保值增值,按照规定及时、足额缴纳国有资产收益;⑥ 负责本单位存量资产的有效利用,参与大型仪器、设备等资产的共享、共用和公共研究平台建设工作;⑦ 接受主管部门和财政部的监督、指导,并报告有关国有资产管理工作。"

《行政事业单位国有资产年度报告管理办法》第十一条指出:"行政事业单位负责具体实施本单位资产报告工作。其职责主要包括:① 贯彻执行各级财政部门、主管部门有关行政事业单位国有资产报告的规定和工作要求;② 做好相关财务会计核算,定期或者不定期开展单位资产盘点工作,确保资产信息质量;③ 按照本办法要求,认真编制行政事业单位国有资产报告,如实反映本单位资产占有、使用、变动等情况；④ 按照相关规定及时向主管部门报送行政事业单位国有资产报告。”

《教育部直属高等学校国有资产管理暂行办法》第八条指出：“高校应建立健全国有资产管理机构，履行高校国有资产管理职责。”第九条指出：“高校负责对本单位占有、使用的国有资产实施具体管理。主要职责是：① 贯彻执行国家有关国有资产管理法律法规和政策。② 根据财政部、教育部国有资产管理有关规定，制定国有资产管理具体办法并组织实施。③ 完善资产购置、验收、登记入账、使用维护、绩效考核等日常管理工作，做好资产的账务管理、清查登记、统计报告及日常监督检查工作；负责国有资产信息管理及信息化建设等工作，对国有资产实施动态管理。④ 按照规定权限，办理国有资产配置、处置和对外投资、出租、出借等事项的审核、审批或报备手续。⑤ 负责用于对外投资、出租、出借等国有资产的保值增值，承担出资企业国有资产保值增值责任。⑥ 负责办理国有资产产权占有、变更及注销登记等相关工作；负责国有资产清查、清产核资、资产评估及资产划转工作；负责出资企业国有资产管理工作，做好出资企业国有资本经营预算和国有资本收益的缴纳工作。⑦ 负责存量资产的有效利用，推动大型仪器、设备等资产的共享、共用和公共平台建设工作，建立国有资产共享共用机制。⑧ 负责国有资产管理体系建设，建立思想素质和业务素质较高的资产管理队伍。⑨ 接受教育部、财政部的监督指导，定期报告国有资产管理工作。”

四、高校国有资产的配置

（一）高校国有资产配置的定义

2006 年 5 月 30 日，《事业单位国有资产管理暂行办法》（财政部令第 36 号）第十一条规定：“事业单位国有资产配置是指财政部门、主管部门、事业单位等根据事业单位履行职能的需要，按照国家有关法律、法规和规章制度规定的程序，通过购置或者调剂等方式为事业单位配备资产的行为。”

2008 年 3 月 12 日，《中央级事业单位国有资产管理暂行办法》（财教〔2008〕13 号）第十条规定：“中央级事业单位国有资产配置是指财政部、主管部门、中央级事业单位等根据中央级事业单位履行职能的需要，按照国家有关法律、行政法规和规章制度规定的程序，通过购置或者调剂等方式为中央级事业单位配备资产的行为。”

《教育部直属高等学校国有资产管理暂行办法》第十条指出：“高校国有资产配置是指高校根据事业发展的需要，按照国家有关法律法规和规章制度规定的程序，通过购置、调剂及接受捐赠等方式为本单位配备资产的行为。”

（二）高校国有资产配置是资产形成的起点，应当严控资产配置“入口关”

2015 年 12 月 23 日，《财政部关于进一步规范和加强行政事业单位国有资产管理的指导意见》（财资〔2015〕90 号）第十一条指出：“资产配置是行政事业单位资产形成的起点，各级财政部门、主管部门和行政事业单位应当严控资产配置‘入口关’。配置资产应当以单位履行职能和促进事业发展需要为基础，以资产功能与单位职能相匹配为基本条件，不得配置与单位履行职能无关的资产。完善资产管理与预算管理相结合的机制，将资产配置管理职能嵌入到预算管理流程中，为预算编制提供准确、细化、动态的资产信息。以科学、合理地支撑行政事业单位履行职能为目标，建立健全资产配置标准体系，优化新增资产配置管理流程，逐步扩大新增资产配置预算范围。”第十二条指出：“资产配置标准是科学合理编制资产配置预算的重要依据，各级财政部门要按照‘先易后难、分类实施、逐步推进’的原则，分类制定资产配置标准。明确各类资产的配置数量、价格上限和最低使用年限等，并根据物价水平和财力状况等因素变化适时调整，为预算编制提供科学依据。通用资产配置标准由财政部门组织制定，专用资产配置标准由财政部门会同有关部门制定。对已制定资产配置标准的，应当结合财力情况严格按照标准配置；对没有规定资产配置标准的，应当坚持厉行节约、从严控制的原则，并结合单位履职需要、存量资产状况和财力情况等，在充分论证的基础上，采取调剂、租赁、购置等方式进行配置。”第十三条指出：“加大对行政事业单位资产的调控力度，有效盘活存量资产，优化资源配置。建立行政事业单位超标准配置、低效运转或者长期闲置资产调剂机制。”

（三）高校国有资产配置的条件

《事业单位国有资产管理暂行办法》第十二条规定：“事业单位国有资产配置应当符合以下条件：① 现有资产无法满足事业单位履行职能的需要；② 难以与其他单位共享、共用相关资产；③ 难以通过市场购买产品或者服务的方式代替资产配置，或者采取市场购买方式的成本过高。”第十三条规定：“事业单位国有资产配置应当符合规定的配置标准；没有规定配置标准的，应当从严控制，合理配置。”第十四条规定：“对于事业单位长期闲置、低效运转或者超标准配置的资产，原则上由主管部门进行调剂，并报同级财政部门备案；跨部门、跨地区的资产调剂应当报同级或者共同上一级的财政部门批准。法律、行政法规另有规定的，依照其规定。”

《中央级事业单位国有资产管理暂行办法》第十一条规定：“中央级事业单位国有资产配置应当符合以下条件：① 现有资产无法满足中央级事业单位履行职能的需要；② 难以与其他单位共享、共用相关资产；③ 难以通过市场购买服务方式实现，或者采取市场购买方式成本过高。”第十二条规定：“中央级事业单位国有资产配置应当符合规定的配置标准；没有规定配置标准的，应当从严控制，合理配置。”第十三条规定：“对于中央级事业单位长期闲置、低效运转或者超标准配置的资产，原则上由主管部门进行调剂，并报财政部备案；跨部门的资产调剂须报财政部批准。法律、行政法规另有规定的，依照其规定。”

《教育部直属高等学校国有资产管理暂行办法》第十一条指出：“高校国有资产配置应当符合以下条件：① 现有资产无法满足高校事业发展的需要；② 难以与其

他单位共享、共用相关资产；③ 难以通过市场购买服务方式实现，或者采取市场购买服务方式成本过高。”第十二条指出：“高校国有资产配置应当符合国家规定的配置标准；国家没有规定配置标准的，应当加强论证，从严控制，合理配置。”第十三条指出：“高校应当按照财政部、教育部的要求，根据本单位发展需求，以资产存量为依据，对纳入财政部新增资产配置预算范围的资产，分别编制基本支出年度资产购置计划和项目支出年度资产购置计划，并按照财政部批复的年度部门预算组织实施。新增资产配置预算一经批复，除无法预见的临时性或特殊增支事项外，不得调整。确需调整的，应当由高校提出申请，报教育部审核并报财政部审批。没有履行相关程序的，一律不得购置。高校购置纳入政府采购范围的资产，应当按照政府采购管理的有关规定执行。”第十四条指出：“高校接受捐赠等方式形成的各类资产属国有资产，由高校依法占有、使用，应及时办理入账手续，加强管理。高校自建资产应及时办理工程竣工验收、竣工财务决算编报以及按照规定办理资产移交，并根据资产的相关凭证或文件及时进行账务处理。”第十五条指出：“高校对校内长期闲置、低效运转的资产，应进行调剂，提高资产使用效益；对于长期闲置的大型仪器设备，高校应报告教育部，由教育部负责调剂。”

（四）高校国有资产配置的程序

《事业单位国有资产管理暂行办法》第十五条规定：“事业单位向财政部门申请用财政性资金购置规定限额以上资产的（包括事业单位申请用财政性资金举办大型会议、活动需要进行的购置），除国家另有规定外，按照下列程序报批：① 年度部门预算编制前，事业单位资产管理部门会同财务部门审核资产存量，提出下一年度拟购置资产的品目、数量，测算经费额度，报主管部门审核；② 主管部门根据事业单位资产存量状况和有关资产配置标准，审核、汇总事业单位资产购置计划，报同级财政部门审批；③ 同级财政部门根据主管部门的审核意见，对资产购置计划进行审批；④ 经同级财政部门批准的资产购置计划，事业单位应当列入年度部门预算，并在上报年度部门预算时附送批复文件等相关材料，作为财政部门批复部门预算的依据。”

《中央级事业单位国有资产管理暂行办法》第十四条规定：“中央级事业单位向财政部申请用财政性资金购置规定限额以上资产的，除国家另有规定外，按照下列程序报批：① 中央级事业单位的资产管理部门应会同财务部门根据资产的存量情况、使用及其绩效情况，提出拟新购置资产的品目、数量和所需经费的资产购置计划，经单位领导批准后报主管部门审核；② 主管部门根据所属事业单位资产存量状况、人员编制和有关资产配置标准等，对其资产购置计划进行审核后，报财政部审批；③ 经财政部批准的资产购置计划，按照部门预算管理的相关要求列入主管部门年度部门预算。”

五、高校国有资产的使用管理

（一）高校国有资产的使用管理

2007 年 3 月 5 日，教育部办公厅发布的《教育部直属高校、事业单位国有资产使用和处置行为管理授权审批暂行办法》（教财厅〔2007〕4 号）指出："本办法所称国有资产使用，是指各单位对其占有、使用的国有资产对外投资、出租、出借等行为。"

2009 年 8 月 28 日，财政部印发的《中央级事业单位国有资产使用管理暂行办法》（财教〔2009〕192 号）第十一条指出："中央级事业单位要建立健全自用资产的验收、领用、使用、保管和维护等内部管理流程，并加强审计监督和绩效考评。"第十二条指出："中央级事业单位国有资产管理部门对单位购置、接受捐赠、无偿划拨等方式获得的资产应及时办理验收入库手续，严把数量、质量关，验收合格后送达具体使用部门；自建资产应及时办理竣工验收、竣工财务决算编报以及按要求办理资产移交和产权登记。中央级事业单位财务管理部门应根据资产的相关凭证或文件及时进行账务处理。"第十三条指出："中央级事业单位应建立资产领用交回制度。资产领用应经主管领导批准。资产出库时保管人员应及时办理出库手续。办公用资产应落实到人，使用人员离职时，所用资产应按规定交回。"第十四条指出："中央级事业单位应认真做好自用资产使用管理，经常检查并改善资产使用状况，减少资产的非正常损耗，做到高效节约、物尽其用，充分发挥国有资产使用效益，防止国有资产使用过程中的损失和浪费。"第十五条指出："财政部、主管部门应积极引导和鼓励中央级事业单位实行国有资产共享共用，建立资产共享共用与资产绩效、资产配置、单位预算挂钩的联动机制。中央级事业单位应积极推进本单位国有资产的共享共用工作，提高国有资产使用效益。"

2015 年 12 月 23 日，《财政部关于进一步规范和加强行政事业单位国有资产管理的指导意见》（财资〔2015〕90 号）第十四条指出："各级主管部门和行政事业单位应当加强资产使用管理，进一步落实行政事业单位资产管理主体责任制和各项资产使用管理的规章制度，明确资产使用管理的内部流程、岗位职责和内控制度，充分依托行政事业单位资产管理信息系统的动态管理优势，做到账实相符、账账相符、账卡相符。"第十七条指出："探索建立行政事业单位资产共享共用机制，推进行政事业单位资产整合。建立资产共享共用与资产绩效、资产配置、单位预算挂钩的联动机制，避免资产重复配置、闲置浪费。鼓励开展'公物仓'管理，对闲置资产、临时机构（大型会议）购置资产在其工作任务完成后实行集中管理，调剂利用。"

《教育部直属高等学校国有资产管理暂行办法》第十六条指出："高校国有资产的使用包括单位自用和对外投资、出租、出借等方式。高校国有资产使用应首先保证高等教育事业发展的需要。"第十七条指出："高校应当建立健全国有资产购置、验收、入账、保管、领用、使用、维护等相互制约的管理制度,加强国有资产日常管理。"第十八条指出:"高校应当坚持安全完整与注重绩效相结合的原则,建立国有资产有偿使用制度,积极推进国有资产整合与共享共用,提高国有资产使用效益。"第十九条指出:"高校应当对实物资产进行定期清查,完善资产管理账表和相关资料,做到账账、账卡、账实相符;对清查盘点中发现的问题,应当查明原因,并在资产统计信息报告中反映。"第二十条指出:"高校应当加强对本单位专利权、商标权、著作权、土地使用权、非专利技术、校名校誉、商誉等无形资产的管理,依法保护,合理利用,并按照国家有关规定及时办理入账手续,加强管理。"

(二)高校国有资产的对外投资,出租、出借和担保管理

1. 一般规定

2006年5月30日,《事业单位国有资产管理暂行办法》(财政部令第36号)第二十一条规定:"事业单位利用国有资产对外投资、出租、出借和担保等应当进行必要的可行性论证,并提出申请,经主管部门审核同意后,报同级财政部门审批。法律、行政法规另有规定的,依照其规定。事业单位应当对本单位用于对外投资、出租和出借的资产实行专项管理,并在单位财务会计报告中对相关信息进行充分披露。"第二十二条规定:"财政部门和主管部门应当加强对事业单位利用国有资产对外投资、出租、出借和担保等行为的风险控制。"第二十三条规定:"事业单位对外投资收益以及利用国有资产出租、出借和担保等取得的收入应当纳入单位预算,统一核算,统一管理。国家另有规定的除外。"

2007年7月18日,教育部发布的《关于进一步加强省属高校领导干部经济责任审计工作的意见》(教财〔2007〕13号)第3条规定:"重大经济决策的程序与效果。核查重大经济决策是否遵循了民主决策程序,是否取得重大经济成效或造成重大经济损失等,特别是大额资金支出、对外投资、经济担保、工程建设、银行贷款等重大经济事项的决策程序与效果。"

2008年3月12日,《中央级事业单位国有资产管理暂行办法》(财教〔2008〕13号)第十九条规定:"中央级事业单位对外投资、出租、出借等,应当符合国家有关法律、行政法规的规定,遵循投资回报、风险控制和跟踪管理等原则,并进行可行性论证,实现国有资产的保值增值。"第二十条规定:"中央级事业单位申报国有资产对外投资、出租、出借等事项,应当附可行性论证报告和拟签订的协议(合同)等相关材料,按以下方式履行审批手续:单项价值在800万元以下的,由财政部授权主管部门进行审批,主管部门应当于批复之日起15个工作日内将审批文件(一式三份)报财政部备案;800万元以上(含800万元)的,经主管部门审核后报财政部审批。"第二十一条规定:"中央级事业单位应当对本单位对外投资、出租、出借的资产实行专项管理,同时在单位财务会计报告中对相关信息进行披露。"第二十二条规定:"中央级事业单位对外投资收益以及利用国有资产出租、出借等取得的收入应当纳

入单位预算,统一核算,统一管理。”

2009 年 8 月 28 日,财政部印发的《中央级事业单位国有资产使用管理暂行办法》(财教〔2009〕192 号)第九条规定:“中央级事业单位拟对外投资和出租、出借的国有资产的权属应当清晰。权属关系不明确或者存在权属纠纷的资产不得进行对外投资和出租、出借。”第十条规定:“中央级事业单位资产自用管理应本着实物量和价值量并重的原则,对实物资产进行定期清查,完善资产管理账表及有关资料,做到账账、账卡、账实相符,并对资产丢失、毁损等情况实行责任追究制度。”

《教育部直属高等学校国有资产管理暂行办法》第二十一条指出:“高校利用国有资产对外投资、出租、出借等事项,应当符合国家有关法律法规的规定,加强可行性论证、法律审核和监管,做好风险控制和跟踪管理,确保国有资产保值增值。”第二十二条指出:“高校利用国有资产对外投资、出租、出借等事项,按以下规定权限履行审批手续:高校利用货币资金对外投资 50 万元(人民币,下同)以下的,由高校审批后 10 个工作日内将审批文件及相关资料报教育部备案,教育部审核汇总后报财政部备案;50 万元以上(含 50 万元)至 800 万元以下的,由高校审核后报教育部审批,教育部审批后报财政部备案;800 万元以上(含 800 万元)的,由高校审核后报教育部审核,教育部审核后报财政部审批。高校利用固定资产、无形资产对外投资、出租、出借,单项或批量价值(账面原值,下同)在 500 万元以下的,由高校审批后 10 个工作日内将审批文件及相关资料报教育部备案,教育部审核汇总后报财政部备案;单项或批量价值在 500 万元以上(含 500 万元)至 800 万元以下的,由高校审核后报教育部审批,教育部审批后报财政部备案;单项或批量价值在 800 万元以上(含 800 万元)的,由高校审核后报教育部审核,教育部审核后报财政部审批。”

2. 高校国有资产的对外投资管理

(1) 高校国有资产不得从事对外投资的事项

2004 年 10 月 18 日,教育部、财政部发布的《关于进一步加强直属高校资金安全管理的若干意见》第五条规定:“严格对外投资管理。各校的对外投资(包括对校办产业投资)以及非经营性资产转为经营性资产的经济行为,必须经过严格、科学的可行性论证和专家评议,经学校领导集体讨论决策,并指定责任部门和责任人加强各投资项目的管理,从制度上确保学校资金的安全,确保对外投资的合法收益。同时,各高校必须严格执行原国家国有资产管理局颁发的《事业单位非经营性资产转经营性资产管理实施办法》(国资事发〔1995〕89 号),按规定的程序报批非经营性资产转经营性资产的经济行为;不准将国家财政拨款、上级补助收入和维持事业正常发展,保证事业任务的资产转为经营性资产。”“各高校必须严格执行教育部教财〔2004〕13 号文件,严禁继续从事股票投资和其他风险性债券投资业务。各高校须认真清理各项对外投资,对手续不全的投资项目及时补办相关手续;对经营不善、管理混乱、出现亏损的投资项目,须采取切实有效的措施加以清算,避免国有资产流失；对以前从事的股票及风险性债券投资业务，应立即停止并妥善处理，防止投资风险转变为投资损失或继续扩大损失。各高校必须严格遵守《中华人民共和国担保法》的有关规定，不得为任何单位（含校办产业）或个人的经济活动提供担保。已经提供担保的，应认真进行清理，避免形成经济损失。”

2009年8月28日，财政部印发的《中央级事业单位国有资产使用管理暂行办法》（财教〔2009〕192号）第二十三条规定：“中央级事业单位不得从事以下对外投资事项：① 买卖期货、股票，国家另有规定的除外；② 购买各种企业债券、各类投资基金和其他任何形式的金融衍生品或进行任何形式的金融风险投资，国家另有规定的除外；③ 利用国外贷款的事业单位，在国外债务尚未清偿前利用该贷款形成的资产对外投资；④ 其他违反法律、行政法规规定的。”第二十四条规定：“中央级事业单位应在保证单位正常运转和事业发展的前提下，严格控制货币性资金对外投资。不得利用财政拨款和财政拨款结余对外投资。”第二十五条规定：“中央级事业单位应加强无形资产对外投资的管理，防止国有资产流失。”

《教育部直属高等学校国有资产管理暂行办法》第二十五条指出：“高校不得使用财政拨款及其结余进行对外投资；凡有银行贷款的高校，原则上不得新增货币资金投资；高校不得买卖期货、股票；不得购买企业债券、基金和其他任何形式的金融衍生品或进行其他任何形式的金融风险投资；利用国外贷款的高校，不得在国外债务尚未清偿前利用该贷款形成的资产对外投资。国家另有规定的，从其规定。”

《教育部 财政部关于“十一五”期间进一步加强高等学校财务管理工作的若干意见》指出：“高等学校不得从事股票投资和其他风险性债券投资业务。对过去发生的股票及风险性债券投资业务应妥善处理，防止投资风险转化为投资损失或继续扩大损失。”

（2）高校国有资产对外投资的程序

《中央级事业单位国有资产使用管理暂行办法》第十八条规定：“中央级事业单位利用国有资产对外投资，单项或批量价值（账面原值，下同）在800万元人民币以上（含800万元）的，经主管部门审核后报财政部审批；单项或批量价值在800万元以下的，由主管部门按照有关规定进行审批，并于批复之日起15个工作日内将审批文件（一式三份）报财政部备案。”第十九条规定：“中央级事业单位应在科学论证、公开决策的基础上提出对外投资申请，附相关材料，报主管部门审核或者审批。主管部门应对中央级事业单位申报材料的完整性、决策过程的合规性、拟投资项目资金来源的合理性等进行审查，并报财政部审批或者备案。中央级事业单位对外投资效益情况是主管部门审核新增对外投资事项的参考依据。主管部门要严格控制资产负债率过高的中央级事业单位的对外投资行为。”第二十条规定：“中央级事业单位申请利用国有资产对外投资，应提供如下材料，并对材料的真实性、有效性、准确性负责：① 中央级事业单位对外投资事项的书面申请；② 拟对外投资资产的价值凭证及权属证明,如购货发票或收据、工程决算副本、国有土地使用权证、房屋所有权证、股权证等凭据的复印件(加盖单位公章);③ 中央级事业单位进行对外投资的可行性分析报告;④ 中央级事业单位拟同意利用国有资产对外投资的会议决议或会议纪要复印件;⑤ 中央级事业单位法人证书复印件、拟合作方法人证书复印件或企业营业执照复印件、个人身份证复印件等;⑥ 拟创办经济实体的章程和工商行政管理部门下发的企业名称预先核准通知书;⑦ 中央级事业单位与拟合作方签订的合作意向书、协议草案或合同草案;⑧ 中央级事业单位上年度财务报表;⑨ 经中介机构审计的拟合作方上年财务报表;⑩ 其他材料。"第二十一条规定:"中央级事业单位转让(减持)对外投资形成的股权,按照《中央级事业单位国有资产处置管理暂行办法》的有关规定办理。"第二十二条规定:"中央级事业单位经批准利用国有资产进行对外投资的,应聘请具有相应资质的中介机构,对拟投资资产进行资产评估。资产评估事项按规定履行备案或核准手续。"

《中央级事业单位国有资产使用管理暂行办法》第二十六条规定:"中央级事业单位利用国有资产进行境外投资的,应遵循国家境外投资项目核准和外汇管理等相关规定,履行报批手续。"第二十七条规定:"中央级事业单位应加强对外投资形成的股权的管理,依法履行出资人的职能。"

《教育部直属高等学校国有资产管理暂行办法》第二十四条指出:"高校经批准利用非货币性资产进行对外投资,应当聘请具有相应资质的中介机构,对拟投资资产进行评估,资产评估事项按规定履行备案或者核准手续;高校国有资产出租,原则上应采取公开招租的形式确定出租的价格,必要时可采取评审或者资产评估的办法确定出租的价格。高校国有资产出租、出借,期限一般不得超过 5 年。"

(3) 高校国有资产对外投资必须缜密地论证,并经学校领导集体讨论决策

2007 年 1 月 15 日,《教育部　财政部关于"十一五"期间进一步加强高等学校财务管理工作的若干意见》(教财〔2007〕1 号)指出:"高等学校的对外投资(包括对校办产业投资)必须经过严格、科学的可行性论证和专家评议,经学校领导集体讨论决策,并按国有资产管理有关规定报主管部门和财政部门批准或备案后实施。高等学校应指定责任部门和责任人加强各投资项目的管理,确保对外投资的安全与合法收益。"

2000 年 6 月 12 日。《教育部、财政部关于高等学校建立经济责任制加强财务管理的几点意见》(教财〔2000〕14 号)指出:"重大支出项目安排和对外投资的经济责任制。学校的各项对外投资要谨慎论证、及时入账、确保安全和有效益,坚决杜绝无效益投资。"

2002 年 12 月 12 日,《教育部关于建立健全直属事业单位经济责任制,加强财务管理的通知》(教财〔2002〕20 号)指出:"重大支出项目安排和对外投资、合作的经济责任制。单位对重大财务支出项目和对外投资、合作等事项,必须组织反复、

缜密的论证，提出书面可行性研究报告，并按金额大小制定相应的决策签字负责制，谁签字谁负责。对投资或合作单位要进行必要的资信调查，并按照《合同法》等国家有关法规，签订规范的合同、协议。对基本建设项目，要严格按照国家规定的基建程序办事，明确项目负责人，确保规划严格、经费来源可靠、工程质量优良、按工程进度及时拨付工程款项。单位的各项对外投资要按照规定及时入账、核算，确保安全，讲求效益，坚决杜绝无效益投资。”

（4）高校国有资产对外投资的收益必须纳入单位预算

《中央级事业单位国有资产使用管理暂行办法》第二十八条规定：“中央级事业单位利用国有资产对外投资取得的收益，应按照预算管理及事业单位财务和会计制度的有关规定纳入单位预算，统一核算，统一管理。”第二十九条规定：“财政部、主管部门应加强对中央级事业单位国有资产对外投资的考核。中央级事业单位应建立和完善国有资产内控机制和保值增值机制，确保国有资产的安全完整，实现国有资产的保值增值。”

《教育部直属高等学校国有资产管理暂行办法》第二十八条指出：“高校应当对本单位对外投资、出租、出借的资产实行专项管理，并在单位财务报告中披露相关信息。高校对外投资收益以及利用国有资产出租、出借和科研成果形成的无形资产等取得的收入应当纳入学校预算，统一核算，统一管理。”

（5）高校二级单位对外投资必须统一管理

《教育部关于建立健全直属事业单位经济责任制，加强财务管理的通知》指出：“切实加强对二级单位的财务管理和监督。对重要的经济活动如对外投资、向银行贷款、收费立项和标准审定等应统一管理。对违反规定的单位应严肃处理，限期整改。二级单位的财务收支情况必须及时准确地反映在单位总体财务报表中。”

（6）高校贷款不得用于对外投资

2004 年 07 月 13 日，《教育部、财政部关于进一步完善高等学校经济责任制加强银行贷款管理切实防范财务风险的意见》(教财〔2004〕18 号)指出：“贷款资金不得用于对外投资(含对校办产业投资)、科技开发、捐赠、支付罚没款项以及平衡预算抵补日常经费开支的不足等。严禁用贷款资金提高或变相提高人员待遇。”

3. 高校国有资产的出租、出借管理

（1）高校不得出租、出借的国有资产

2009 年 8 月 28 日，财政部印发的《中央级事业单位国有资产使用管理暂行办法》(财教〔2009〕192 号)第三十三条规定：“中央级事业单位国有资产有下列情形之一的，不得出租、出借：① 已被依法查封、冻结的；② 未取得其他共有人同意的；③ 产权有争议的；④ 其他违反法律、行政法规规定的。”

（2）高校国有资产出租、出借的程序

《中央级事业单位国有资产使用管理暂行办法》第三十条规定：“中央级事业单位

位国有资产出租、出借，资产单项或批量价值在800万元人民币以上(含800万元)的，经主管部门审核后报财政部审批；资产单项或批量价值在800万元以下的，由主管部门按照有关规定进行审批，并于15个工作日内将审批结果(一式三份)报财政部备案。"第三十一条规定："中央级事业单位国有资产出租、出借，应在严格论证的基础上提出申请，附相关材料，报主管部门审核或者审批。主管部门应对中央级事业单位申报材料的完整性、决策过程的合规性进行审查，按规定报财政部审批或者备案。"第三十二条规定："中央级事业单位申请出租、出借国有资产，应提供如下材料，并对材料的真实性、有效性、准确性负责：① 中央级事业单位拟出租、出借事项的书面申请；② 拟出租、出借资产的价值凭证及权属证明，如购货发票或收据、工程决算副本、国有土地使用权证、房屋所有权证、股权证等凭据的复印件(加盖单位公章)；③ 中央级事业单位进行出租、出借的可行性分析报告；④ 中央级事业单位同意利用国有资产出租、出借的内部决议或会议纪要复印件；⑤ 中央级事业单位法人证书复印件、拟出租出借方的事业单位法人证书复印件或企业营业执照复印件、个人身份证复印件等；⑥ 其他材料。"

(3) 高校国有资产出租、出借的年限

《中央级事业单位国有资产使用管理暂行办法》第三十四条规定："中央级事业单位国有资产出租，原则上应采取公开招租的形式确定出租的价格，必要时可采取评审或者资产评估的办法确定出租的价格。中央级事业单位利用国有资产出租、出借的，期限一般不得超过五年。"

2009年12月29日，《财政部关于〈中央级事业单位国有资产使用管理暂行办法〉的补充通知》(财教〔2009〕495号)指出："资产短期出租、出借事项的审批程序问题。六个月以内(含六个月)的资产出租、出借事项，财政部授权主管部门审批。主管部门应于批复之日起15个工作日内将审批文件(一式三份)报财政部备案。中央级事业单位收到主管部门的批复文件后，应将复印件报所在地的财政监察专员办事处备案。"

(4) 高校国有资产出租、出借的收益必须纳入单位预算

《中央级事业单位国有资产使用管理暂行办法》第三十五条规定："中央级事业单位国有资产出租、出借取得的收入，应按照预算管理及事业单位财务和会计制度的有关规定纳入单位预算，统一核算、统一管理。"

4. 高校国有资产的担保管理

(1) 高校国有资产不准担保的法律规定

《中华人民共和国担保法》第九条规定："学校、幼儿园、医院等以公益为目的的事业单位、社会团体不得为保证人。"第三十七条规定："下列财产不得抵押：学校、幼儿园、医院等以公益为目的的事业单位、社会团体的教育设施、医疗卫生设施和其他社会公益设施；所有权、使用权不明或者有争议的财产；依法被查封、扣押、监

管的财产；依法不得抵押的其他财产。”

（2）高校国有资产不准担保的法规规定

1994年11月17日，《国家教委关于当前国家教委委属高校财经工作中几点意见的通知》（教财〔1994〕64号）指出：“学校不得以事业经费和代管经费为校办产业的借贷款项作经济担保。”

2000年6月12日，《教育部、财政部关于高等学校建立经济责任制、加强财务管理的几点意见》（教财〔2000〕14号）指出：“学校不得以事业经费和代管经费为校办产业的借贷款项作经济担保。”

2004年7月13日，《教育部　财政部关于进一步完善高等学校经济责任制，加强银行贷款管理切实防范财务风险的意见》（教财〔2004〕18号）指出：“根据《中华人民共和国担保法》的有关规定，各高校不得为任何单位（含校办产业）或个人的经济活动提供担保。”

2004年10月18日，《教育部、财政部关于进一步加强直属高校资金安全管理的若干意见》（教财〔2004〕38号）指出：“各高校必须严格遵守《中华人民共和国担保法》的有关规定，不得为任何单位（含校办产业）或个人的经济活动提供担保。已经提供担保的，应认真进行清理，避免形成经济损失。”

2007年1月15日《教育部　财政部关于“十一五”期间进一步加强高等学校财务管理工作的若干意见》（教财〔2007〕1号）指出：“严禁高等学校为任何组织（含校办产业）或个人的经济活动提供担保。”

《教育部直属高等学校国有资产管理暂行办法》第二十六条指出：“高校不得将其占有、使用的国有资产作为抵押物对外抵押或担保，不得为任何单位或个人的经济活动提供担保。国家另有规定的，从其规定。”

六、高校国有资产的处置

（一）高校国有资产处置的定义

1995年9月5日，国家国有资产管理局印发的《行政事业单位国有资产处置管理实施办法》（国资事发〔1995〕第106号）第二条指出：“行政事业单位国有资产的处置，是指行政事业单位对其占有。使用的国有资产进行产权转让及注销产权的一种行为。包括无偿调出、出售、报废、报损等。① 无偿调出。指国有资产在不变更所有权的前提下，以无偿转让的方式变更国有资产占有。使用权的资产处置。② 出售。指国有资产以有偿转让的方式变更所有权或占有、使用权，并收取相应处置收益的资产处置。③ 报废。指经科学鉴定或按有关规定，已不能继续使用，必须进行产权注销的资产处置。④ 报损。指对发生的国有资产呆账损失。非正常损头等，必须按有关规定进行产权注销的资产处置。”

2006年5月30日，《事业单位国有资产管理暂行办法》（财政部令第36号）第二十四条规定:“事业单位国有资产处置,是指事业单位对其占有、使用的国有资产进行产权转让或者注销产权的行为。处置方式包括出售、出让、转让、对外捐赠、报废、报损以及货币性资产损失核销等。”

2007 年 3 月 5 日,教育部办公厅发布的《教育部直属高校、事业单位国有资产使用和处置行为管理授权审批暂行办法》(教财厅〔2007〕4 号)指出:“本办法所称国有资产处置,是指各单位对其占有、使用的国有资产进行产权转让或者注销产权的行为。处置方式包括出售、出让、转让、对外捐赠、报废、报损以及货币性资产损失核销等。”

2008 年 3 月 12 日,《中央级事业单位国有资产管理暂行办法》(财教〔2008〕13 号)第二十三条规定:“中央级事业单位国有资产处置,是指中央级事业单位对其占有、使用的国有资产进行产权转让或者注销产权的行为。处置方式包括出售、出让、转让、对外捐赠、报废、报损以及货币性资产损失核销等。”

《教育部直属高等学校国有资产管理暂行办法》第二十九条指出:“高校国有资产处置是指高校对其占有、使用的国有资产进行产权转让或者注销产权的行为。”第三十条指出:“高校国有资产处置的范围包括:报废、淘汰的资产,产权或使用权转移的资产,盘亏、呆账及非正常损失的资产,闲置、拟置换的资产,以及依照国家有关规定需要处置的其他资产。处置方式包括:报废报损、出售、出让、转让(含股权减持)、无偿调拨(划转)、对外捐赠、置换、货币性资产损失核销等。”第三十一条指出:“高校处置的资产应当权属清晰。权属关系不明确或者存在权属纠纷的资产,须待权属界定明确后方可处置。”第三十二条指出:“高校处置国有资产,应按照规定权限进行审核、审批或报备。未按规定办理相关手续,不得擅自处置。”

（二）高校国有资产处置的程序

《事业单位国有资产管理暂行办法》第二十五条规定:“事业单位处置国有资产,应当严格履行审批手续,未经批准不得自行处置。”第二十八条规定:“事业单位国有资产处置应当遵循公开、公正、公平的原则。事业单位出售、出让、转让、变卖资产数量较多或者价值较高的,应当通过拍卖等市场竞价方式公开处置。”第二十六条规定:“事业单位占有、使用的房屋建筑物、土地和车辆的处置,货币性资产损失的核销,以及单位价值或者批量价值在规定限额以上的资产的处置,经主管部门审核后报同级财政部门审批;规定限额以下的资产的处置报主管部门审批,主管部门将审批结果定期报同级财政部门备案。法律、行政法规另有规定的,依照其规定。”

《中央级事业单位国有资产管理暂行办法》第二十四条规定:“中央级事业单位国有资产处置应遵循公开、公正、公平的原则,严格履行审批手续,未经批准不得擅自处置。”第二十五条规定:“中央级事业单位处置国有资产时,应根据财政部规定附相关材料,按以下方式履行审批手续:单位价值或批量价值在 800 万元以下的,由财政部授权主管部门进行审批，主管部门应当于批复之日起15个工作日内将批复文件（三份）报财政部备案；800万元以上（含）的，经主管部门审核后报财政部审批。”

2015年12月23日，《财政部关于进一步规范和加强行政事业单位国有资产管理的指导意见》（财资〔2015〕90号）第十八条指出：“资产处置应当遵循公开、公平、公正的原则，严格执行国有资产处置制度，履行审批手续，规范处置行为，防止国有资产流失。未按规定履行相关程序的，任何单位和个人不得擅自处置国有资产。处置国有资产原则上应当按照规定程序进行资产评估，并通过拍卖、招投标等公开进场交易方式处置，杜绝暗箱操作。资产处置完成后，应当及时办理产权变动并进行账务处理。”

《教育部直属高等学校国有资产管理暂行办法》第三十三条指出：“高校处置国有资产，应按以下权限履行审批手续：核销货币性资产损失50万元以下的，由高校审批后10个工作日内将审批文件及相关资料报教育部备案，教育部审核汇总后报财政部备案；50万元以上（含50万元）至800万元以下的，由高校审核后报教育部审批，教育部审批后报财政部备案；800万元以上（含800万元）的，由高校审核后报教育部审核，教育部审核后报财政部审批。货币性资产以外的其他资产处置事项，一次性处置单位价值或批量价值（账面原值，下同）在500万元以下的，由高校审批后10个工作日内将审批文件及相关资料报教育部备案，教育部审核汇总后报财政部备案；一次性处置单位价值或批量价值在500万元以上（含500万元）至800万元以下的，由高校审核后报教育部审批，教育部审批后报财政部备案；一次性处置单位价值或批量价值在800万元以上（含800万元）的，由高校审核后报教育部审核，教育部审核后报财政部审批。其中，中关村国家自主创新示范区内高校对其拥有的科技成果进行产权转让或注销产权的行为，一次性处置单位价值或批量价值在800万元以下的，由高校按照有关规定自主进行处置，并于一个月内将处置结果报财政部备案；一次性处置单位价值或批量价值在800万元以上（含800万元）的，由高校审核后报教育部审核，教育部审核后报财政部审批。国家另有规定的，从其规定。”

《教育部直属高等学校国有资产管理暂行办法》第三十五条指出：“高校国有资产处置应当遵循公开、公正、公平和竞争、择优的原则。高校出售、出让、转让资产数量较多或者价值较高的，应通过招标、拍卖等市场竞价方式公开处置。未达到使用年限的固定资产报废、报损，高校应从严控制。高校直接持有出资企业国有股权转让，按照《企业国有产权转让管理暂行办法》（国资委　财政部令第3号）、《财政部关于企业国有资产办理无偿划转手续的规定》（财管字〔1999〕301号）和《企业国有产权无偿划转管理暂行办法》（国资发产权〔2005〕239号）等规定执行；涉及高校直接持有上市公司国有股权转让，按照《国有股东转让所持上市公司股份管理暂行办法》(国资委 证监会令第 19 号)和《财政部关于股份有限公司国有股权管理工作有关问题的通知》(财管字〔2000〕200 号)等规定执行。"第三十六条指出:"高校应当加强对本单位专利权、商标权、著作权、土地使用权、非专利技术、校名校誉、商誉等无形资产处置行为的管理,规范操作,防止国有资产流失。"

(三) 高校国有资产处置的批复是事业单位调整相关会计账目的凭证

《事业单位国有资产管理暂行办法》第二十七条规定:"财政部门或者主管部门对事业单位国有资产处置事项的批复是财政部门重新安排事业单位有关资产配置预算项目的参考依据,是事业单位调整相关会计账目的凭证。"

《中央级事业单位国有资产管理暂行办法》第二十六条规定:"财政部、主管部门对中央级事业单位国有资产处置事项的批复,以及中央级事业单位按规定处置资产报主管部门备案的文件,是财政部安排中央级事业单位有关资产配置预算项目的参考依据,中央级事业单位应当依据其办理产权变动和进行账务处理。"

《教育部直属高等学校国有资产管理暂行办法》第三十七条指出:"教育部、财政部对高校国有资产处置事项的批复,以及高校按规定权限处置国有资产并报备案的文件,是高校办理产权变动和进行账务处理的依据,是教育部、财政部安排高校资产配置预算的参考依据。"

(四) 高校国有资产处置的收入实行"收支两条线"管理

《事业单位国有资产管理暂行办法》第二十九条规定:"事业单位国有资产处置收入属于国家所有,应当按照政府非税收入管理的规定,实行'收支两条线'管理。"

《中央级事业单位国有资产管理暂行办法》第二十七条规定:"中央级事业单位出售、出让、转让资产数量较多或者价值较高的,应当通过拍卖等市场竞价方式公开处置。"第二十八条规定:"中央级事业单位国有资产处置收入属于国家所有,应当按照政府非税收入管理和财政国库收缴管理的规定上缴中央财政,实行'收支两条线'管理。"

《教育部直属高等学校国有资产管理暂行办法》第三十八条指出:"高校国有资产处置收入,在扣除相关税金、评估费、拍卖佣金等相关费用后,按照政府非税收入管理和财政国库收缴管理的规定上缴中央国库,实行'收支两条线'管理。"

(五) 高校国有资产处置应加强监管

《财政部关于进一步规范和加强行政事业单位国有资产管理的指导意见》第十九条指出:"各级财政部门和主管部门应当进一步加大对资产处置的监管力度,建立资产处置监督管理机制。主管部门根据财政部门授权审批的资产处置事项,应当及时向财政部门备案;由行政事业单位审批的资产处置事项,应当由主管部门及时汇总并向财政部门备案。由本级人民政府确定的重大资产处置事项,由同级财政部门按照规定程序办理。"

《财政部关于进一步规范和加强行政事业单位国有资产管理的指导意见》第二

十条指出："切实做好在分类推进事业单位改革、行业协会商会脱钩、培训疗养机构脱钩等重大专项改革中涉及的单位划转、撤并、改变隶属关系的资产处置工作，确保国有资产安全。"

七、高校国有资产的评估

（一）高校国有资产评估适用的情况

2006年5月30日，《事业单位国有资产管理暂行办法》（财政部令第36号）第三十八条规定："事业单位有下列情形之一的，应当对相关国有资产进行评估：① 整体或者部分改制为企业；② 以非货币性资产对外投资；③ 合并、分立、清算；④ 资产拍卖、转让、置换；⑤ 整体或者部分资产租赁给非国有单位；⑥ 确定涉讼资产价值；⑦ 法律、行政法规规定的其他需要进行评估的事项。"

2008年3月12日，《中央级事业单位国有资产管理暂行办法》（财教〔2008〕13号）第三十六条规定："中央级事业单位有下列情形之一的，应当对相关国有资产进行评估：① 整体或者部分改制为企业；② 以非货币性资产对外投资；③ 合并、分立、清算；④ 资产拍卖、转让、置换；⑤ 整体或者部分资产租赁给非国有单位；⑥ 确定涉讼资产价值；⑦ 法律、行政法规规定的其他需要进行评估的事项。"

《教育部直属高等学校国有资产管理暂行办法》第四十四条指出："高校有下列情形之一的，应当对相关国有资产进行评估：① 整体或者部分改制为企业；② 以非货币性资产对外投资；③ 合并、分立、清算；④ 资产拍卖、转让、置换；⑤ 整体或者部分资产租赁给非国有单位；⑥ 确定涉讼资产价值；⑦ 法律、行政法规规定的其他需要进行评估的事项。"

（二）高校国有资产可以不评估的情况

《事业单位国有资产管理暂行办法》第三十九条规定："事业单位有下列情形之一的，可以不进行资产评估：① 经批准事业单位整体或者部分资产无偿划转；② 行政、事业单位下属的事业单位之间的合并、资产划转、置换和转让；③ 发生其他不影响国有资产权益的特殊产权变动行为，报经同级财政部门确认可以不进行资产评估的。"

《中央级事业单位国有资产管理暂行办法》第三十七条规定："中央级事业单位有下列情形之一的，可以不进行资产评估：① 中央级事业单位整体或者部分资产无偿划转；② 中央级行政、事业单位下属的事业单位之间的合并、资产划转、置换和转让；③ 其他不影响国有资产权益的特殊产权变动行为，报经财政部确认可以不进行资产评估的。"

《教育部直属高等学校国有资产管理暂行办法》第四十五条指出："高校有下列情形之一的，可以不进行资产评估：① 经批准部分资产无偿划转；② 下属事业单位之间的合并、资产划转、置换和转让；③ 其他不影响国有资产权益的特殊产权变动行为，报经教育部和财政部确认可以不进行资产评估的。”

（三）高校国有资产评估的方式

《事业单位国有资产管理暂行办法》第四十一条规定：“事业单位国有资产评估项目实行核准制和备案制。核准和备案工作按照国家有关国有资产评估项目核准和备案管理的规定执行。”

《中央级事业单位国有资产管理暂行办法》第三十九条规定：“中央级事业单位国有资产评估项目实行核准制和备案制。核准和备案工作按照国家有关国有资产评估项目核准和备案管理的规定执行。”

《教育部直属高等学校国有资产管理暂行办法》第四十七条指出：“高校国有资产评估项目实行核准制和备案制。核准和备案工作按照国家有关国有资产评估项目核准和备案管理的规定执行。高校资产评估项目备案工作，应由高校审核后报教育部审核，教育部审核后报财政部备案。高校出资企业的资产评估项目备案工作，应由高校审核后报教育部备案。”

（四）高校国有资产评估应委托评估机构

《事业单位国有资产管理暂行办法》第四十条规定：“事业单位国有资产评估工作应当委托具有资产评估资质的评估机构进行。事业单位应当如实向资产评估机构提供有关情况和资料，并对所提供的情况和资料的客观性、真实性和合法性负责。事业单位不得以任何形式干预资产评估机构独立执业。”

《教育部直属高等学校国有资产管理暂行办法》第四十六条指出：“高校国有资产评估工作应当依据国家国有资产评估有关规定，委托具有资产评估资质的评估机构进行。高校应当如实向资产评估机构提供有关情况和资料，并对所提供的情况和资料的客观性、真实性和合法性负责。高校不得以任何形式干预资产评估机构独立执业。”

八、高校国有资产的清查

（一）高校国有资产清查的情况

2006 年 5 月 30 日，《事业单位国有资产管理暂行办法》（财政部令第 36 号）第四十二条规定：“事业单位有下列情形之一的，应当进行资产清查：① 根据国家专项工作要求或者本级政府实际工作需要，被纳入统一组织的资产清查范围的；② 进行重大改革或者整体、部分改制为企业的；③ 遭受重大自然灾害等不可抗力造成资产严重损失的；④ 会计信息严重失真或者国有资产出现重大流失的；⑤ 会计政策发生重大更改，涉及资产核算方法发生重要变化的；⑥ 同级财政部门认为应当进行资产清查的其他情形。”

（二）高校国有资产清查的内容

《事业单位国有资产管理暂行办法》第四十四条规定：“事业单位资产清查工作

的内容主要包括基本情况清理、账务清理、财产清查、损溢认定、资产核实和完善制度等。资产清查的具体办法由财政部另行制定。”

《教育部直属高等学校国有资产管理暂行办法》第四十九条指出：“高校资产清查内容包括：基本情况清理、账务清理、财产清查、损溢认定、资产核实和完善制度等。高校有下列情形之一，应当进行资产清查：① 根据各级政府及其财政部门专项工作要求，纳入统一组织的资产清查范围的；② 进行重大改革或者改制的；③ 遭受重大自然灾害等不可抗力造成资产严重损失的；④ 会计信息严重失真或者国有资产出现重大流失的；⑤ 会计政策发生重大变更，涉及资产核算方法发生重要变化的；⑥ 财政部门认为应当进行资产清查的其他情形。”

（三）高校国有资产清查的程序

《事业单位国有资产管理暂行办法》第四十三条规定：“事业单位进行资产清查，应当向主管部门提出申请，并按照规定程序报同级财政部门批准立项后组织实施，但根据国家专项工作要求或者本级政府工作需要进行的资产清查除外。”

2008 年 3 月 12 日，《中央级事业单位国有资产管理暂行办法》（财教〔2008〕13 号）第四十条规定：“中央级事业单位进行资产清查，应当提出申请，经主管部门审核同意后实施，主管部门应将相关材料报财政部备案。根据国家要求进行的资产清查除外。资产清查工作按照财政部《行政事业单位资产清查暂行办法》（财办〔2006〕52 号）、《行政事业单位资产核实暂行办法》（财办〔2007〕19 号）有关规定执行。”

《教育部直属高等学校国有资产管理暂行办法》第四十八条指出：“高校进行资产清查，按照财政部《行政事业单位资产清查暂行办法》（财办〔2006〕52 号）有关规定，应当向教育部提出申请，经教育部审核，财政部批准立项后组织实施。高校资产清查工作中的资产盘盈、资产损失和资金挂账认定和结果确认等，按照财政部《行政事业单位资产核实暂行办法》（财办〔2007〕19 号）有关规定执行。国家另有规定的，从其规定。高校资产清查中的固定资产损失，应按以下权限履行审批手续：单项固定资产损失低于 50 万元的，根据中介机构的审计意见，经高校负责人批准后核销，并报教育部备案，教育部审核汇总后报财政部备案；单项固定资产损失超过 50 万元（含 50 万元），低于 200 万元的，由高校提出处理意见，报经教育部批准后核销，并报财政部备案；单项固定资产损失超过 200 万元（含 200 万元）的，由高校提出处理意见，经教育部审核，报财政部批准后核销。高校资产清查中的货币资金损失、坏账损失、存货损失、有价证券损失、对外投资损失、无形资产损失等其他类资产损失，应按以下权限履行审批手续：分类损失低于 50 万元的，由高校提出处理意见，经教育部批准后核销，并报财政部备案；分类损失超过 50 万元（含 50 万元）的，由高校提出处理意见，经教育部审核，报财政部批准后核销。”

九、高校资产信息管理与报告

（一）高校资产信息化管理

2006 年 5 月 30 日，《事业单位国有资产管理暂行办法》（财政部令第 36 号）第四十五条规定："事业单位应当按照国有资产管理信息化的要求，及时将资产变动信息录入管理信息系统，对本单位资产实行动态管理，并在此基础上做好国有资产统计和信息报告工作。"

2008 年 3 月 12 日，《中央级事业单位国有资产管理暂行办法》（财教〔2008〕13 号）第四十一条规定："中央级事业单位应当按照国有资产管理信息化的要求，及时将资产变动信息录入管理信息系统，对本单位资产实行动态管理，并在此基础上做好国有资产统计和信息报告工作。"

《教育部直属高等学校国有资产管理暂行办法》第五十条指出："高校应当按照国有资产管理信息化的要求，建立国有资产管理信息系统，及时录入相关数据信息，加强国有资产的动态监管，并在此基础上组织国有资产的统计和信息报告工作。"

2017 年 12 月 30 日，《中共中央关于建立国务院向全国人大常委会报告国有资产管理情况制度的意见》的发布，给高校国有资产报告指明了方向，建议高校国有资产（含校办企业）的采购、库存、使用、处置等情况应向教职工代表大会报告，特别是教学、科研和行政资产的利用率和校办企业的保值增值应作为重点报告内容。

（二）高校资产信息报告

《事业单位国有资产管理暂行办法》第四十六条规定："事业单位国有资产信息报告是事业单位财务会计报告的重要组成部分。事业单位应当按照财政部门规定的事业单位财务会计报告的格式、内容及要求，对其占有、使用的国有资产状况定期做出报告。"

《中央级事业单位国有资产管理暂行办法》第四十二条规定："中央级事业单位国有资产信息报告是中央级事业单位财务会计报告的重要组成部分。中央级事业单位应当按照财政部规定的年度部门决算报表的格式、内容及要求，对其占有、使用的国有资产状况做出报告。"

2017 年 1 月 12 日，财政部印发的《行政事业单位国有资产年度报告管理办法》（财资〔2017〕3 号）第四条指出："本办法所称资产报告，是指行政事业单位年度终了，根据资产管理、预算管理等工作需要，在日常管理基础上编制报送的反映行政事业单位年度资产占有、使用、变动等情况的文件，包括行政事业单位资产报表、填报说明和分析报告。"

（三）高校国有资产年度报告的内容

《行政事业单位国有资产年度报告管理办法》第十三条指出："资产报告由行政

事业单位资产报表、填报说明和分析报告三部分构成。”第十四条指出：“单户报表是指行政事业单位在会计核算、资产盘点基础上对账簿记录进行加工编制而成的资产报表，反映行政事业单位资产占有、使用、变动等总体情况以及房屋、土地、车辆、大型设备等重要资产信息。”第十五条指出：“行政事业单位资产报表填报说明是对资产报表编报相关情况的说明，主要内容包括：① 对数据填报口径等情况的说明；② 对数据审核情况的说明；③ 对账面数与实有数、账面数与财务会计报表数据差异情况的说明；④ 其他需要说明的情况。”第十六条指出：“分析报告应当以资产和财务状况为主要依据，对资产占有、使用、变动情况，以及资产管理情况等进行分析说明，主要内容包括：① 部门（单位）的基本情况；② 资产情况分析，包括资产总量、分布、构成、变动情况及原因分析，与部门（单位）履行职能和促进事业发展相关的主要资产的配置、使用、处置等情况，国有资产收益规模及其管理情况；③ 资产管理工作的成效及经验；④ 资产管理工作存在的问题及原因分析；⑤ 加强行政事业单位国有资产管理工作的建议；⑥ 其他需要报告的事项。”

《教育部直属高等学校国有资产管理暂行办法》第五十一条指出：“高校国有资产管理实行报告制度，包括年度决算报告、重大事项报告和专项工作报告等。国有资产信息报告是高校财务会计报告的重要组成部分。”第五十二条指出：“高校应当按照财政部规定的年度部门决算报表的格式、内容及要求，对其占有、使用的国有资产状况做出报告。国有资产年度决算报告应当内容完整、信息真实、数据准确。”第五十三条指出：“高校应当充分利用资产管理信息系统和资产信息报告，全面、动态地掌握本单位国有资产的占有、使用和处置状况，并作为编制本单位部门预算的重要依据。”

（四）高校资产信息管理的披露

2009 年 8 月 28 日，财政部印发的《中央级事业单位国有资产使用管理暂行办法》（财教〔2009〕192 号）第七条规定：“中央级事业单位应对本单位对外投资和出租、出借资产实行专项管理，并在单位财务会计报告中对相关信息进行披露。”

（五）高校资产信息报告的利用和管理

《事业单位国有资产管理暂行办法》第四十七条规定：“事业单位国有资产占有、使用状况，是主管部门、财政部门编制和安排事业单位预算的重要参考依据。各级财政部门、主管部门应当充分利用资产管理信息系统和资产信息报告，全面、动态地掌握事业单位国有资产占有、使用状况，建立和完善资产与预算有效结合的激励和约束机制。”

《中央级事业单位国有资产管理暂行办法》第四十三条规定：“财政部、主管部门应当充分利用资产管理信息系统和资产信息报告，全面、动态地掌握中央级事业单位国有资产的占有、使用和处置状况，并作为编制和安排中央级事业单位预算的重要参考依据。”

2015 年 12 月 23 日,《财政部关于进一步规范和加强行政事业单位国有资产管理的指导意见》(财资〔2015〕90 号)第二十四条指出:“各级财政部门、主管部门和行政事业单位应当进一步加强行政事业单位资产管理信息系统建设,并与预算系统、决算系统、政府采购系统和非税收入管理系统实现对接,具备条件的资产管理事项逐步实现网上办理。依托行政事业单位资产管理信息系统,建立‘全面、准确、细化、动态’的行政事业单位国有资产基础数据库,加强数据分析,为管理决策和编制部门预算等提供参考依据。”

(六) 高校应对资产信息报告的真实性、有效性、准确性负责

《教育部直属高等学校国有资产管理暂行办法》第二十三条指出:“高校向教育部申报国有资产使用事项,应对提交材料的真实性、有效性、准确性负责。”

《教育部直属高等学校国有资产管理暂行办法》第三十四条指出:“高校向教育部申报国有资产处置事项,应对提交材料的真实性、有效性、准确性负责。”

(七) 高校资产管理绩效考核

《教育部直属高等学校国有资产管理暂行办法》第五十四条指出:“高校国有资产管理绩效考核是指利用国有资产年度决算报告、资产专项报告、财务会计报告、资产统计信息、资产管理信息化数据库等资料,运用一定的方法、指标及标准,科学考核和评价高校国有资产管理效益的行为。”第五十五条指出:“高校应当逐步建立和完善国有资产管理绩效考核制度和考核体系,按照社会效益和经济效益相结合的原则,通过科学合理、客观公正、规范可行的方法、标准和程序,真实地反映和评价本单位国有资产管理绩效。”第五十六条指出:“高校国有资产管理绩效考核,应当包括国有资产管理的基础工作,国有资产管理制度建设,国有资产配置、使用和处置等主要内容。”第五十七条指出:“高校国有资产管理绩效考核,应当坚持分类考核与综合考核相结合,日常考核与年终考核相结合,绩效考核与预算考评相结合,采用多元化的指标体系和科学的方式方法,不断提高高校国有资产的安全性、完整性和有效性。”第五十八条指出:“高校应当充分利用国有资产管理绩效考核的结果,总结经验、推广应用,查漏补缺、完善制度,加强管理、提高效益。”

十、高校国有资产管理专项检查

(一) 高校国有资产管理存在的问题

1. 监管意识淡薄

所属企业国有资产管理是高校国有资产管理的重要组成部分。但现在高校不少领导干部不熟悉此项工作,没有把此项工作提升到应有的位置,没有把此项工作纳入学校整体国有资产监管体系中,没有把所属企业党风廉政建设和反腐败工作纳入学校整体党风廉政建设和反腐败体系建设工作中考虑,对所属企业中存在的国有资产管理问题,不问不抓。这样的结果,必然造成所属企业国有资产游离于财

政部、教育部、学校国有资产监管体系之外，造成管理真空；导致所属企业发展中遇到的问题长期得不到解决，好多小问题累计成大问题，阻碍企业的发展。这与目前国家国有资产管理要求和高校事业发展极不适应。

2. 管理体制不顺

部分高校国有资产管理机构与所属企业的关系尚未理顺，出资人和经营实体的职责不明，事企不分，管理不规范。一些高校国有资产管理机构和资产经营公司“一套人马两块牌子”；把所属企业当作学校一个部门来管理，混淆股东权益边界，干涉企业经营自主权；对涉及国有资本出资人权益的重大事项，没有按《公司法》《企业国有资产法》规定履行直接出资人职责；对全资及控股企业负责人的任免缺少应有的考核监督，对其经营业绩考核侧重于利润指标，对企业的整体经营状况、科技成果转化情况、企业发展后劲很少考虑；对所属企业只讲投入，不讲产出，对效益不错的企业，不按公司章程的规定，长期不要求给学校分红；也有的高校不顾企业的实际经营状况，强制要求企业分红。

3. 不按规定履行报批报备手续

国家法律法规、财政部、教育部对高校所属企业国有资产管理有明确规定，但部分企业以各种理由，不依法依规履行报批报备手续。有些企业违规转让股权，应当进行清产核资未清产核资，应当评估未评估，应当备案未备案，无法确定国有资产价值。有些企业在改制过程中，逃避监管，利用各种手段化公为私，将国有资产低价折股、低价出售，甚至无偿分给个人，致使国有资产流失。有些企业国有资产管理事项发生时不及时报批、报备，致使无法办理国有资产产权登记，无法确定产权属性，最后走入死胡同。

4. 违规兼职

高校领导和职能部门负责人违规在所属企业兼职取酬，“一手经商、一手办学”。有的企业负责人违反规定兼任下属企业或者其他企业、事业单位、行业组织、中介机构的领导职务。

5. 缺乏责任追究机制

责任追究问题上有两方面。一是责任追究制度落实不到位。所属企业已经建立了一些责任追究制度，但执行过程中打折扣。对违法违规行为惩处力度不够，在违规成本低的情况下，容易突破制度约束。二是责任追究制度针对性还不强。由于所属企业管理各主体的责任还不够明确，责任传导机制不够完善，责任追究的具体情形、实施主体、方式程序和措施办法等不明确，导致“谁都负责，谁都不负责”。

中央领导同志高度重视高校特别是高校所属企业国有资产管理问题，多次做出批示，明确要求将所属企业国有资产管理作为反腐倡廉的重点领域进行排查，摸清企业运行情况，严格健全相关制度，加强管理。教育部已将加强国有资产管理、集中治理高校国有资产管理中的突出问题列入 2015 年教育部工作要点和党风廉政建设工作要点，并决定在全国范围内启动直属高校国有资产管理专项检查。这次专项检查，就是要按照中央领导的指示精神和部党组要求，深入了解高校所属企业管理情况，全面排查问题，加强和改进管理，及时防范和化解风险，确保国有资产保值增值。

（二）国有资产管理专项检查的主要内容有13个方面

（1）高校是否成立国有资产监督管理委员会统一管理事业资产和所属企业国有资产，设立专门的国资管理机构管理全部国有资产。

（2）高校是否按照《办法》《工作规程》和“三重一大”决策规定要求，制定本单位的国有资产管理办法、实施细则及具体规章制度。

（3）高校是否设立资产经营公司，将高校所有投资的股权划转至资产经营公司统一管理。

（4）高校是否按照“事企分开，管办分离”原则理顺所属企业管理体制，杜绝“两块牌子，一套人马”。

（5）高校是否对管理不规范、长期亏损、扭亏无望及因产权链条过长难以监管的企业，及时实施关、停、并、转，妥善解决历史遗留问题，消除可能影响单位稳定的重大隐患。

（6）高校是否按照中央规定规范所属企业负责人薪酬、履职待遇和业务支出。

（7）高校是否按照中组部《进一步规范党政领导干部在企业兼职（任职）问题的意见》文件精神，全面清理学校领导干部在所属企业兼职。

（8）高校是否按规定上缴国有资本收益；国有资本经营预算资金和文化产业专项资金执行情况是否符合财政部文件规定。

（9）高校国有资产使用（包括对外投资、出租出借）和处置[包括货币性资产损失核销，无偿调拨（划转）对外捐赠、出售、出让、转让（含股权减持）、置换、报废报损]是否履行了报批报备手续。

（10）高校资产对外投资、出租收益是否纳入高校预算统一核算，统一管理；资产处置收入是否按规定及时足额上缴。

（11）高校所属企业改制是否履行清产核资、评估备案和产权登记等国有资产管理手续。

（12）高校所属企业应当进行资产评估的事项，是否报教育部办理国有资产评估备案。包括所属企业整体或部分改建为有限责任公司或股份有限公司，以非货币资产对外投资，企业合并、分立、清算，非上市公司国有股东股权比例变动，整体或者部分产权（股权）转让，资产转让、置换、拍卖，整体资产或者部分资产租赁给非国有单位，确定涉讼资产价值等事项。

（13）高校所属企业应当报批的国有资产管理事项，是否报财政部审批。包括高校直接出资的国有独资企业、国有独资公司发生合并、分立，改制，增加或者减少注册资本，分配利润，以及解散、申请破产等重大事项；除企业内部实施资产重组之外的协议转让事项；股份有限公司国有股权管理、国有股转持社保基金、豁免国有股转持义务等事项；上市公司国有股东发行可交换公司债券；国有控股上市公司发行证券、国有控股上市公司股权激励计划、国有股东与上市公司进行资产重组（包括可行性研究报告预审核、资产重组方案的审核）等事项。

（三）高校国有资产管理监督管理

《教育部直属高等学校国有资产管理暂行办法》第五十九条指出："教育部建立科学合理的高校国有资产监督管理制度，并对高校国有资产管理情况进行监督检查。"第六十条指出："高校应建立国有资产管理检查制度，对本单位国有资产管理情况进行监督检查。"第六十一条指出："高校国有资产监督检查应当坚持单位内部监督与财政监督、审计监督、社会监督相结合，事前监督与事中监督、事后监督相结合，日常监督与专项检查相结合。"第六十二条指出："高校应当建立健全科学合理的国有资产监督管理责任制，将资产监督管理责任落实到具体部门、单位和个人，加强对国有资产利用效率和效益的考核，依法维护国有资产的安全完整，提高国有资产使用效益。"第六十三条指出："高校和有关责任人违反本办法规定的，应依法追究其相应责任，并依据相关规定进行处罚、处分和处理。"

（四）高校国有资产的法律责任

2006 年 5 月 30 日，《事业单位国有资产管理暂行办法》（财政部令第 36 号）第五十一条规定："事业单位及其工作人员违反本办法，有下列行为之一的，依据《财政违法行为处罚处分条例》的规定进行处罚、处理、处分：① 以虚报、冒领等手段骗取财政资金的；② 擅自占有、使用和处置国有资产的；③ 擅自提供担保的；④ 未按规定缴纳国有资产收益的。"

2008 年 3 月 12 日，《中央级事业单位国有资产管理暂行办法》（财教〔2008〕13 号）第四十六条规定："主管部门及其事业单位违反本办法规定的，财政部依据《财政违法行为处罚处分条例》的规定进行处罚、处分、处理，并视情节轻重暂停或取消其年度资产购置计划的申报资格。"

2009 年 8 月 28 日，财政部印发的《中央级事业单位国有资产使用管理暂行办法》（财教〔2009〕192 号）第三十六条规定："财政部、主管部门应加强对中央级事业单位国有资产使用行为及其收入的日常监督和专项检查。财政部驻各地财政监察专员办事处（以下简称专员办）对所在地的中央级事业单位国有资产使用情况进行监督检查。"第三十七条规定："财政部批复的中央级事业单位国有资产对外投资和出租、出借文件，应抄送相关的专员办；中央级事业单位收到主管部门对其国有资产对外投资和出租、出借的批复文件后，应将复印件报当地专员办备案。"第三十八条规定："主管部门、中央级事业单位在国有资产使用过程中不得有下列行为：① 未按规定权限申报，擅自对规定限额以上的国有资产进行对外投资和出租、出借;② 对不符合规定的对外投资和出租、出借事项予以审批;③ 串通作弊,暗箱操作,违规利用国有资产对外投资和出租、出借;④ 其他违反国家有关规定造成单位资产损失的行为。”第三十九条规定:“主管部门、中央级事业单位违反本办法规定的,依照《财政违法行为处罚处分条例》等国家有关规定追究法律责任。”

第六章 大学校长的审计视角

第一节 高校内部审计的重要性

严格地说，审计不属于财务范畴。笔者之所以在本书《大学校长理财研究》中阐述审计，并列为一章，不仅因为审计与财务的关系密切，而且因为高校内部审计归高校主要负责人管辖。且目前中国高校的内部审计业务归教育部财务司领导。

一、内部审计是高校内部治理结构的重要组成部分

（一）政府审计是国家治理的基石和保障

2011年7月15日，原审计署刘家义审计长在华盛顿的讲话中指出："纵观世界各国国家审计的产生和发展，无论国家的治理模式和最高审计机关的隶属关系如何，国家审计作为国家治理的重要组成部分，始终通过依法用权力制约权力，发挥揭示、抵御、改进和预防等'免疫'功能，在维护民主法治，保障国家安全，推动落实责任、透明、法治、廉洁、公平和正义等原则和理念，改善国家治理，进而实现国家的可持续发展等方面发挥着积极作用。"①

刘家义指出："从政治学的视角看，国家审计是国家政治制度的重要组成部分，是国家治理的监督控制系统之一。从各国实践看，不管国家治理的体制和模式差别有多大，治理的核心始终是公共权力如何有效配置和运行的问题，都需要不同的机构分别担负起决策、执行和监督控制的职责，从而形成相互联系、相互作用和相互依赖的决策系统、执行系统和监督控制系统这三个子系统。"②

2013年10月23日，世界审计组织主席刘家义在世界审计组织成立60年庆典上的讲话中指出："我们要着力推动各国国家治理的不断完善。各国政治制度以及审计体制虽然不尽相同，但最高审计机关致力于加强公共财政和公共管理领域的问责制和透明度，促进监管机制的建立和完善，从而推动实现良好的国家治理定的目标是相同的。要适应新的形势和要求，不断加强和改进国家审计，更好地推动和服务国家治理，在推进民主、促进法治、打击腐败、维护国家经济安全、推动改革、维护民生、促进可持续发展等方面，发挥积极作用。"

---

① 刘家义. 国家审计与国家治理[J]. 工业审计与会计，2011(5)：2－4.

② 刘家义. 论国家治理与国家审计[J]. 中国社会科学，2012(6)：60－72.

2014年11月19日，刘家义在2014年度第一期地县级审计局长培训班上的讲话中指出："审计最核心的本质是什么？国家治理。国家治理的需要决定了国家审计的产生和发展，国家治理的目标决定了国家审计的方向，国家治理的模式决定了国家审计的制度安排。所以审计是什么？是国家治理的基石和重要保障。"

2014年10月14日，刘家义出席在南京审计干部教育学院举办的南太平洋地区最高审计机关高级审计研讨班时发表了题为《国家审计与国家治理》的演讲，他指出："国家治理就是对国家和社会的控制、管理和服务，研究国家审计如何更好地服务国家治理具有非常重要的意义。国家审计作为国家政治制度不可缺少的组成部分，是国家治理的一个重要组成部分，是依法用权力监督制约权力的重要方式，是国家治理的基石和保障。发挥国家审计作用，更好地服务国家治理，既符合历史发展的客观规律，又是全球治理的形势需要，更符合中国的现实国情。国家审计是国家治理体系和治理能力现代化的基石和保障。"

2015年3月，《欧洲审计组织杂志》第20期刊载了中国审计署审计长刘家义作为世界审计组织主席撰写的文章——《以创新有效的方式传递审计信息》。文章指出："立足于推动完善国家治理，树立科学的审计信息理念。国家审计是国家治理的基石和保障，国家治理的需求决定了国家审计的产生，国家治理的目标决定了国家审计的方向，国家治理的模式决定了国家审计的制度形态，审计信息必须立足于推动完善国家治理，立足于发挥国家审计独立性、专业性和经常性的优势，确保传递权威和有公信力的信息。"

(二) 内部审计是公司治理的基石

1. 国内外法规认为内部审计是治理的重要组成部分

(1) 国际审计组织认为内部审计是公司治理的基石

2013年10月22日至26日，160多个国家的587名世界审计组织成员和观察员代表齐聚北京，在召开的世界审计组织第二十一届大会三通过了《北京宣言——最高审计机关促进良治》。其第24条指出："促进国家良治，从而实现社会、经济和环境的可持续发展，是世界各国政府和公民的共同诉求。作为国家治理不可分割的组成部分，国家审计依法履行其职责，客观公正地进行监督、鉴证、评价和建议，以供国家决策者制定政策和开展规划所用。"

1999年，在《改善公司治理的建议》中有这样一条：董事会、执行管理层、外部审计和内部审计是建立公司治理结构的基石。

2002年4月，国际内部审计师协会(Institute of Internal Auditors, IIA)在对美国国会关于《萨班斯法案》的意见陈述书《改善公司治理的建议》中提出：内部审计、外部审计、董事会以及高层管理人员是构成有效公司治理的四大基石。IIA于2003年修订的《内部审计实务标准》明确提出了内部审计要为公司的治理做贡献。

（2）国内法规认为内部审计是治理的重要组成部分

2015 年 12 月 8 日，中共中央办公厅、国务院办公厅印发了《关于完善审计制度若干重大问题的框架意见》及相关配套文件。其中《关于完善审计制度若干重大问题的框架意见》指出："到 2020 年，基本形成与国家治理体系和治理能力现代化相适应的审计监督机制，更好发挥审计在保障国家重大决策部署贯彻落实、维护国家经济安全、推动深化改革、促进依法治国、推进廉政建设中的重要作用。"

2016 年 5 月 17 日，审计署关于印发的《"十三五"国家审计工作发展规划》第二条指出："到 2020 年，基本形成与国家治理体系和治理能力现代化相适应的审计监督机制，使中国特色社会主义审计制度更加完善，更加充分发挥审计在保障国家重大决策部署贯彻落实、维护国家经济安全、推动深化改革、促进依法治国、推进廉政建设中的作用。"

2016 年 3 月 24 日，《教育部经济责任审计规定》（教财〔2016〕2 号）第三条指出："经济责任审计以促进领导干部推动本单位科学发展为目标，以领导干部任职期间本单位财务收支以及有关经济活动的真实、合法和绩效为基础，重点检查领导干部守法、守纪、守规、尽责情况，加强对领导干部行使权力的制约和监督，推进领导干部经济责任履行和党风廉政建设主体责任，推进教育治理体系和治理能力现代化。"

2015 年 2 月 15 日，《教育部关于加强直属高等学校内部审计工作的意见》（教财〔2015〕2 号）指出："内部审计是规范权力运行的重要手段，是强化过程监管的重要方式，是提高资源绩效的重要保障。加强内部审计工作，是完善学校内部治理结构和健全权力约束机制的重要措施，对促进高校科学发展具有重要意义。"

2. 学者认为内部审计是治理的重要组成部分

（1）国外学者认为内部审计是治理的重要组成部分

著名内部审计专家 Robert Moeller 说，内部审计"早在 20 世纪 40 年代后期就已成为公司治理的重要组成部分了"①。

贝利等认为："内部审计职能——在治理过程中，内部审计发挥着独特的作用。……在推行有效的治理和控制并评估管理控制实务有效性时，内部审计发挥着积极的作用。"②

美国 Kennesaw 州立大学"公司治理研究中心"主任、会计学教授 Hermanson 在《内部审计日渐显耀的新姿态》一文中指出，治理变革"改善了内部审计形象，提升了其在公司治理中的作用"。Ramamoorti 更认为，"在这种迅速变化的经营环境

① 转引自王光远，瞿曲．公司治理中的内部审计——受托责任视角的内部治理机制观[J]．审计研究，2006(2)：29－37.

② ［美］贝利，格拉姆林，拉姆蒂．内部审计思想．王光远，等译．北京：中国时代经济出版社，2006：26.

下，内部审计已经成为管理者、审计委员会、董事会、外部审计人员以及重要利益相关者的重要支持者，只要设计和执行恰当，内部审计在促进和支持有效组织治理方面就能发挥重要作用”。①

Bookal 指出，“内部审计人员对风险和控制独一无二的全程关注，对于良好的治理程序和财务报告至关重要”，“统计表明，公司越大、越复杂，外部审计人员、高管层和董事会就越难以准确地掌控风险和控制，内部审计人员作为独立的内部观察者，以其独特的视角，使董事会、高管层和外部审计人员认识到风险和控制中存在的问题，并评估风险管理的有效性，从而在治理过程中发挥重要作用”。②

2003 年，IIA 与澳大利亚墨尔本皇家理工学院联合发布了《内部审计在公司治理和公司管理中的作用》的研究报告。Gramling 等采纳了公司治理体系由四个“基本主体”构成的观点，即组织利益相关者的主要代理人被视为公司治理的四个“基本主体”，包括董事会所属的审计委员会、执行管理层、外部审计人员和内部审计机构，但重点关注内部审计部门这一主体如何通过发展与其他三个主体的关系来促进公司治理。他们认为，内部审计部门是“透视整个公司的窗口”，是负责治理的其他主体可以依赖的一种极具价值的资源。③

Audrey A. Gramling, Dana R. Hermanson 认为我们应该提倡内部审计在公司治理中的地位和作用，避免出现质疑内部审计的问题出现。只要内部审计在公司治理中的作用被充分发挥并且协助管理层做好风险管理和内部控制，内部审计将会赢得更多的名誉为社会做出更多的贡献，期望未来十年出现较少的经济骚动。

（2）国内学者学者认为内部审计是治理的重要组成部分

汤云为指出：“《萨班斯法案》的最大影响是在法律层次上对现代会计、审计的一次功能定位和重新系统安排。它促使人们重新思考一个原始的问题：现代会计、审计到底为何存在？到底能起什么作用？答案存在于公司治理结构中。”④

李维安指出：“各国在考虑如何建立有效的公司治理结构问题时，都会涉及审计监督机制的建立及其在公司治理结构中的地位问题。公司治理结构中的审计监督安排由外部审计监督和内部审计监督两方面的内容组成。”⑤

王立彦、李海风、刘霄仑指出：“尽管内部审计本身就是控制的一个类型，但还有更大范围的其他控制。内部审计的具体角色就是帮助考核、评价和其他的那些控制。基于控制的目的，内部审计人员会检查和评价组织的所有活动，从而为组织

① 转引自石恒贵．内部审计在公司治理中的作用机理与实证研究[D]．重庆：重庆大学，2010：1.

② 转引自石恒贵．内部审计在公司治理中的作用机理与实证研究[D]．重庆：重庆大学，2010：13－14.

③ 转引自石恒贵．内部审计在公司治理中的作用机理与实证研究[D]．重庆：重庆大学，2010：13.

④ 张为国，等．后安然时代[M]．北京：中国财政经济出版社，2003：597.

⑤ 李维安．美国的公司治理：马其诺防线[M]．北京：中国财政经济出版社，2003：33.

提供保障服务。内部审计人员通过评价现有的控制，就能帮助有关的责任人更有效地实现结果，并为协助改进有关控制提供依据。当然，现在的内部审计行业，不仅仅关注内控，它还关注风险管理、治理过程的有效性。”①

从上可知，国家审计是国家治理的基石和保障，内部审计是公司治理的基石。我们可以据此推理，内部审计是高校治理的基石之一。

二、政府对高校审计的部分情况

(一) 审计署审计高校的部分情况

刘星报道：“2014 年 10 月，科技部党组一份整改情况通报曾披露，审计署审计发现，5 所大学的 7 名教授弄虚作假、套取国家科技重大专项资金 2 500 多万元。7 名教授中，包括本报曾披露的中国工程院院士、中国农业大学教授李宁，原全国政协委员、浙江大学教授陈英旭等人。审计结果显示，出现问题的并不止 5 所大学的 7 名教授。据了解，安徽省环境科学研究院水研究所原所长陈云峰案亦是由这次专项审计牵出的，陈云峰利用担任水专项课题及成果示范工程负责人的职务便利，贪污、受贿、套取科研经费总额达 400 余万元，于 2014 年 1 月被判处有期徒刑 14 年，并引发安徽环保系列腐败窝案。北京邮电大学教授宋茂强、邹华，就被发现以劳务费的名义套取科研经费。宋茂强的问题随后被有关部门移送给检察机关，2014 年 5 月 18 日，宋茂强因贪污罪，被北京一中院终审判处有期徒刑 10 年 6 个月。同一课题的北京邮电大学教授邹华套出了约 150 万元的科研经费。”②

王晓芸、刘旭报道：“国家审计署近日在其官网公布了《教育部 2014 年预算执行和其他财政收支情况审计结果公告问题的整改情况》，教育部本级及其下属单位、高校共涉 20 项问题。清华、北大、北邮等 5 所部属高校在列，北大存在的整改问题最多。20 项问题主要包括：违规使用经费、违规招标、财务科目不规范、占用下属单位车辆、出访团数目超标、违规持股、违规出租房产获利、超额发工资等。……北京大学存在的整改问题最多，包括 2013 年至 2014 年，挪用专项经费 953.61 万元，用于支付下属学院租用校内房产使用费，其中 2014 年 62.24 万元；未经批准，将专项经费 1 217.09 万元用于基础学科以外院系经费支出；同时，该校还存在个别部门、人员虚列支出的问题。整改情况显示，目前北大已调整相关账目并将相应资金归还原渠道。除北大外，被点名整改的高校还有清华大学、北京师范大学、中国政法大学、北京邮电大学。其中，清华大学 5 个会议超出批准人数，超标准列

---

① ［美］罗伯特·莫勒尔. 布林克现代内部审计学：第六版［M］. 李海风，刘霄仑，等译. 北京：中国时代经济出版社，2006：校译者序.

② 刘星. 一次审计，多名“高知”现形［N］. 中国青年报，2015-07-09.

支会议费 9.15 万元。为此，教育部已责成该校今后严格执行会议费管理规定，严控参会人数。北京师范大学、中国政法大学、北京邮电大学等 3 所高校存在个别部门和人员虚列支出，将资金存放账外的情况，目前均已将虚列支出归还原渠道。此外，北京邮电大学还存在未经批准出租房产，收取租金的问题，目前教育部正按要求进行进一步核查。”①

（二）有关省审计厅审计高校的部分情况

李占江报道：“共审计了青岛大学、山东中医药大学、原山东经济学院、原山东财政学院等 4 所高校 2011 年科研经费管理情况，重点抽审了 2008 年立项的 363 个纵向合体项目和 2008 年以来仍在进行研究的 65 个横向课题项目，涉及资金 2.47 亿元。抽查发现，有 22 个项目报销无具体品名和数量的发票 438 张，金额 51.45 万元；9 个项目报销虚假业务内容发票 1 824 张，金额 103.05 万元；4 个项目报销虚假签字单据，套取资金 114.78 万元。如原山东财政学院“微山东旅游规划”和“傅村镇旅游规划研究”课题组，以差旅费名义分 37 次报销各地到佳木斯的车票，金额 28.36 万元，占 2008 年到 2011 年该项目拨入经费 57 万元的 49.57%。”②

黄娜娜报道：“根据审计全覆盖的要求，2015 年，安徽省审计厅加大对省属高校的审计力度，对安徽农业大学、安徽理工大学、合肥师范学院、蚌埠医学院、蚌埠学院、安庆师范学院原任主要负责人任期经济责任审计。对安徽农业大学、安徽理工大学等 6 所高校的审计，主要发现问题是：6 所省属高校收取教材费、讲义费等不规范，涉及金额 4 382.27 万元。其中，安庆师范大学、蚌埠学院两所高校学生奖助学金提取不足，提取比例不到事业收入 4%的最低标准。”③

杨杰妮报道：“通过审计发现，被审计单位高校科研经费中，两年列支办公费、招待费、会议费 1.5 亿元，占比 10.1%；其他支出 2.78 亿元，占比 18.8%。审计发现挤占、套取、违规使用科研经费等 5 693 万元，个别科研人员涉嫌严重违纪。”④

经淼报道：“在‘私存私放资金、部分支出违规问题’方面，8 所高校的‘小金库’余额 1 226.8 万元已全部上缴，26 人受到党纪处分、通报批评、罚款等处理；6 所高校的公款私存资金 280 万元已全部上缴，1 人被追究法律责任，2 人被撤职。存在假发票报销问题的高校追回资金 14.1 万元，有 2 人受到政纪处分，7 人被诫勉谈话；4 所高校停止了超范围、超标准发放补贴行为。关于违规收费和收入未及时上缴财政问题，13 所高校采取了停止收费、补办收费许可证等整改措施解决违规收费问题；8 所高校将各项收入纳入学校统一管理；7 所高校将未及时上缴财政的非

① 王晓芸，刘旭. 5 所部属高校被审计署点名整改，北大存在问题最多[N]. 北京青年报，2015-12-24.

② 李占江. 山东省审计报告发现：高校科研经费存在虚假支出[N]. 大众日报，2012-07-31.

③ 黄娜娜. 安徽 2015 年审计工作报告：6 所省属高校收费不规范[Z]. 中安在线，2016-07-27.

④ 杨杰妮. 湖南省审计厅公布审计整改情况报告[N]. 潇湘晨报，2014-11-25.

税收入 1.6 亿元全部上缴。”①

唐丽报道：“云南省审计厅于 2012 年 7 月 19 日至 9 月 10 日，对云南师范大学（以下简称‘云师大’）负责承建的呈贡校区扩建工程项目建设情况进行了第二次跟踪审计。查出的主要问题有：多计工程价款 505.94 万元；多计提建设单位管理费 2 424.16 万元；出借资金 2 099.48 万元，至今仍未收回本金和利息。对审计发现的问题，云师大认真进行了整改。”②

《江西省关于 2015 年度省级预算执行及其他财政收支审计查出问题整改情况的报告》指出：“中西部地区高校基础能力建设和学科体系建设专项资金绩效审计整改情况。挤占项目资金违规列支教师公租房、学生公寓和公用经费等支出已退回 80%。”

赵明报道：“西安外国语大学等省属 4 所高校停止了违规收费行为；对违规发放津补贴问题，停止了发放。对科研经费预决算管理不规范问题，西安理工大学等 10 所学校制定了整改措施，部分学校重新修订了科研管理制度。对违规扩大经费开支标准和范围问题，西安科技大学废除了经费包干办法。西安石油大学等取消或废止了不合规的‘开题费’‘立题酬金’等违规支出，追回违规支出 105 万元。西安邮电大学、西安石油大学、西北大学等对虚报冒领的科研经费进行了清缴追回，追回资金 170 万元，西安理工大学同时给予相关人员纪律处分。”③

从上可以看出，政府审计发现高校的问题涉及贪污科研经费，违规使用经费、“小金库”、多计工程价款、挤占专项资金、学生奖助学金提取不足、违规招标、财务科目不规范、占用下属单位车辆、出访团数目超标、违规持股、违规出租房产获利、超额发工资、超标准发放补贴等方面，这是值得高校内部审计值得关注的问题。

三、高校内部审计的重要性

（一）内部审计的重要性

2008 年 4 月 15 日，中国内部审计协会在北京举办“推进内部审计转型与发展”研讨会。全国政协副主席李金华被聘请为中国内部审计协会第五届理事会名誉会长。他在讲话中指出：“内部审计是一项非常重要的工作，它能够充分发挥参谋和助手作用，为领导决策提供真实、全面、可靠的信息，为促进各部门、单位工作进一步发展提出好的建议，发展前景广阔。各部门、单位都必须建立内部监督和内控制度，这样才能保障自身健康发展。今后工作中，内部审计要着重关注三个方面的问题：一是注重从微观入手，从宏观和全局着眼来开展工作，围绕中心，服务大局。二

① 经淼．辽宁 8 所高校私设“小金库”1 226 万　26 人受处理[N]．辽沈晚报，2015-01-05.

② 唐丽．云南省审计厅公布审计结果，多项目工程款违规[N]．生活新报，2013-06-14.

③ 赵明．陕西省审计厅厅长李健：追回虚报冒领科研经费 170 万[N]．三秦都市报，2016-03-25.

是注重发挥内部审计的建设性和前瞻性作用。要加强调查研究，通过查账和分析具体资料等微观工作，发展到具有前瞻性地思考企业宏观发展问题，为企业乃至国家的长远发展发挥建设性作用。三是注重调动各方面资源，不断提高内部审计人员的工作水平。"

2015年4月13日，中国审计署审计长刘家义在北京举行的国际内部审计师协会2015年全球委员会会议开幕式上致辞时指出："内部审计应在组织机构的治理中担当越来越重要的角色。"

《崔得威报告》认为内部审计是防止舞弊的四条防线之一。1985年，由美国注册会计师协会、美国会计学会、内部审计师协会、财务经理协会和全国会计师协会共同发起成立了"全美反舞弊性财务报告委员会"，由于该委员会的领导人名为詹姆士·C. 崔得威(James C. Treadway)，所以又称为"崔得威委员会"。在"Treadway 报告(1987)"中全面论述了企业反舞弊财务报告的防范系统。该报告建议采取如下四条防线来防止舞弊财务报告：高层的管理理念，业务经营中的内部控制，内部审计，外部独立审计。

《蓝带委员会报告》认为内部审计是提高公司效率的"三条腿板凳"之一。在1999年2月8日，纽约证券交易所和全美证券交易协会联合成立的蓝带委员会(Blue Ribbon Committee，BRC)发布了"蓝带委员会关于提高审计委员会效果的报告和建议"，美国蓝带委员会在提高公司审计委员会效率的报告和建议中指出：一个公司只有依靠建立了审计委员会的董事会，建立了内部审计的财务管理体系，和外部审计这三个对财务报告负责的部门来共同形成"三条腿的板凳"，才能建立一个适合而高效的系统，从而支持公司的财务信息披露和活跃的财务监察。审计委员会的基本职责是督导公司的审计，保证财务信息的质量。

一般还认为，在公司中，防范经营风险和财务风险有五道防线：第一道是审计委员会，它评价内部控制，聘请审计师，指导内部审计等；第二道是制定和完善内部控制制度；第三道是财会部门和经营管理部门，在内部控制框架内活动；第四道是内部审计，评价内部控制和监督财务及其他经营活动；最后一道是外部审计师，它既要审计财务报告，又要评价内部控制报告。由此可见，内部控制是防范和化解企业风险的关键。

2006年6月6日，国务院国有资产监督管理委员会印发的《中央企业全面风险管理指引》(国资发改革〔2006〕108号)第十条规定："企业开展全面风险管理工作应与其他管理工作紧密结合，把风险管理的各项要求融入企业管理和业务流程中。具备条件的企业可建立风险管理三道防线，即各有关职能部门和业务单位为第一道防线；风险管理职能部门和董事会下设的风险管理委员会为第二道防线；内部审计部门和董事会下设的审计委员会为第三道防线。"

2013年12月18日，杜玉波副部长在直属高校财务工作会议上指出："强化高校内部审计。这是经费使用管理的第一层防护网、第一道防火墙。目前，在教育部层面，已经建立了直属高校领导干部任期经济责任审计、任中经济责任审计、审计结果通报、审计问题整改复查四项制度。下一阶段，还要逐步建立审计结果公告、审计结果应用和审计问题责任追究三项制度。在直属高校层面，学校内部审计部门围绕教育改革和发展的中心任务，创新工作思路，认真履行审计监督职责，在保障教育资金依法依规使用方面发挥了重要的作用。希望各高校都要高度重视、切实加强这项工作，按照审计法和教育系统内部审计工作规定的要求，设置独立的内审机构，配备开展工作必需的专职审计人员，提供相应工作条件和经费保障，充分发挥好自身‘免疫系统’的功能，不能等国家审计发现问题后才被动应对。”

(二) 高校内部审计的重要性

2015 年 2 月 15 日，《教育部关于加强直属高等学校内部审计工作的意见》(教财〔2015〕2 号)指出：“内部审计是规范权力运行的重要手段，是强化过程监管的重要方式，是提高资源绩效的重要保障。”

1987 年 7 月 16 日，《国务院办公厅转发审计署关于加强内部审计工作报告的通知》(国办发〔1987〕42 号)指出：“内部审计是我国社会主义审计制度不可缺少的重要组成部分。内部审计人员熟悉本部门、本单位的生产、经营、财务等情况，在挖掘内部潜力，提高经济效益方面能够更好地发挥监督作用。特别是各部门的内审机构对所属单位进行审计监督，有利于扩大审计覆盖面。使审计工作迅速走上经常化、制度化的轨道。”

1995 年 7 月 17 日，国家教委办公厅印发的《关于加强对教育经费审计监督的意见》(教审厅〔1995〕6 号)指出：“加强对教育经费的审计监督，是贯彻执行《审计法》和《教育法》的重要体现。通过审计监督，促使以各级财政拨款为主、其他多种渠道筹集教育经费为辅的投入体制和各项政策的落实到位，加强对预算内外教育经费管理，保证其收支的真实、合法和效益，不仅能有效地促进教育经费的开源节流，增加教育投入，而且将有力地维护国家的财经法纪，推进廉政建设，从而为教育的改革和发展提供条件保障，创造好的环境。各级教育主管部门、各级各类学校和各教育企事业单位要高度重视这项工作，把它当作一项经常性的重要任务积极主动地抓紧抓好。”

1998 年 10 月 19 日，《教育部关于进一步加强教育系统内部审计工作的几点意见》(教财厅〔1998〕11 号)指出：“内部审计是在本部门、本单位主要负责人领导下，实施内部经济监督的活动，对于加强财经管理、规范经济秩序、推进廉政建设、维护合法权益、保障资产安全完整、提高资金使用效益，具有重要的作用。”

1999 年 10 月 15 日，《教育部关于认真贯彻第三次全国教育工作会议精神进一步加强教育审计工作的若干意见》(教财〔1999〕25 号)指出：“保障教育系统内部经济活动健康、有序地开展，保证国有资产的安全与完整，最大限度地提高资金的使用效益,教育审计有着其他部门不可替代的作用。如何使教育审计更好地为教育改革和发展服务,各级教育部门和单位的领导要认真思考和研究。实践经验告诉我们,教育审计是强化还是削弱对教育事业的健康发展有着重要影响。在当前教育改革不断深化的形势下,教育审计必须存在,必须加强。”

从上可知,内部审计是风险管理三道防线之一,是防止舞弊的四条防线之一,是防范经营风险和财务风险有五道防线之一,还是提高公司效率的“三条腿板凳”之一,总之,内部审计是规范权力运行的重要手段,是强化过程监管的重要方式,是提高资源绩效的重要保障。因此,高校的主要负责人必须重视高校的内部审计工作。

四、高校应重视内部审计

1993 年 2 月 13 日,中共中央、国务院印发的《中国教育改革和发展纲要》(中发〔1993〕3 号)第 50 条规定:“各级教育部门和学校必须努力提高教育经费的使用效益。……各级财政和审计部门要加强财务监督和审计,共同把教育经费管好用好。”

2010 年 6 月 21 日,中共中央印发的《国家中长期教育改革和发展规划纲要(2010—2020 年)》第五十八条规定:“加强经费使用监督,强化重大建设项目和经费使用全过程的审计,确保经费使用规范、安全、有效。”

党的十八届三中全会通过的《中共中央关于全面深化改革若干重大问题的决定》第 35 条指出:“加强和改进对主要领导干部行使权力的制约和监督,加强行政监察和审计监督。”第 37 条规定:“健全严格的财务预算、核准和审计制度。”

十八届四中全会《中共中央关于全面推进依法治国若干重大问题的决定》第三条第五款规定:“完善审计制度,保障依法独立行使审计监督权。对公共资金、国有资产、国有资源和领导干部履行经济责任情况实行审计全覆盖。”

2014 年 10 月 9 日,《国务院关于加强审计工作的意见》(国发〔2014〕48 号)第二十条规定:“加强内部审计工作,充分发挥内部审计作用。”

2015 年 12 月 8 日,中共中央办公厅、国务院办公厅印发的《关于完善审计制度若干重大问题的框架意见》及《关于实行审计全覆盖的实施意见》等相关配套文件。《关于实行审计全覆盖的实施意见》第六条规定:“加强内部审计工作,充分发挥内部审计作用。”

1993 年 2 月 8 日,国家教委、国务院学位委员会联合发布的《关于中央部门所属普通高等学校深化领导管理体制改革的若干意见》第 10 条规定:“高等学校要加强资金管理,杜绝浪费现象……要建立健全财务制度和审计制度,切实把教育经费管好用好,提高资金的使用效益。”

2014 年 6 月 3 日,《中共教育部党组关于落实党风廉政建设主体责任的实施意见》第三条第二款规定:“充分发挥纪检监察、巡视监督、审计监督等部门作用,形成监督合力。”

2014年12月16日,《中共教育部党组关于落实党风廉政建设监督责任的实施意见》(教党〔2014〕50号)规定:“健全合作机制,推进教育部门、纪检监察部门与检察机关、审计部门等方面的合作,增强查信办案工作合力。”

2015年5月22日,《教育部关于直属高校落实财务管理领导责任严肃财经纪律的若干意见》(教财〔2015〕4号)第一条规定:“严格遵守国家财经法律法规,真抓真管,使财经纪律真正成为带电的高压线。……支持总会计师(财务分管领导)、财务机构负责人、财务人员依法履行职责,支持内部审计工作,支持纪检监察部门查处违反财经法律法规和财经纪律问题。”第十五条规定:“加强内部审计工作。深入落实《教育部关于加强直属高等学校内部审计工作的意见》。学校主要负责人应直接领导内部审计工作。应设置独立内部审计部门,足额配备专职审计人员,切实加强内部审计专业化建设。强化预算管理审计、内部控制审计、经济责任审计,加强对科研经费管理、建设工程管理、采购管理、资产管理等重点领域的审计。拓展内部审计范围,探索开展重要政策跟踪审计、适时开展专项审计调查。强化审计结果运用,加强审计整改和责任追究,推进审计结果公开。”

《教育部2015年工作要点》第16条指出:“强化内部审计。”

袁贵仁部长在2015年全国教育工作会议上的讲话指出:“要强化内部监管,加强和完善教育内部审计制度,强化预算管理全过程审计,加强审计结果运用。”

五、高校主要负责人领导内部审计的主要职责

2004年4月13日,《教育系统内部审计工作规定》(教育部令第17号)第九条指出:“教育部门和单位负责人领导本部门、本单位内部审计工作的主要职责是:① 建立健全内部审计机构,加强审计队伍的组织、思想、作风和业务建设;② 定期研究、部署和检查审计工作,听取内部审计机构的工作汇报,督促内部审计机构履行职责;③ 及时批复审计报告、审计意见书和审计决定,督促审计意见书和审计决定的执行,支持内部审计机构和审计人员依法独立行使审计监督权;④ 为内部审计机构和审计人员履行职责提供经费保证和工作条件;⑤ 对成绩显著的内部审计机构和审计人员进行表彰和奖励;⑥ 切实解决审计人员在工作、生活、职务评聘和待遇等方面存在的实际困难和问题。”

第二节　高校内部审计管理体制

现行高校内部审计管理体制包括内部审计的基本架构、内部审计领导体制、内部审计机构和内部审计机构人员四部分组成。

一、高校内部审计的基本架构

高校内部审计的基本架构应属于双重领导的二元领导架构。

(一) 国外的启示

美国内部审计专家保罗·希森和劳伦斯·索耶曾以ABC公司为例,说明了内部审计的隶属关系。内部审计机构设一名总管主持工作,行政关系上隶属上级行政领导部门,但职能关系上向董事会审计委员会汇报工作。内部审计总管可以出席审计委员会所有会议并提请审计委员会注意某些事件。① 如图6-1所示。

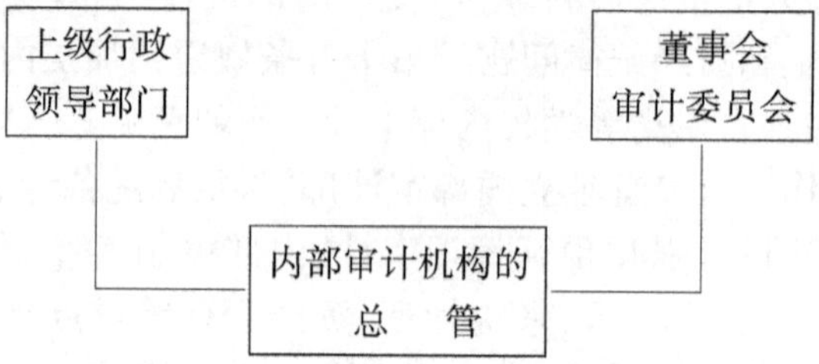

图6-1　内部审计的二元领导架构

(二) 有关法规的规定

2013年8月22日,中国内审协会发布了《中国内部审计准则》(公告2013年第1号)。《第2302号内部审计具体准则——与董事会或者最高管理层的关系》第二条规定:"本准则所称与董事会或者最高管理层的关系,是指内部审计机构因其隶属于董事会或者最高管理层所形成的接受其领导并向其报告的组织关系。"第五条规定:"对内部审计机构有管理权限的董事会或者类似的机构包括:① 董事会;② 董事会下属的审计委员会;③ 非营利组织的理事会。"第六条又规定:"对内部审计机构有管理权限的最高管理层包括:① 总经理;② 与总经理级别相当的人员。"

2014年1月16日,审计署第五次发布了关于《内部审计工作规定(征求意见稿)》公开征求意见的通知。第十一条规定:"企业设立董事会的,内部审计机构应当在董事会和高级管理层主要负责人(总经理或者总裁,下同)领导下开展审计并向其报告工作。董事会主要负责批准内部审计基本制度、年度审计项目计划和预算、审批年度审计工作报告和重大项目审计报告、监督审计结果的落实等事项。企业高级管理层主要负责人主要负责执行内部审计制度、保障履行职责所必需的资源、组织领导内部审计工作、组织审计结果的落实等事项。"第十二条规定:"企业未设立董事会的,内部审计机构应当在高级管理层主要负责人领导下开展审计并向其报告工作。"

① [美]保罗·希森,劳伦斯·索耶.内部审计师手册[M].张大艺,等译.北京:煤炭工业出版社,1990:53.

(三) 内部审计的隶属关系

1. 隶属于审计委员会

2003年3月4日,《审计署关于内部审计工作的规定》(审计署令第4号)第三条规定:"设立内部审计机构的单位,可以根据需要设立审计委员会,配备总审计师。"笔者曾探讨于公办高校设置审计委员会的问题。①

劳伦斯·B.索耶曾指出:"在一个公司内,审计委员会的成员应会见无论何种原因离开公司的内部审计部门的成员。"②审计委员会对内部审计的领导体现在:① 复核内部审计部门的组织形式;② 复核内部审计的人员素质及训练情况;③ 同意内部审计主管的任命及撤换。

高校审计委员会已在本书第二章第一节阐述过,不再赘述。

2. 隶属于学校主要负责人

高校审计部门接受高校管理层——领导班子的委托。2015年2月15日,《教育部关于加强直属高等学校内部审计工作的意见》(教财〔2015〕2号)第2条规定:"健全内部审计工作领导机制。学校主要负责人应直接领导内部审计工作,定期听取审计工作报告,及时研究解决审计工作中遇到的问题和困难,把审计结果作为相关决策的重要依据。"由此可见,高校内部审计接受高校管理层——领导班子的委托。

(四) 专家的论述

布林克和维特指出:"在绝大多数情况下,内部审计在所有业务领域都已提升到一个很高的水平,并且使它成为高层管理工作中有价值和应受尊重的一部分。内部审计师也越来越多地通过审计委员会为董事会服务"③

劳伦斯·索耶认为:"如果被审人员看到站在他们面前的高级管理部门的使者,有的是管理当局感兴趣和管理当局所关心的人,有的是了解管理当局各方面的方针和程序的人,有的是在检查企业许多其他业务控制方面有丰富经验的人,有的是愿意把内部控制方面的知识或经验贡献出来的人,有的是能指出存在的陷阱而使被审人避免跌得头破血流的人,被审人就会把他们看作是朋友而不是警察,是建设性的业务顾问而不是一种威胁,是注重管理的审计师而不是专挑毛病的小人。"④

劳伦斯·索耶指出:"早先,内部审计师的工作与外部审计师的工作是平行的。现在,内部审计重点在于企业的经营活动,因而扩大了其审计范围,即衡量企业现

---

① 乔春华.大学审计委员会研究[J].教育财会研究,2008(5):42-47.
② [美]劳伦斯·B.索耶.现代内部审计实务:下[M].汤云为,等译.北京:中国财政经济出版社,1990:386.
③ [美]贝利·格拉姆林·拉姆蒂.内部审计思想[M].王光远,等译.北京:中国时代经济出版社,2006:7.
④ [美]劳伦斯·索耶.现代内部审计实务:上[M].汤云为,等译.北京:中国商业出版社,1990:49.

存制度的有效性,评估所有经营活动的效益性和经济性,评价经营业绩。这一新的重点对于现代内部审计师实现其使命即同时服务于高层管理者和董事会是必要的。该使命具有双重职能,保护企业资产和为改进经营提供建设性建议,内部审计师关注企业一切形式的经营薄弱之处,从而使企业的经营活动达到其目标。”①

从上可知,高校内部审计的基本架构应属于双重领导的二元领导架构。

二、高校内部审计领导体制

(一) 高校审计是主要负责人直接管辖的部门

1. 目前中国审计体制规定审计归行政主管领导

(1) 政府审计机关归行政主管领导

2006 年 2 月 28 日,《中华人民共和国审计法》(主席令第四十八号)第七条指出:“国务院设立审计署,在国务院总理领导下,主管全国的审计工作。审计长是审计署的行政首长。”第八条指出:“省、自治区、直辖市、设区的市、自治州、县、自治县、不设区的市、市辖区的人民政府的审计机关,分别在省长、自治区主席、市长、州长、县长、区长和上一级审计机关的领导下,负责本行政区域内的审计工作。”

2010 年 2 月 11 日,《中华人民共和国审计法实施条例》(国务院令第 571 号)第七条指出:“审计署在国务院总理领导下,主管全国的审计工作,履行审计法和国务院规定的职责。”第八条指出:“省、自治区人民政府设有派出机关的,派出机关的审计机关对派出机关和省、自治区人民政府审计机关负责并报告工作,审计业务以省、自治区人民政府审计机关领导为主。”

(2) 内部审计归企事业单位主要负责人或权力机构领导

1985 年 8 月 29 日,《国务院关于审计工作的暂行规定》第十条指出:“大中型企业事业组织,应当建立内部审计监督制度,设立审计机构,在本单位主要负责人领导下,负责本单位的财务收支及其经济效益的审计。”

1985 年 12 月 5 日,《审计署关于内部审计工作的若干规定》第四条指出:“内部审计机构依照国家的方针政策、财政经济法规和有关规章制度,在本部门、本单位主要负责人的直接领导下,对本部门(行业)、本单位及所属单位的财政财务收支及其经济效益,进行内部审计监督,独立行使内部审计职权,对本部门、本单位负责并报告工作。”

1989 年 12 月 2 日,《审计署关于内部审计工作的规定》(审计署令第 3 号)第四条指出:“内部审计机构在本单位主要领导人的直接领导下,依照国家法律、法规和政策,对本单位及下属单位的财务收支及其经济效益进行内部审计监督,独立行使旅审计职权,对本单位领导人负责并报告工作。”

① [美]劳伦斯·索耶.现代内部审计实务:下[M].汤云为,等译.北京:中国商业出版社,1990:360.

1995年7月14日，《审计署关于内部审计工作的规定》(审计署令第1号)第四条指出："内部审计机构在本单位主要负责人的直接领导下，依照国家法律、法规和政策，以及本部门、本单位的规章制度，对本单位及所属单位的财政、财务收支及其经济效益进行内部审计监督，独立行使内部审计监督权，对本单位领导负责并报告工作。"

2003年3月4日，《审计署关于内部审计工作的规定》(审计署令第4号)第四条指出："内部审计机构在本单位主要负责人或者权力机构的领导下开展工作。"

上述五个文件中，四个提到"本单位主要负责人领导"，一个提的是"本单位主要负责人或者权力机构的领导"。在上市公司中内部审计机构归董事会下设的审计委员会领导，笔者曾在本书第二章第三节中建议归党委会领导下的校务委员会下设的审计委员会领导。

2. 目前中国审计体制规定高校内部审计归主要领导人直接领导

1990年5月3日，《教育系统内部审计工作规定》(国家教委第9号令)第三条指出："教育系统内部审计机构在本部门、本单位主要领导人的直接领导下，依照国家法律、法规和政策，对本部门、单位及所属单位的财务收支及其经济效益进行内部审计监督，独立行使内部审计职权，对本部门、单位领导人负责并报告工作，同时接受审计机关和上级主管部门审计机构的业务指导。"

1996年4月5日，《教育系统内部审计工作规定》(国家教委第24号令)第四条指出："教育系统内部审计机构在本部门、本单位主要行政负责人的直接领导下，依据国家法律、法规和政策，以及上级部门和本部门、本单位的规章制度，对本部门、本单位和所属单位的财务收支及其有关经济活动进行内部审计监督，独立行使内部审计监督权，对本部门、本单位领导负责并报告工作，同时接受国家审计机关和上级主管部门内部审计机构的指导和监督。"

2004年4月13日，《教育系统内部审计工作规定》(教育部令第17号)第四条指出："教育系统内部审计机构在本部门、本单位负责人的直接领导下，依据国家法律、法规和政策，以及上级部门和本部门、本单位的规章制度，对本部门、本单位和所属单位的财务收支及其有关经济活动进行内部审计监督，独立行使内部审计监督权，对本部门、本单位领导负责并报告工作，同时接受国家审计机关和上级主管部门内部审计的指导和监督。"

2015年2月15日，《教育部关于加强直属高等学校内部审计工作的意见》(教财〔2015〕2号)第2条指出："健全内部审计工作领导机制。学校主要负责人应直接领导内部审计工作，定期听取审计工作报告，及时研究解决审计工作中遇到的问题和困难，把审计结果作为相关决策的重要依据。要加强内部监督管理部门间的沟通交流，综合利用监督成果。"

2015年5月22日，《教育部关于直属高校落实财务管理领导责任严肃财经纪律的若干意见》(教财〔2015〕4 号)第十五条指出:“加强内部审计工作。深入落实《教育部关于加强直属高等学校内部审计工作的意见》。学校主要负责人应直接领导内部审计工作。应设置独立内部审计部门,足额配备专职审计人员,切实加强内部审计专业化建设。”

上述五个文件中,四个提到“学校主要负责人应直接领导内部审计工作”,一个提的是“主要行政负责人的直接领导”

目前中国的高校的内部审计相当多由“校长直接领导”,不少学校由“纪委书记直接领导”,个别由“总会计师直接领导”。纪委书记分管内部审计工作不符合上述文件;总会计师分管内部审计既当“运动员”,又当“裁判员”,既不符合上述文件,又不符合内部治理机制和内部控制的“不相容岗位相互分离”的原则。

(二) 校长领导下的总审计师负责制

1. 政府审计机关和大型企业已设立总审计师(或首席审计官)

2010 年 9 月 1 日,《中华人民共和国国家审计准则》(审计署令第 8 号)第一百七十四条规定:“审计机关实行审计组成员、审计组主审、审计组组长、审计机关业务部门、审理机构、总审计师和审计机关负责人对审计业务的分级质量控制。”

《银行业金融机构内部审计指引》(银监发〔2006〕第 51 号)第八条规定:“银行业金融机构应建立审计全系统经营管理行为的内部审计部门,可设立一名首席审计官负责全系统的审计工作。首席审计官由董事会任命并纳入银行业金融机构高级管理人员任职资格核准范围,首席审计官岗位变动要事前向中国银监会报告。”第十五条规定:“首席审计官负责组织实施内部审计章程、中长期审计规划和年度工作计划,做好协调工作,及时向董事会和高级管理层主要负责人报告审计工作情况,并对内部审计的整体质量负责。”

目前,政府审计机关、大型企业都设立了总审计师。如审计署设立了总审计师,如:

审计署总审计师孙宝厚、陈尘肇、李晓钟。

国家税务总局总审计师范坚、孙瑞标、刘丽坚。

重庆市审计局总审计师朋薇;四川省审计厅总审计师康东进;湖北省审计厅总审计师汤汉琴;安徽省审计厅总审计师方正;甘肃省审计厅总审计师李洁丽。

广东省国税局总审计师梁世桃;湖北省国税局总审计师吴维平。

中国东方航空集团公司总审计师席晟;国家电网公司总审计师欧阳胜英。

2. 法规明确了高等学校应设立总审计师(或首席审计官)

1995 年 7 月 14 日,《审计署关于内部审计工作的规定》(审计署令第 1 号)第三条规定:“下列单位,应当设立独立的内部审计机构:……财政、财务收支金额较大或者所属单位较多的国家事业单位;上述单位可以根据需要,设立总审计师。”

2003 年 3 月 4 日,《审计署关于内部审计工作的规定》(审计署令第 4 号)第三条规定:“国家机关、金融机构、企业事业组织、社会团体以及其他单位,应当按照国家有关规定建立健全内部审计制度。法律、行政法规规定设立内部审计机构的单位,必须设立独立的内部审计机构。设立内部审计机构的单位,可以根据需要设立审计委员会,配备总审计师。”

从上可知,法规要求政府审计机关、大型企业、大型事业单位、社会团体等设立总审计师。只有高校等大型事业单位未设立总审计师。首席审计执行官是指组织内负责内部审计活动的最高职位。一般情况下是指内部审计总监。当内部审计工作由外部服务提供者开展时,首席审计执行官就是指负责监督审计服务合同及活动的整体质量保证、向高级管理层和董事会报告有关内部审计活动的情况、对业务结果进行后续跟踪的人员。该词还包括以下一些头衔:总审计师、首席内部审计师、检查长等。建议设立总审计师职位。

三、高校内部审计机构

1990 年 5 月 3 日,《教育系统内部审计工作规定》(国家教委第 9 号令)第五条第二款指出:“凡审计机关未设立派出机构的县级以上各级教育主管部门和普通高等学校,均应设立与本单位财务机构相同级别的、独立的内部审计机构。”

1996 年 4 月 5 日,《教育系统内部审计工作规定》(国家教委第 24 号令)第六条指出:“下列教育部门和单位应当设置独立的、与本部门、本单位财务机构相同级别的内部审计机构:……大学、独立设置的学院和规模较大的高等专科学校。”

2004 年 4 月 13 日,《教育系统内部审计工作规定》(教育部令第 17 号)第六条指出:“下列教育部门和单位应当设置独立的、与本部门、本单位财务机构相同级别的内部审计机构:……大学、独立设置的学院和规模较大的高等专科学校。”

2015 年 2 月 15 日,《教育部关于加强直属高等学校内部审计工作的意见》(教财〔2015〕2 号)第 3 条指出:“充分保障内部审计机构独立性。应设置独立内部审计部门。”这里强调了“充分保障内部审计机构独立性”,明确了“应单独设置高校内部审计机构”。但是一些高校仍设“纪监审办公室”,归纪委书记领导。

四、高校内部审计人员

(一) 高校内部审计人员配置的规定

1990 年 5 月 3 日,《教育系统内部审计工作规定》(国家教委第 9 号令)第六条指出:“学校内部审计机构的人员编制,应在学校总编制内解决。”

1996 年 4 月 5 日,《教育系统内部审计工作规定》(国家教委第 24 号令)第七条指出:“设置独立内部审计机构的教育部门和单位,应当保证审计工作所必需的人员编制,配备专业知识和业务能力适应审计工作需要的人员,并应形成合理的专业、知识和年龄结构,保持相对稳定。”第八条指出:“教育部门和单位内部审计机构的设置和专职审计人员的编制，应在本部门、本单位核定的机构限额和人员总编制内解决。”

2004 年 4 月 13 日，《教育系统内部审计工作规定》（教育部令第 17 号）第七条指出：“设置内部审计机构的教育部门和单位，应当保证审计工作所必需的专职人员编制，配备具有内部审计从业资格的审计人员。”

2011 年 2 月 17 日，《教育部关于做好教育系统经济责任审计工作的通知》（教财〔2011〕2 号）第五条指出：“加强审计机构和队伍建设。要进一步健全教育审计机构，配备与本单位审计工作需要相适应的审计人员。特别是规模较大、资金量较多的单位要重视和加强审计机构和审计队伍建设，为开展审计工作提供基本保证。”

2015 年 2 月 15 日，《教育部关于加强直属高等学校内部审计工作的意见》（教财〔2015〕2 号）第 3 条指出“足额配备专职审计人员”。

上述文件对高校内部审计人员配置的规定主要有四方面内容：

(1) “学校内部审计机构的人员编制，应在学校总编制内解决”。

(2) “应当保证审计工作所必需的人员编制，配备专业知识和业务能力适应审计工作需要的人员”。

(3) “应当保证审计工作所必需的专职人员编制，配备具有内部审计从业资格的审计人员”。

(4) 明确了“审计机构应足额配备内部审计人员”。

(二) 关于内部审计人员配备的标准

1. 银行业为员工总人数的 1%

《银行业金融机构内部审计指引》（银监发〔2006〕第 51 号）第十条规定：“银行业金融机构内部审计人员原则上按员工总人数的 1%配备，并建立内部岗位轮换制。”

2016 年 4 月 16 日，《中国银监会关于印发商业银行内部审计指引的通知》（银监发〔2016〕12 号）第十四条规定：“商业银行应配备充足的内部审计人员，原则上不得少于员工总数的 1%。”

2. 保险业为 5‰

《保险公司内部审计指引（试行）》第十二条规定：“保险公司应当配备足够数量的内部审计人员。专职内部审计人员原则上应当不低于公司员工人数的 5‰。”

3. 高校为 2‰

2009 年 7 月 7 日，中国内部审计协会《内部审计实务指南第 4 号——高校内部审计》的公告（中内协发〔2009〕19 号）第四条指出：“高校内部审计机构应配备足够的内部审计人员，内部审计人员数量应不低于教职工总数的 2‰。内部审计队伍应由具备经济、管理、法律、建设工程、信息系统等方面专业素质的人员组成，并具备必要的职业资格。”

“麻雀虽小，五脏俱全”，大的高校经济活动复杂，需要足额配备专职审计人员；小的高校五脏俱全，也需要足额配备专职审计人员。高校要“足额配备专职审计人员”，建议高校应按教职工总数的5‰～1.5%配备专职审计人员。

笔者之所以提出按5‰～1.5%配备专职审计人员，是因为高校内部审计业务正在拓展，2015年2月15日《教育部关于加强直属高等学校内部审计工作的意见》(教财〔2015〕2号)第六条指出：“拓宽内部审计范围，更好服务改革发展。”高校内部审计的内容在下一节阐述。

第三节　高校审计的内容

一、高校内部审计的转型

(一) 高校内部审计正在由“财务审计为主、管理审计为辅”转型为“管理审计为主、财务审计为辅”的新模式

2008年，刘家义审计长在推动内部审计转型与发展研讨会上的讲话中指出：“力争用5年至10年时间，初步形成中国特色的内部审计思想，建立中国特色内部审计理论支撑。力争用5年左右的时间，构建起内部审计准则体系。……力争用5年至10年时间，探索并形成一套既适合中国实际，又符合国际发展趋势的在信息化条件下的中国内部审计技术方法体系。……力争用5年时间，促进和指导各依法属于审计机关审计监督对象的单位，特别是中央部门、中央企业和中央金融机构，按照国家有关规定把内部审计制度全部建立起来。”①

《中国内部审计协会2011年至2015年工作规划》中发展的总体目标是：“加快构建以风险为导向、以控制为主线、以治理为目标、以增值为目的的现代内部审计模式。”这个“现代内部审计模式”就是财务审计与管理审计并重，以管理审计为主的转型模式。2008年7月11日，《审计署2008至2012年审计科研工作规划》(审科发〔2008〕74号)第四条指出：“内部审计研究。重点关注内部审计转型与发展中的问题。”因此，我国目前的高校内部审计正在由“财务审计为主、管理审计为辅”转型为“管理审计为主、财务审计为辅”的新模式。境外高校管理审计的基本经验对我国高校内部审计的启示就是要加快转型，将审计目标贴近学校核心业务，侧重于推进学校不断增值。

2003年3月4日，审计署发布了《关于内部审计工作的规定》(审计署令第4

① 刘家义.把内部审计工作推向新的发展阶段——刘家义审计长在推动内部审计转型与发展研讨会上的讲话(摘要)[J].工业审计与会计，2008(3)：2-3.

号),审计署法制司在《〈审计署关于内部审计工作的规定〉起草说明》中指出:"我国内部审计制度建立之初,内部审计的重点是单位的财务收支审计。近年来,内部审计的领域不断拓宽,已由最初的财务收支审计逐渐转向经济责任审计、采购比价审计、内部控制评审、投资审计、管理审计、风险评估和专项审计调查等。"2014 年 1 月 16 日,审计署发布了《内部审计工作规定(征求意见稿)》公开征求意见的通知,审计署法制司在《〈审计署关于内部审计工作的规定(征求意见稿)〉起草说明》中指出:"《征求意见稿》对内部审计的职责突出了规定。随着我国内部审计的转型和发展,内部审计的重点已不仅仅局限于财务收支审计以及其他常规审计,而是发展到战略审计等管理审计的层面。"

管理审计是审计的新领域,高校管理审计更是审计的新领域。高校内部审计目前停留在财务审计阶段。所谓高校内部审计转型是指内部审计从以真实性、合规性为导向的财务审计为主,向以真实性、合规性为导向的财务审计和以内部控制和风险管理为导向的管理审计并重的全面转型和发展。高校管理审计包括治理审计、内部控制审计、绩效审计、专项审计等。但全国高校的管理审计实务基本上是起步阶段,高校的管理理论研究处于探索阶段。对于高校的管理审计是个新的领域。

(二) 目前高校仍停留在"财务审计为主、管理审计为辅"的模式

1. 审计分为财务审计与管理审计

早在 1984 年,娄尔行先生指出:"现代审计包括三个层次:第一个层次,财务审计;第二个层次,作业审计;第三个层次,管理审计。可以把以上第二层次的作业审计看作一种独立的审计,也可以把它看作从属于第三层次的管理审计,因为两者的目标都是提高经济效益。"①

王光远教授也指出:"管理审计是一种与财务审计对立的审计。"②

2. 高校财务审计与管理审计的内容

在高校审计理论研究和实务操作中,对高校审计类型的划分还存在乱象。如:大多数高校从事的内部审计是财务收支审计、预决算审计、基建工程审计、专项资金审计、效益审计、经济责任审计、内部控制审计等;一些论文也这样罗列。

笔者研究认为,高校审计只分为高校财务审计和高校管理审计两种。高校财务审计包括财务收支审计、预决算审计、基建工程审计、专项资金审计等;高校管理审计包括高校治理审计、内部控制审计、绩效审计、经济责任审计、专项审计等。可惜管理审计在高校中的研究和应用仍在起步阶段。

3. 管理审计与财务审计的区别

笔者认为高校管理审计与高校财务审计的区别见表 6-1。

---

① 娄尔行.试论管理审计[J].财经研究,1984(1):52-56.

② 王光远.论管理审计的概念[J].审计研究,1994(3):10-15.

表 6-1　高校管理审计与财务审计的区别

内容	高校管理审计	高校财务审计
受托责任	受托管理责任	受托财务责任
审计目的	维护高校管理的科学性和效益性是第一位的	维护高校财务信息合规性是第一位的
审计对象	高校的治理行为和管理活动	高校的财务信息
审计基础	以机会成本为基础	以历史成本为基础
审计依据	审计标准	财经法规
审计方法	除共同采用的方法外，侧重于调查表法、专题讨论法、穿行测试法等	除共同采用的方法外，侧重于核对法、审阅法、复算法等
审计作用	侧重建设性	侧重批判性
时间导向	面向未来	面向过去
精确程度	相对准确	绝对准确
报告接受人	高校党委会和校行政	高校校行政
审计频率	不定期性，至少两年一次	定期的，至少一年一次

(三) 高校已进入了“管理审计为主、财务审计为辅”的阶段

2015 年 2 月 15 日，《教育部关于加强直属高等学校内部审计工作的意见》(教财〔2015〕2 号)的发布，标志着中国高校已进入了“管理审计为主、财务审计为辅”的阶段，这个文件是中国高校审计史上非常重要的文件之一。

《教育部关于加强直属高等学校内部审计工作的意见》在高校管理审计方面规定了以下内容：

1. 内部控制审计

《教育部关于加强直属高等学校内部审计工作的意见》第三部分为“推动内部控制审计，切实加强风险防控”。

2. 绩效审计

《教育部关于加强直属高等学校内部审计工作的意见》第二部分“强化预算管理审计，促进提高资金使用效益”的第 7 条“开展预算执行绩效审计”。

3. 经济责任审计

《教育部关于加强直属高等学校内部审计工作的意见》第四部分“深化经济责任审计，推动领导人员履职尽责”。

4. 重要政策跟踪审计

《教育部关于加强直属高等学校内部审计工作的意见》第六部分“拓宽内部审计范围，更好服务改革发展”的第 19 条“探索开展重大项目、重要政策跟踪审计”。

5. 专项审计调查

《教育部关于加强直属高等学校内部审计工作的意见》第六部分“拓宽内部审计范围,更好服务改革发展”的第20条“适时开展专项审计调查”。

二、高校财务审计的内容

笔者在上一个问题中分析了高校管理审计与高校财务审计的区别,可以看出高校财务审计的基本特点。

(一) 财务收支审计的法规

《中华人民共和国审计法》第二条指出:“国家实行审计监督制度。国务院和县级以上地方人民政府设立审计机关。国务院各部门和地方各级人民政府及其各部门的财政收支,国有的金融机构和企业事业组织的财务收支,以及其他依照本法规定应当接受审计的财政收支、财务收支,依照本法规定接受审计监督。审计机关对前款所列财政收支或者财务收支的真实、合法和效益,依法进行审计监督。”

《中华人民共和国审计法实施条例》(国务院令第571号)第二条指出:“审计法所称审计,是指审计机关依法独立检查被审计单位的会计凭证、会计账簿、财务会计报告以及其他与财政收支、财务收支有关的资料和资产,监督财政收支、财务收支真实、合法和效益的行为。”第四条指出:“审计法所称财务收支,是指国有的金融机构、企业事业组织以及依法应当接受审计机关审计监督的其他单位,按照国家财务会计制度的规定,实行会计核算的各项收入和支出。”

1990年5月3日,《教育系统内部审计工作规定》(国家教委第9号令)第三条指出:“教育系统内部审计机构在本部门、本单位主要领导人的直接领导下,依照国家法律、法规和政策,对本部门、单位及所属单位的财务收支及其经济效益进行内部审计监督,独立行使内部审计职权,对本部门、单位领导人负责并报告工作,同时接受审计机关和上级主管部门审计机构的业务指导。”

1996年4月5日,《教育系统内部审计工作规定》(国家教委第24号令)第二条指出:“教育系统内部审计是我国审计体系的组成部分,是对教育部门和单位财务收支及其有关经济活动的真实、合法和效益依法实施内部监督的活动。”

2004年4月13日,《教育系统内部审计工作规定》(教育部令第17号)第二条指出:“教育系统内部审计是教育系统内部审计机构、审计人员依法独立检查被审计单位的会计凭证、会计账簿、会计报表以及其他与财务收支有关的资料和资产,监督财务收支真实、合法和效益的行为。”

1995年2月10日,《审计署办公厅关于印发高校财务收支审计方案的通知》(审办行发〔1995〕29号)。

1997年12月31日,《高等学校财务收支审计实施办法》(教审〔1997〕2号)第三条指出:“本办法所称高等学校财务收支审计,是指高等学校或其上级主管部门审计机构依法对学校及其所属独立核算单位各项资金的筹集、管理和使用以及财产物资管理、使用的真实、合法和效益进行的审计监督。”

（二）财务收支审计的内容

1. 财务收支审计的相关规定

1987年12月28日，《国家教育委员会关于直属高等学校实行定期审计的暂行规定》第二条在“审计内容”中指出：“审计学校各项财务收支是否真实和符合财经法规、制度，内部控制制度是否健全、有效，会计核算是否符合《会计法》要求，资金使用有无损失浪费等。具体内容包括：① 遵守财政法规、执行《会计法》和会计制度的情况，包括学校制定的财务收支管理制度、办法，是否符合国家财政法规及所在省、市人民政府的有关规定；② 建立健全内部控制制度情况；③ 预算内外资金及外汇的使用和管理情况；④ 基建资金（含自筹、利用外资）的来源和使用、管理情况；⑤ 各种收费标准和经费开支标准执行情况；⑥ 开展科技咨询活动和接受委托培养等社会收入的分配及学校基金的收支管理情况，奖酬金发放情况；⑦ 重要经济合同的签订和执行情况；⑧ 财产、物资管理情况；⑨ 校办企业、独立核算单位、后勤承包单位的成本核算、财务成果和利润分配、使用情况；⑩ 其他需要审计的事项。在定期审计中，要注意抓重点，重点可以是单位，也可以是专项。”

1990年5月3日，《教育系统内部审计工作规定》（国家教委第9号令）第十二条指出：“教育系统内部审计机构对下列事项进行内部审计监督：① 教育事业费、教育费附加、科研经费、专项补助经费、世界银行贷款等教育、科研经费的管理和使用；② 单位财务收支计划、外汇收支计划、预算的执行和决算；③ 学校基金、勤工俭学资金、学杂费、捐资和集资资金等教育预算外资金的管理和使用；④ 基本建设（含自筹、捐赠基建）投资的管理和使用；⑤ 与教育经费、基建投资、预算外资金等收支有关的经济活动及其经济效益；⑥ 国家、单位资产的管理和使用；⑦ 国家财经法纪的执行情况；⑧ 内部控制制度的建立、执行情况；⑨ 所属企业单位的厂长（经理）的经济责任；⑩ 上级交办或委托以及本单位确定的其他审计事项。”

1995年7月17日，国家教委办公厅印发的《关于加强对教育经费审计监督的意见》（教审厅〔1995〕6号）第二条指出切实明确对教育经费审计监督的范围和内容，其具体内容是：① 财政和上级教育主管部门是否按预算及时拨付教育经费，教育投入能否保持“三个增长”，有无截留、挤占、挪用等问题；② 各项筹集教育经费的政策是否用足用好，各项经费能否足额征收并及时拨付教育部门，有无乱收费、乱集资和社会向学校乱摊派等问题；③ 各项预算内外教育经费的管理和使用情况如何，有无违反财经法纪、挥霍浪费等问题，使用的效益怎样，内控制度是否健全，会计核算工作是否规范、准确，年终决算是否真实，有无虚列支出、化预算内资金为预算外资金等问题；④ 教师的工资能否保证按时足额发放，如有拖欠，具体情况怎样；⑤ 校办产业、勤工俭学的资产、负债和损益情况如何能否依法纳税，所获利润学校能否按规定收集上来并用于补充教育经费的不足。

1995 年 2 月 10 日,《审计署办公厅关于印发高校财务收支审计方案的通知》(审办行发〔1995〕29 号)第四条指出审计的重点内容包括:“① 检查财政部门和中央主管部门是否按预算拨付经费,有无截留、挤占、挪用问题。② 学校在教育经费使用中有无挤占挪用、对外投资等严重违反财经法纪和造成损失浪费问题。③ 有无不按规定乱收费、乱集资或超标准收费以及滥发钱物、挥霍浪费的问题。④ 校办企业有无偷漏国家税费、隐瞒应上交收入、转移资金和私设‘小金库’,以及无偿占用或侵蚀国有资产等问题。并重点抽查若干企业,对其经营状况、收益分配、产权关系、内控制度等进行审计调查。⑤ 学校年终决算是否真实,账表是否一致,有无虚报支出、预算内资金转预算外等问题。⑥ 调查国拨教育经费与实际支出差距大的状况及原因,重点抽查主要教学设备改善状况,并具体分析原因。”

1997 年 12 月 31 日,《高等学校财务收支审计实施办法》(教审〔1997〕2 号)第六条指出:“审计机构对高等学校预算管理情况进行审计的主要内容:① 预算编制的原则、方法及编制和审批的程序是否符合国家、上级主管部门和学校的规定,各项收入和支出是否全部纳入预算管理,有无赤字预算;② 各项收入和支出是否按预算执行,是否真实、合法,会计核算是否合规,预算执行过程中的内部控制制度是否健全、有效;③ 预算调整有无确实的原因和明确的调整项目、数额和说明,是否按规定的程序办理并经批准后执行;④ 学校为保证预算的完成采取了哪些措施,这些措施是否合法、有效;⑤ 收入预算和支出预算最终实际执行结果如何,如与计划差异较大,应当分析其原因是否合理。”

第七条指出:“审计机构对高等学校财务收入进行审计的主要内容:① 各项收入,包括财政补助收入、上级补助收入、事业收入、经营收入、附属单位上缴收入和其他收入是否统一管理、统一核算,是否及时足额到位,有无隐瞒、截留、挪用、拖欠或设置账外账、‘小金库’等问题;② 收费的项目、标准和范围是否合法并报经有关部门批准,会计处理是否合法、合规,有无擅自增加收费项目、扩大收费范围、提高收费标准等乱收费、乱集资等问题;③ 在事业收入中,是否按照国家规定将应当上缴的资金及时足额上缴。”

第八条指出:“审计机构对高等学校财务支出进行审计的主要内容:① 各项支出,包括事业支出、经营支出、自筹基本建设支出和对附属单位补助支出是否真实并按计划执行,有无超计划等问题;② 各项支出是否严格执行国家和上级主管部门有关财务规章制度规定的开支范围和开支标准,有无虚列虚报、违反规定发放钱物和其他违纪违规问题;③ 专项资金是否专款专用,核算是否合规;④ 各项支出所取得的效益如何,有无损失浪费等问题。”

第九条指出:“审计机构对高等学校结余及其分配进行审计的主要内容:① 经营收支结余是否单独反映,会计处理是否合规;② 结余分配是否符合国家的有关规定，有无多提或少提职工福利基金等问题。”

第十条指出：“审计机构对高等学校专用基金进行审计的主要内容：① 修购基金、职工福利基金、学生奖贷基金和勤工助学基金的提取，以及学校提取或设置的其他基金是否符合国家的有关规定，是否及时足额到位；② 各项专用基金的管理是否合规，是否按照规定或捐赠人、捐赠单位限定的用途使用，使用效益如何；③ 各项专用基金是否设置专门的账户进行核算，核算是否合规。”

第十一条指出：“审计机构对高等学校资产进行审计的主要内容：① 现金和各种存款的管理和使用是否符合规定，内部管理制度是否健全、有效；银行开户是否合法、合规，有无出租、出借或转让等问题，各银行账户是否核算规定的内容，有无公款私存和将事业资金在其他账户核算的情况；有价证券的购买及其资金来源是否合法，保管、转让和账务处理是否合法、合规，有无违纪违规和不安全等问题；② 对应收及暂付款项是否及时清理结算，有无长期挂账等问题，对确实无法收回的应收及暂付款项是否查明原因、分清责任、按规定程序批准后核销；③ 对存货是否进行定期或不定期的清查盘点，做到账实相符，盘盈、盘亏是否及时调整；④ 设备、材料、低值易耗品及固定资产的购置有无计划和审批手续，有无擅自购买国家规定的专项控制商品的问题；验收、领用、保管、报废、调出、变卖等是否按照规定的程序办理并报有关部门审批、备案，有无被无偿占用和流失等问题；会计核算是否符合规定；是否定期或不定期地进行清查盘点，账账、账卡、账物是否相符；⑤ 无形资产的管理是否符合规定，转让无形资产是否按规定进行资产评估，收入的处理是否合法、合规；⑥ 对外投资是否按规定报上级主管部门和有关管理部门批准或备案，以实物或无形资产对外投资是否按规定进行资产评估，收益处理是否合法、合规。”

第十二条指出：“审计机构对高等学校负债进行审计的主要内容：① 对各项负债包括借入款、应付及暂存款、应缴款项、代管款项等，是否按照不同性质分别管理，管理是否合法、合规；② 对各项负债是否及时清理，按照规定办理结算，并在规定期限内归还或上缴应缴款项。”

第十三条指出：“审计机构对高等学校财务决算进行审计的主要内容：① 年度决算和财务报告编报的原则、方法、程序和时限是否符合财务制度的规定和上级主管部门的要求；② 年度决算和财务报告包括资产负债表、收入支出表、专用基金变动情况表、有关附表的内容是否完整，填列的数字是否真实，有无隐瞒、遗漏或弄虚作假等情况；③ 年度决算和财务报告所列各项收入和支出是否合法、合规，有无违纪违规问题；④ 财务情况说明书是否真实准确地反映了学校年度财务状况，对本期或下期财务状况发生重大影响的事项是否真实有据；⑤ 财务分析的各项指标，包括经费自给率、预算收支完成率、人员支出与公用支出分别占事业支出的比率、资产负债率、生均支出增减率等是否真实、准确；⑥ 上级审计机构和学校领导认为需要审计的其他事项。”

1996年4月5日,《教育系统内部审计工作规定》(国家教委第24号令)第十七条指出教育系统内部审计机构对本部门、本单位和所属单位的下列事项进行审计:① 财务计划或单位预算的执行和决算;② 预算内外各项教育资金的管理和使用;③ 与财务收支有关的经济活动;④ 国有资产的管理和使用;⑤ 企业单位、校办产业的资产、负债和损益;⑥ 基建、维修工程的概算和预决算;⑦ 办学效益,经济效益;⑧ 国家财经法规和上级部门、本部门、本单位财经规章制度的执行;⑨ 内部控制制度的建立和执行;⑩ 所属企事业单位法定代表人和主要负责人的经济责任;⑪ 本部门、本单位负责人和上级审计机关及上级内部审计机构交办的其他审计事项。

2004年4月13日,《教育系统内部审计工作规定》(教育部令第17号)第十五条指出:"教育系统内部审计机构对本部门、本单位和所属单位的下列事项进行审计监督:① 财务计划或预算的执行和决算;② 各项教育资金的拨付、筹措、管理和使用;③ 与财务收支有关的经济活动;④ 国有资产的管理和使用;⑤ 企业单位、校办产业的资产、负债、损益和经济效益;⑥ 建设、维修工程项目的招标、施工合同签订和预决算;⑦ 大型设备、大宗物品的采购;⑧ 国家财经法规和上级部门、本部门、本单位财经规章制度的执行;⑨ 内部控制制度的建立和执行;⑩ 有关负责人的经济责任;⑪ 本部门、本单位负责人和上级主管部门交办的其他审计事项。"

2. 关于上述文件的分析

上一个标题之所以称为"财务收支审计的相关规定",是因为上述文件主要是"财务收支审计的规定",但也包括一些管理审计方面的规定,如"内部控制制度是否健全、有效""经济责任审计的情况""重要经济合同的签订和执行情况","教育投入能否保持'三个增长'""大型设备、大宗物品的采购"等。

审计制度亦属于管理审计的范畴。1997年12月31日,《高等学校财务收支审计实施办法》(教审〔1997〕2号)第五条指出:"审计机构对高等学校财务管理制度进行审计的主要内容:① 财务管理体制是否符合国家的有关规定;② 是否按规定设置财务机构并配备合格的财会人员,学校一级财务机构是否对全校各项财务工作实行统一管理;③ 会计核算是否符合会计法规和制度的规定;④ 财务规章制度和内部控制制度是否健全、有效。"此外,上述文件还要求审计"国家财经法纪的执行情况""会计核算工作是否规范、准确"等。

财务收支审计包括了预决算审计、基建工程审计、专项资金审计、科研经费审计等。

内部审计与外部审计相结合。上述预决算审计、基建工程审计、专项资金审计、科研经费审计等有些是政府审计,有些是邀请会计事务所审计。1987年12月28日,《国家教育委员会关于直属高等学校实行定期审计的暂行规定》第三条指出:"对直属院校的定期审计,实行国家教委审计部门与学校审计处相结合的分级分工负责制，即各院校有关单位报审的审计资料，先由校审计处进行审计并写出审计报告后，再报国家教委审计部门审定。国家教委审计部门根据具体情况直接审计部分学校。”

财务收支审计主要借助于预算和会计凭证、会计账簿、财务会计报告进行审计。

财务收支审计主要检查财务收支的合法性、完整性、安全性和正确性。

三、高校管理审计的内容

(一) 治理审计

1. 治理审计的规定

(1) 国外规定

2013 年 1 月，国际内部审计师协会修订的《国际内部审计专业实务框架》(红皮书)“2110——治理”中指出内部审计活动必须评价并提出适当的改进建议，以改善组织为实现下列目标的治理过程：① 在组织内部推广适当的道德和价值观；② 确保整个组织开展有效的业绩管理、建立有效的问责机制；③ 向组织内部有关方面通报风险和控制信息；④ 协调董事会、外部审计师、内部审计师和管理层之间的工作和信息沟通。

国际内部审计师协会修订的《国际内部审计专业实务框架》(红皮书)指出：“内部审计部门必须评估下列与组织治理、运营及信息系统有关的风险：① 组织战略目标的实现；② 财务和运营信息的可靠性和完整性；③ 运营和程序的效果和效率；④ 资产的安全；⑤ 对法律、法规、政策、程序及合同的遵循情况。”

国际内部审计师协会修订的《国际内部审计专业实务框架》(红皮书)指出：“工作标准 2130——治理”中明确规定内部审计在公司治理方面的工作内容为：内部审计可以通过评估和完善组织的治理程序为组织的治理服务；内部审计可以通过评价并完善以下程序和内容为公司治理做出贡献：第一，制定并传递公司使命和价值观的程序；第二，监督和控制公司目标实现状况的程序；第三，确保责任机制的程序；第四，维持并确保企业价值观得到有效实施的程序。“内部审计部门必须评估下列针对组织内部治理、运营和信息系统等风险的控制的适当性和有效性：① 组织战略目标的实现；② 财务和运营信息的可靠性和完整性；③ 运营和程序的效果和效率；④ 资产的安全；⑤ 对法律、法规、政策、程序及合同的遵循情况。”

《世界审计组织治理指南(9140 号)》的《公共部门内部审计的独立性》第 1.5 条规定：“虽然内部审计师能够在内部控制方面提出非常有价值的建议，但内部审计师不应该成为强大内部控制系统的替代者。内部控制系统是对风险最主要的应对。”第 1.6 条规定：“内部审计的角色已经从关注于合规性的管理过程演进为良好治理的重要组成部分。在很多情况下，内部审计的存在是一种强制要求。”

2005年，欧洲内部审计协会联盟（European Confederation of Ire stitutes of Internal Auditing，ECIIA）发布了《欧洲内部审计》的声明书，表示内部审计通过协助董事会及其所属审计委员会、非执行董事、管理层、外部审计，从而在公司治理中发挥作用。

(2) 国内规定

2014年10月9日，《国务院关于加强审计工作的意见》（国发〔2014〕48号）指出："实现审计监督全覆盖，促进国家治理现代化和国民经济健康发展。"

2012年11月18日，《审计署制定深入学习宣传贯彻党的十八大精神意见》指出："切实发挥国家审计保障国家经济社会健康运行、推动完善国家治理的作用。"

2014年1月16日，审计署关于《内部审计工作规定（征求意见稿）》第二条规定："内部审计是指单位（或组织，下同）的内部审计机构或者人员，实施的一种独立、客观的确认和咨询活动，它通过运用系统、规范的方法，审查和评价单位的业务活动、内部控制和风险管理的适当性和有效性，以促进单位完善治理、增加价值和实现目标。"第二十二条规定内部审计机构履行职责时享有权限之一："对审计发现的违反国家规定或者单位内部规定的行为予以制止，提出处理违法违规行为的意见和改善管理、完善治理的建议。"

2013年8月22日，中国内审协会发布的《中国内部审计准则》中的《第2302号内部审计具体准则——与董事会或者最高管理层的关系》第四条规定："内部审计机构应当接受董事会或者最高管理层的领导，保持与董事会或最高管理层的良好关系，实现董事会、最高管理层与内部审计在组织治理中的协同作用。"

2015年2月15日《教育部关于加强直属高等学校内部审计工作的意见》（教财〔2015〕2号）第一条规定："内部审计是规范权力运行的重要手段，是强化过程监管的重要方式，是提高资源绩效的重要保障。加强内部审计工作，是完善学校内部治理结构和健全权力约束机制的重要措施，对促进高校科学发展具有重要意义。"

2014年12月9日，财政部印发《高等学校财务报表审计指引》（会协〔2014〕71号）"第五章了解内部控制"中指出："治理层的参与程度。控制意识在很大程度上受治理层的影响。被审计高校的行为守则、其他法律法规或在为治理层制定的指引中是否明确规定了治理层的职责及其重要性，如监督内部举报不恰当行为的程序和用于复核内部控制有效性的程序的设计是否合理且有效执行。再如，治理层是否对虚报冒领科研经费进行认真调查，并对查实事项严肃处理。"

2. 专家论述

(1) 国外专家论述

贝利等认为："把内部审计的基本治理活动分为'风险监控'（monitoring）和提供'控制确认'（assurance regarding control）。……在组织治理结构中，与风险相关的关键活动是监控风险，包括所有的次级步骤，即识别风险、评估对组织的潜在影响、确定应对风险的策略，及之后监控新风险的环境、监控现行的风险策略和相应的控制措施等……‘控制是管理层为了提高实现既定目标和目标的可能性而采取的各种行动。管理层计划、组织和指挥执行有效的活动，为组织目的和目标的实现提供合理的保证，因此，控制是管理层适当地计划、组织和指挥的结果。’”①

美国 Kennesaw 州立大学“公司治理研究中心”主任、会计学教授 Hermanson (2002)在《内部审计日渐显耀的新姿态》一文中指出，治理变革“改善了内部审计形象，提升了其在公司治理中的作用”。Ramamoorti 更认为，“在这种迅速变化的经营环境下，内部审计已经成为管理者、审计委员会、董事会、外部审计人员以及重要利益相关者的重要支持者，只要设计和执行恰当，内部审计在促进和支持有效组织治理方面就能发挥重要作用”。

(2) 国内专家论述

王光远的研究显示：本质上，内部审计是确保受托责任履行的一种内部治理机制。……著名内部审计专家 Robert Moeller 说，内部审计“早在 20 世纪 40 年代后期就已成为公司治理的重要组成部分了”。②

王立彦、李海风、刘霄仑指出：“现在的内部审计行业，不仅仅关注内控，它还关注风险管理、治理过程的有效性。”③

傅黎瑛提出了“治理型内部审计”的概念，她认为治理型内部审计的主要特性：① 审计的主体及其机构安排不同治理风格的企业，虽然内部审计独立性的主旨相同，但实施治理审计的主体及其内部审计机构安排的模式是不一样的；② 审计的对象及其主要内容；③ 审计的技术与方法进入。④

谁对董事会评价？傅黎瑛指出：“谁具备相应的职能并有足够的独立性和权威性对董事会和管理者治理过程实施监督和再评价？治理型内部审计的出现，从制度安排上解决了这个问题。一旦内部审计被赋予治理的职能，成为公司治理的一部分，同时，根据企业自身的治理环境，使内部审计服务于高层治理机构从而扩大其在组织中的独立和权威地位，就能有效地开展公司治理审计，以解决公司治理过程中‘由谁对监督者进行再监督’的困扰，并一定程度避免了被称作‘橡皮图章’的董事会因为不了解企业日常经营情况而使监督流于形式。”⑤

综上所述，内部审计参与组织治理提供了广阔的发展空间，内部审计的基本治

① [美]贝利·格拉姆林·拉姆蒂. 内部审计思想[M]. 王光远，等译. 北京：中国时代经济出版社，2006：28-30.

② 王光远，瞿曲. 公司治理中的内部审计——受托责任视角的内部治理机制观[J]. 审计研究，2006(2)：29-37.

③ [美]罗伯特·莫勒尔. 布林克现代内部审计学：第六版[M]. 李海风，刘霄仑，等译. 北京：中国时代经济出版社，2006：校译者序.

④ 傅黎瑛. 公司治理的重要基石：治理型内部审计[J]. 当代财经，2006(5)：119-122.

⑤ 傅黎瑛. 公司治理的重要基石：治理型内部审计[J]. 当代财经，2006(5)：119-122.

理活动分为“风险监控”和提供“控制确认”，内部审计在促进和支持有效组织治理方面就能发挥重要作用；人们越来越重视内部审计，不断地扩展内部审计在确保公司治理质量方面的职责。

3. 高校评价治理结构主要是经济决策机构

2009 年 7 月 7 日，中国内部审计协会关于《内部审计实务指南第 4 号——高校内部审计》的公告（中内协发〔2009〕19 号）第三十五条在“财务管理的控制环境”中第 2 款规定：“学校是否设立了财经领导小组、预算管理委员会、收费立项审核委员会、收费标准审批领导小组、分配审查委员会等经济决策机构，是否有完善的议事和决策制度，各决策机构权限是否合理分散。”

4. 高校治理的内容

（1）高校治理效果的评价

① 评价高校治理结构的完整性。

② 评价高校治理结构的有效性。

③ 评价高校中文化和价值观的适当性。

（2）高校治理过程的评价

① 评价高校战略目标的实现程度。

② 评价高校治理效率。

③ 评价高校舞弊控制和沟通过程。

④ 评价高校对“三重一大”的执行情况。

（二）内部控制审计

1. 内部控制审计的规定

2003 年 3 月 4 日，《审计署关于内部审计工作的规定》（审计署令〔2013〕第 4 号）第九条规定：“内部审计机构按照本单位主要负责人或者权力机构的要求，履行下列职责：……对本单位及所属单位内部控制制度的健全性和有效性以及风险管理进行评审。”

2013 年 8 月 22 日，中国内审协会发布《中国内部审计准则》（中国内部审计协会公告 2013 年第 1 号），“第 2201 号内部审计具体准则——内部控制审计”。

2015 年 2 月 15 日，《教育部关于加强直属高等学校内部审计工作的意见》（教财〔2015〕2 号）第 8 条规定：“将内部控制纳入内部审计范围。”第 9 条规定：“组织开展单位层面内部控制审计。”第 10 条规定：“组织开展业务层面内部控制审计。”

2016 年 4 月 26 日，教育部办公厅印发了《教育部直属高校经济活动内部控制指南（试行）》（教财厅〔2016〕2 号），它包括三个具体指南，即《内部控制实施指南》《内部控制应用指南》《内部控制评价指南》。而《内部控制评价指南》则是高校内部审计的指南。

2. 高校内部控制审计的内容——三个表述方式

(1) 以风险评估为基础

① 关注重要业务单位、重大业务事项和高风险领域的内部控制

2013年8月22日,中国内审协会发布的《中国内部审计准则》中的《第2201号内部审计具体准则——内部控制审计》第五条规定:"内部控制审计应当以风险评估为基础,根据风险发生的可能性和对组织单个或者整体控制目标造成的影响程度,确定审计的范围和重点。内部审计人员应当关注串通舞弊、滥用职权、环境变化和成本效益等内部控制的局限性。"

第六条规定:"内部控制审计应当在对内部控制全面评价的基础上,关注重要业务单位、重大业务事项和高风险领域的内部控制。"

第七条规定:"内部控制审计应当真实、客观地揭示经营管理的风险状况,如实反映内部控制设计和运行的情况。"

② 关注内部控制缺陷包括设计缺陷和运行缺陷,缺陷分为重大缺陷、重要缺陷和一般缺陷

《第2201号内部审计具体准则——内部控制审计》第二十一条规定:"内部控制缺陷包括设计缺陷和运行缺陷。内部审计人员应当根据内部控制审计结果,结合相关管理层的自我评估,综合分析后提出内部控制缺陷认定意见,按照规定的权限和程序进行审核后予以认定。"

第二十二条规定:"内部审计人员应当根据获取的证据,对内部控制缺陷进行初步认定,并按照其性质和影响程度分为重大缺陷、重要缺陷和一般缺陷。重大缺陷,是指一个或者多个控制缺陷的组合,可能导致组织严重偏离控制目标。重要缺陷,是指一个或者多个控制缺陷的组合,其严重程度和经济后果低于重大缺陷,但仍有可能导致组织偏离控制目标。一般缺陷,是指除重大缺陷、重要缺陷之外的其他缺陷。重大缺陷、重要缺陷和一般缺陷的认定标准,由内部审计机构根据上述要求,结合本组织具体情况确定。"

第二十三条规定:"内部审计人员应当编制内部控制缺陷认定汇总表,对内部控制缺陷及其成因、表现形式和影响程度进行综合分析和全面复核,提出认定意见,并以适当的形式向组织适当管理层报告。重大缺陷应当及时向组织董事会或者最高管理层报告。"

(2) 单位层面内部控制审计和业务层面内部控制审计

① 单位层面内部控制审计

《教育部关于加强直属高等学校内部审计工作的意见》第9条指出:"组织开展单位层面内部控制审计。应对单位层面内部控制进行全面调查,了解控制环境、风险评估、控制活动、信息与沟通、内部监督等内部控制要素。定期或不定期组织内部审计部门检查单位层面内部控制情况。内部审计部门可以结合学校经济活动风

险评估，根据风险评估情况，对单位层面内部控制进行评价。重点评价内部控制工作的组织情况、内部管理制度和机制的建立与执行情况、内部控制关键岗位及人员的设置情况。要根据内部控制审计评价意见，及时改进，规范运行。”

② 业务层面内部控制审计

《教育部关于加强直属高等学校内部审计工作的意见》第 10 条指出：“组织开展业务层面内部控制审计。要对学校各业务层面管理制度和机制的建立与执行情况，以及关键岗位及人员的设置情况等进行审计调查，对业务层面内部控制进行审计评价。重点审计预算业务、收支业务、政府采购业务、资产业务、建设项目和合同业务的内部控制情况。”

(3) 高校内部控制评价的有效性

《教育部直属高校经济活动内部控制指南(试行)》中的《内部控制评价指南》第二章规定了“内部控制评价内容”，第六条指出：“高校内部控制建立的有效性评价应主要考虑以下方面：① 合法合规性。内部控制的建立是否符合《行政事业单位内部控制规范(试行)》《内部控制实施指南》《内部控制应用指南》及国家相关法律、法规的规定。② 全面性。内部控制的建立是否覆盖了学校及所属单位所有的经济活动、经济活动的全过程、所有内部控制关键岗位、各相关部门及工作人员和相关工作任务。③ 重要性。内部控制的建立对重要经济活动和经济活动的重大风险是否给予足够关注，并建立相应的控制措施。是否重点关注了学校的各关键部门和岗位、重大政策落实、重点专项执行和高风险领域。④ 适应性。内部控制的建立是否根据国家相关政策、学校经济活动的调整和自身条件的变化，适时调整内部控制的关键控制点和控制措施。”

第七条指出：“高校内部控制执行的有效性评价应主要考虑以下四方面：① 各项经济业务控制在评价期内是否按规定运行。② 各项经济业务控制是否得到持续、一致的执行。③ 相关内部控制机制、内部管理制度、岗位责任制、内部控制措施是否得到有效执行。④ 执行业务控制的相关人员是否具备必要的权限、资格和能力。”

(三) 绩效审计

1. 绩效审计的规定

(1) 国外规定

1971 年 10 月 1 日，国际最高审计组织在利马召开第九届代表大会，发表了《利马宣言——审计规则指南》。在“第四节传统审计和绩效审计”中指出：“除了其重要性和意义都不容置疑的财务审计之外，还有另一种类型的审计，即对公共当局的绩效、效果、经济性和效率进行审计。这种审计不仅包括具体的管理活动，而且还包括公共当局的组织机构和管理系统的全部活动。”

1986 年 4 月 16 日，最高审计机关第十二届国际会议发表了《关于绩效审计、公营企业审计和审计质量的总声明》(简称《总声明》)。最高审计机关第十二届国际会议的主要专题及其分题一是“绩效审计(Performance Auditing)”,主要是:① 绩效审计的定义、目标和局限性;② 绩效审计的技术和报告;③ 人力资源利用审计。该《总声明》指出:“除了合规性审计,还有另一种类型的审计,它涉及对公营部门管理的经济性、效率性和效果性的评价,这就是绩效审计。现在还没有一个可以被普遍接受的词汇能将合规性审计和绩效审计都包括进去,尽管有一些最高审计机关为此目的而采用了如‘综合审计’或‘全面审计’等词汇。”《总声明》指出绩效审计的目标包括:① 为公营部门改善一切资源的管理打好基础;② 使决策者、立法者和公众所利用的公营部门管理成果方面的信息质量得到提高;③ 促使公营部门管理人员采用一定的程序对绩效做出报告;④ 确定更适当的经济责任。绩效审计的范围取决于每个最高审计机关的使命和特定环境。在决定审计范围,特别是制定政策的审计方面存在着一些敏感性。但是把制定决策所需的资料和决策目标是否达到的判断,包括在绩效审计以内,是可以接受的。《总声明》还指出最高审计机关在进行绩效审计时所遇到的一些局限性包括:① 难于确定绩效审计的目标和识别经济责任的界线;② 在一些国家,缺乏法律规定和得不到所需的资料。最后,《总声明》第 15 条指出:“最高审计机关在进行某些绩效审计时,最好采用多种专业人员组成的审计队,并应在其组织内部发展一系列的技术以支持绩效审计的进行。在必要时,最高审计机关还应使用专业的咨询人员。”第 16 条指出:“最高审计机关应把为绩效审计提供培训作为高度优先的工作,并将重点放在教师培训方面。最高审计机关应鼓励相互交流培训资料和有关绩效审计技术发展方面的文件。”

1988 年 6 月 6 日至 11 日,在印度尼西亚巴厘召开的第三次最高审计机关亚洲组织国际研讨会上提出的《关于审计在促进政府行政管理和公司管理改革中的作用》中指出:“除了正常的职能,政府审计师还负有充分评价政府管理工作、绩效和成果等方面的职责。这些职责包括对政府工作的经济性、效率和效果的评价。……最高审计机关应该有广泛的法律权限,包括进行效益审计的权力,使它能够审查所有的被认为是在其审查权限之内的政府款项、项目和活动。”①

1998 年,在蒙特维地亚召开的世界审计组织会议上,与会代表一致同意开发《世界审计组织审计准则》实施指南。虽然这些审计准则的重点是财务审计,但它们也覆盖了效益审计的内容。鉴于效益审计的特点,大家认为,为这种审计单独开发指南是比较明智的做法。正如许多国家指出的那样,开展效益审计需要特别的指南,因为效益审计在本质上有别于财务审计。编制此文件的目的是为以下工作提供指南:① 协助各国最高审计机关的效益审计师高效率、有成效地管理和开展先进的效益审计;② 提倡高效率、有成效的效益审计实务;③ 为进一步开发效益审

① 关于审计在促进政府行政管理和公司管理改革中的作用的巴厘宣言[J]. 审计研究,1988(4):2-6.

计方法和专业发展提供依据;④ 制定有助于审计师行使专业判断的基础框架并创造一种有助于效益审计师提高技术、全面实现其潜力的环境。其中《世界审计组织效益审计指南》认为,《世界审计组织审计准则》第 38 和第 40 段做了如下陈述:“全范围的政府审计包括合规性和效益审计。”效益审计关注的是对经济性、效率性和效果性的审计,一般覆盖以下内容:① 根据健全的管理原则和实务以及管理政策对管理活动的经济性进行审计;② 对使用人力、财力和其他资源的效率进行审计,包括对信息系统、效益衡量指标和监测安排以及被审计单位为纠正已发现缺陷而采取的程序的检查;③ 联系被审计单位目标的实现情况对被审计单位业绩的有效性进行审计,联系期望效果对被审计单位活动的实际影响进行审计。

2000 年 10 月,在泰国清迈召开的亚审组织大会上,亚审组织理事会通过了《亚审组织第五次研究项目——绩效审计指南》。它指出:“本指南借鉴了最高审计机关国际组织相关的审计准则,以亚审组织成员们凭借广泛经验所认可的绩效审计普遍原则为基础。因此,它既包括了目前通用的绩效审计方法,也反映了各最高审计机关的‘优秀做法’。本指南是一份‘活文件’,随着绩效审计理论和实践的发展也必须不断地对其进行修改。”并有 4 个附件:“附件 1:信息技术环境中的效益审计”“附件 2:效益审计的潜在影响”“附件 3:审计人员需了解的被审对象的主要特点和环境”“附件 4:公共部门效益审计中的重要事项”。

2007 年 11 月 4 日至 10 日,最高审计机关国际组织(The International Organisation of Supreme Audit Institutions, INTOSAI)第十九届大会在墨西哥的墨西哥城召开,发表了《关于最高审计机关独立性的墨西哥宣言》。第十九届大会主题二是“以公认关键指标为基础的效益评价体系”,该大会继续贯彻执行 INTOSAI 的战略规划,批准了 18 个正式的准则和指南,其中第 16 个准则是“参考运用——执行公共债务绩效审计的术语”。还指出:“大会调整后的 INTOSAI 新组织机构。一是为实现战略规划目标一,整合由丹麦最高审计机关担任主席的职业准则委员会,下设由瑞典最高审计机关牵头的‘财务审计指导方针’分委员会、由挪威最高审计机关牵头的‘符合性审计’分委员会、由巴西最高审计机关牵头的‘绩效审计’分委员会、由比利时最高审计机关牵头的‘内部控制准则’分委员会、由加拿大最高审计机关牵头的‘会计和报告’分委员会、由法国审计法院牵头的‘透明度和问责’工作组。为这些工作机构专设一个目标联络员,由利比亚最高审计机关担任。”

2013 年 10 月 22 日至 26 日,160 多个国家的 587 名世界审计组织成员和观察员代表齐聚北京,召开了世界审计组织第二十一届大会,发表了《北京宣言——最高审计机关促进良治》。该宣言第 28 条指出:“加强公共财政绩效审计,以确保财政的中长期可持续性,促进良治。”第 33 条指出:“最高审计机关将参与社会发展进步评估等治理活动,参与国际组织和区域性组织的外部审计,推动国际组织和区域性组织开展绩效审计，促进其强化问责制，提高透明度，提升绩效。”

(2) 国内规定

我国在最初的绩效审计探索中，有相当一段时间称之为“效益审计”。中国审计学会组织编写的《中国审计学会立项课题研究报告》(2004—2005)研究指出：“绩效一词，是绩和效的复合词，有成果、效果、效率等综合含义，而效益却没有明确地表现出成绩、功绩和效率的意思，因此，效益审计不是 Performance Auditing 的准确翻译，应译为绩效审计比较贴切。”①

2007 年 4 月 11 日，《中国内部审计协会关于印发经济性、效果性、效率性审计准则的通知》(中内协发〔2007〕7 号)被发布。

2008 年 7 月 12 日，《审计署 2008 至 2012 年审计工作发展规划》第三条规定：“全面推进绩效审计，促进转变经济发展方式，提高财政资金和公共资源配置、使用、利用的经济性、效率性和效果性，促进建设资源节约型和环境友好型社会，推动建立健全政府绩效管理制度，促进提高政府绩效管理水平和建立健全政府部门责任追究制。到 2012 年，每年所有的审计项目都开展绩效审计。”第四条规定：“坚持多种审计类型的有效结合。坚持预算执行审计与决算审签相结合，财政财务收支真实、合法审计与绩效审计相结合，经济责任审计与财政、金融、企业审计等相结合，审计与专项审计调查相结合。同时，坚持揭露问题与促进整改相结合，审计监督与其他部门监督、舆论监督相结合。通过结合，协调各种资源和要素，加大审计力度，满足经济社会发展对审计的各种需求，提高审计的效果和影响力。……——着力构建绩效审计评价及方法体系。认真研究，不断摸索和总结绩效审计经验和方法，2009 年建立起中央部门预算执行绩效审计评价体系，2010 年建立起财政绩效审计评价体系，2012 年基本建立起符合我国发展实际的绩效审计方法体系。”

2010 年 9 月 1 日，《中华人民共和国国家审计准则》(审计署令第 8 号)第六条规定：“审计机关的主要工作目标是通过监督被审计单位财政收支、财务收支以及有关经济活动的真实性、合法性、效益性，维护国家经济安全，推进民主法治，促进廉政建设，保障国家经济和社会健康发展。真实性是指反映财政收支、财务收支以及有关经济活动的信息与实际情况相符合的程度。合法性是指财政收支、财务收支以及有关经济活动遵守法律、法规或者规章的情况。效益性是指财政收支、财务收支以及有关经济活动实现的经济效益、社会效益和环境效益。”

2011 年 6 月 30 日，《审计署关于印发审计署“十二五”审计工作发展规划的通知》(审办发〔2011〕112 号)第三条规定：“审计工作的主要任务。全面推进绩效审计，促进加快转变经济发展方式，提高财政资金和公共资源管理活动的经济性、效

① 中国审计学会. 中国审计学会立项课题研究报告：2004—2005[M]. 北京：中国时代经济出版社，2005：57.

率性和效果性，促进建设资源节约型和环境友好型社会，推动建立健全政府绩效管理制度，促进提高政府绩效管理水平和建立健全政府部门责任追究制。……构建和完善绩效审计评价及方法体系。不断摸索和总结绩效审计经验和方法，2012 年底前建立起中央部门预算执行绩效审计评价体系，2013 年底前建立财政绩效审计评价体系和其他审计绩效审计方法体系。”

2012 年 11 月 18 日，《审计署关于深入学习宣传贯彻党的十八大精神的意见》（审办发〔2012〕153 号）第三条规定：“加大绩效审计和绩效评估力度，促进效益、速度和质量的统一，推动经济发展方式转变。”

2013 年 8 月 22 日，中国内审协会发布了《中国内部审计准则》（公告 2013 年第 1 号），其中包括了《第 2202 号内部审计具体准则——绩效审计》。

2014 年 10 月 9 日，《国务院关于加强审计工作的意见》（国发〔2014〕48 号）第四条规定：“促进公共资金安全高效使用。要看好公共资金，严防贪污、浪费等违法违规行为，确保公共资金安全。把绩效理念贯穿审计工作始终，加强预算执行和其他财政收支审计，密切关注财政资金的存量和增量，促进减少财政资金沉淀，盘活存量资金，推动财政资金合理配置、高效使用，把钱用在刀刃上。”

2016 年 2 月 5 日，《审计署关于适应新常态践行新理念更好地履行审计监督职责的意见》（审政研发〔2016〕20 号）第三条第二款规定：“加强公共资金绩效审计，不仅要监督检查预决算管理法律法规和财经纪律执行情况，关注中央八项规定精神和国务院‘约法三章’贯彻落实情况，更要关注财政支出绩效和积极财政政策的实施效果，坚决查处以‘打酱油的钱不能打醋’等为借口导致资金长期闲置问题，促进整合专项、盘活存量、用好增量、优化结构、深化改革、提高绩效。”

2. *高校绩效审计的内容*

(1) 法规对绩效审计内容的一般规定

《第 2202 号内部审计具体准则——绩效审计》第三章是“绩效审计的内容”。第七条指出：“根据实际情况和需要，绩效审计可以同时对组织经营管理活动的经济性、效率性和效果性进行审查和评价，也可以只侧重某一方面进行审查和评价。”第八条指出：“绩效审计主要审查和评价下列内容：① 有关经营管理活动经济性、效率性和效果性的信息是否真实、可靠；② 相关经营管理活动的人、财、物、信息、技术等资源取得、配置和使用的合法性、合理性、恰当性和节约性；③ 经营管理活动既定目标的适当性、相关性、可行性和实现程度，以及未能实现既定目标的情况及其原因；④ 研发、财务、采购、生产、销售等主要业务活动的效率；⑤ 计划、决策、指挥、控制及协调等主要管理活动的效率；⑥ 经营管理活动预期的经济效益和社会效益等的实现情况；⑦ 组织为评价、报告和监督特定业务或者项目的经济性、效率性和效果性所建立的内部控制及风险管理体系的健全性及其运行的有效性；⑧ 其他有关事项。”

(2) 高校应以项目支出绩效审计为重点

2011 年 4 月 21 日,财政部廖晓军副部长在全国预算绩效管理工作会议上的讲话中指出:"我国的预算绩效管理整体上还处于起步阶段。"鉴于育人效益的迟效性与长效性,高校目前不宜以基本支出的资金作为绩效审计的内容,应以项目支出绩效审计为重点。

2010 年 6 月 21 日,中共中央政治局审议并通过的《国家中长期教育改革和发展规划纲要》第五十八条指出:"建立经费使用绩效评价制度,加强重大项目经费使用考评。"

《教育部关于加强直属高等学校内部审计工作的意见》第 7 条指出:"开展预算执行绩效审计。在预算年度结束后,应对高校预算执行结果进行审计,评价执行效果,提出改进建议。要对重点项目进行绩效审计,评价项目绩效,促进提高项目资金使用效益。"

(四) 经济责任审计

1. 经济责任审计的规定

(1) 经济责任审计的一般规定

十八大报告提出,要"健全经济责任审计制度";十八届四中全会决定提出"完善审计制度,保障依法独立行使审计监督权。对公共资金、国有资产、国有资源和领导干部履行经济责任情况实行审计全覆盖"。

2015 年 12 月 8 日,中共中央办公厅、国务院办公厅印发了《关于完善审计制度若干重大问题的框架意见》及相关配套文件。《关于完善审计制度若干重大问题的框架意见》第二条第七款规定:"领导干部经济责任审计结果和审计发现问题的整改情况,要纳入所在单位领导班子民主生活会及党风廉政建设责任制检查考核的内容,作为领导班子成员述职述廉、年度考核、任职考核的重要依据。"第二条第八款规定:"探索建立对审计机关的外部审计制度,加强对审计机关主要领导干部的经济责任审计,外部审计由同级党委和政府及上级审计机关负责组织。"第五条规定:"对领导干部履行经济责任情况实行审计全覆盖。审计机关要依法对地方各级党委、政府、审判机关、检察机关,中央和地方各级党政工作部门、事业单位、人民团体等单位的党委(党组、党工委)和行政正职领导干部(包括主持工作 1 年以上的副职领导干部),国有企业法定代表人,以及实际行使相应职权的企业领导人员履行经济责任情况进行审计。主要检查领导干部贯彻执行党和国家经济方针政策、决策部署情况,遵守有关法律法规和财经纪律情况,本地区本部门本单位发展规划和政策措施制定、执行情况及效果,重大决策和内部控制制度的执行情况及效果,本人遵守党风廉政建设有关规定情况等,以促进领导干部守法、守纪、守规、尽责。根据领导干部的岗位性质、履行经济责任的重要程度、管理资金资产资源规模等因素,确定重点审计对象和审计周期。坚持任中审计和离任审计相结合,经济责任审计与财政审计、金融审计、企业审计、资源环境审计、涉外审计等相结合，实现项目统筹安排、协同实施。”

《中华人民共和国国民经济和社会发展第十三个五年规划纲要》第七十六章指出：“规范领导干部职责权限，建立科学的问责程序和制度，强化领导干部经济责任审计。健全政府内部权力制约机制，加强对权力部门的监察和审计监督。”

2016 年 2 月 5 日，《审计署关于适应新常态践行新理念更好地履行审计监督职责的意见》（审政研发〔2016〕20 号）第三条第六款规定：“深化领导干部经济责任审计，坚持党政同责、同责同审，全面推行党政主要领导干部经济责任同步审计，依法依纪反映不作为、慢作为、假作为、乱作为问题，促进依法行政。”

2013 年 8 月 22 日，中国内审协会发布了《中国内部审计准则》（中国内部审计协会公告 2013 年第 1 号），第 2205 号内部审计具体准则——经济责任审计。

(2) 高校经济责任审计的规定

高校经济责任的审计始于 1996 年，即 1996 年 4 月 5 日，国家教育委员会发布的《教育系统内部审计工作规定》第 17 条关于“教育系统内部审计机构对本部门、本单位和所属单位的下列事项进行审计”的第 10 款规定：“所属企事业单位法定代表人和主要负责人的经济责任。”

1997 年 12 月 31 日，国家教育委员会发布了《高等学校有关行政负责人经济责任审计实施办法》（教审〔1997〕2 号）。

2000 年 9 月 26 日，教育部发布了《关于切实做好经济责任制审计工作的通知》（教财〔2000〕21 号）。它规定：“开展对党政领导干部和国有企业领导人员任期经济责任审计，是党中央、国务院在新时期为加强对干部的管理和监督，促进领导干部廉洁自律、认真履行工作职责而采取的一项重要举措。”

2002 年 12 月 12 日，教育部发布了《直属事业单位经济责任制试行办法》。

2004 年 4 月 13 日，教育部发布的《教育系统内部审计工作规定》（教育部令第 17 号）第 15 条第 10 款保留了 1996 年“有关负责人的经济责任审计”的规定。

2007 年 7 月 18 日，教育部发布了《关于进一步加强省属高校领导干部经济责任审计工作的意见》（教财〔2007〕13 号）。第二条规定：“各省级教育行政部门对所属普通高等学校和成人高等学校的校级领导干部在任职期满或者任期内办理调任、转任、轮岗、免职、辞职、退休等事项前，都应进行经济责任审计。”

2011 年 2 月 17 日，教育部印发了《教育部关于做好教育系统经济责任审计工作的通知》（教财〔2011〕2 号）。

2015 年 2 月 15 日，《教育部关于加强直属高等学校内部审计工作的意见》（教财〔2015〕2 号）第四部分指出：“深化经济责任审计，推动领导人员履职尽责。”其中第 11 条规定：“建立健全经济责任审计工作联席会议机制。应建立健全纪检监察、组织人事、内部审计等职能部门组成的经济责任审计工作联席会议制度。联席会议要审议经济责任审计工作计划，听取审计结果报告，及时研究审计工作的重大问题，讨论审计处理意见，督促审计意见落实。”

第12条规定：“健全和完善经济责任审计工作制度体系。要制定和完善学校内部经济责任审计制度，明确审计对象和审计内容，规范审计程序和行为。要建立健全经济责任审计工作联席会议议事规则和工作制度，加强协作配合，形成制度健全、管理规范、运转有序、工作高效的运行机制。”

第13条规定：“建立任中经济责任审计制度。要坚持任中审计与离任审计相结合，适时开展任中经济责任审计。对承担重要经济责任的领导人员，任期内至少审计一次。”

第14条规定：“强化经济责任审计结果运用。加强审计整改和责任追究，逐步建立健全经济责任审计情况通报、责任追究、整改落实、结果公告等制度。根据审计内容和审计发现的问题，按照权责一致原则，依法依规对被审计领导人员进行责任认定。对审计发现的重大违法违纪案件线索，要依法移送纪检监察和司法机关。要将审计结果作为考核、任免、奖惩被审计领导人员的重要依据。及时总结研究审计结果反映的典型性、普遍性、倾向性问题，作为采取有关措施、完善有关制度规定的参考依据。”

第23条规定：“推进结果公开。建立经济责任审计结果通报制度。将经济责任审计结果，通过印发经济责任审计情况通报等方式，在学校内部进行公开。其他审计结果和审计调查结果，要按照有利于问题整改和解决的原则，在校内进行通报。在此基础上，要依照法律法规，结合学校实际，逐步向社会公开审计结果。”

2015年5月22日，《教育部关于直属高校落实财务管理领导责任严肃财经纪律的若干意见》（教财〔2015〕4号）第十五条规定：“加强内部审计工作。强化预算管理审计、内部控制审计、经济责任审计，加强对科研经费管理、建设工程管理、采购管理、资产管理等重点领域的审计。”

2016年3月24日，教育部印发了《〈教育部经济责任审计规定〉的通知》（教财〔2016〕2号）。这是第一次系统完整地规定了高校经济责任审计的定义，经济责任审计目标，经济责任审计的组织领导，经济责任审计的对象，经济责任审计的内容，经济责任审计的实施，经济责任审计的评价，经济责任审计的报告和经济责任审计的结果运用，等。

从发展沿革可以看出，高校前期是针对“有关行政负责人实施经济责任审计”。2007年是“校级领导干部在任职期满或者任期内办理调任、转任、轮岗、免职、辞职、退休等事项前，都应进行经济责任审计”。2015年后加大了审计力度，是“深化经济责任审计”，要求“对承担重要经济责任的领导人员，任期内至少审计一次”；“强化经济责任审计结果运用……要将审计结果作为考核、任免、奖惩被审计领导人员的重要依据”；“推进结果公开。建立经济责任审计结果通报制度。将经济责任审计结果，通过印发经济责任审计情况通报等方式，在学校内部进行公开。……逐步向社会公开审计结果”。

2. 高校经济责任审计的内容

(1) 高校经济责任审计内容的特殊内涵

2003 年 7 月 18 日，李金华在接受中国《新闻周刊》、中央电视台《经济半小时》联合专访时指出：与财政审计相辅相成，经济责任审计也是这次规划的一个新意。“这是一项针对党政领导干部和国资高官的审计项目，改变了过去审计机关‘对事不对人’的做法。在今年公布的审计报告中，引起公众关注的中电大案，就是进行经济责任审计发现的问题。”①因此，经济责任审计客体的特殊内涵是“既对事又对人”。经济责任审计的对象是“人”，而“人”是“事”的载体，“人”是“事”的经济责任承担者。因此，经济责任审计的客体分为两部分：一是“人”即经济责任审计的对象；二是“事”即经济责任审计的内容。

(2) 高校经济责任审计的对象——“人”

① 法规规定

1999 年 5 月 24 日，中共中央办公厅和国务院办公厅印发的《国有企业及国有控股企业领导人员任期经济责任审计暂行规定》第二条规定：“本规定所称企业领导人员，是指企业的法定代表人。”

2008 年 4 月 16 日，国务院法制办发布的《经济责任审计条例(征求意见稿)》第二条规定：“国务院各部门、地方各级人民政府及其各部门、国家的事业组织，以及依法属于审计机关审计监督对象的企业或者其他单位的主要负责人(以下简称主要负责人)，任职期间经济责任的履行情况，应当依法接受审计监督。”

2004 年 8 月 23 日，国务院国有资产监督管理委员会公布《中央企业经济责任审计管理暂行办法》第四条规定：“本办法所称企业负责人是指企业主要负责人，即法定代表人。”

2010 年 10 月 12 日，中共中央办公厅和国务院办公厅印发的《党政主要领导干部和国有企业领导人员经济责任审计规定》(中办发〔2010〕32 号)第二条规定：“党政主要领导干部经济责任审计的对象包括：① 地方各级党委、政府、审判机关、检察机关的正职领导干部或者主持工作一年以上的副职领导干部；② 中央和地方各级党政工作部门、事业单位和人民团体等单位的正职领导干部或者主持工作一年以上的副职领导干部；上级领导干部兼任部门、单位的正职领导干部，且不实际履行经济责任时，实际负责本部门、本单位常务工作的副职领导干部。”第三条规定：“国有企业领导人员经济责任审计的对象包括国有和国有控股企业(含国有和国有控股金融企业)的法定代表人。”

① 王晨波. 透视审计变法：风暴之后的权力回归[N]. 中国新闻周刊，2003-07-18.

1997 年 12 月 31 日，国家教育委员会发布的《高等学校有关行政负责人经济责任审计实施办法》(教审〔1997〕2 号)第二条规定："本办法所称高等学校有关行政负责人，是指各级人民政府举办的全日制普通高等学校和成人高等学校的校长、总会计师和主管财务、校办产业、基本建设、后勤工作的副校长，以及这些学校财务、校办产业、基本建设、后勤管理部门和院、系、所的主要行政负责人。"第三条规定："本办法所称高等学校有关行政负责人经济责任审计，是指教育系统审计机构对第二条所列人员任职期间、任职期满或因调动、离退休、辞职、免职、撤职等原因离开现职岗位前在管理职责范围内履行经济责任的情况依法做出评价。"

2007 年 7 月 18 日，《教育部关于进一步加强省属高校领导干部经济责任审计工作的意见》(教财〔2007〕13 号)第二条规定："省属高校领导干部经济责任审计范围：各省级教育行政部门对所属普通高等学校和成人高等学校的校级领导干部在任职期满或者任期内办理调任、转任、轮岗、免职、辞职、退休等事项前，都应进行经济责任审计。"

② 高校经济责任审计的对象

a. 高校"法定代表人"及拓展

从上述法规可以看出，高校经济责任审计的对象是高校"法定代表人"及拓展。高校"法定代表人"是校长。拓展是指平移和下移。平移是指"党政主要领导干部"，即党委书记；下移是指"总会计师和主管财务、校办产业、基本建设、后勤工作的副校长，以及这些学校财务、校办产业、基本建设、后勤管理部门和院、系、所的主要行政负责人。"

b. 高校经济责任审计的对象逐步上移

1999 年 5 月 24 日，中共中央办公厅、国务院办公厅印发了《县级以下党政领导干部任期经济责任审计暂行规定》和《国有企业及国有控股企业领导人员任期经济责任审计暂行规定》(中办发〔1999〕20 号)的通知，高校经济责任审计的对象是处级及处以下党政领导干部。

2004 年 11 月 24 日，中央纪委、中央组织部、监察部、人事部、审计署印发了《关于将党政领导干部经济责任审计范围扩大到地厅级的意见》(审经责发〔2004〕65 号)，高校经济责任审计的对象是厅局级党政领导干部。

2010 年 10 月 12 日，中央办公厅、国务院办公厅联合下发了《党政主要领导干部和国有企业领导人员经济责任审计规定》(中办发〔2010〕32 号)的通知，高校经济责任审计的对象是副部级党政领导干部。

2016 年 3 月 24 日，教育部印发的《教育部经济责任审计规定》(教财〔2016〕2 号)第九条指出："经济责任审计对象包括教育部管理的直属高校、直属单位主要领导干部和驻外教育机构参赞。由中央组织部门管理的部分直属高校主要领导干部的经济责任审计按照有关规定执行。"第十条指出："教育部管理的直属高校主要领导干部，是指依据干部管理权限，由教育部负责任免的直属高校党委正职领导干部和行政正职领导干部，包括主持工作1年以上的副职领导干部。”

(3) 高校经济责任审计的内容——“事”

2005年9月7日，李金华审计长在出席亚洲审计组织第35次理事会时接受记者采访时指出：“经济责任审计的内容有三个方面：一是看领导干部任期内的财政、财务收支是否真实；二是看领导干部任期内是否有重大的决策失误；三是看领导干部任期内有没有明显的经济问题。因此，经济责任审计只是对干部进行考察的方法之一，不能夸大它的作用。”①

① 2000年的规定是对涉及经济业务审计

2000年9月26日，《教育部关于切实做好经济责任制审计工作的通知》(教财〔2000〕21号)第二条规定：“经济责任审计主要应包括下列内容：a. 对所主管的财经活动依法履行管理职责的情况。包括有关法规和制度的贯彻执行情况，管理体制、规章制度和内部控制制度的健全和执行情况，经费的筹集、管理和使用的真实、合法和效益情况，资产的管理和使用等情况。b. 经济决策是否按规定的程序进行，效益如何，有无重大失误。c. 在管理职责范围内的经济活动中所做出的业绩。d. 债权、债务情况和其他遗留与纠纷问题。e. 本人遵守财经法规和财务制度的情况。f. 授权或提请审计的部门及审计机构认为需要审计的其他事项。g. 对教育系统企业负责人的经济责任审计还应包括：企业的资产、负债、所有者权益的真实性，债权、债务情况，资产的安全完整和保值增值情况，对外投资情况，依法纳税的情况，利润的分配情况等，以及任期目标责任制中有关各项主要经济指标的完成情况。”

② 2007年的规定除了涉及经济业务审计外，还要审内控制度建设情况

2007年7月18日，《教育部关于进一步加强省属高校领导干部经济责任审计工作的意见》(教财〔2007〕13号)第四条规定：“省属高校领导干部经济责任审计的主要内容。省属高校领导干部经济责任审计要结合高校财务管理特点和经济活动实际，突出审计重点，加大审计力度。主要围绕以下内容开展审计：a. 财务收支及重要经济活动的真实、合法、效益情况。核查各项资金的筹集、使用、管理是否符合国家有关财经法规、是否取得效益，以及债权、债务的真实性和管理情况。b. 资产管理情况。核查各类资产(包括固定资产和无形资产)是否安全、完整，管理是否规范。c. 重大经济决策的程序与效果。核查重大经济决策是否遵循了民主决策程序，是否取得重大经济成效或造成重大经济损失等，特别是大额资金支出、对外投资、经济担保、工程建设、银行贷款等重大经济事项的决策程序与效果。d. 内控制度建设情况。核查是否贯彻执行国家各项财经法规，建立健全内部控制制度并得

① 张晓松. 李金华指出：不能把经济责任审计等同于惩治腐败[Z]. 新华网，2005-09-07.

到有效执行。e. 领导干部本人遵守廉政规定情况。”

(五) 重要政策跟踪审计

1. 重要政策跟踪审计的规定

2015 年 12 月 8 日,中共中央办公厅、国务院办公厅印发了《关于完善审计制度若干重大问题的框架意见》及相关配套文件。其中《关于实行审计全覆盖的实施意见》指出:“充分发挥审计监督作用,通过审计全覆盖发现国家重大决策部署执行中存在的突出问题和重大违纪违法问题线索,维护财经法纪,促进廉政建设;反映经济运行中的突出矛盾和风险隐患,维护国家经济安全;总结经济运行中好的做法和经验,注重从体制机制层面分析原因和提出建议,促进深化改革和体制机制创新。”

2016 年 5 月 17 日,审计署关于印发的《“十三五”国家审计工作发展规划》第九条在“民生审计”中指出:“加强教科文卫等领域审计。加强对教育、科技、文化、医药卫生等领域重点资金和项目的审计,重点监督检查政策落实、资金分配、项目实施等情况,及时反映相关领域改革中的新情况、新问题,促进规范管理、完善制度、提高绩效,推动深化科技管理体制等相关领域改革,健全国家基本公共服务制度,完善基本公共服务体系,提高义务教育、基本医疗、公共卫生、公共设施、公共文化等基本公共服务共建能力和共享水平。”

《教育部关于加强直属高等学校内部审计工作的意见》第 19 条指出:“探索开展重大项目、重要政策跟踪审计。可组织对教育部和学校的重大改革项目、重要方针政策的落实情况进行跟踪审计,着力监督检查内部机构和下属单位的具体部署、执行进度、实际效果等情况。及时发现和纠正有令不行、有禁不止行为,促进改革目标完成和政策落地生根。”

2015 年 5 月 22 日,《教育部关于直属高校落实财务管理领导责任严肃财经纪律的若干意见》(教财〔2015〕4 号)第十五条规定:“加强内部审计工作。拓展内部审计范围,探索开展重要政策跟踪审计、适时开展专项审计调查。”

2. 高校重要政策跟踪审计的内容——举例

(1) 高校“双一流”资金资助政策跟踪审计。

(2) 高校的绩效拨款政策跟踪审计。

(3) 高校的收费政策跟踪审计。

(4) 高校的科研政策跟踪审计。

(5) 高校资助经济困难学生的政策跟踪审计;等等。

对校内重要政策跟踪审计的内容如引进人才政策跟踪审计,学生奖助学金政策跟踪审计等。

(六) 专项审计调查

1. 专项审计调查的规定

(1)《中华人民共和国审计法》(简称《审计法》)规定

第一次明确专项审计调查法律地位的是 1994 年颁布的《审计法》。1994 年 8 月 31 日，《中华人民共和国审计法》第二十七条规定："审计机关有权对与国家财政收支有关的特定事项，向有关地方、部门、单位进行专项审计调查，并向本级人民政府和上一级审计机关报告审计调查结果。"

2006 年 2 月 28 日，《中华人民共和国审计法》第二十七条规定："审计机关有权对与国家财政收支有关的特定事项，向有关地方、部门、单位进行专项审计调查，并向本级人民政府和上一级审计机关报告审计调查结果。"

(2)《中华人民共和国审计法实施条例》规定

1997 年 10 月 21 日，《中华人民共和国审计法实施条例》(国务院令第 231 号发布)第二十五条规定："审计机关进行专项审计调查时，应当向被调查的地方、部门、单位及有关人员出示专项审计调查的书面通知并说明有关情况；有关地方、部门、单位及有关人员应当接受调查，如实反映情况，提供有关资料。"第二十七条规定："各级审计机关应当按照确定的审计管辖范围进行审计监督和专项审计调查。"

2010 年 2 月 11 日《中华人民共和国审计法实施条例》(国务院令第 571 号)第二十三条规定："审计机关可以依照审计法和本条例规定的审计程序、方法以及国家其他有关规定，对预算管理或者国有资产管理使用等与国家财政收支有关的特定事项，向有关地方、部门、单位进行专项审计调查。"

(3)《审计机关专项审计调查准则》规定

1996 年 12 月 16 日，审计署发布了《审计机关专项审计调查实施办法》(审法发〔1996〕361 号)。

2001 年 8 月 1 日，审计署发布了《审计机关专项审计调查准则》(审计署令第 3 号)。

(4)《中华人民共和国国家审计准则》规定

2010 年 9 月 1 日，审计署发布的《中华人民共和国国家审计准则》(审计署令第 8 号)第八条规定："审计机关依法对预算管理或者国有资产管理使用等与国家财政收支有关的特定事项向有关地方、部门、单位进行专项审计调查。审计机关进行专项审计调查时，也应当适用本准则。"

(5)《审计署职能配置内设机构和人员编制规定》规定

1998 年 6 月 12 日，国务院办公厅印发的《审计署职能配置内设机构和人员编制规定》(国办发〔1998〕40 号)"主要职责"的第二条规定："向国务院报告和向国务院有关部门通报审计情况，提出制定和完善有关政策法规、宏观调控措施的建议。"第五条规定："组织实施对贯彻执行国家财经方针政策和宏观调控措施情况的行业审计、专项审计和审计调查。"

2008 年 7 月 10 日，国务院办公厅印发的《关于审计署主要职责内设机构和人员编制规定》(国办发〔2008〕84 号)"主要职责"的第一条规定："对审计、专项审计调查和核查社会审计机构相关审计报告的结果承担责任，并负有督促被审计单位整改的责任。”第三条规定：“向国务院报告对其他事项的审计和专项审计调查情况及结果。”第六条规定：“组织实施对国家财经法律、法规、规章、政策和宏观调控措施执行情况、财政预算管理或国有资产管理使用等与国家财政收支有关的特定事项进行专项审计调查。”

2. 对教育系统的规定

1990 年 3 月 17 日，《审计署关于加强教育经费审计工作意见的通知》对“审计的重点”规定：“三是对一些带普遍性倾向性问题进行专题调查。比如学校后勤承包和校办公司经营管理、学校人员结构效益（包括教职工与学生比例、正式工与临时工比例）、学校实验设备物资利用效益、教育附加征收使用管理等。调查中发现好的经验要注意总结，发现违纪问题要认真查处，调查后要写出报告。”

1999 年 10 月 15 日，《教育部关于认真贯彻第三次全国教育工作会议精神进一步加强教育审计工作的若干意见》（教财〔1999〕25 号）第三条第五款指出：“围绕教育改革中出现的新问题，有针对性地开展专项审计和审计调查。各地可根据实际情况对教育扶贫资金、‘安居工程’‘筒子楼改造’等专项经费使用情况开展审计和审计调查；对学校划转与合并、校办企业改制、后勤社会化等活动中资产负债情况开展审计和审计调查；对科技成果转化、无形资产评估、学校各项收费情况、捐资助学资金管理情况等开展审计调查。通过对审计和审计调查的结果进行分析研究，提出建设性的意见，为领导宏观决策服务，为教育改革和发展服务。”

2004 年 4 月 13 日，《教育系统内部审计工作规定》（教育部令第 17 号）第十六条规定：“教育系统内部审计机构对本地区、本部门、本单位和所属单位财务收支及其有关经济活动中的重大事项组织或进行专项审计调查，向上级部门和本部门、本单位领导报告审计调查结果。”

2015 年 2 月 15 日，《教育部关于加强直属高等学校内部审计工作的意见》（教财〔2015〕2 号）第 19 条规定：“探索开展重大项目、重要政策跟踪审计。可组织对教育部和学校的重大改革项目、重要方针政策的落实情况进行跟踪审计，着力监督检查内部机构和下属单位的具体部署、执行进度、实际效果等情况。及时发现和纠正有令不行、有禁不止行为，促进改革目标完成和政策落地生根。”第 20 条规定：“适时开展专项审计调查。可根据改革发展和内部管理需要，配合党风廉政建设工作，适时开展专项审计调查。针对改革发展过程中出现的新情况、内部管理中遇到的新问题，利用审计反映制约发展、阻碍改革的措施规定，揭示内部管理存在的风险漏洞，及时研究解决，推动改进完善。”

《教育部关于加强直属高等学校内部审计工作的意见》第 20 条指出：“适时开展专项审计调查。可根据改革发展和内部管理需要，配合党风廉政建设工作，适时开展专项审计调查。针对改革发展过程中出现的新情况、内部管理中遇到的新问题,利用审计反映制约发展、阻碍改革的措施规定,揭示内部管理存在的风险漏洞,及时研究解决,推动改进完善。”

广东省是第一个规定了“专项审计调查”文件的省份。2006年11月3日,《广东省教育厅关于印发广东教育审计规范的通知》(粤教审〔2006〕3号)的附件第12个是《广东省教育系统专项审计调查办法》。

3. 专项审计调查的特点

① 选题的科学性

高校专项审计调查必须是“难点”问题。高校专项审计调查选题的科学性体现在首先是有实用性或有用性,经得起实践的检验;其次是有理论支撑和严密的逻辑性。“难点”问题即“深水区”的问题,“硬骨头”的问题,高校改革与发展中的“瓶颈”的问题。表现为:一是目标必须是宏观的,即有代表性的影响国家全局或教育行业或一个省政策等方面的问题;二是倾向性的问题,如以前出现过的高校债务、高校收费等;三是突出性的问题,就校内而言是影响学校管理风险或经济效益的问题;四是专题,一事一查一议,有的放矢。

② 时间的及时性

高校专项审计调查必须是“热点”问题。高校改革与发展中的前瞻性问题,如高校章程与完善高校治理结构专项调查,高校“双一流”建设与高校专项资金绩效专项调查等。时效性强,不能等问题成了堆,不能时过境迁。

4. 高校专项审计调查的内容

《中华人民共和国国家审计准则》第三十六条规定:“对于预算管理或者国有资产管理使用等与国家财政收支有关的特定事项,符合下列情形的,可以进行专项审计调查:① 涉及宏观性、普遍性、政策性或者体制、机制问题的;② 事项跨行业、跨地区、跨单位的;③ 事项涉及大量非财务数据的;④ 其他适宜进行专项审计调查的。”

2016年2月5日,《审计署关于适应新常态践行新理念更好地履行审计监督职责的意见》(审政研发〔2016〕20号)第八条指出:“加大对体制机制性问题的揭示和反映力度,根据中央出台的重大政策措施,及时跟踪检查有关部门规章和地方性法规修订完善情况,促进及时建立健全与新政策新要求相适应的新办法、新规则;对不合时宜、制约发展、阻碍政策落实的法律和行政法规,推动及时清理完善;对改革推进中出现的政策措施不衔接、不配套等问题,及时反映、提出建议,促进增强改革的系统性和协调性。”

《广东省教育系统专项审计调查办法》第三条指出:“实施专项审计调查应围绕各教育行政部门和单位的主要经济活动和热点、难点问题进行。审计机构进行专项审计调查的主要内容:① 国家有关财经法律、法规、规章和制度的执行情况;② 教育系统各部门、单位的经济活动情况;③ 有关内部控制制度的建立和执行情况;

④ 有关资金的筹集、分配和使用效益情况；⑤ 专项工程款等财政专项拨款使用情况；⑥ 有关科研项目经费的收支情况；⑦ 教育收费情况；⑧ 捐资助学资金的管理、使用情况；⑨ 有无严重侵占国家和集体财产、严重损失浪费等违反国家财经法纪的行为；⑩ 上级主管机关和本部门、本单位领导交办以及有关部门授权委托的调查事项。”

由此可见，高校专项审计调查的内容如下：

（1）与高等教育和财政相关的涉及宏观性、普遍性、政策性或者体制、机制的事项。

（2）与高等教育和财政相关的跨行业、跨地区、跨单位的事项。

（3）与高等教育和财政相关的涉及大量非财务数据的事项。

（4）与高等教育和财政相关的其他适宜进行专项审计调查的事项。

（5）高校专项审计调查的类型或组织形式。

目前专项审计调查按照调查的对象分为四种类型或四种组织形式。

（1）以高校为对象的专项审计调查

政府教育部门、财政部门、审计机关可以以若干高校为单位，高校内审部门也可以以若干高校为单位。如高校合并重组后高校经济绩效专项调查，高校更名后高校经济绩效专项调查等。

（2）以高校政策为对象的专项审计调查

政府教育部门、财政部门、审计机关可以以高校的某一政策为对象，高校内审部门也可以以若干高校的某一政策为对象。如高校“双一流”建设与高校专项资金绩效专项调查，高校收费标准与奖勤贷助补学金专项调查，民办高校法人财产权与合理回报专项调查等。

（3）以高校某一项目为对象的专项审计调查

政府教育部门、财政部门、审计机关可以以若干高校的某一项目为对象，高校内审部门也可以以若干高校的某一项目为对象。如高校基建工程与新一轮债务专项调查，高校合作办学专项调查等。

（4）以高校资金为对象的专项审计调查

政府教育部门、财政部门、审计机关可以以若干高校的某一资金为对象，高校内审部门也可以以若干高校的某一资金为对象。如高校捐赠状况与高校基金会运作专项调查，高校大型设备利用率专项调查等。

主要参考文献

[1] [德]马克思. 资本论:第一卷　上[M]. 北京:人民出版社,1975.

[2] [德]马克思. 剩余价值理论:第一册[M]. 北京:人民出版社,1975.

[3] [美]露西·拉普斯基,玛丽·P. 麦考文·莫克. 高校的财务运作[M]. 李正,主译. 北京:中国财政经济出版社,2004.

[4] [美]Davida W. Mutter,Pam J. Parker. 校长理财实务[M]. 北京:中国轻工业出版社,2006.

[5] [美]艾伦·R. 奥登,劳伦斯·O. 匹克斯. 学校理财:政策透视[M]. 杨君昌,裴育,等译. 上海:上海财经大学出版社,2003.

[6] 张国有. 大学章程:第一卷[M]. 北京:北京大学出版社,2011.

[7] 张国有. 大学章程:第二卷[M]. 北京:北京大学出版社,2011.

[8] 张国有. 大学章程:第三卷[M]. 北京:北京大学出版社,2012.

[9] 张国有. 大学章程:第四卷[M]. 北京:北京大学出版社,2012.

[10] 张国有. 大学章程:第五卷　上[M]. 北京:北京大学出版社,2012.

[11] 张国有. 大学章程:第五卷　中[M]. 北京:北京大学出版社,2012.

[12] 张国有. 大学章程:第五卷　下[M]. 北京:北京大学出版社,2012.

[13] [美]约翰·雷,沃尔特·哈克,卡尔·坎道里. 学校经营管理:一种规划的趋向[M]. 张新平,主译. 重庆:重庆大学出版社,2003.

[14] 教育部中外大学校长论坛领导小组. 中外大学校长论坛文集:第二辑[M]. 北京:中国人民大学出版社,2004.

[15] 薛涌. 美国的大学为什么优异?[N]. 东方早报,2006-01-01(15).

[16] 薛涌. 美国高等教育的产业化与大学校长[N]. 东方早报,2006-01-02(A7).

[17] 薛光. 学习借鉴美国一流大学财务管理经验,提高我国高等学校筹资能力和管理水平[J]. 国家教育行政学院学报,2005(1):76-81.

[18] 吴宛稚. 从耶鲁看美国私立大学董事会[J]. 复旦教育论坛,2007(4):75-79.

[19] 复旦大学访美考察团. 为何耶鲁是耶鲁——耶鲁大学考察报告[J]. 教育发展研究,2004(2):34-36.

[20] 乔春华. 院校理财学[M]. 北京:中国财政经济出版社,1998.

[21] 乔春华. 院校会计学[M]. 北京:中国财政经济出版社,1998.

[22] 乔春华. 高等教育投入体制研究[M]. 南京:南京大学出版社,2006.

[23] 乔春华. 大学经营的财务视角[M]. 南京:南京大学出版社,2008.

[24] 乔春华.《事业单位会计准则》与《事业单位财务规则》研究:以高等学校为例[M]. 南京:南京大学出版社,2010.

[25] 乔春华.高校财务管理体制研究[M].南京:南京大学出版社,2011.
[26] 乔春华.高校预算管理研究[M].苏州:苏州大学出版社,2013.
[27] 乔春华.高校内部控制研究[M].苏州:苏州大学出版社,2014.
[28] 乔春华.高校管理会计研究[M].南京:东南大学出版社,2015.
[29] 乔春华.高校管理审计研究[M].南京:东南大学出版社,2016.
[30] 乔春华.高等教育供给侧改革的财务视角[M].南京:东南大学出版社,2017.
[31] 乔春华.论大学校长的理财[J].会计之友,2015(11):95-99.
[32] 乔春华.大学章程制定中"经费"条款的研究[J].会计之友,2013(12):114-119.
[33] 乔春华.论高校会计与财务的复杂性[J].会计之友,2014(36):97-101.
[34] 乔春华.行政事业单位内部控制若干理论问题的探讨——兼评《行政事业单位内部控制规范(试行)》[J].会计之友,2014(22):22-27.
[35] 乔春华.行政事务控制是行政单位内部控制的主要部分——再评《行政事业单位内部控制规范(试行)》[J].会计之友,2015(17):73-76.
[36] 乔春华.内部控制对象的理论定位——以行政事业单位内部控制为例[J].扬州大学学报:人文社会科学版,2017(6):19-25.
[37] 乔春华.论预算的治理职能——以高校为例[J].会计之友,2014(19):106-110.
[38] 乔春华.论高校预算的政治视角[J].东南大学学报:哲学社会科学版,2014(1):68-72,132.
[39] 乔春华.财权配置是高校财务管理体制的核心——论高校财务管理体制研究[J].会计之友,2011(5):107-111.
[40] 乔春华.政府委派公办高校总会计师研究——二论高校财务管理体制[J].中国总会计师,2011(1):82-85.
[41] 乔春华.高校会计机构设置与会计人员配置研究——三论高校财务管理体制[J].教育财会研究,2011(2):3-10.